チンギス・ハンとモンゴル帝国の歩み

ユーラシア大陸の革新

ジャック・ウェザーフォード
星川 淳 監訳
横堀冨佐子 翻訳

Genghis Khan
and the Making of the Modern World

Jack Weatherford

モンゴルの若者へ
あなた方の歴史を守るために、すすんで命を捧げたモンゴルの学者たちのことを、
けっして忘れないでほしい。

チンギス・ハンとモンゴル帝国の歩み

ユーラシア大陸の革新

目次

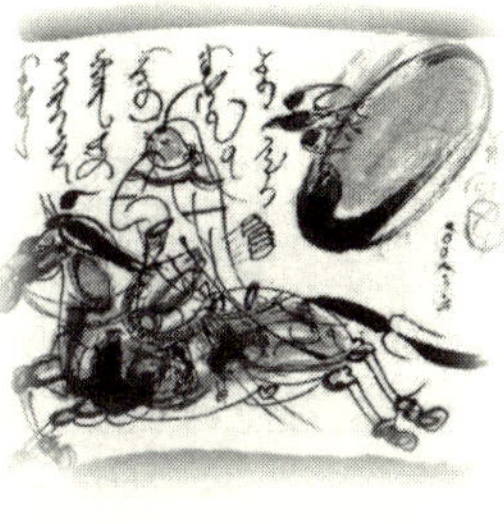

第2部　モンゴル世界大戦　1211～1261

151

第3部　グローバルな目覚め　1262〜1962　311

＊本文中の（　）内は原注、〔　〕内は訳注を表わす。また、書籍や演劇のタイトルについては、邦訳のあるものは邦題のみを記し、ないものは逐語訳したうえで、原題を（　）内に記した。

この気高い王はジンギス・カンと呼ばれ、在世中は非常な名声を博し、
あらゆる点でこれほど秀でた王者はどこの領地のどこにもいなかった。

——ジェフリー・チョーサー「近習の話」『カンタベリー物語』一三九五年ごろ
〔笹本長敬訳（英宝社）より引用〕

大モンゴル帝国の王室家系図

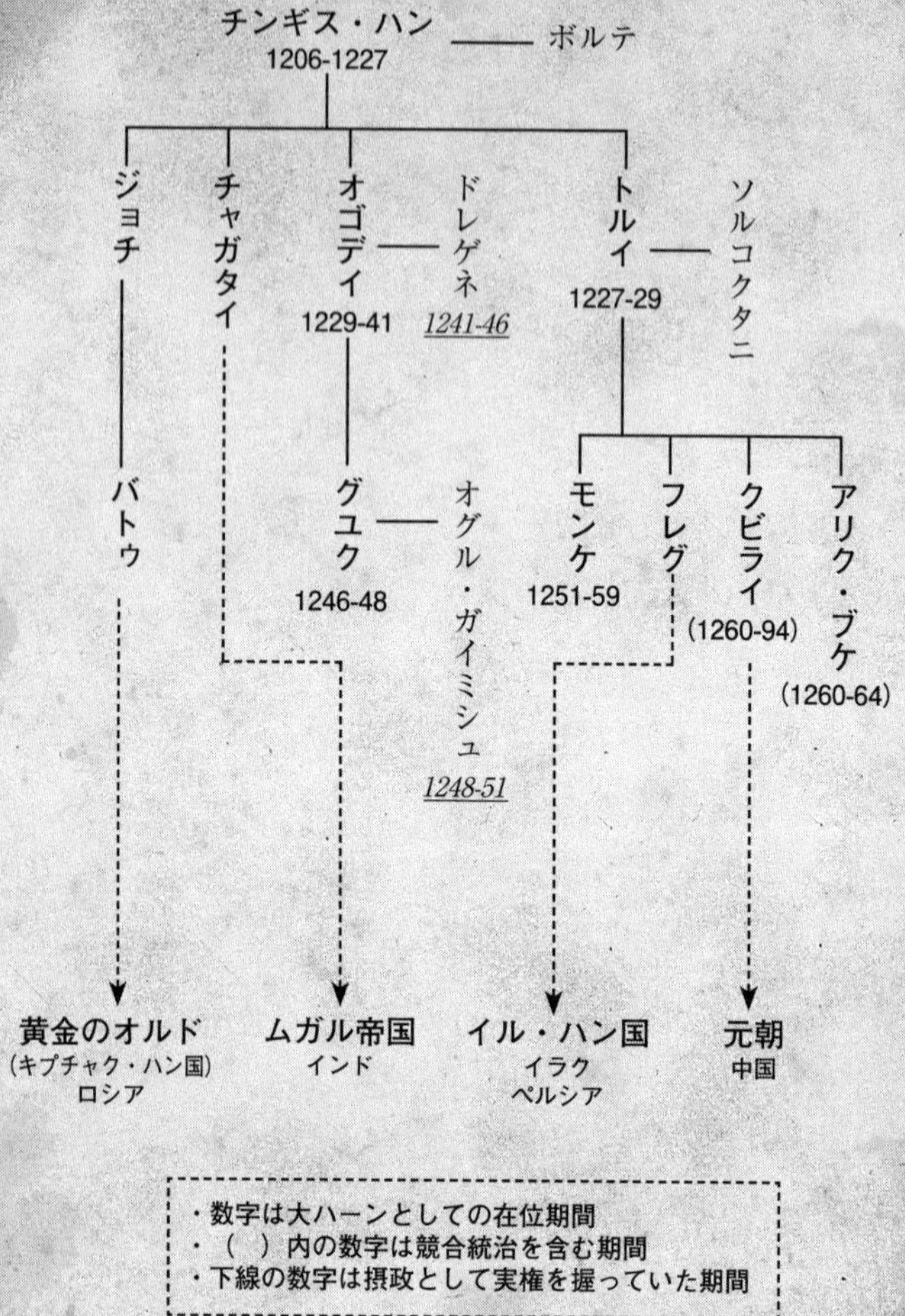

序章――消えた征服者

チンギス・ハンは行動の人だった。(1)

――ワシントン・ポスト（一九八九年）

一九三七年、チンギス・ハンの魂は中央モンゴリアの仏教寺院から消え失せた。それは黒きシャンハ山地の麓を流れる「月の川」ぞいのチベット寺院で、何世紀にもわたりラマ僧たちがうやうやしく守ってきたものだった。一九三〇年代、スターリンの忠臣たちはモンゴルの文化と宗教に対する弾圧をくり返し、三万人のモンゴル人を処刑した。ソ連兵部隊が寺から寺へと蹂躙《じゅうりん》を重ね、僧侶たちに銃弾を浴びせ、尼僧たちに暴行を加え、仏像や法具を破壊し、書庫を略奪し、経典類を焼き払い、寺院を打ち壊していった。そんななか、だれかがシャンハ寺院から密かにチンギス・ハンの魂が宿る品を首都ウランバートルへ持ち出したあと、その品は行方不明になったのだ。

ゆるやかに大地がうねるアジア内陸の草原では、何世紀ものあいだ、遊牧民戦士はスルデと呼ばれる霊幡《れいはん》を持つ慣わしだった。この幡《はた》は、槍の穂先のすぐ下に、自分が所持する最上の雄馬たちの毛を結びつけたものである。戦士が幕営地を定めるときには、入り口の外に霊幡を立て、みずからの身分を明らかにするとともに、幡による永遠の守護を示すのだった。霊幡はつねに、モンゴル人が崇拝してやまない〈久遠《くおん》の蒼穹《そうきゅう》〉を仰ぐ屋外に立てられた。一年中ほぼ安定して草原を吹き渡るそよ風が馬の毛をなびかせるにつれ、風と空と太陽の力が毛に宿り、幡はこの自然力を持ち主の戦士に伝える。馬毛に宿った風は戦士の夢をかき立て、その天命に邁進するよう励ました。風にはためく馬毛は、幡の持ち主を先へ先へと誘《いざな》って、次の土地を、より良い牧草地を、新しいチャンスや冒険を、この世で独自の運命を切りひらくことを求めた。戦士と霊幡とは強く結ばれるため、彼が死ぬとその魂はとこしえに、霊幡の馬毛の房に宿るとされた。戦士が生きているあいだ、馬毛の幡は彼の運命を運び、戦士が死ぬとその魂と化すのだ。彼の肉体はすぐ自然のなかへ置き去られるが、魂はいついつまでも馬毛の房にすまい、子孫代々を励ました。

チンギス・ハンは平時のために白馬の毛を使った幡を一本、戦《いくさ》における導きのために黒い馬の毛を使った幡を一本持っていた。白幡のほうは歴史の早い時期に姿を消したけれども、黒幡は彼の魂を宿して生きのびた。チンギス・ハンの死後、モンゴルの人びとは長いあいだ、彼の魂が宿るその霊幡を崇め続けた。十六世紀になって、彼の血筋を引くザナバザルというラマ僧が、この幡を掲げながら守っていくための特別な寺院を建立した。チベット仏教黄帽派の僧侶が一千人以上、幾多の風雪や侵略、内戦にかかわらず偉大な幡を守護したが、二十世紀の全体主義政治を押しとどめることはできなかった。僧たちは殺され、霊幡は消え失せたのである。

チンギス・ハンの運命は天によって与えられたものではない。彼はそれを自分で切りひらいた。はじめは霊幡をつくるだけの数の馬を彼が所持できるようになるかどうかも怪しかったほどだから、ましてやその幡を押し立てて世界を股にかけるとは、だれにも予想できなかったろう。のちにチンギス・ハンとなる少年は、互いに殺し合ったり、誘拐したり、奴隷にしたりする苛酷な部族間暴力の世界で成長した。氏族集団の保護から追われ、あやうく草原で野垂れ死にしかけた家族のなかで、子ども時代を通じておそらく数百人どまりの人にしか会わず、正式な教育も受けなかった。こうしたきびしい環境で、彼は欲望、野心、残虐性など、人間の持つあらゆる情念を骨の髄まで味わわされる。まだ年端もいかないころに腹違いの兄を殺し、競争相手の氏族に捕まって奴隷となったうえ、そこから逃げ出した。

こんなおぞましい境遇から這い上がった少年は、生存と自衛の本能こそ示したものの、のちになしとげた偉業をうかがわせる素質はほとんど見られない。子ども時分は犬をこわがる泣き虫だった。弓と相撲は弟のほうが上手で、親分風を吹かせる異母兄にいじめられていた。しかし彼は、飢え、屈辱、誘拐、奴隷になるなど泥まみれの逆境から、権力への長い上り坂を歩みはじめる。思春期までには、人生でもっとも重要なふたつの人間関係を築いていた。青年時代に一番の親交を結びながら壮年期には宿敵となる、わずかに年上の少年と永遠の友情を誓い合ういっぽう、彼が生涯変わらぬ愛情を寄せ、数多くのハンの母となる少女を見そめたのである。青年期に培われた友情と敵対を両立させる能力は、一生涯発揮され続けて、彼の性格を決定づけた。同衾のしとねで、あるいは炎のゆらめく家族の炉辺で、悶々と彼を苦しめた愛と父性をめぐる問いの数々は、世界史の大舞台へと投影されることになる。チンギス・ハン個人の目標と欲望と恐れが、世界を呑み込んだのだ。

年ごとに自分より強い者たちをひとり、またひとりと打ち負かしたすえ、彼はモンゴル草原のあらゆる部族を屈服させた。偉大な征服者たちの大半が戦の日々をとうに卒業する五十歳という年齢で、チンギス・ハンはその霊幡を掲げて故郷からはるかな長征に出る。それは、何世紀ものあいだ遊牧の諸部族を苦しめ、奴隷にしてきた文明国の軍勢に立ち向かうためだった。以後の晩年、霊幡に導かれるままゴビ砂漠や黄河をまたいで中国の諸王国に攻め込み、トルコ人やペルシア人の住む中央アジアを突破し、アフガニスタンの山々を越えてインダス川へと勝利の進軍を続けた。

征服につぐ征服のなかで、モンゴル軍の戦争は、ユーラシア大陸いっぱいに何千キロメートルも広がった複数の戦線を持つ一大事業に変容していく。チンギス・ハンの独創的な戦法によって、重い甲冑《かっちゅう》を着込んだ中世ヨーロッパ騎士は時代遅れとなり、部隊間で緊密に連携する規律のとれた騎馬軍団がそれに取って代わった。守りの要塞に頼るかわりに、彼は戦場でのスピードと不意討ちを駆使するいっぽう、包囲攻撃を完成の域まで高めて、城壁都市の時代に幕を引いた。チンギス・ハンはその一族に、膨大な距離をまたぐ戦闘を教えたばかりか、何年、いや何十年にもおよぶ作戦の継続を仕込んだ。その結果、三世代以上にわたたって休みなく戦争が続いたのである。

モンゴル軍は二十五年間で、ローマ帝国が四百年かけて征服した以上の土地と人びとを配下におさめた。チンギス・ハンと彼の息子や孫たちは、十三世紀においてもっとも人口密度の高い諸文明を征服した。打ち負かした人びとの数、併合した国の数、占領した土地の総面積、いずれをとっても、チンギス・ハンは征服者として歴史上のあらゆる追随者を二倍以上引き離す。モンゴル兵士が駆る馬の蹄《ひづめ》は、太平洋から地中海まであらゆる川と湖の水を蹴散らした。最盛期のモンゴル帝国は、アフリカ大陸に匹敵する三〇億ヘクタールにおよんだ。これは合衆国、カナダ、メキシコ、中米、カリブ海の島々を合わせた北米大陸よりかなり広い。そこには、雪降りしきるシベリアのツンドラからインドの暑い平原まで、ベトナムの水田からハンガリーの小麦畑まで、朝鮮半島からバルカン半島までが含まれていた。現代人の過半数は、かつてモンゴル帝国に征服された国々に住んでいる。今日の世界地図でいえば、チンギス・ハンの版図は三十か国、三十億人以上を擁する。これだけの偉業でもっとも驚異的な側面は、彼の配下のモンゴル民族が百万人前後にすぎなかったことだ。現代の大企業には、もっと従業員数が多いものもある。この百万人から彼が召集した軍隊は、兵員数にして十万人に満たなかった。現代の大型スポーツスタジアムにおさまってしまう程度の集団である。

アメリカに置き換えれば、チンギス・ハンの偉業は次のようにたとえられるだろう。すなわち、合衆国が教養ある商人や裕福な農園主の一団ではなく、文字も読めない奴隷のひとりによって建国され、その人物が強烈な個性とカリスマと目的意識によってアメリカを外国の支配から解き放ち、人びとを団結させ、アルファベットをつくり、憲法を書き上げ、普遍的な信教の自由を確立し、新しい戦法を編み出し、カナダやブラジルへと軍を進め、南北アメリカにまたがる自由貿易地域を定めて商取引の道を開いた、と——。あらゆるレベルにおいて、またあらゆる角度から見て、チンギス・ハンがなしとげたことの規模と射程は想像を絶すると同時に、学問的理解の限界に挑む。

チンギス・ハンの騎馬軍団が十三世紀を駆け抜けるにつれ、世界の国境線が引き直された。彼の建造物は石ではなく国々でできていた。膨大な数の弱小王国に飽き足らず、チンギス・ハンは小国を大きな国々へとまとめ上げていく。東ヨーロッパにおいて、モンゴル人はスラヴ系の公国と都市を一ダースほど束ね、ロシアという大国を生み出した。東アジアでは三世代にわたるモンゴル人が、南は宋の名残に加え、満州の女真《じょしん》、西はチベット、ゴビ砂漠に接するタングート王国、そして東トルキスタンのウイグル領土をまとめて中国をつくり上げた。モンゴル人はその支配を広げながら、朝鮮半島（高麗）やインドなど、現代にいたるまでモンゴル征服者が定めたのとほぼ同じ国境を受け継ぐ国々を創出していったのだ。

チンギス・ハンの帝国は彼を取り巻く多くの文明を結びつけ、融合させ、新しい世界秩序をもたらした。一一六二年に彼が生まれたころの旧世界は、それぞれすぐ隣の文明しか知らないに等しいローカルな文明群から成っていた。中国でヨーロッパのことを聞いた人はいなかったし、ヨーロッパで中国のことを聞いた人もおらず、また記録に残るかぎりそのふたつのあいだを旅した人もいなかった。一二二七年の死没までに、彼はそのふたつを外交と交易の絆で結んだが、それは今日まで途切れることなく続いている。

貴族の特権と生まれながらの身分からなる封建制度を打倒しながら、彼は個人の能力と忠誠心と業績にもとづく新たな社会制度を築いていった。シルクロードぞいのバラバラで活気のない街々は、チンギス・ハンのもとで史上最大の自由貿易地域に組み込まれた。だれもが減税の恩恵を受け、医師、教師、僧侶、教育機関は完全に免税扱いを受けた。定期的な人口調査が行なわれ、世界最初の国際郵便システムが立ち上げられた。チンギス・ハンの帝国は富や財宝を貯め込むのではなく、戦で勝ち取った物品を広く分配して、それらが商業の循環に還流するよう計らった。彼は国際法を定め、〈久遠の蒼穹〉が万民におよぶことを最高法規として認めた。大半の支配者がみずからを法律の上に立つと考えていた時代に、チンギス・ハンは支配者にも一番身分の低い牧人と同様、法律が適用されると力説した。彼の領土内においては信教の自由が認められた。ただし、いかなる宗教を信仰するかにかかわらず、被征服者たちは完全な忠誠を求められた。彼は法治を強調し、拷問を廃止したが、盗賊や暗殺テロリストたちを追いつめて抹殺するためには、大がかりな軍事作戦を実施した。人質を取ることは拒み、かわりに交戦相手国を含むすべての公使や使節団に外交特権を認めるという、前代未聞の慣例を設けた。

チンギス・ハンが残した帝国は基礎がしっかり固まっていたため、その死後百五十年にわたり成長を続けた。モンゴル帝国の崩壊後も、彼の子孫たちはロシアからトルコ、インド、中国、ペルシアにいたるまで、さまざまな小帝国や大国を支配する。彼らはハン（カン）、皇帝、スルタン、王、シャー、アミール（首長）、ダライラマなど、幅広い称号で呼ばれた。モンゴル帝国の名残は、七世紀のあいだチンギス・ハンの子孫たちによって治められた。インドのムガル朝は、一八五七年にイギリスが皇帝バハードゥル・シャー二世を追放し、彼の息子ふたりと孫を斬首するまで存続した。チンギス・ハンの血を引く最後の支配者はブハラのアミール、アリム・ハンで、一九二〇年にソビエトの勃興により退位するまでウズベキスタンの権力を握っていた。

歴史はたいていの征服者に、惨めで早すぎる死という懲罰を与えてきた。アレキサンダー大王は三十三歳にしてバビロンで不可解な夭折をとげ、部下たちによって一族は皆殺し、広大な領地は山分けにされてしまった。ユリウス・カエサルの同僚貴族や昔の仲間たちは、ローマ元老院の議場で彼を刺し殺した。征服のあらゆる成果がぶち壊され、水泡に帰したナポレオンは、地球上でもっとも隔絶した孤島のひとつで淋しい囚人として最期を迎えた。ところが、チンギス・ハンは七十歳近い長寿をまっとうしたうえ、彼を愛してやまない家族と、信義篤い友人たちと、命がけで命令に従う忠実な兵士たちに看取られながら、幕営地の寝台でこの世を去った。一二二七年夏、黄河上流域でタングートとの戦いのなかで逝去。死や病を口にしたがらないモンゴル人流にいえば、「天に昇った」のだ。その死後、長いあいだ死因が伏せられたため憶測を呼び、のちにそこから生まれた伝説が時の釉薬をかけられて、史実に格上げされることも少なくなかった。ヨーロッパ人として最初にモンゴル人のもとへ派遣されたジョヴァンニ・デ・ピアーノ・カルピーニ〔イタリアのフランチェスコ派修道士〕は、チンギス・ハンが雷に打たれて落命したと記した。チンギス・ハンの孫にあたるクビライの治世にモンゴル帝国を広く旅したマルコ・ポーロは、膝に受けた矢傷が死因だったと報告している。身元不明の敵から毒を盛られたという話もあれば、戦を交えていたタングートの王が呪い殺したという説もある。ひどいものになると、身柄を拘束されたタングートの王妃が膣にしかけをほどこし、チンギス・ハンと交わったさい彼の性器を切り取ったため、断末魔のなかで悶死したと主張する。

死にまつわる物語の真偽にかかわらず、基本的に自分が生まれたときと変わらない遊牧民のゲル〔フェルトの毛布で内枠を覆った円蓋状のテント住宅〕で最期を迎えたことは、チンギス・ハンが自民族の伝統をいかにうまく守り抜いたかを示している。しかし皮肉にも、自分たちの生きざまを守る過程で、彼は人類社会を一変させたのだ。チンギス・ハンの軍勢は、倒れた主君を隠密に埋葬するため、ふるさとのモンゴル地方へ運ぶ。そして死後、家臣たちはハンの亡骸を故郷の大地にひっそりと埋めた。

霊廟や寺院やピラミッドどころか、埋葬場所を示す小さな墓碑さえなかった。モンゴルの伝統によれば、死者の亡骸は安らかにしておくべきであって、記念碑など必要としない。魂はすでに肉体を離れ、霊幡のなかで生き続けるからだ。埋葬とともに、チンギス・ハンは彼を生んだモンゴルの広大な風光のなかへ、ふたたび静かに消え失せた。最終的な埋葬場所がどこだったかはいまなお不明のままだが、信頼できる情報がないため、人びとはたっぷりと尾ひれをつけて好き勝手な歴史物語を仕立て上げた。よく聞く言い伝えでは、葬列の兵士たちは四十日の旅程で出会ったすべての人間と動物を殺し、埋葬後は八百人の騎馬隊が地面を念入りに踏み固めて痕跡を消し去った。こうした風説によれば、埋葬地の情報が洩れないよう、そのあと騎馬隊はまた別の兵士の一団によって皆殺しにされ、手を下した兵士たちはさらに別の兵士の一団によって皆殺しにされたという。

チンギス・ハンが故地に秘密埋葬されたのち、兵士たちは周辺の数万へクタール全体を封印して立ち入りを禁じた。チンギス・ハンの家系と、あらゆる侵入者を殺す特殊な訓練を受けた衛兵一族とを除いて、そこへはだれも踏み込むことができなかった。アジアの奥の院にあってイフ・ホリグ、すなわち「大いなる禁断の地」と呼ばれるこの区域は、およそ八百年にわたり封鎖され続けた。チンギス・ハンの帝国にまつわる秘密はすべて、謎めいた故地に封印されたかに見えた。モンゴル帝国の消滅後久しく、異民族の軍勢がモンゴルの一部を侵略するようになっても、モンゴル人は太祖の秘密区域に何人《なんぴと》たりとも足を踏み込ませなかった。やがて仏教に改宗したにもかかわらず、チンギス・ハンの子孫たちは彼の埋葬地を示す祠《ほこら》も僧院も記念碑も建てさせなかった。

二十世紀に入ると、チンギス・ハンの生誕と埋葬の地を民族主義のシンボルにさせまいとして、ソビエト連邦の支配者たちはその場所の守りを固めた。「大いなる禁断の地」と呼んだり、チンギス・ハンとのつながりを示唆する歴史的な名前を用いたりするかわりに、ソ連はそこを「立入厳禁区域」という役所臭い名称で呼んだ。行政的に周辺の地域と切り離して中央政府の所轄とし、モスクワから直接支配したのである。ソ連は一〇〇万ヘクタールにおよぶこの立入厳禁区域のまわりを、同じくらい広い「立入禁止区域」で取り囲むことによって、いっそう封鎖を厳重にした。区域内の移動を禁じるために、共産主義時代の政府は道路も橋もつくらなかった。ソ連は立入禁止区域とモンゴルの首都ウランバートルのあいだに防備の固いミグ空軍基地を維持した。おそらく核兵器の貯蔵施設もあっただろう。禁断の地の入り口は巨大な戦車基地で守られ、ソ連軍はそこを砲弾射撃と戦車操縦の訓練場に使った。

モンゴル人は、技術面の飛躍的進展をなしとげたり、新しい宗教を打ち立てたりしたわけではないし、生み出した小説や戯曲も数少なく、世界に新しい作物や農業技術をもたらすこともなかった。彼ら自身の職人は、布も織れなければ、金属鋳造も陶器づくりもできず、パンの焼き方すら知らなかった。また、磁器、絵画、建築などの生産活動にも弱かった。しかし、モンゴル軍の征服が文化から文化へと進むにつれ、彼らはこうしたすべての技能を寄せ集めては、ある文明から別の文明へと伝えた。

チンギス・ハンが建立した唯一の耐久構造物は橋である。各地を転進しながら城砦《じようさい》や都市や城壁の建設を拒んだ彼だが、おそらく橋だけは歴史上どの支配者よりたくさんつくっただろう。配下の軍勢と物品のすばやい移動を図るために、何百という沢や川をまたぐ道路を整備したのだ。モンゴル人は、物品ばかりか発想《アイデア》や知識の新しい交換が進むよう、意識的に世界を開いた。モンゴル人はドイツの鉱夫たちを中国へ、中国の医師たちをペルシアへと連れ出した。文化の移転は、歴史を画するものから些細なものまで多岐にわたる。行く先々に絨毯を使う習慣を広げ、ペルシアから中国へレモンやニンジンを、中国から西洋へ麺、カードゲーム、茶を伝えた。パリからモンゴルの乾燥ステップに金属職人を呼び寄せて噴水をつくらせ、イギリス貴族を募ってモンゴル軍の通訳として用い、中国の指紋押捺制度をペルシアへ持ち込んだ。中国にキリスト教会、ペルシアに仏教寺院や仏塔、ロシアにイスラム学校を建設する資金を提供した。モンゴル人は征服者として地球を席巻したのと同時に、文化の運び手としても比類ない役割を果たしたといえる。

チンギス・ハンの帝国を受け継いだモンゴル人たちは、商品や産物を活発に流通させ、それらをうまく組み合わせて、まったく新しい製品や前例のない発明を生み出すことに力を注ぐ。中国とペルシアとヨーロッパの卓越した技師たちが、中国の火薬とイスラムの火炎放射兵器を組み合わせて、ヨーロッパの鐘鋳造技術と結びつけた結果、大砲という新種の発明が生まれ、それが土台となって、ピストルからミサイルまで近代兵器の一大体系が派生した。個々の技術もそれなりに重要だが、より大きな影響は、さまざまな技術を選択して組み合わせ、世にも珍しい掛け合わせ《ハイブリッド》を生み出すモンゴル流儀によってもたらされた。

政治・経済および知の側面におけるモンゴル人の取り組みは、一途で一貫した国際派的熱情に彩られていた。彼らはたんに世界征服をめざしただけでなく、自由貿易と単一の国際法、そしてすべての言語が表記可能な汎用文字とにもとづく、グローバル秩序の創出をもくろんだ。チンギス・ハンの孫クビライ・ハンは、帝国内ならどこでも使える紙幣を導入し、万人が文字を読めるよう普遍教育のための初等学校制度整備を試みた。モンゴル人は各種の暦を洗練しながら組み合わせて、それまで以上に正確な千年暦を生み出し、かつてないほど広範囲におよぶ地図の製作を後押しした。商人には陸路でモンゴル帝国へ来訪することを奨励し、交易と外交の規模拡大を狙って、陸路と海路で遠くアフリカまで探検隊を送り出した。

モンゴル人の来襲を受けたほとんどすべての国では、見知らぬ蛮族による征服当初の破壊とショックは、たちまち未曾有の文化交流ブームと、交易拡大と、文明開化とに取って代わられた。(2) ヨーロッパにおけるモンゴル軍は、特権貴族的な騎士体制を粉砕したにもかかわらず、中国やイスラム諸国と比べ、おおむね貧しいことに落胆して踵《きびす》を返し、都市から都市へと征服を続けたり、国々を略奪したり、拡大する帝国版図にそれらを組み込んだりしなかった。結果的に、ヨーロッパは最小限の被害で、しかもヴェネチアのポーロ父子に代表される商人や、モンゴルのハンたちとヨーロッパの教皇や王族とが交換する派遣使節を通じた接触の恩恵を、そっくり受け取ることになる。新しい技術と知識と商業の生み出す富がルネサンス(文芸復興)をもたらし、そのなかでヨーロッパはみずからの伝統文化をいくらか再発見した。しかしもっと重要だったのは、印刷技術と火器と羅針盤と算盤《そろばん》を東洋から取り入れたことである。イギリスの科学者ロジャー・ベーコンが十三世紀に述べたとおり、(3) モンゴルの栄華はすぐれた軍事力のみによるものではなく、むしろ「科学を活用した賜物《たまもの》」だった。モンゴル人は「戦好き」ではあったが、彼らの興隆は「余暇を哲学の諸原理探究に注ぎ込んだ」ためだった。

テクノロジー、戦争、衣服、商取引、食べ物、芸術、文学、音楽など、ヨーロッパの生活のあらゆる側面が、モンゴルの影響を受けたルネサンス期に一変したと見られる。ヨーロッパ人がモンゴルの生地に切り替えて、チュニックとローブのかわりにズボンとジャケットをまとい、弦楽器を爪弾くかわりに草原の弓で奏で、絵の描き方にも新風を取り入れるようになると、戦闘法や機械や食べ物が一新されたばかりでなく、日々の暮らしの細部までが変化した。「フレー」という歓喜と激励の叫びさえ、モンゴル人から借用したものだ。

モンゴル人がそれほど多くをなしとげたのなら、英語作家の草分けジェフリー・チョーサーが、『カンタベリー物語』の一番長いくだりを、モンゴル出身のアジア人征服者チンギス・ハンに割いたのも驚くにはあたらない。彼はチンギス・ハンとその偉業にはっきりと畏敬の念を抱いていた。ところが私たちは、定説では血に飢えた野蛮人の典型とされるモンゴル人について、ルネサンス期の知識層が賞賛の言葉を記したことに驚く。モンゴル人に関するチョーサーやベーコンの描写は、チンギス・ハンと彼の軍勢を、黄金と女と血に貪欲な蛮族の群れとして描き出す後世の書物や映画のイメージとはつながりにくい。

のちの時代になってチンギス・ハンのイメージや絵は数多く描かれたにもかかわらず、その生涯のうちに彼を描き出したものを私たちは知らない。他の征服者たちとは異なり、チンギス・ハンは自分の肖像を描いたり、彫像に仕立てたり、その名や姿をコインに彫り込んだりすることをけっして許さなかったし、同時代の人びとによる彼の描写は、正確さより興味本位に傾いていた。チンギス・ハンを取り上げた現代モンゴルの歌はいう。「あなたの姿を想像してみても、心は真っ白でした(4)」

チンギス・ハンばかりかモンゴル人に関する肖像そのものがまったくないまま、世界は好みの姿に彼を思い描くことになる。死後半世紀は、だれひとりとしてチンギス・ハンの肖像を描こうとせず、あとはそれぞれの文化が特定のイメージを彼に投影した。中国人が描いたのは細い髭を生やして空ろな目をした好々爺《こうこうや》で、精悍なモンゴル戦士というより心迷う中国の聖賢風情だった。ペルシアの細密画では玉座についたトルコのスルタン（君主）。ヨーロッパ人は彼を、典型的な野蛮人にふさわしく、獰猛な顔つきで目の据わった徹頭徹尾醜い姿に描いた。

モンゴル人の秘密主義は、チンギス・ハンと彼の帝国について書こうとする後世の歴史家たちに手ごわい課題を残した。伝記作家や歴史家が話を組み立てようにも、手がかりが少なすぎる。いつどの都市が征服され、どの軍隊が粉砕されたかという編年的な記録はあった。しかし、チンギス・ハンの生い立ちや性格、彼を駆り立てたもの、そしてその私生活については、信頼できる情報がほとんどなかった。死の直後、彼に近いだれかがチンギス・ハンの生涯について、こうしたすべての側面にわたる情報を秘密の文書に書き残したという根拠のあいまいな噂が、何世紀ものあいだ流れることになる。中国とペルシアの学者たちがこの秘密文書の存在に言及し、なかにはモンゴル帝国の最盛期にそれを見たと主張する学者もいた。チンギス・ハンの死から一世紀近くたって、ペルシアの歴史家ラシード・アッディーン〔一二四七～一三一八年。医師、政治家。世界史を扱った『集史』で知られる〕はこの文書を「モンゴルの言葉と文字」で著わされた「本物の年代記」と評した[5]。しかし彼によれば、「それは部外者の目に触れないよう封印された」宝物蔵にしまい込まれ、その文書を「理解して深い意味を読み取ることができたであろう人間はだれひとり……目にする機会を与えられなかった」という。モンゴルの支配が崩れたのち、秘密文書の痕跡はほとんど消え失せて、やがて第一級の学者たちの多くが、そんなものは存在したためしがなく、チンギス・ハンにまつわる数多《あまた》の神話のひとつにすぎないと考えるようになった。

さまざまな国の想像力豊かな画家たちがチンギス・ハンを異なる姿に描いたが、学者たちも大差ない。朝鮮半島からアルメニアまで、チンギス・ハンの生涯について、ありとあらゆる神話や奇譚の類が集められた。信頼できる情報がないなかで、学者たちは彼ら自身の恐怖心をそれらの物語に投影したのだ。後世の学者たちは、アレキサンダー、カエサル、カール大帝、ナポレオンなどが手を染めた非道と侵略などのマイナス要素を、彼らのなしとげたものや、歴史における特別な使命といったプラス要素と秤にかけた。ところがチンギス・ハンとモンゴル人に関しては、なしとげたことのほうは忘れられたまま、罪や残虐性ばかりが尾ひれをつけて語られる。チンギス・ハンは蛮人の典型、血に飢えた未開人、破壊そのものを楽しむ無情な征服者として描かれた。チンギス・ハンも、彼のオルドも、さらにはアジア人全般もいっしょくたに、文明という砦の外に広がるすべてのシンボルとなったのである。

十八世紀末の啓蒙主義思想の時代には、チンギス・ハンによる中国制覇を取り上げたヴォルテールの戯曲『中国の孤児（*The orphan of China*）』にこのおぞましいイメージが描かれた。「王のなかの王と呼ばれるチンギス・ハンのおかげで、肥沃なアジアの耕地は荒れ果ててしまった」。チョーサーの賞賛とはうって変わって、ヴォルテールはチンギス・ハンを「王たちの首根っこを……自慢げに踏み渡る……暴君」のくせに、「武器と一体になり、血に飢えた野卑なスキタイ人でしかない」と形容する（第一場、第一幕〕。ヴォルテールのチンギス・ハン像は、周囲の文明のすぐれた面を憎んで、文明化された女たちを犯し、自分が理解できないものを破壊したいという蛮人特有の欲望に駆られた男だった。

チンギス・ハンの部族はタルタル、タタール、ムガル、モグル、モール、モンゴルなど、さまざまな名で呼ばれるようになるが、どれもかならず忌まわしい嫌悪感がこもっていた。アジア人やアメリカ・インディアンを劣等人種とみなしたかった十九世紀の科学者は、彼らを「モンゴロイド」と分類した。すぐれた白人種の母親がなぜある種の知的発達障害を持った子どもを産むのか理由を説明するのに、医師たちは子どもの顔つきから先祖がモンゴル戦士に犯されたことは「間違いない」と断定した。そうした薄気味悪い子どもは白人ではなく、モンゴル人種に属するというわけだ〔このあたりの詳細は三九六〜四〇〇ページを参照〕。大金持ちの資本家が富をひけらかし、非民主的で不公平な価値観を示すと、ペルシア人がモンゴル人を呼ぶとき使った名前の「モグル」〔英語化して「黒幕」とか「ドン」の意〕と嘲《あざけ》られた。

やがて、モンゴル人は他の国々の失政や弱点の責任をなすりつけられるようになった。ロシアが西側のテクノロジーや大日本帝国の軍事力についていけないのは、チンギス・ハンによってはめられたタタールの頸木《くびき》のせい、ペルシアが近隣諸国に後れを取れば、モンゴル人に灌漑システムを壊されたせい、中国が日本やヨーロッパに後れを取るのも、モンゴル人と満州人の君主たちに搾取と抑圧を受けたせい、インドがイギリスの植民地から抜け出せないのも、強欲なムガル支配のせいにされた。二十世紀のアラブ政治家たちは[6]、モンゴル人がアラブ世界の壮麗な図書館の数々を焼き払い、都市という都市を破壊し尽くさなければ、イスラム教徒はアメリカ人より先に原爆を発明していただろうとまで支持者に説いた。二〇〇二年にアメリカの爆弾とミサイルがアフガニスタンのタリバンを攻撃すると、タリバン兵士たちはアメリカの侵略をモンゴルのそれになぞらえ、復讐心に燃えてハザラ人を虐殺した。ハザラ人は、過去八世紀にわたりアフガニスタンに暮らしてきたモンゴル軍の末裔だからである。その翌年、アメリカに自国を侵略され、権力の座から追い落とされそうになると、独裁者サダム・フセインもイラク国民への最後の演説のひとつで、モンゴル人について同様な非難を口にした。

こんな政治的粉飾とエセ科学と学問的妄想が蔓延するなかで、チンギス・ハンをめぐる真実は埋もれたまま、後世の発見を待つしかなくなったようだ。彼のふるさとと、覇権獲得の舞台となった地域とは、それまで何世紀ものあいだ戦士たちの手で立入厳禁の地として守られてきたのと同様、二十世紀の共産党政権によって外界から閉ざされた。通称『モンゴルの秘密の歴史（*Secret History of the Mongols*）』と呼ばれるモンゴル語原典は行方がわからなくなり、チンギス・ハンの墓所以上の不可解さで歴史の深みに消えてしまった。

二十世紀に起こったふたつの進展が、こうした謎をいくらか解き明かし、チンギス・ハンをめぐる記録の一部を正す意外なチャンスをもたらした。ひとつめの進展は、失われたチンギス・ハンの貴重な歴史記録を含む複数の文書が解読されたことである。モンゴル人に関する無知と偏見にかかわらず、学者たちは長年、チンギス・ハンの生涯を伝える幻のモンゴル語文献が見つかったという報告を、ときおり記していた。絶滅したはずの稀少動物や珍しい鳥さながら、そうした発見の噂は学問研究の対象となるより懐疑の目を向けられることのほうが多かった。ついに十九世紀の北京で、ある中国語文献の複写が見つかる。漢字そのものを読むのはたやすかったが、それは十三世紀のモンゴル語の発音を音写したものだったため、まったく意味不明だった。学者たちが読めたのは、各章に添えられた中国語の要約だけで、そこには本文について興味津々の示唆が記されていたものの、文献の内容は不可解なままだった。謎に包まれた文献を、学者たちは『元朝秘史』と呼び、その名は現在まで使われている。

二十世紀の大半を通じて、『秘史』の解読はモンゴルでは生死を賭した作業だった。文献に示された古代の非科学的かつ非社会主義的見解が一般国民や学者に悪影響を与えることを恐れ、共産党当局はこの写本を門外不出とした。しかし、『秘史』を研究する地下運動が育っていく。草原に散らばる遊牧民キャンプのあいだで、新しく発見された歴史書の噂が人から人へ、キャンプからキャンプへと口伝えで広がった。ようやく、モンゴル人の視点から歴史を語る文書が見つかったのだ。モンゴル人は、周辺のすぐれた文明を脅かす蛮族という偏見をはるかに超えた存在だった。モンゴル遊牧民にとって『秘史』が明かす物語は、あたかもチンギス・ハン自身が生き返り、希望と励ましを与えてくれるかのようだった。七世紀以上の沈黙を破って、とうとうチンギス・ハンの肉声を聞くことができたのである。

共産党当局の抑圧にかかわらず、モンゴルの人びとは二度とこれらの言葉を失うまいと決意したらしい。一九五三年のスターリン死没をきっかけとする政治的自由化と、一九六一年のモンゴル国連加盟に続く短期間、モンゴル人は思いきってみずからの歴史を探る勇気に目覚めた。一九六二年には、チンギス・ハン生誕八百周年を記念するささやかな切手シリーズが発行された。モンゴル政府第二位の要職にあったトゥムル＝オチルは、オノン河畔のチンギス・ハン生地にコンクリートの記念碑を建立する許可を与え、歴史上モンゴル帝国が果たした役割を明暗両面から評価する専門家会議を後援した。記念切手と記念碑にはともに、チンギス・ハンの失われたスルデが描かれた。彼の征服を支え、その魂が休む、あの馬毛の霊幡だ。

八世紀近くの年月を経てなお、チンギス・ハンのスルデはモンゴル人にとっても、彼らが征服した人びとの一部にとっても大きな意味を持つため、ロシア側は切手にそれを描くことすら民族主義復活の試みであり、潜在的な脅威であるととらえた。ソビエトが理不尽な怒りをつのらせたのは、衛星国のモンゴルが独立をめざしたり、もっと悪いのは、かつてソ連の同盟国だったのに仇敵となった中国と、隣国のよしみで手を結んだりする可能性を恐れたからだった。モンゴル国内の共産党当局は切手と学者たちをご法度にする。共産党いわく「チンギス・ハンの役割を理想化しようとする傾向」(7)を助長した国賊同然の罪により、当局はトゥムル＝オチルを更迭して国内流刑に処したあげく、最後には斧で切り殺してしまった。みずからの党員を粛清したあと、共産党当局はモンゴル人研究者の仕事に的を絞り、彼らを反党勢力、中国のスパイ、破壊分子、害虫などと呼んで迫害した。(8)続く民族主義撲滅キャンペーンのなかで、当局は考古学者のペルレーを投獄し、ただ彼がトゥムル＝オチルの教官だったことと、こっそりモンゴル帝国の歴史を研究していたことを理由に、劣悪な環境で身柄を拘束し続けた。チンギス・ハン時代の歴史と少しでもかかわりを持つ教師、歴史学者、芸術家、詩人、歌手には危険が迫り、その一部は当局の手で秘密裏に処刑された。職を失い、家族とともにモンゴルのきびしい気候のもとで路頭に迷った学者もいる。彼らは保健医療サービスも受けることができず、その多くが広大なモンゴルの各地へ国内流刑に処せられた。

この粛清期のあいだに、チンギス・ハンの霊幡は完全に姿を消してしまう。おそらくモンゴル人への懲らしめとして、ソ連が廃棄したのだろう。ところが、こうした弾圧にもめげず、あるいは弾圧のゆえに、数多くのモンゴル人学者が個々に『元朝秘史』の研究をはじめた。傷つき、歪められた自分たちの過去を本当に理解すべく、生死を賭けての作業だった。

モンゴルの外では、ロシア、ドイツ、フランス、ハンガリーを筆頭に数多くの国々で学者たちが『元朝秘史』の解読に取り組み、現代語訳を試みた。モンゴル国内の資料や人に接触できない状態では至難の業だったが、一九七〇年代には、古代モンゴル語研究に身を捧げるオーストラリア人イーゴル・デ・ラケヴィルツの入念な監修により、モンゴル語と英語で一章ずつ発表されるようになった。同じ時期に、アメリカ人学者フランシス・ウッドマン・クリーヴスが独自の綿密な英訳を手がけ、ハーヴァード大学出版から一九八二年に出版された。しかし、意味の通る史料として完成させるには、たんに音写記号を読み解いて翻訳するだけでは用をなさない。『元朝秘史』は訳出されても難解だった。明らかにモンゴル王族のごく一部に向けて書かれたものであり、読み手は十三世紀のモンゴル文化に関する深い造詣ばかりか、彼らの生きた地域の地理に精通していることを求められたからだ。出来事が起こった現地をくわしく調査しないかぎり、同書の歴史的文脈も伝記としての意味も闇のなかに等しかった。

第二の大事件は、一九九〇年に共産主義体制が崩壊し、ソビエト連邦によるモンゴル占領が終わったとき、不意に起こった。ソ連軍が撤退し、軍用機は飛び去り、戦車は母国へもどっていった。アジア奥地のモンゴル世界が、突如として部外者に開かれたのだ。やがて、少数ながら保護区に足を踏み入れる者が現われるようになった。モンゴル人の狩人たちが密猟を狙って獲物であふれた谷間へ忍び込み、家畜の牧草地を求める遊牧民たちが立入禁止地区の境界線ぞいに姿を見せ、ときおり探検家たちが禁止地区そのものに足跡をしるした。一九九〇年代には、チンギス・ハンとその一族の墓を探す外国人の専門家チームがいくつか現地を訪れた。多くの興味深い発見はあったものの、彼らの最終目的はかなえられなかった。

私の研究は、中国・中東・ヨーロッパを結ぶ世界貿易とシルクロードの歴史において、部族民がどんな役割を果たしたかを調べることからはじまった。このルートぞいに、北京の紫禁城から中央アジアを経てイスタンブールのトプカプ宮殿まで、数々の考古学遺跡や図書館や学者たちとの会合へ出向いた。一九九〇年にシベリアのモンゴル人地区であるブリヤーティアを初訪問して以来、ロシア、中国、モンゴル、ウズベキスタン、カザフスタン、タジキスタン、キルギス、トルクメニスタンにモンゴル人の足跡をたどった。ある夏は、チュルク語系諸族〔アルタイ語族の一派であるウイグル語、トルコ語、タタール語、ウズベク語など、トルコから西アジアにかけて広範囲に分布する言語を話す民族の総称〕が古い時代に、故郷のモンゴル地方から遠くは地中海に臨むボスニアまで民族移動していった道筋を追いかけた。その後、マルコ・ポーロとほぼ同じ海路で中国南部からベトナムへ、マラッカ海峡からインドへ、ペルシア湾岸のアラブ諸国へ、そしてヴェネチアへと、いにしえのモンゴル帝国の外縁をまわった。

それだけ長い旅をして情報こそ多く得られたものの、当初期待したほどの理解には達することができなかった。にもかかわらず、一九九八年にモンゴルを訪れ、チンギス・ハンの青春期に関してもう少し背景を探る仕上げ的な短い調査旅行に出たとき、私は研究が終わりに近いと考えていた。ところがその旅は、思いもよらぬ深みにはまる、さらに五年の集中研究につながった。当時モンゴル人たちは、何世紀にもわたる外国支配から解放されて有頂天気味だったが、太祖チンギス・ハンの思い出を抱きしめることがひときわ大きな興奮を呼び起こしていた。その名を冠したウォッカやチョコレートやタバコが出回る急激な商業化も、彼を讃えて各種発表される歌も、歴史的人物としてのチンギス・ハンを浮き彫りにするものではなかった。彼の魂が寺院から消え失せただけでなく、モンゴル人の歴史においても、一般の世界史と同じくチンギス・ハンの顔は依然として見えなかったのだ。いったいチンギス・ハンとは何者だったのか?

自分の手柄でも技量でもないけれど、私はこうした問いに答えることが突如として可能になった時代にモンゴルを訪れた。ほとんど八世紀ぶりに、チンギス・ハンが子ども時代を送り、埋葬された禁断の地が開放されると同時に、ついに『元朝秘史』が解読されたのである。一個の学者に歯が立つ課題ではなかったが、さまざまな分野に根ざすひとつのチームとして、私たちは答えを見つける作業に着手することができた。

私は文化人類学の立場から、二十世紀モンゴル考古学の第一人者Kh・ペルレー博士に師事し、彼が集めた情報の多くに接しえたKh・ハグワスレン博士(9)と緊密に連携しながら仕事を進めた。やがてハグワスレン博士を介し、長年のあいだ秘密裏に、しかもほとんど単身で、成果を書き記すことも出版することもできない研究に取り組んできた他の学者たちにも出会った。共産党員のO・プレヴ教授は、党の歴史を調べる公式研究者の地位を利用してモンゴル人のシャーマニズムを研究し、それを『元朝秘史』の隠された意味を解読する作業に応用していた。モンゴル陸軍のKh・シャグダル大佐はモスクワ勤務という立場を生かし、『元朝秘史』に描かれたチンギス・ハンの戦略および勝利を、公文書に記録されたロシア軍の兵法と比較した。モンゴルの政治学者D・ボルド＝エルデネは、チンギス・ハンによる権力獲得の政治的手法を分析した。なかでもその徹底ぶりと詳細さが際立つのは、チンギス・ハンの歴史を求めてモンゴル地方を一〇〇万キロメートル以上踏破した地理学者O・スフバートルの研究だった。

チームの共同作業がはじまり、十数種類の言語で書かれた最重要の一次資料および二次資料を『元朝秘史』の記述と照らし合わせたり、各地の地図を広げては、さまざまな文書や古くからの分析の真意を論じ合ったりした。するとおのずから、互いに相容れない大きな齟齬《そご》が少なからず出てくる。まもなく、スフバートルは『元朝秘史』の一字一句を事実ととらえる極端な経験主義者で、科学的裏づけによりそれらの事実を立証しようとしてきたことがわかった。いっぽうプレヴは、同書のいかなる部分も逐語的に受け取るべきではないという考えだ。プレヴの解釈によると、チンギス・ハンは歴史上もっとも強力なシャーマンであり、『元朝秘史』は彼が権力の座に上りつめる経緯を象徴的に記録した秘義の書だった。もしそれを解読できれば、世界の征服と支配をめざすシャーマンの青写真を再現することになるはずだった。

共同作業の開始にあたって、食い違う考え方や解釈を整理するうえで、実際に出来事が起こった場所を見つけることが不可欠なのは明らかだった。史料の精度を測る究極の試金石は、実際の事件が起こったと思われる現場と照合してみることだろう。書物は嘘をつけても、場所は嘘をつかない。チンギス・ハンゆかりの地を苦労しながらひととおり訪れたところ、いくつかの疑問は解けたものの、さらに多くの問いが生じた。そこで起こった出来事を理解するには、正確な場所を探し出すだけでなく、それにふさわしい天候のもとでその場所を経験しなければならないことがわかった。私たちは一年の異なる季節に同じ場所を再訪するよう努めた。それらの場所は数十万へクタールにわたる広大な土地に散在するが、私たちの研究にとってもっとも重要な地域は、チンギス・ハンの死後封印されてきた、あの謎めいた立入禁止地区のなかにあった。チンギス・ハンが遊牧的な生涯を送ったために、私たちの研究も逍遙の学、つまりたんに場所を取り上げるというより移動をめぐる考古学となった。

モンゴル地方を衛星写真で見ると道路らしい道路はなく、草原を越え、ゴビ砂漠を渡り、無数の山々を抜ける径《こみち》が、ありとあらゆる方向に行き交っている。しかし、それらはすべてイフ・ホリグ、すなわち禁断の地の境目で途絶える。チンギス・ハンの故地へ立ち入るには、ソ連が人払いの目的で占拠し、警備を固めていた緩衝地帯を越えなければならなかった。彼らが去ったあとには、えんえんと続くクレーター状の砲撃跡のあいだに、戦車やトラックの廃車、飛行機の残骸、砲弾殻、不発弾などが散らばる、超現実的な風景が残された。空気は不思議な蒸気で満たされ、怪しい霧が生滅をくり返す。数階建てのビルほどの高さにそびえ立つ捻《ね》じ曲がった金属彫刻は、目的も知れぬ施設の名残。かつては秘密の電子装置を収めていた建物の残骸が、生き物の気配もない油まみれの砂丘に点々と広がる。古色蒼然たる兵器計画の産物たるさまざまな部品が、傷ついた草原に放置されている。正体のわからない化学物質の黒々とした液体をたたえる神秘的な池がいくつも、まぶしい太陽に不気味なきらめきを放つ。淀んだ水面には、やはり正体不明の黒っぽい破片が浮かび、水際には動物の骨、乾いた死骸、毛皮の切れ端、固まった羽根などが散らばっていた。二十世紀が残したこの恐怖の墓場の向こうに、それと天地ほどの好対照をなして、チンギス・ハンの禁断の故地が手つかずの状態で横たわる。数万ヘクタールにおよぶ原生林と山地と河川流域と草原である。

立入厳禁地区に入ることは、たんに時間を遡るだけでなく、チンギス・ハンの世界をほぼ当時のまま味わう経験だった。この地域は、二十世紀最悪のテクノロジーの墓場に取り囲まれながら、同時にそれによって守られた孤島として生きのびてきた。倒木と、生い茂った灌木《かんぼく》と、巨石でさえぎられて、封印地の大半は足を踏み入れることができず、それ以外の場所も八百年間、たまに兵士の巡回を受けただけだった。この地域自体がチンギス・ハンの生きた記念碑であり、そこを旅すると、早駆けの馬にまたがった彼の姿がいつ川を遡ってきても、あるいは尾根の向こうからいつ現われてもおかしくない気がする。そしてふたたび、かつて彼が愛した場所に野営地をかまえ、逃げるレイヨウに向かって矢を放ち、氷の張ったオノン川に魚釣りの穴をうがち、息絶えるまで生涯変わらず彼を守った聖山ブルカン・カルドゥンの頂《いただき》にひざまずいて祈るのだ。

私たちの研究チームは、事件直後の犯罪現場を捜索する探偵さながらイフ・ホリグに近づいた。『元朝秘史』を手引きとして草原を進み、あちこちのこぶや丘から太古のままの風景を精査した。山や川や湖などの明確な陸標から離れた茫漠たる草原では、海を行く船乗りのごとく草を分けて旅することに長《た》けた遊牧民の助けが欠かせない。私たちには、モンゴル人の学生、学者、地元の遊牧民や馬追いたちからなる一団が顔ぶれを変えながらつねに同行して、私が研究課題とする問いの答えを彼ら同士で熱心に議論するのだった。彼らの判断や解答は、いつも私より上手《うわて》だったし、私にはけっして思い浮かばない問いを投げかけてくれた。遊牧民の考え方をわきまえた彼らは、知らない土地に踏み込んでも、先祖ならどこに野営するか、どちらへ進んだかを容易に言い当てた。夏の野営地としては蚊が多すぎる場所、冬の野営地としては露出しすぎた場所を、たちまち見分けた。もっと重要なのは、ある地点から別な地点までどのくらいかかるか馬を走らせてみたり、ある場所の土壌や草が、よそと比べて馬の蹄にどれだけ異なった共鳴のしかたをするか確かめたりといった具合に、彼らが着想をすぐ試す意欲を持っていたことだ。凍った川を馬で渡るには氷の厚さがどのくらい必要か、それとも馬を下りて徒歩で渡ったほうがいいか、あるいは氷を割って冷たい水をかき分けて進んだほうがいいかも、お見通しだった。

モンゴル語地名のなかには、現代のモンゴル語に直して理解でき、そのまま周囲の地形に当てはまるものもあった。『元朝秘史』は、チンギス・ハンが最初に氏族の長《おさ》になった場所をカラ・ジルゲン山麓のココ・ノウルとする。「心臓の形をした黒い山」の麓《ふもと》にある「青い湖」の意味である。この場所がどこかは何世紀ものあいだ語り継がれ、だれでも簡単に見つけることができた。しかし、彼の誕生にまつわる「乳房山」や「脾臓湖」といった地名は、場所の見かけを言い表わしたものか、そこで起こった出来事を伝えるものかがはっきりしないのと、風による侵食と乾燥の強いこの地域では八世紀のあいだに丘や湖の形が一変しかねないために、断定が難しい。

それでも私たちは、しだいに裏づけ材料と物語とを最善の形で結びつけていった。チンギス・ハンが子ども時代を送った場所を探し出し、そこから出来事を経緯にそって跡づけることにより、彼の生涯に関するいくつかの誤解をたちまち正すことができた。一例をあげれば、彼が生まれ落ちたオノン河畔の低い丘が厳密にどれかについては議論が分かれたものの、樹木に覆われて湿地の点在する川が、遊牧民のほとんどが住み、大半の学者たちがチンギス・ハンの育った場所と考える開けた草原と大違いなのは明らかだった。この違いは、彼と他の遊牧民との差異を浮き上がらせてくれた。『元朝秘史』がチンギス・ハンの子ども時代について、遊牧より狩猟に多く言及する理由はこれですぐわかる。チンギス・ハンの幼少年期は、開けたステップ地帯のチュルク語系諸民族より、『元朝秘史』がモンゴル人のふるさととするシベリア系文化と強く結びつくこと——それを地形そのものが立証していた。この情報はさらに、私たちがチンギス・ハンの戦法を理解するうえで大いに役立った。敵方の一般市民を遊牧対象の動物のように扱うのに対し、敵方の兵士は狩るべき獣のごとくみなすことも、これで納得できる。

五年間で、私たちのチームは幅広い条件や状況に遭遇した。太陽をさえぎるもののない場所の摂氏三十八度から、二〇〇一年一月のコルコナグ草原のマイナス四十六度まで〔ただし烈風による体感温度低下は勘定に入れない〕、気温は八十度以上の開き。もちろん、そんな地域を旅するとき行き当たるお決まりの災難や好機にはひととおり出会った。車は冬の雪、春の泥、夏の砂にことごとくはまった。鉄砲水にさらわれてしまったものも一台ある。私たちのキャンプは、ときに風、ときに雪、ときに酒宴のどんちゃん騒ぎで潰れた。二十世紀最後の幾夏か、私たちは無限のミルクと肉というすばらしい豊かさを享受した。ところが二十一世紀開幕の数年は、ゾド〔寒冷や雪害〕による動物飢饉のきわめつけも体験した。周囲の馬やヤクが見るまに倒れて息絶え、夜には大小あらゆる動物たちが立ったまま凍りつくのだ。

にもかかわらず、私たちの仕事にはひとときの疑いも危険も立ちふさがることがなかった。永久《とわ》にその地で暮らす遊牧民や狩猟民の日々の困難に比べれば、私たちが味わったものなどささいな苛立ちにすぎない。最初はちょっとした不都合ではじまった予想外の事態も、最後にはかならず土地や住民について何か新しいことを教えてくれる一幕となった。一日に八〇キロメートル近く馬に乗って進む経験からは、腹に長さ四・五メートル以上もある絹の布を巻きつける慣わしが、確かに内臓を支え、吐き気を抑えることを学んだ。また、途中に調理の休憩を取れないそうした長旅で、乾燥ヨーグルトをポケットに忍ばせる知恵や、木製の鞍にまたがる場合、デールと呼ばれるモンゴル式長衣《ローブ》がいかに重宝するかも学んだ。聖山ブルカン・カルドゥンの近くで一頭の狼に出会ったことを、私たちの道連れ一同は脅威より祝福と受け止めたし、何度となく迷ったり立ち往生したりした経験は、そのたびに進路の見定め方や、だれかが現われるまで辛抱強く待つことについて、新しい教訓を与えてくれた。モンゴル人が心底、自分たちの世界を知り尽くしていること、彼らの判断力と身体能力と惜しみない力添えが、つねに一〇〇パーセント当てにできるものであることを、私はくり返し噛み締めた。

本書では、私たちのおもな発見を紹介しつつ、道中の天気、食べ物、寄生虫、病気などへの言及は最低限に抑え、学者連中や調査で出会った人びとの七癖も割愛した。あくまでもチンギス・ハン自身と、世界に与えた彼の影響とを理解するという研究テーマに的を絞っている。

第1部は、チンギス・ハンが草原で権力の座に上りつめる物語と、一一六二年の生誕から一二〇六年に全部族をまとめてモンゴル帝国を打ち立てるまで、彼の人生と性格を形づくったさまざまな力を取り上げる。第2部は、チンギス・ハンの孫たちが争い合うようになるまで五世代続いた「モンゴル世界大戦」（一二一一～一二六一年）を通じ、モンゴル人が歴史の表舞台に登場する経緯を追う。第3部は、そののち百年の平和と、現代社会につながる政治的・商業的・軍事的構造の基礎を築いた「グローバルな目覚め」（一二六二～一九六二年）を掘り下げる。

第 1 部

草原の恐怖支配

1162～1206

民族！　民族とは何だ？

タタール！　そしてフン族！　そして中国人！

彼らは虫けらのように群れをなして動く。歴史家は彼らを記憶に値するものに仕立てあげようとするが無駄だ。

こんなに人がうじゃうじゃしているのは、一人前の人間がいないからだ。世界は、然るべき個人がいなければ、人が存在することにはならない[1)]。


ヘンリー・デイヴィッド・ソロー（1851年5月1日の日記より）

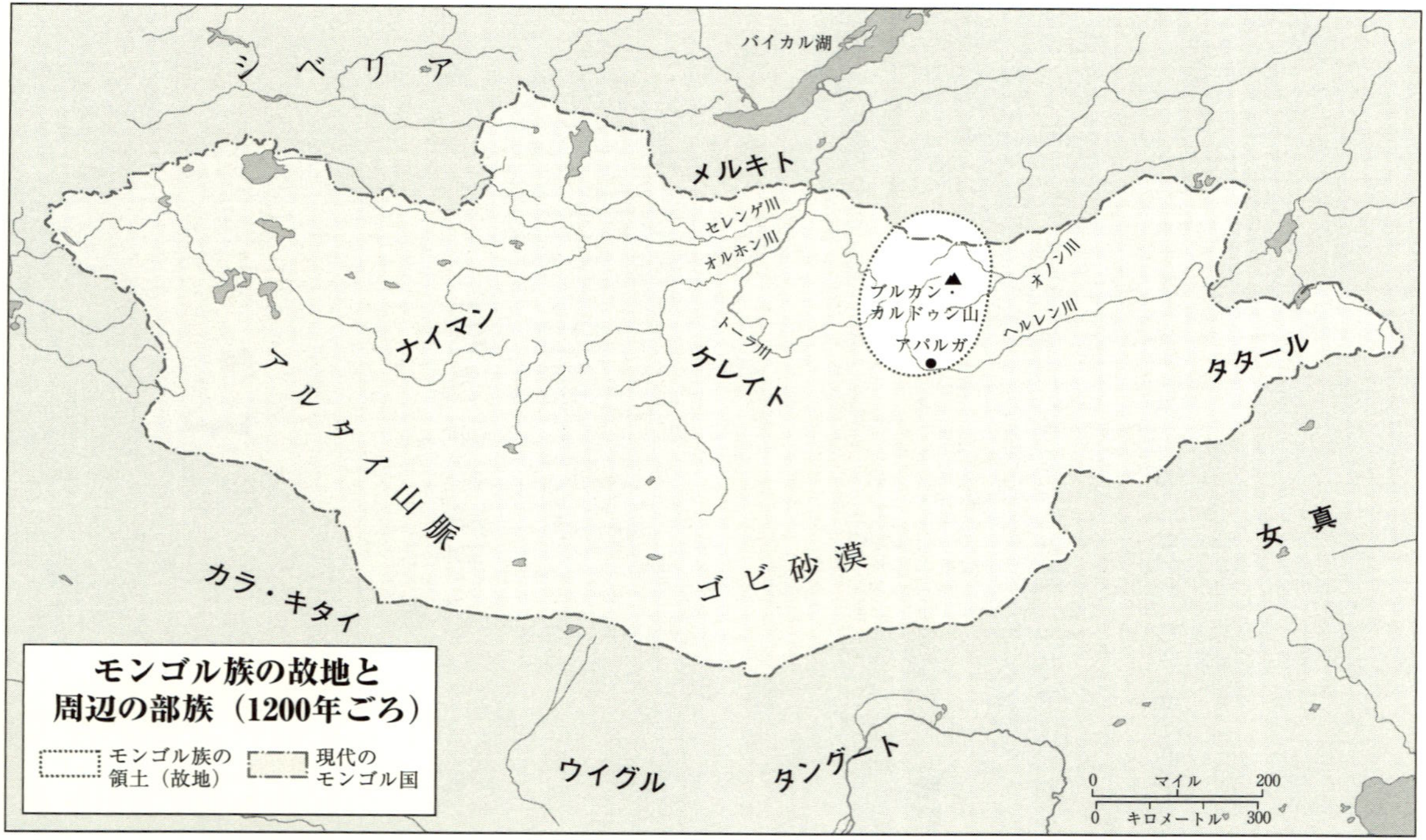

モンゴル族の故地と
周辺の部族（1200年ごろ）
モンゴル族の
領土（故地）
現代の
モンゴル国
シベリア
バイカル湖
メルキト
セレンゲ川
オルホン川
ブルカン・
カルドゥン山
アバルガ
オノン川
ヘルレン川
トーラ川
ナイマン
ケレイト
タタール
アルタイ山脈
ゴビ砂漠
女真
カラ・キタイ
ウイグル
タングート
0
マイル
200
0
キロメートル
300

第一章——血の塊

その眼は火と燃え、その面《おもて》は光り輝いている。(1)

——『元朝秘史』

〈久遠の蒼穹〉に導かれて

モンゴル人によって征服された数千の都市のなかで、チンギス・ハンみずからが入城したと歴史が伝えるのはただひとつだ。たいていの場合、勝利が確かなものになると彼は側近を率いてもっと居心地のよい遠くの幕営地に退き、かわりに戦士たちが都市の征服をなしとげるのだった。辰年《たつ》にあたる一二二〇年三月のある日、このモンゴルの征服者は自分のこれまでのしきたりを破って、新たに攻略した都市ブハラの中心部に騎馬隊を進めた。ブハラは非常に重要な都市で、今日のウズベキスタンの地にあるホラズムのスルタンが治めていた。国の首都でもなければ主要な商業都市でもなかったが、全イスラム世界で「高貴なるブハラ」として熱い崇敬の念を寄せられており、「すべてのイスラム教徒の喜びあふれる勲章」の異名を持つ信仰の中心地だった。自分がこの都市を征服し入城することの宣伝効果を充分に心得ていたチンギス・ハンは、意気高らかに都市の城門を馬で走り抜け、木造家屋や屋台がごみごみと立ち並ぶ街筋を通って、石や煉瓦でできた数多くの建造物が群がる都市の中心部に達した。

このブハラ入城は、おそらく軍事史上もっとも大胆な奇襲攻撃の成功に続くものだった。モンゴル軍の一部がモンゴルからじかに進軍し、イスラムの国境都市を真正面から攻撃するあいだ、チンギス・ハンはひそかに別の分隊を率いて三二〇〇キロメートルにもおよぶ砂漠や山地、草原を越え、軍事史上最長の距離を踏破したすえに、意表をついて敵陣深く姿を現わしたのだ。キジルクムの名で知られる「赤い砂漠」は、交易の隊商《キャラヴァン》さえ何百キロメートルも遠回りをして避けて通る地域で、チンギス・ハンがこの方角から攻撃をしかけた理由はまさにそこだった。彼はこの地方の遊牧民を味方に引き入れることによって、それまで知られていなかったルートを通り、石の転がる荒野や砂漠を進軍できた。

チンギス・ハンが狙った都市ブハラは、アムダリア川の支流をはさんで広がる肥沃なオアシスの中心地だった。住民の大半はペルシア人とタジク人が占めるものの、治めるのはチュルク語を使う民で、誕生したばかりのホラズム帝国に属していた。この時代に興亡した数々の儚《はかな》い帝国のひとつだ。ホラズムのスルタンは、モンゴルの隊商から略奪し、平和的な交易を協議するために派遣されたモンゴル使節団の面目を失わせたことで、チンギス・ハンの敵意をかきたてるという致命的な過ちを犯した。すでに六十の坂にさしかかっていたチンギス・ハンだが、部下に攻撃が加えられたのを知るや、ためらうことなく百戦錬磨の軍を召集し、馬を駆って戦《いくさ》に馳せ参じるよう命じた。

歴史に登場するほとんどの大軍とは対照的に、モンゴル軍は物資補給の隊列をともなわずに軽装備で進軍した。砂漠を横断するのにもっとも寒い時期の到来を待てば、人も馬もさほど水を必要としない。また、この季節には露が降りて牧草がよく育つため、馬の餌には困らなかったし、狩りの獲物も集まってきた。これを兵士たちは精力的にしとめて糧食にした。モンゴル軍は機動性に欠ける攻城兵器や、重い機器を運んでいくかわりに、場に応じて入手できる材料で必要なものを即座につくり出す身軽な工兵隊を同行した。彼らは広大な砂漠を横断して久々の樹木に出会うと、すぐさま切り倒して梯子や攻城兵器などをこしらえた。

前哨隊が砂漠を横切って最初の小集落を見つけると、敏捷な部隊はただちに速度を落とし、攻撃をかける戦士というより、商売にやってきた隊商さながらゆったりとした足取りで進む。住民が敵軍の来襲に気づき、警報を発するころには、戦意満々のモンゴル軍が何食わぬ風情で都市の城門に迫っていた。

チンギス・ハンは砂漠から不意に姿を現わしたのちも、すぐさまブハラの攻撃に取りかかることはなかった。モンゴル軍の攻撃にさらされている国境地域のオアシス都市が、ブハラに援軍を送ることなどありえず、住民を恐怖にすくませたり希望を与えたりして人心を攪乱するゆとりが充分にあることを知っていたからだ。敵を脅かして実戦の開始前に降伏させるという、この戦術の狙いは単純で不変だった。まず近隣のいくつかの小さな都市を攻め落とし、人びとが避難民となってブハラに逃げ込むよう仕向ける。するとブハラの街は避難民であふれるだけでなく、街全体に恐怖が蔓延する。モンゴル軍は敵陣の背後深くに攻撃をしかけることによって、たちまちホラズム中に混乱と恐怖の渦を巻き起こした。ペルシアの年代記編者アター・マリク・ジュワイニー〔一二二六～八三年〕がチンギス・ハン襲来の様子を次のように描写している。人びとはまわりの田園がどちらを見ても「騎兵で埋めつくされ、騎馬隊が巻き上げる埃《ほこり》で夜のように暗くなったのを目にすると、恐怖に打ちのめされて狼狽し、ただただすくみ上がるばかりだった」(2)。ある街にこうした心理攻撃をしかけるにあたって、チンギス・ハンは人びとを待ち受けるふたつの運命を示すことからはじめた。まず、狙い定めた都市の周辺地域に住む人びとに寛大な降伏条件を提示し、それを呑んでモンゴル族に帰属した者は大いなる寛容さをもって遇された。ペルシアの年代記編者の言を借りれば、「彼らに屈服し服従する者はみな安全を保証され、厳罰による恐怖と屈辱に震えることはなかった」(3)。降伏を拒絶した者はことさら苛酷な扱いを受ける。たとえば次の攻撃のさい、捕虜はモンゴル軍の前に集められて、敵の大砲の餌食になった。

このやり方は、ブハラを守っていたチュルク語系民族の兵士をパニックに陥れた。ブハラの城塞を守るのにわずか五百の兵を残したのみで、あとの二万人はモンゴルの主力部隊が到着しないうちに、一目散に逃げ出した。しかし、彼らは要塞を捨てて四方八方に逃げることによりチンギス・ハンの計略にはまる。逃げる敵兵を待ちかまえたモンゴル戦士たちは、余裕しゃくしゃくといえるほどたやすく敵兵を切り倒していった。

ブハラの市民たちは降伏し都市の城門を開いたが、あくまで抵抗する小部隊が砦に立てこもった。ここならどんな包囲攻撃を受けようと、堅固な城壁のおかげでいつまでももちこたえられると考えたのだ。全体の状況をもっと慎重に判断すべく、チンギス・ハンはかつてない決意を胸に街に入城した。彼がブハラの中心部に到着し、人びとの降伏を受け入れるにあたって最初にとった行動は、自分の馬に飼い葉を持ってくるよう命ずることだった。モンゴルの馬と戦士に糧食を提供する行為は、被征服民の服従のしるしとされていた。さらに重要なのは、チンギス・ハンが糧食と飼い葉を受け取ることにより、自分の命に服すとともにモンゴルの保護を受ける配下として市民たちを認めることを示した点である。

中央アジア征服後、当時ほぼ六十歳になっていたチンギス・ハンに関する数少ない文書記録のひとつが書き残されることになる。ペルシアの年代記編者ミンハージ・アッシーラーフィー・ジュジャーニーは、ジュワイニーに比べるとモンゴル人に対してはるかにきびしい見方をしていたが、チンギス・ハンを次のように描写する。「背丈は高く、筋骨隆々とした偉丈夫。髪は薄く白髪に変わり、猫のような眼を持つ。物事に打ち込むエネルギー、洞察力、非凡な才能、理解力、威厳のすべてを備えている。まさに断固たる虐殺者。血に飢えて情け容赦なく敵を打ち倒す、恐れを知らない破壊者(4)」。いくつもの都市を壊滅させ、自軍の何倍もの規模を持つ敵を征服した異才のゆえに、年代記編者はさらに続けてチンギス・ハンのことを「魔術と策略に精通し、悪魔と手を組んでいる」と断言した。

当時の様子を目にした人物の言によれば、ブハラの中心部に到着するやチンギス・ハンは、馬で大モスクに乗りつけ、それが街で一番大きな建造物だったことから、ここはスルタンの宮殿かとたずねた。スルタンではなく神の家だと告げられると、彼は口をつぐんだ。モンゴル人にとって唯一の神は、地平線から地平線まであまねく四方に広がる〈久遠《くおん》の蒼穹《そうきゅう》〉だった。神はすべての大地を統《す》べている。神が囚人か檻に入れられた動物のように石の家に閉じ込められたり、ブハラ市民たちの言うように、神の言葉が一冊の書物に封じ込められたりすることなどありえない。チンギス・ハンはみずからの体験として、故郷の山地の茫漠たる広がりのなかで神の存在を感じ、じかに語りかけてくる神の声を聴いたこともしばしばだった。彼はその声に従うことによって、数々の大いなる都市や巨大な国々の征服者となったのである。

　チンギス・ハンは大モスクに入ろうと馬を下りた。生涯を通じて、彼がこの種の大建造物に足を踏み入れたのは一度きりだったとされる。モスクに入ると、学者と聖職者に向かって、自分の馬に飼い葉を与えるよう命じた。これは彼が配下におさめたほぼすべての宗教者を遇したのと同じやり方で、彼らをこれ以上危ない目にあわせず、自分の保護下に置くことを意味した。次にブハラの富者二百八十人をモスクに召集する。都市の城壁内に入った経験はほとんどなかったにもかかわらず、チンギス・ハンは人間の感情や心の動きを鋭くつかんでいた。集められた人びとを前に説教壇に上り、おもむろにブハラの支配層のほうへ向き直ると、通訳を介してスルタンと目の前の人びととの悪行と罪をきびしく糾弾した。これまでの不首尾の責任は一般市民にはない。「罪を犯したのはお前たち権力者だ。もしも大罪を犯していないなら、神が罰として、お前たちのもとへ私を送り込むことはなかったろう」[5]。そうして、彼は富者ひとりにモンゴル兵士をひとりずつつけた。兵士は富者の家まで同行し、その財宝を取り立てる役目である。囚われの身となった富者たちは、目に見えるところにある財宝など披露しなくてよいと釘を刺された。そんなものは人の助けを借りるまでもなくモンゴル兵には見つけられる。案内が必要なのは、隠したり埋めたりした宝物だけだった。

　ブハラの街の組織的な略奪を開始すると、チンギス・ハンの関心は、いまなお城塞に立てこもって抵抗を試みるチュルク語系民族の戦士を攻撃することに向けられた。ブハラやサマルカンドのような中央アジアのオアシス都市に住む人びとは、とくにモンゴル人を知悉《ちしつ》していたわけではないが、何世紀ものあいだに多くの蛮族の軍隊が去来するのを見てきた。それまで来襲した諸族の軍勢は、いかに果敢で訓練を受けていようとも、深刻な脅威となることはけっしてなかった。というのも、都市の軍隊は食料と水さえあれば、要塞の堅固な城壁の背後でいつまでももちこたえられたからだ。おおかたの予想では、モンゴル兵が専門的な訓練を積んだブハラの職業軍人にかなうはずはなかった。モンゴル軍の兵士は一般にすぐれた弓を持っていたが、各人が自分で弓をつくるか手に入れるかしなければならなかったため、その質はさまざまだった。同様に、部族の男子全員から構成されたモンゴル軍は、訓練といっても子どものとき牛や羊の番をするのに身につけた辛抱強さだけが頼りで、逞しくて規律正しく、任務に忠実ではあるけれども、ブハラの守備兵のように精鋭ぞろいでもなければ、専門的な教練を積んでもいなかった。ブハラの城塞の堂々たる石壁のうしろに立てこもった兵士たちの最大の強みは、いまだかつて複雑な包囲戦に熟達した遊牧民部隊など存在しないという点だった。しかし彼らは、チンギス・ハンの力を思い知らされることになる。

城塞の兵士への攻撃は、圧倒的強さを見せつける一種のショーとして計画された。観客はすでに征服されたブハラ市民ではなく、チンギス・ハンが次に兵を進める予定の、はるかサマルカンドの軍隊と市民だった。モンゴルの侵略者たちは、弩《ど》〔一種の大弓〕と大小の投石機からなる新造の包囲戦兵器を攻撃態勢に移した。これは包囲軍が何世紀ものあいだ行なってきたように石や火を投げ込むだけでなく、可燃性の液体が入った容器や爆弾や発火物を投擲《とうてき》する兵器だった。モンゴル兵は車輪で動く巨大な弩を操り、格納式梯子を備えた移動可能な塔に大軍団がぎっしり乗り込んでは、梯子を使って城壁を守る兵士たちに襲いかかったのである。空中攻撃と同時に、地面を掘って城壁を下からも切り崩しにかかった。こうして空中と地上と地下で卓越した技術力を示威するいっぽう、チンギス・ハンは人びとを心理的にも追い詰めた。ときには城塞を守る兵士の仲間も入り交じり、壕《ほり》への突撃を命じられた捕虜たちの体がついに壕を埋めつくして肉の塁壁と化すや、その上を踏んで新手の捕虜たちが兵器を運ぶのだ。

モンゴル軍は、接触したさまざまな文化圏から武器を取り入れて改良を加えた。このような知識を積み重ねることで、どんな状況にも対処できる世界規模の兵器庫をつくり上げたのである。発火・爆発兵器の分野では、のちに迫撃砲や大砲に進化する兵器の雛形を試作している。ジュワイニーの記述を読むと、目撃者が身辺に起こったことを正確に説明しようとして、混乱しているのがわかる。彼はモンゴル軍の襲撃をこう描写する。「まるで真っ赤に燃えさかる熱い溶鉱炉のようだった。外から固い棒を突き刺して燃料がくべられ、炉の中からは火花が空中に飛び散った」(6)。チンギス・ハンの軍隊は、草原の兵士が伝統的に持っている荒々しさと機敏な動きを、中華文明の高度に洗練された技術と結びつけた。速やかに進む百戦錬磨の騎馬隊を、地を行く敵の歩兵隊にぶつけるいっぽうで、砲撃の新技術で城壁の防御力を無効にし、火器と空前の破壊兵器を利用して要塞に侵入し、守備兵を縮みあがらせた。要塞を守るスルタンの兵士たちには火と死神とが雨あられのように襲いかかり、ジュワイニーの言葉を借りれば、またたくまに「大波に呑み込まれるかのごとく壊滅した」という。

チンギス・ハンにとって戦はスポーツ競技でもなければ、好敵手とのたんなる力くらべでもなく、ある民族が別の民族を完膚なきまでに打ちのめすことにほかならなかった。勝利はルールを守る者が手にするわけではない。ルールをつくり出し、敵にそれを課す者の手に勝利は落ちる。不完全な勝利などありえなかった。勝利は圧倒的で、完璧で、有無を言わせぬものでなければならず、さもなければ無に等しかった。これは、戦時においては恐怖作戦と不意討ちをためらいなく遂行することを意味し、平時にはいくつか単純かつ不動の原則を守り抜いて一般人に忠誠心を芽生えさせることを意味した。抵抗は死をもって贖《あがな》われ、忠誠は保護をもって報いられた。

チンギス・ハンのブハラ攻撃は思惑どおりの効果をもたらした。ブハラの市民が降伏しただけでなく、モンゴルの戦いぶりが首都サマルカンドに伝わると、サマルカンド守備軍も降伏したのである。スルタンは自国を捨てて逃げ出し、猛威をふるうモンゴル軍は破竹の進撃を続けた。チンギス・ハン自身はモンゴル軍の主力を率いてアフガニスタンの山地を越え、インダス川に向かって進軍するいっぽう、分遣隊はカスピ海を迂回し、カフカス山脈を越えてロシアの平原に達した。一二二〇年のその日からソビエト軍が侵入した一九二〇年までちょうど七百年のあいだ、チンギス・ハンの子孫はハンやアミール（首長）としてブハラを統治し、歴史上もっとも長く君臨した一族となった。

人材や技術を巧みに操るチンギス・ハンの能力は、四十年以上にわたりほとんど継続的に戦闘状態を取り続けるなかで培われた経験知の賜物《たまもの》だった。戦における非凡な才能、部下の忠誠心を集める力、世界規模の組織をまとめ上げる稀代の技量は、彼の生涯のある決定的場面でいっきに獲得したものではない。このような能力は直感的なひらめきや学校教育から得られたのではなく、他に類を見ないほど鍛え抜かれた精神と鋭い目的意識とを原動力として、実践的な学習、経験にもとづく適応、絶えざる修正を粘り強くくり返すことによって身につけたものである。チンギス・ハンの戦歴は、ブハラで戦ったモンゴル兵の大半が生まれるずっと以前からはじまって、戦のたびに何かしら新しいことを学んでいた。小競り合いをすればかならず信奉者の数を増やし、戦闘技術を向上させたし、戦うごとに新しいアイデアを編み出しては、つねに戦術と戦略と武器の組み合わせを変えていった。同種の戦をくり返すことは一度もなかった。

離合集散をくり返す遊牧民

世界でもっとも偉大な征服者となるべく運命づけられた少年の物語は、モンゴル軍のブハラ征服より六十年前に、いまのモンゴルとシベリアの国境近く、ユーラシア大陸のはるか奥まった広原の一角ではじまる。伝説によれば、モンゴル族の起こりは山中の森にある大きな湖のほとりで「蒼き狼」と「麗しき紅色の牝鹿」が交わったことに発するという。チンギス・ハンが死を迎えたとき、モンゴル族はこの祖先の地を部外者に対し永遠に閉ざしてしまったので、モンゴル族の起源を語る歴史的記述はまったく残されていない。歴史の文献でも山や川の名前はほとんど不明であり、現代の地図を見ても同一の地形に異なる名前がついていて、綴りも多岐にわたる。

モンゴルの諸民族が住むこの地域は、今日のモンゴル北東部の小さな部分にすぎなかった。現在のモンゴル領土の大半は中央アジア北部の高原に広がっているが、太平洋の湿気をふくんだ風はここまで届かない。それはアジアの農業文明諸国の緑濃い沿岸平野をうるおす風だ。いっぽう、モンゴル高原に達する風はおおむね北西の極地から吹いてくる。この風はわずかばかりの湿気を北部の山々に送り届けるものの、「ゴヴィ」ないし外国人に「ゴビ」〔ゴビはモンゴル語で砂礫を含むステップを指す。

日本では、モンゴル高原南部にある砂漠をゴビ砂漠と言い習わしている〕として知られる南部の乾燥地域はその恩恵に浴さない。きびしい気候のゴビ砂漠とほどほどに湿潤な北方山地のあいだには、雨さえ降れば夏季には緑に変わる広大な草原が横たわっている。夏になると牧草を求めて遊牧民が移動するのはこのような草原である。

海抜はせいぜい三千メートルあまりだが、モンゴルのヘンティ山地は地球上でもっとも古い山塊からできている。ギザギザと尖った若々しいヒマラヤ山脈とは異なり、年を経たヘンティ山地は何百万年にもおよぶ侵食で稜線が滑らかに削られて、夏になればほとんどの峰に馬に乗ったままさほど苦労せず登れる。山腹に点在する沼は長い冬のあいだに凍りついて硬い氷の塊と化す。斜面にえぐられた深い窪みには雪や氷がたまり、冬には凍って氷河の様相を呈するが、短い夏がくればコバルトブルーの美しい湖に変わる。春になって雪や氷が溶け出すと湖があふれ、山肌をつたって流れ落ちては、草原に注ぐいくつもの小川をつくる。好天の夏には青々と茂った草でエメラルドのようにきらめく草原は、悪天候が続けば何年ものあいだ焦げ痕さながら褐色のままである。

ヘンティ山地から流れ出る川は細く、一年の大半は凍りついている。五月になっても氷は厚く、人を乗せた馬の群れや、ときには荷物を載せたジープすら氷上を渡れるほどだ。これらの小川にそった幅広い帯状の草原は、モンゴル人がユーラシア大陸各地へ進出するさいにハイウェイの役を果たした。草原の端は西へ延びて、はるか東ヨーロッパのハンガリーやブルガリアまで達する。そして東は満州におよび、海ぞいの細い尾根で朝鮮半島と隔てられなければ太平洋にまで届くところだろう。また、ゴビ砂漠の南側でふたたび徐々に姿を現わした草原は、アジア大陸の中心部へと延びて、黄河流域の広大な農業地帯につながる。

穏やかな起伏の地形にもかかわらず、この地の天候は荒れやすく、急激に変化する。万事が極端なここでは、人も家畜も四六時中、天候の激変と向き合わなければならない。モンゴル人に言わせると、ヘンティ山地では一日のうちに四季をすべて経験できる。五月になっても、馬は首を出すのがやっとという深い雪の吹きだまりにはまることがある。

オノン河畔のこの地に、のちにチンギス・ハンの名で知られることになる少年が生まれた。自然の美しさとは裏腹に、チンギス・ハンが一一六二年、アジアの暦では午《うま》年の春に誕生するよりずっと以前から、この土地に生を受けた人びとの歴史は絶えざる戦いと苦難に彩られていた。その年、遠くにオノン川を望む人里離れた小さな禿山の上で、誘拐されてきた若妻ホエルンは、第一子チンギス・ハンをこの世に送り出そうと歯を食いしばっていた。自分を育《はぐく》んでくれた家族や、親しんだ世界から遠く離れ、見知らぬ人びとに囲まれながら、ホエルンは陣痛を迎えたのだ。そこは故郷でもなく、ホエルンを自分の妻だと主張する男は、彼女が結婚した男でもなかった。

ほんの少し前まで、彼女の運命はまったく違ったものになるはずだった。ホエルンは、メルキト族の若い戦士チレドの妻だったのである。東部の草原を旅したチレドは、一族の女が美しいことで知られるオルクヌウト氏の娘、ホエルンを見そめて求婚した。草原の部族のしきたりに従い、娘を花嫁として自分の部族の地に連れ帰る前に、娘の両親に贈り物を捧げたうえ、数年は働かなければならなかっただろう。彼らは結婚式を挙げると、ふたりきりで花婿の故郷めざして何週間もの牛車の旅に出る。『元朝秘史』によれば、花嫁は牛かヤクの牽《ひ》く小さな黒い荷車に乗り、得意満面の夫は月毛の馬にまたがって牛車のかたわらを進んでいった。ホエルンはおそらく十六歳そこそこだった。

ふたりは楽々と草原を渡り、オノン川にそって進んだあと、メルキトの領土の前に立ちふさがる山地に分け入るところだった。淋しい谷間をほんの数日辛抱して抜ければ、メルキトが放牧する豊かな草原に下りていける。小さな黒い牛車の荷台に腰を下ろした若き花嫁は、馬上の男たちが襲いかかろうとしていることに気づかなかった。それは彼女の人生を永遠に一変させてしまっただけでなく、世界史の流れをも変えることになる襲撃だった。

馬に乗り鷹を連れてひとり狩りに出た男は、近くの断崖の高みからひそかにホエルンとチレドを見下ろしていた。ホエルンとその牛車は、鷹を使って捕える鳥獣よりずっとすばらしい獲物であることに間違いなかった。

狩人は新婚夫婦に気づかれることもなく自分の野営地にもどり、ふたりの兄弟を誘った。ホエルンのような女と結婚するには貧しすぎて、しきたりどおりの贈り物も用意できず、慣例となっている「花婿奉公」を務めるつもりもなかったであろう狩人は、草原の人びとが妻を獲得する第二の方法を選んだ――誘拐である。三人の兄弟は襲撃など予想だにしていない獲物を追いはじめた。高台から夫婦に迫る襲撃者を牛車から引き離すために、チレドはすぐさま早足で馬を走らせて逃げ出した。すると三人は、思ったとおりチレドを追った。チレドは山裾をめぐり、三人を撒《ま》いて花嫁のところにもどろうとしたが、追っ手を振りきることはできなかった。だが、そのときすでにホエルンは悟っていた。見知らぬ土地で襲撃者を撒くことなどしょせん無理で、彼らはすぐに舞いもどってくる。十代の少女とはいえ、ホエルンは固く心に決めていた。夫に生きのびるチャンスを与えるために、自分はここにとどまって襲撃者に身をまかせるべきだ、と。もしも自分がチレドとともに一頭の馬で逃げれば、ふたりとも捕えられて夫は殺されるだろう。しかし夫がひとりで逃げれば、自分が囚われの身となるだけですむ。

『元朝秘史』の語るところでは、夫を説得して自分の計画に従わせるために、ホエルンは次のような言葉を口にしたという。「生きてさえいれば、どの牛車の前にも、どの牛車の上にも、たくさんの乙女があなたを待っているでしょう。あなたは花嫁となる女を見つけることができます。そしたら、私のかわりにその女をホエルンと呼べばいいのです」[7]。そう言うなり大急ぎで上着を脱ぐと、新婚の夫に告げた。「早く逃げてください」。そして別れの契りに、夫の顔に自分の上着を押しつけた。「逃げながら私の匂いが嗅げるよう、どうぞこれを」

草原の文化では、匂いはとても深い意味を持っている。出会いや別れにさいして、他の文化圏の人びとなら抱きしめたりキスをしたりするとき、草原の遊牧民は頬にキスするのとよく似た仕草で、匂いを嗅ぎ合う。この行為は、親子など家族間で嗅ぎ合う行為から、恋人同士のエロティックな嗅ぎ合いまでさまざまなレベルで、深い情緒的な意味を帯びる。各人の息や独特の体臭は、その人の魂の一部をなすものと考えられている。自分の上着を夫に手渡すことによって、ホエルンはこの上なく大切な愛の形見を差し出したのだった。

その日から、ホエルンの前には波瀾万丈の長い人生が待っていたが、二度とふたたび初恋の男にめぐり合えない運命だった。妻を誘拐した男たちから逃げながら、チレドは妻の上着をしっかりつかんで顔に押しつけ、何度も何度も妻の方を振り返ったので、彼の編み上げた黒髪が前後にゆれて、胸から肩を鞭のように打った。夫が馬を駆って永遠に自分の視界から消えたとき、ホエルンはだれはばかることなく胸の痛みを吐き出した。『元朝秘史』によれば、あまりの大声で泣き叫んだため「オノン川を波立たせ、森や谷間をゆるがせた」とある。

ホエルンを誘拐して新しい夫となる人物はイェスゲイという男で、やがてはモンゴル族として名を馳せるものの、いまのところはとるに足らない小集団に属していた。当時彼は、たんにボルジギン氏族の一員でしかなく、そのボルジギン氏は強力な親族であるタイチウト氏に従っていた。ホエルンにとって夫の地位よりもっと厄介なことは、すでに彼には妻のソチゲルとその息子がいるという事実だった。ホエルンは一家のなかで自分の地位を確立するために奮闘しなければならない。もし運がよければ、ふたりの女は別々のゲルに住むことになろうが、たとえ同じゲルではないにしろ日々、鼻つき合わせて暮らすことにかわりはなかった。

ホエルンはどちらを向いても無辺の天地が望める広々と開けた草原で育った。そこでは夏のあいだ、馬、牛、羊、山羊などの大群が草を食《は》んで丸々と太る。これら草原の動物たちが提供してくれる肉やミルクといった滋養のある豊かな食事に、ホエルンは慣れ親しんでいた。それにひきかえ、新しい夫の属する小さな氏族は遊牧民の世界の北の端で暮らしていた。草原は樹木におおわれた山地に阻まれ、群れなす動物を養うだけの草地がなかった。ホエルンはマーモット、ネズミ、野鳥類、魚、稀に鹿やレイヨウなど、これまでより粗末な食べ物を口にしなければならなくなった。モンゴル族は草原の部族間で誇るべき、由緒ある栄光の歴史など持ち合わせていなかった。彼らは「くず拾い」とみなされていたのだ。狼と競って小動物を追いつめたり、機に乗じて草原の遊牧民から動物や女を盗み出す。

彼らにとってホエルンは、捕えた奴隷と大差なかっただろう。
よく語られる話によれば、ホエルンの長男は右手に不思議で不気味なものをしっかり握りしめ、もがき苦しみながらこの世に生まれ出たという。若い母親がおそるおそる息子の指を一本ずつ開いていくと、それは指の関節くらいの大きさな黒い血の塊だった。男の子は母親の温かい子宮のどこかから血の塊をつかみ取り、あの世からこの世へ持ち出したのだ。世間知らずで学もなく、天涯孤独の若い娘は、息子の手に握られていたこの奇妙なしるしをどう解釈したものか。八世紀以上経ったいまなお、私たちはホエルンが息子に抱いたのと同じ疑問への答えに窮している。血の塊は予兆なのか、呪いなのか。吉凶いずれの兆しか。ホエルンは誇るべきか、怯えるべきか。希望を持つべきか、不安におののくべきか——。

十二世紀には多くの部族や氏族が、遊牧民特有の離合集散をくり返しながら草原に暮らしていた。草原のすべての部族のなかでモンゴル族と一番近い関係にあったのは、東ではタタール族と契丹《きったん》（キタイ）族、さらに東に進むと満州族、そして西では中央アジアのチュルク語系民族だった。これら三つに大別される民族グループは、シベリアの部族と共通の文化的・言語的伝統を持つ。おそらくこれらの民族は、みなシベリアから来たのだろう。タタール族とチュルク語系民族のあいだにはさまれて暮らすモンゴル族は、外部の者にはこれらの民族とよく混同され、ときに「ブルー・トルコ」とか「ブラック・タタール」と呼ばれた。モンゴル族は、モンゴル西部のアルタイ山脈にちなんで名づけられたアルタイ語を話す民族であり、彼らの言語は朝鮮語や日本語とはかすかな類似点を持つが、中国語や他のアジアの声調言語とはまったく似ていない。

チュルク語系民族やタタール族がいくつかの部族連合を形成したのに対して、モンゴル族はハンと呼ばれる首長のもと、血縁関係にもとづく多くの小グループに分かれていた。モンゴル族は、自分たちがチュルク語系民族やタタール族とははっきり異なる特徴を持っていると主張する。当時もいまも、彼らは三世紀に高地草原で世界最初の帝国を築いたフン族の直系を標榜する。「フン」（*Hun*）は人間を指すモンゴル語であり、彼らは自分たちのフン族の先祖を呼ぶのに、太陽の民族という意味の「フン・ヌ」（*Hun-nu*）という語を使う。四世紀から五世紀にかけて、フン族はモンゴルの草原から広がってインドからローマにいたる諸国を征服したが、多種多様な氏族の結びつきを維持できず、征服した民族の文化にすばやく同化した。

ホエルンを誘拐してまもなく、イェスゲイはタタール族との戦に出てテムジン・ウゲという兵士を殺した。息子の誕生直後にもどると、彼はその子をテムジンと命名する。草原の人びとは生涯に名前をひとつしかつけないので、どのような名前を選ぶかはさまざまな意味合いで象徴性を持つことが多かった。名前は子どもに性格や運命を与えた。テムジンという名前をつけたのは、モンゴル族とタタール族のあいだに長くくすぶる憎しみを強調したのかもしれない。しかし、テムジンという名前の正確な意味や、その名をつけた父親がテムジンに託した思いをめぐり、学問的で想像たくましい議論が今日にいたるまで続いている。この名前に込められた意味を明かす最大のヒントは、何人かの子どもに共通の語根を持つ名前をつけるというモンゴルの慣わしから得られた。テムジンのあとに生まれた四人の子どものうち、一番下の息子はテムゲ、末っ子のひとり娘はテムルンという名前である。三つの名前にはすべて動詞の *"temul"* という語根が含まれているらしい。この言葉はいくつかのモンゴル語の単語に含まれるが、その意味は「猛然と突き進む」「奮起する」「独創的な考えを持つ」で、なんと「空想をふくらませる」という意味まである。あるモンゴル人学生の説明では、この言葉の意味を示す一番よい例は「乗り手の意志におかまいなく、自分の行きたいところに突進する馬の目に浮かんだ表情」だという。

モンゴル族が住む世界は、他部族から遠くへだたっていたにもかかわらず、世の動きからまったく切り離されていたわけではない。チンギス・ハン誕生以前の何世紀にもわたって、中国、イスラム、ヒンドゥー、キリスト教の諸文明がじわじわとモンゴルの地に流入していたが、結局のところ、それらの文化は高地草原の荒々しい環境にはそぐわなかった。遊牧民族は中国や中央アジアの交代めまぐるしい国々と商業・宗教・軍事の面で距離を置きながらも、多面的で入り組んだ関係を保っていた。モンゴル族は、もともと北方の遠隔地に暮らしていたため、のちにシルクロードとして知られる交易ルートの圏外にいた。この交易ルートはゴビ砂漠の南を通って、中国とイスラム社会とをか細くまばらな点線でつなぐ。しかし、モンゴル族にも南方の財宝を意識させる程度の商品は入り込んでいた。

遊牧民にとっては、近隣部族と交易することと戦うこととは密接につながり合い、年ごとにくり返される生活のリズムとなっていた。春になると生まれたばかりの動物の世話をし、夏には牧草地を探し求め、秋になると肉や乳製品を乾燥させるのと同じく、習慣的で自明のことだった。長く寒い冬は狩りの季節だ。男たちは小グループをつくって家をあとにし、山野をさまよって森に入り、ウサギ、狼、クロテン、大鹿、野山羊、アルガリ（野生の羊）、イノシシ、クマ、キツネ、カワウソなどを狩る。ときには幕営地の男たちが総出で狩りに参加して、できるだけ大きな輪をつくり、獲物を中心部へと追い込んでとどめを刺すのである。狩りの獲物は肉や皮革や毛皮だけでなく、枝角、角、牙、歯、骨なども提供してくれる。遊牧民はそれらから、さまざまな道具や武器や装飾品をつくり、種々の臓器を乾燥させて薬用にした。森林はそのほかにも、交易や日常生活に役立つ品々を与えてくれたが、そのなかには雛のうちに巣から奪って訓練する狩猟用の鳥〔鷹匠の使うワシタカ科猛禽など〕さえ含まれていた。

遊牧民は森の産物を家族から家族へ、ゲルからゲルへと、南に向かって商《あきな》っていく。いっぽう金属や織物のような製品は、ゴビ砂漠の南にある交易の中心地から、北に向かってゆっくりと移動する。モンゴル族はこのような交易圏の北の果て、草原と北方のシベリアの森林地帯とのちょうど接触点でかろうじて生きていた。彼らは草原の遊牧と森林の狩猟で暮らしを立て、遊牧民族と狩猟民族双方のもっとも顕著な特徴を体現していた。モンゴル人は、北部のツンドラや草原と、南部の畑や工房を結ぶか細い交易の糸の、ほつれた先端にしがみついていたのである。極北の地にはごくわずかな物品しか入ってこなかったので、モンゴル族のあいだでは鉄の鐙《あぶみ》の持ち主こそ最高位とされた。

数年続けて狩りの獲物が少ないと、人びとは交換すべき森の産物が何もなくなり、冬の到来とともに飢えはじめる。そのような年にもモンゴル人は狩りの集団を編成した。ただ、動物を狩るために北をめざして森に入るのではなく、人間を狩るために草原に出て行くのである。モンゴル人は何も交易する品物がなければ、草原や人里離れた谷間で見つけた遊牧民を襲った。襲撃者は人間を餌食にするさいも、動物に近づくときと同じ手を使った。狙われた獲物は襲撃に気づくやいなや、大半の動物、ゲルの材料、そのほか襲撃者が欲しがりそうなものはすべて残したまま、一目散に逃げる。襲撃の目的は物資の確保にあったから、襲撃者はたいていの場合は逃げる者を追わず、ゲルを略奪し家畜を駆り集めるにとどめた。略奪者の狙いが物資にあったおかげで、この手の戦闘で死傷者は少なかった。若い女は妻にするため、少年は奴隷にするために拉致される。年老いた女と幼児は、普通は危害を加えられずにすんだ。そして、戦える年齢の男たちは一番速くて頑丈な馬にまたがり、真っ先に逃げ出すのがつねだった。敵に殺される危険性がもっとも高かったし、集団全体のこれからの暮らしが彼らの肩に重くのしかかっていたからだ。

逃げ出した男たちが速やかに援軍を呼べた場合は、襲撃者を追跡して略奪されたものを取りもどそうとする。援軍を呼べなかった場合、敗れた部族民は略奪者の手からなんとか逃れた動物をできるだけ多く駆り集め、時いたれば反撃に出る計画を練りながら、生活を立て直す。

モンゴル人にとって戦闘は真の武力対決でも反目の継続でもなく、周期的な略奪システムにほかならなかった。復讐が襲撃の口実となることも少なくなかったが、真の動機であることは稀だった。戦に勝てば略奪品を持ち帰って家族や仲間に分けられるので、勝利者は名声を手に入れたものの、戦場での功名などという抽象的な名誉を求めて戦闘が行なわれることはなかった。勝利に輝く戦士は自分がしとめた敵の数を誇り、しっかり記憶にとどめはするけれども、これ見よがしに死者の首や頭皮を集めたりはしない。木の棒に殺した敵兵の数を刻むことも、その数を表わす標章のようなものをつくることもしなかった。眼目は物資だけであって、殺戮《さつりく》ではなかった。

草創期のモンゴル族において、狩猟・交易・遊牧・戦闘は継ぎ目のない織物さながら交わり合い、自給自足の生活を成り立たせていた。男の子は馬に乗れるようになると、それぞれの生業《なりわい》に必要な技術を学びはじめる。一種類の生業だけで食べていける家族はなかった。襲撃は北に端を発し、地形にそって南下する。シルクロードの交易都市近郊に暮らす南部の部族は、遠く北に住む部族より物資はつねに豊富だった。南部の兵士は最高の武器を携えていたので、彼らに打ち勝つためには、北の兵士は南の敵より機敏に動き、頭を使い、激しく戦わなければならなかった。交易と略奪を交互にくり返すこうしたパターンのおかげで、金属や織物などの物資がゆっくりと、だが確実に北へ向かって動いていった。南と比べれば、北はつねに天候に恵まれず、牧草地は乏しく、男たちは粗野で乱暴だった。

テムジンの幼少時代に関する詳細はわずかしか伝わっていない。そこからわかるのは、彼が父親にあまり大事にされなかったということだ。一家が別の幕営地に移るとき、父親はうっかりテムジンを置き去りにしてしまったことがある。タイチウト氏が彼を見つけ、その首長で「豊かなハン」だったタルクタイが自分の家に引き取ってしばらく養った。のちにテムジンが権力者になるとタルクタイは自慢して、自分はテムジンを仔馬のごとく細心の注意をはらって大切に訓育したと語った(8)。仔馬は遊牧民にとってもっとも価値の高い財産である。細かいいきさつは不明だが、結果的にテムジンと家族は再会を果たした。「豊かなハン」が少年を家族のもとに返したのか、家族がハンの幕営地に加わったのか、そのどちらかだろう。

テムジンの生涯で知られている次のエピソードは、父親がテムジンを連れて息子の嫁探しに出かけたときのこと。当時テムジンはモンゴル式の数え方で九歳(9)、満年齢だと八歳という幼さだった。イェスゲイとテムジンは東に住むホエルンの一族を捜し出そうと、ふたりだけで出発する。ホエルンが、息子に自分の部族の女との結婚を望んだか、せめて自分の家族を知ってもらいたいと思ったのかもしれない。しかしホエルンの望みよりもっと重要なのは、イェスゲイがテムジンの厄介払いをもくろんだふしがある点だ。おそらく父親は、テムジンとベクテルがぶつかるのを予感していたのだろう。ベクテルは最初の妻ソチゲルが産んだ子で、テムジンより少し年上だった。年端もいかないテムジンを遠くへ連れ去ることによって、父親はふたりの対立が火を噴いて自分の小さな家族にトラブルが起こるのを防ごうとしたのである。

　花嫁の両親への贈り物としてはたった一頭の馬しか用意できなかったイェスゲイは、テムジンを働き手として数年間引き受け、その代償として娘を嫁にくれる家族を見つけなければならなかった。おそらくテムジンにとって、この旅はオノン川ぞいの故郷を離れるはじめての冒険だったろう。見知らぬ土地では道に迷いやすかったし、旅人には三種類の危険が待っていた。野生の動物、悪天候、そして一番怖いのはほかの人間に遭遇することだった。しかし結局、父親は苦労してホエルンの実家までテムジンを連れていかずにすんだ。途中でふたりは、テムジンより少し年上のボルテという娘がいる家に滞在した。子どもたちの相性の良さが明らかになったので、父親同士、ふたりを婚約させることにした。見習い奉公、またの名を花婿奉公のあいだ、テムジンは義理の両親の保護のもとで働いて暮らすことになる。許嫁《いいなずけ》同士というのは、しだいに親密さを増すのがつねだった。ボルテとテムジンのように普通の許嫁同士の場合は、女の子のほうが男の子より少し年上だったので、女の子がふたりに適した足取りでタイミング良く徐々に男の子を誘っていき、性的に親密な間柄になるのだ。

テムジンを残し、ひとり馬を駆って長い道のりを帰る途中、イェスゲイはタタール族が祝宴を張っている幕営地を通りかかった。『元朝秘史』は、イェスゲイがタタール族の宴に加わりたくなったと伝えるが、彼にはまた自分が八年前の戦闘でタタール一族のテムジン・ウゲを殺した人間であることを敵に悟られてはならないということもわかっていた。身分を隠そうとしたにもかかわらず、彼が何者かを見破った男がいて、ひそかに毒を盛ったとされる。毒に体を侵されながらも、イェスゲイはなんとかタタール族の幕営地をあとにして故郷の家族のもとへ帰りつき、すぐさまテムジンを呼びもどすために手下の男を送り出した。テムジンはボルテを残し、大急ぎで父が死を迎える地に舞いもどる。

少年が家族の暮らす幕営地にたどりついたとき、すでに父は帰らぬ人となっていた。イェスゲイはふたりの妻と十歳に満たない子どもを七人残して逝った。当時、一家はまだオノン川のほとりにタイチウト氏と暮らしていた。タイチウトは、それまで三代にわたってイェスゲイのボルジギン氏を支配してきた。しかし、戦や狩りの助けとなるイェスゲイ亡きいま、ふたりの未亡人や七人の幼子《おさなご》に用はないと彼らは判断した。オノン川流域のきびしい環境では、タイチウト氏にとって九人の余分な人間を養うことは至難の業だったのだろう。

草原の慣習では、イェスゲイがホエルンを誘拐するのに手を貸した兄弟のひとりが、妻としてホエルンを迎えるべきだった。モンゴルの婚姻制度では、イェスゲイのもうひとりの妻ソチゲルが産んだ息子でさえ、[10]家族を養える年齢になればホエルンの夫にふさわしい。モンゴルの女は、亡き夫の家族のなかで自分よりはるかに若い男と結婚することもよくあった。それにより若者は、苦心してそろえた贈り物を花嫁の家族に与えることも、長年にわたる辛い花婿奉公をすることもなく、経験豊富な妻を迎える機会に恵まれるからだ。ホエルンはおそらく二十代なかばでまだ若かったが、すでに多くの子どもを抱えていたため、たいていの男には養えない相手だった。拉致され故郷を遠く離れて暮らしていたので、夫となるべき男に差し出す実家の財産もなければ、有利な縁戚関係もなかった。

夫は死に、ほかの男もだれひとりホエルンを娶《めと》ろうとしなかったから、彼女はいまや一族の名に値しなかった。こうなった以上、だれにも彼女を助ける義務はない。ホエルンをもはや一族と認めないという知らせは、モンゴル人がいつも互いの関係を表現する方法で、つまり食物を使って伝えられた。前のハンの未亡人であるふたりの老婆が例年の春の行事として、先祖を崇める宴を設けたとき、ホエルンにはなんの知らせもなかった。これはたんに食事に関して仲間はずれにされたというだけでなく、一族の一員としての資格をも剥奪されたことを意味する。このため、ホエルンとその家族は自力で身を養い、守らなければならなくなった。タイチウト氏は夏の遊牧地をめざしてオノン川を下る準備をととのえながら、ホエルンと子どもたちを置き去りにしようと企てていた。

『元朝秘史』によれば、一行がふたりの女と七人の子どもを見捨てて移動しかけたとき、タイチウトのなかでは身分の低い老人がただひとり、声を荒らげて彼らの仕打ちに異を唱えたという。そこで、テムジンの胸に深く刻まれたに違いない事件が起こる。テムジン一家を棄て去ろうとするタイチウトのひとりが振り向きざま、余計なお世話だと老人を怒鳴りつけ、踵《きびす》を返すと老人を槍で突き殺したのである。これを見て、まだ十歳そこそこのテムジンは瀕死の老人を助けるべく馳せ参じる。しかしなす術《すべ》もないのを知ると、心の痛みと怒りに、ただむせび泣くばかりだった。

十年前に誘拐されたとき鋭い判断を示したホエルンは、この新たな危機にあたっても同様の決断力と勇気を見せた。敢然と立ち向かってタイチウトを辱め、もう一度自分たち家族を養う気持ちにさせようと、最後の力をふりしぼったのだ。幕営地を離れていくタイチウト一族に対し、ホエルンは亡き夫の霊幡をむんずと摑むや、馬であとを追う。頭上に霊幡をかかげ、狂人のごとく振りまわしながら、立ち去る人びとの周囲を駆けめぐった。ホエルンにとって亡き夫の幡《はた》を振ることは、たんに夫のしるしを翻《ひるがえ》らせるばかりでなく、自分たちを見捨てていく一族の前に、夫の魂そのものを誇示する行為にほかならなかった。その霊験はあらたかで、人びとはイェスゲイの魂の前に心から恥じ入り、神秘的な力によって魂が復讐におよぶかもしれないと恐れおののいて、いったん幕営地に引き返したほどだった。そして日が落ちるのを待ち、ひとり、またひとりと、家畜を連れてこっそり逃げ出した。かくて、未亡人も子どもたちも、冬になればほぼ確実に死を迎える定めとなった。

しかし、一家は生きのびる。ホエルンは獅子奮迅の働きで家族を養った――しかもひとり残らずだ。『元朝秘史』の記述では、頭にかぶり物をしてスカートをたくし上げ、腹を空かせた五人の子どもたちを食べさせようと、夜も昼も食べ物を求めて川辺を奔走する。小さな果物を見つけたり、エニシダの棒を使って川ぞいに生える草木の根を掘ったりした。テムジンは一家を支える手助けをするため、木製の矢の先に尖った骨をつけて草原のネズミを狩り、母の縫い針を曲げて魚釣りの鉤《かぎ》をこしらえた。彼が成長するにつれて狩りの獲物も大きくなる。それから五十年後にモンゴルを訪れ、外国人としてテムジンの生涯に関する最初の報告を記したジュワイニーの言葉を借りれば、一家は「犬やネズミの皮でつくった衣服をまとい、食べ物といえばそれらの動物の肉や、死んだ動物だった(11)」。厳密な意味での正確さはともかく、この記述は社会に見捨てられ飢えに瀕した人びとの、孤独で必死な闘いを赤裸々に伝える。その暮らしぶりは、まわりの部族と同じく、ほとんど動物と変わらなかった。きびしい生活を余儀なくされる土地で、彼らは草原の生活でも最低のレベルに落ちぶれてしまったのである。

追放された一家の子どもが、このような最低の暮らしからどうしてモンゴル族の大ハーンの地位へ上りつめたのか。テムジンが成年に達するまでの記述を『元朝秘史』に探ってみると、彼の性格形成と立身出世において、これらの苦しい幼児体験がいかに強力な役割を果たしたかを物語る重大な手がかりが見つかる。一家がこうむった悲劇は、草原のきびしい階級制度に反抗すること、運命を自力で切りひらくこと、自分の基本的な支えとして、家族や部族よりも信頼する仲間との盟友関係を大事にすることなど、彼の心に深い決意を刻んでいったらしい。

最初の強力な絆《きずな》は、わずかに年上のジャムカという少年とのあいだに形成された。ジャムカの一家はオノン河畔でテムジン一家の近くにたびたび宿営し、ジャダラン氏に属していたためテムジンの父のボルジギン氏と遠い親族関係にあった。モンゴル文化の理念では、親族関係は他のすべての社会規範に優先する。親族関係の埒外《らちがい》にいる人間はおのずから敵であり、関係が近いほど絆も強い。テムジンとジャムカは遠い親戚だったが、もっと親密な関係である兄弟の契りを結びたいと願った。ふたりは子どものときに二度も永遠の兄弟関係を約し、モンゴルのしきたりに則《のっと》って義兄弟となった。この宿命的な友情の顛末と、少年期に彼の身に起こった重大な出来事のなかには、逆境からはい上がったテムジンの非凡な能力を雄弁に物語る材料があふれている。彼はこの能力を駆使して、草原に猛威をふるう、とめどない部族間暴力を根絶したのである。

テムジンとジャムカは狩りや魚釣りをしたり、日常生活に使うさまざまな技を磨くために子どもが教わるゲームをしたりしながら、親密な友情を育んでいった。モンゴルの子どもたちは男女を問わず馬の上で成長する。幼児期から子どもたちは親または兄や姉に乗馬を習い、ほんの数年のうちにひとりで手綱を取って乗れるようになる。たいていの場合、四歳までには鞍なしで馬に乗り、やがて馬の背に立つこともおぼえる。互いに馬の背に立ったまま、相手を馬から突き落とす一騎打ちごっこも人気がある。足が鐙に届くようになると、馬上で弓を射たり家畜を投げ縄で捕えたりする技を教え込まれる。小さな革袋をつくり、風にゆれるように竿にぶら下げて的にすると、若者たちは距離を変えスピードを変えて、馬上から命中させる練習をした。こうした遊びで磨かれる技は、大人になって馬を乗りこなすのに何よりも役立った。

その他の遊戯に、羊のくるぶしの骨でつくった一種のサイコロで遊ぶものがある。男の子はだれでもこのようなサイコロ四個をひとそろいで持ち歩き、占いや喧嘩の仲裁に持ち出したり、たんなる遊びに使ったりした。またジャムカとテムジンは、凍りついた川の上でカーリングに似た活発なゲームもした。『元朝秘史』に彼らがスケートを利用したとの記述はないが、次の世紀に訪れたヨーロッパ人は、この地域の狩人がしばしば足に動物の骨を結びつけて凍った湖や川の上を滑り、スポーツをしたり動物を追跡したりすると記している。

このような技はのちに、モンゴル兵の大きな利点となる。およそ他国の軍隊と違って、モンゴル軍は凍りついた川や湖で難なく馬を駆り、戦うことすらできた。ヨーロッパ人が敵の侵略からの防壁と頼むヴォルガ川やドナウ川のような凍結する川は、モンゴル兵には楽々と通れる幹線道路となった。

そのため、ヨーロッパ人が戦の備えなど頭にもない厳寒期に、モンゴル兵は馬に乗って都市の城壁間際まで迫ることができたのだ。

テムジンの少年時代の大半は一家の生計を助ける作業に費やされた。のちに偉大な征服者となる少年の生涯に触れたどんな文献を見ても、テムジンがジャムカとオノン川で楽しんだ遊びは、彼の唯一の気晴らしだったことがわかる。テムジンとジャムカがはじめて忠誠を誓い合ったのは、テムジンが十一歳のころだった。誓いのしるしとして少年たちはおもちゃを交換し合った。ジャムカは牝鹿の関節でつくったサイコロをテムジンに贈り、テムジンのほうは小さな真鍮のかけらがはめ込まれたサイコロをジャムカに贈った。これは遠路はるばる運ばれてきた貴重品だったに違いない。翌年になると、ふたりは大人の贈り物として矢尻を交換し合った。ジャムカは仔牛の角を二本手に入れて穴を開け、テムジンのために口笛のような音を出す矢尻をつくった。テムジンはといえば、糸杉で手づくりした優雅な矢尻をジャムカに捧げた。狩人たちの代々の慣わしどおり、テムジンも幼くしてヒューッと鳴る鏑矢《かぶらや》の使い方をおぼえた。ほかの人びとは気づかないか、ほかの人にはそこに込められた意味がわからない音によって、仲間同士ひそかに意志を通じ合える方法である。

二度目の誓いの儀式のなかで、少年たちは互いの血液を少量飲み合って、魂の一部を交換した。ジャムカとテムジンの場合、『元朝秘史』にはジャムカの次のような言葉が引用されている。ふたりは忘れることのできない言葉を交わし合い、「消化されることのないある食べ物[12]〔アンダの誓いを結ぶ両者が、その誓いの信をかけて飲食物のなかに混ぜて食べる金箔〕」をともに口にした。この誓いによってふたりの少年は「アンダ〔盟友〕」となる。「アンダ」を契る相手は自由に選べるので、その絆は血を分けた兄弟よりも強いものと考えられていた。ジャムカはテムジンの生涯でただひとりのアンダだった。次の冬、ジャムカの一族は帰ってこなかった。そしてその後の数年間も、少年たちは離ればなれに暮らすことになる。しかし子ども時代に結ばれたこの絆は、のちにテムジンが権力の座に上りつめるうえで大きな強みになり、また重大な障害にもなった。

幼いころジャムカと結んだ親密な関係とは対照的に、家庭内でのテムジンは異母兄ベクテルがときどき長男の権威を笠に着ていじめるので、神経を逆撫でされることもあった。兄弟間の対立はふたりが年頃になるにつれますます強まっていく。当時もいまと同様に、きびしい階層制度がモンゴルの遊牧民の家庭生活を支配していた。肉食獣や悪天候によるさまざまな危険に日々対峙しなければならないため、モンゴル人は子どもが両親に絶対的に服従する制度をつくり上げた。数時間であれ数か月であれ、父親が不在のときは長男が父親の役目を引き受ける(13)。長男には、家族のすべての行動を監督し、仕事を割り当て、なんでも自分の思うがままに与えたり取り上げたりする権利があった。長男は家族に対して絶対的な権力をふるったのである。

ベクテルはテムジンよりわずかに年長だったので、父が殺されたあとは徐々に長男の特権を行使しだした。『元朝秘史』のみに書き残された記述だが、テムジンの憎しみははじめはまったく些細なことで火を噴いたという。テムジンが撃ったヒバリをベクテルが奪い取った。ベクテルにしてみれば、一家の長としての権利を誇示するだけのためにヒバリを横取りしたのだろう。だとしたら、テムジンに対して偉そうな顔をしないほうがよかったのかもしれない。この事件の直後、テムジンと一歳下の実弟カサルは、腹違いの兄弟ベクテル、ベルグテイと肩を並べてオノン川で釣りをした。テムジンが小魚を釣ったが、腹違いの兄弟たちがそれをひったくってしまう。怒りと苛立ちのあまり、テムジンとカサルは母ホエルンのところに駆けつけて、いまあったことを言いつけた。ところが、母親は実の息子に味方するかわりにベクテルの肩を持ち、自分たちを見捨てた敵タイチウトのことを気にかけなければならないときに、長兄と争うとは何ごとかと叱りつけた。

ホエルンがベクテルの側についたということは、テムジンには耐えがたい事態の前兆だった。ベクテルには、長子として弟妹を思うまま動かすことができるだけでなく、もっと幅広い特権があって、そのなかには実母以外ならだれであれ、父の寡婦と性的な関係を持つ権利も含まれていた。亡き夫の兄弟に娶られなかった未亡人として、ホエルンに最適の相手はベクテルだろう。夫の別の妻が産んだ息子だからである。

家庭内の緊張が極限に達し、家族崩壊の危機をはらんだこの瞬間、怒ったホエルンは息子たちにモンゴル族草創の祖「麗しきアラン」の物語を思い起こさせた。アランは夫が彼女を養子に託して死んだあと、さらに数人の子を産んだのである。この物語の意味するところは明らかだった。ホエルンはベクテルが適当な年齢に達したら夫として受け入れ、あらゆる意味で一家の長とするつもりだったに違いない。しかしテムジンには、ベクテルを家長に仰ぐのは我慢がならなかった。ベクテルのことで母と感情的に激しく対立したあと、テムジンは戸口にかかるフェルトを乱暴に押しのけた。モンゴルの生活習慣ではきわめて無礼な行為だ。そして弟のカサルを従え、怒りに燃えて走り去った。

ベクテルが草原を見下ろす小高い丘の上にじっと座っているのを見つけると、ふたりは草をかきわけて用心深く近づいた。テムジンは一家で一番弓を射るのがうまいカサルに丘の正面にまわり込むよう指示し、自分は裏側を上っていった。あたかも休んでいる鹿か草を食《は》むガゼルにそっと近づくように、ふたりは静かにベクテルに忍び寄った。楽に攻撃できる距離になると、それぞれ音もなく弓に矢をつがえ、やおら草のなかから立ち上がって弓を引きしぼった。ベクテルは逃げもせず、身を守ろうとすらしなかった。弟たちを前にすくみ上がるような恥ずかしい真似はしたくなかったのだ。われらの本当の敵はタイチウト氏だと、母親と同じ言葉で弟たちを戒めながら、こう語ったと伝えられる。「俺はおまえたちの目に入った睫毛でもなければ、喉につかえた骨でもない。俺がいなければ、おまえたちには自分の影のほかに味方はいない」。ふたりの弟がじりじりと近づいてきても、ベクテルはあぐらをかいたまま動かず、目前に迫る運命を知りながら、戦うのを拒んでいた。そのかわり、弟たちに最後の要求をした。実の弟ベルグテイの命だけは助けてやってほしい、と。

ベクテルから一定の距離を保ちつつ、テムジンとカサルはまっすぐにベクテルを射抜く。テムジンはうしろから、カサルは正面から矢を放った。近づいて地面に流れ落ちる血を浴びるのを避け、ふたりは踵《きびす》を返すと、ひとり死んでいくベクテルを残して帰途についた。『元朝秘史』の著者は、ベクテルが速やかに死を迎えたのか、あるいは血を流しながら長い時間をかけてゆっくり死んでいったのか記していない。モンゴルの伝統では、血液や死について述べるだけで禁忌を犯したことになるのだが、この殺害はテムジンの人生にとって非常に重要な出来事と判断されたため、詳しい記録が残ったのである。

テムジンとカサルが家にもどると、ホエルンはその顔を見てふたりが何をしたのかただちに悟り、テムジンに向かって声をかぎりに叫んだという。「人殺し！　人殺し！　あんたは私の温かい子宮から血の塊をつかんで生まれてきたんだ」(14)。カサルには、「あんたはあんたで野生の犬みたいに胞衣《えな》を噛んでいた」と激しく罵《ののし》った。ホエルンがテムジンに向かってぶちまけた怒りの叫びは『元朝秘史』のなかでもっとも長い発話のひとつだが、そのなかで幾度も息子を動物にたとえては、「飛びかかるヒョウのよう。怒りを抑えられない獅子のよう。獲物を生きたまま呑み込む化け物のよう」と侮辱している。あげくの果てに疲れきって、ベクテルが口にした警告を呪いのごとくくり返すのだった。「もうあんたたちには自分の影のほかに仲間はいないよ」

この若さですでにテムジンは、命を賭けた勝負を名誉や威信のためだけでなく、ひたすら勝つことを目的に行なった。テムジンはまるで動物を追うように兄に忍び寄った。まさしく、のちに狩猟の技術を戦術に昇華させる天才的才能を発揮したのである。自分は背後にまわり、弓のうまいカサルを正面に配することで、テムジンは戦術の妙も示した。すべてのレースで先頭を切る馬のように、自分は先を走り続け、あとにつくことはすまいとテムジンは心に決めていた。首位に立つためにはすすんで慣習を破り、母に逆らい、自分の前途に立ちふさがる者はたとえ家族であろうと手にかけて恥じるところがなかった。

ベクテル殺しによってテムジンは腹違いの兄の支配から逃れはしたものの、家族が重い罰を受けなければならない禁忌に触れてしまった。テムジン一家は、いま住んでいる場所から一刻も早く立ち去らなくてはいけないと考え、ただちに実行に移した。モンゴルの慣習にしたがって、ベクテルの亡骸《なきがら》は腐るにまかせて野外に残し、わずかでも兄の痕跡があるあいだはそこにもどるのを避けた。ベクテルとホエルンがふたりそろって警告したとおり、気がつけばテムジンには保護者も盟友もなく、遠からず追われる身となる定めだった。テムジンは家長の座にはついたが、裏切り者として危険を背負い込むことにもなったのである。

このときまで、ホエルンの一家はのけ者ではあっても犯罪者ではなかった。しかしベクテル殺しが事態を一変させ、だれでもその気になれば一家を追いつめる口実ができた。われこそはオノン川を支配する誇り高き一族と自任していたタイチウト氏は、その領土内で人殺しを犯した廉《かど》でテムジンを罰し、先手を打って彼が次にしでかしそうな厄介事を未然に防ごうと小部隊を派遣した。開けた草原には身を隠すところもなく、テムジンは安全な山地をめざして逃げたが、追っ手に捕えられた。タイチウト氏はテムジンを自分たちの大幕営地に連れ帰り、そこで彼の鼻をへし折るべく首かせをはめた。牛の頸木《くびき》のようなつくりで、それをつけると歩くことはできても手を動かせないため、人の助けを借りなければ食べ物も口に入れられず、水を飲むことすらままならない。毎日違う家族がテムジンを見張り、世話をすることになった。

タイチウト氏には捕虜のほかに身分の低い家族がいて、召使いとして暮らしていた。テムジンが虜囚として預けられたのは、そんな召使いの家庭だった。夜になって彼らのゲルに引き取られたとき、テムジンは自分を蔑むタイチウト氏とは違って家族の者たちが同情してくれるのを感じ、気持ちが安らいだ。タイチウト幹部の目が届かないところでは、食べ物を分けてくれただけでなく、『元朝秘史』がとくに強調するエピソードによれば、首かせでできた首の生傷を優しく介抱してくれた老婆もいたという。その家の子どもたちも、テムジンをもっと楽に休ませるために、命令を破って首かせを外すよう父親を説き伏せたりした。

　テムジンがいかにしてこのような窮地から抜け出したかの物語は、彼が権力の座に上りつめるのを決定づけた性格を、さらにはっきり裏づけている。ある日、タイチウトの男たちが酒に酔い、テムジンがお人好しでひ弱な少年の監視のもとにあったとき、彼は突然激しく首かせを振りまわして少年の頭に当て、失神させた。首かせをつけたまま草原を歩いて逃げれば死を免れまいと考えたテムジンは、近くの川の草むらに身を隠す。捜索がはじまるとまもなく、親切にしてくれた一家の父親に居場所を突きとめられてしまった。老人は驚きの叫びをあげることもせずに、暗くなったら逃げるよう勧めた。夜の帳《とばり》が下りると、テムジンは川辺を離れたけれども逃げるのではなく、ゆっくりと老人のゲルに向かい、なかへ入った。その一家には恐ろしく、また危険な事態だ。しかし彼らはためらいながらも、命がけでテムジンの首かせを外し、それを焼いた。翌日タイチウトが捜索を再開すると、昼間は羊毛の山にテムジンを匿《かくま》い、夜を待って一家は彼を送り出す。赤貧の暮らしにもかかわらず、テムジンのために仔羊を料理し、一頭の馬を提供してくれた。テムジンはこの馬のおかげで長い逃避行のあいだなんとか追っ手を免れ、母の暮らす遠方の幕営地にもどることができたのである。

　貧しい家族が命がけでテムジンを助け、このように高価な贈り物をしたのは、彼に何か人を惹きつける並外れた魅力や手腕があったからに違いない。いっぽう、テムジンのほうでもこの慎ましい一家に感銘を受けた。親密な血縁の絆を持つはずのタイチウト氏は、かつてテムジンの家族を追放し死に追いやろうとしたばかりか、いままた自分を殺したくてしかたないらしい。ところが何の血のつながりもないこの一家は、彼を助けるためにすすんで命を賭けてくれた。この体験はテムジンのなかに、高い地位にある人間への不信を刻み込んだだけでなく、たとえ自分の一族でなくても、家族に匹敵するほど信頼できる人間もいるという信念を植えつけた。後年テムジンは人を判断するさい、もっぱらその人が自分に何をしてくれたかを基準とし、血族関係のつながりを考慮に入れなかった。草原の社会では画期的な考え方だ。

　モンゴルの伝承や文献では、テムジンが捕虜になって奴隷の暮らしをしたのはこの短い期間のみとするが、同時代の中国の年代記編者は、彼が十年以上も奴隷の境涯[15]を耐えたと記している。テムジンはくり返し奴隷になったのかもしれない。あるいは、右のエピソードは『元朝秘史』が述べているよりはるかに長く続いたとも考えられる。それほど長期にわたって奴隷生活を送った可能性があることは、彼の少年期について詳しい情報が皆無だという、まぎれもない事実を説明するものではないかと考える学者もいる。のちに振り返ったとき、奴隷生活はチンギス・ハンにとって屈辱的だったろうし、彼を奴隷にした一族の子孫にとって大きな危険をはらむものだった点も見逃せない。実際、チンギス・ハンの奴隷時代にかかわりを持つ人びとは全員、その関係について沈黙を守るべき理由が充分にあった。また、奴隷だった期間を短く見せかけることは、悪い出来事は軽く述べ、そのかわり英雄的な脱出の物語は大いに強調しようとするモンゴル人の感性にそうものだろう。

　一一七八年、テムジン十六歳。七年前の父の死以来、許嫁のボルテには会えなかったが、結婚できると固く信じていたテムジンは、彼女との再会を期して旅に出る。命を助けてやった腹違いの弟ベルグテイを連れ、ボルテの一家を捜しにヘルレン川を下った。ボルテの父デイ・セチェンのゲルを見つけると、もう十七、八歳で結婚適齢期を過ぎそうなボルテがまだ自分を待っていてくれたので、テムジンは満悦した。デイ・セチェンは、テムジンがタイチウト氏と悶着を起こしているのを知りながら、喜んで結婚を受け入れてくれた。

テムジンとベルグテイはボルテを伴って家路につく。慣習では、花嫁は夫の両親のもとへ嫁ぐさい、衣服を贈り物にすることになっていた。遊牧民族にとって大きな贈り物は扱いかねるものだが、上等の衣服は社会的評価も実用度も高い。ボルテは草原ではもっとも価値あるクロテンの毛皮のコートを持参した。父親がいれば、こうした贈り物は父に差し出すところを、亡くなっていたので、テムジンはもっと有効にコートを利用しようと思いつく。クロテンのコートを使って亡き父の昔の交友関係を復活させ、自分とこれから増えていく家族の安全保障になりそうな同盟を結ぼうとしたのだ。

その人物はトオリル、のちにオン・ハンとして広く知られるようになるケレイト族の首長だった。ケレイト族は、オルホン川とトーラ川ぞいのカラマツの森林地帯とにはさまれた、モンゴル中央部でももっとも豊かな草原に住んでいた。氏族がばらばらのモンゴル族とは異なり、ケレイト族は多くの氏族がただひとりのハンの下に団結して、強力な氏族連合をなしていた。ゴビ砂漠の北に広がる茫漠たる草原は当時、三つの大きな部族の支配下にあった。中央部はオン・ハンと彼が率いるケレイト族が治め、西部はタヤン・ハンが率いるナイマン族が支配し、そしてタタール族は中国北部の女真族の配下として、首長アルタン・ハンの下に東の地域を占めていた。三つの大部族の統治者たちは同盟を結んだり破ったりしながら、みずからの領土の境界近くに暮らす小部族に絶えず戦をしかけて征服し、もっと強大な敵と戦うために自軍に組み込もうとしていた。そんななか、テムジンの父イェスゲイはケレイト族とはなんの血縁関係もなかったものの、かつてオン・ハンのアンダ（盟友）であり、多くの敵にともに立ち向かった仲だった。このふたりの結びつきがたんなる保護者とその配下というより強固だった理由は、彼らがまだ若かったとき、オン・ハンが叔父のグル・ハン（最高統治者）を打ち倒してケレイト族のハンとなるのを、イェスゲイが手助けしたからだった。さらに、彼らはメルキト族を相手にともに戦ったことがあり、テムジンが生まれたころイェスゲイがタタール族との戦に赴《おもむ》いたときも同盟関係を結んでいた。

草原特有の文化においては、政治は男性の親族関係を中心に行なわれた。同盟関係を結ぶためには同じ一族に属する必要がある。そこで、血縁によって結ばれないすべての同盟関係は儀式的な、あるいは架空の親族関係に切り替えなければならない。テムジンの父親と将来ケレイトの首長になる男がアンダの義兄弟だったことから、テムジンはこのさい老首長の息子としての扱いを受けようと考えたのである。自分の結婚の贈り物を差し出すことで、オン・ハンを父として認めることになる。そしてオン・ハンがその贈り物を快く受け入れれば、彼のほうもテムジンを息子として承認し、保護を与えてくれる。草原の男の大半にとっては、こうした儀式的な親族関係は実際の血縁関係の添えものにすぎなかった。しかしテムジンの場合、自分で選びとったかりそめの親族関係が実際の血のつながりより役に立つことは、すでに証明されつつあった。

ケレイト族と西方のナイマン族は、たんに大規模な政治的単位を構成するだけでなく、まだほんの兆しとはいえ、中央アジアの商業および宗教のネットワークとつながる高度に発達した文化を有していた。その要因は、数世紀前に渡来した東方アッシリア教会の宣教師によって、部族民がキリスト教に改宗したことである。部族民のキリスト教宗派は、遊牧民のゆえに教会も修道院もつくらなかった。使徒トマスの教えを継ぐと主張する彼らは、移動しながら教えを説く修行僧に信を寄せ、ゲルのなかに設けた祭壇の前で礼拝を行なった。神学や厳密な教義にはあまりこだわらず、医療全般と結びつけたさまざまな解釈で聖書を読むことを好んだ。イエス・キリストが遊牧民を強く惹きつけた理由は、病人を癒し、自身も死の淵から蘇ったことにある。死に打ち勝った唯一の人間であるイエスは、強力なシャーマンとみなされ、十字架は世界の四つの方角を象徴するものとして神聖視された。草原の部族民たちは遊牧の民だったため、聖書に描かれている古代ヘブライ人の遊牧民的な慣習や信仰がしっくり馴染んだのだろう。菜食主義の仏教徒とは異なり、キリスト教徒は肉を食したことも見逃せない。また、禁欲的なイスラム教徒とは対照的に、キリスト教徒は酒を楽しんだだけでなく、礼拝の儀式の不可欠な要素として飲酒を取り入れてさえいたのだ。

花嫁のボルテを母に託してゲルに残し、弟のカサルと異母弟のベルグテイを伴ったテムジンは、キリスト教徒のオン・ハンのもとへクロテンのコートを届けにいく。オン・ハンは大喜びでその贈り物を受けとった。それにより、テムジン兄弟はいわば義理の息子として認められることになった。ハンはテムジンに、ケレイトの地で若い兵士を率いる分隊長にならないかと誘いをかけたが、テムジンは昔ながらの組織には興味が持てないことをはっきり告げて辞退した。かわりにテムジンは、ハンが自分の家族を保護してくれることだけを望んだらしい。それを確かめると、テムジン兄弟はヘルレン河畔の幕営地にもどっていった。そこで若き花婿は、ようやくできた時間を花嫁や家族と楽しもうとしたのである。

家族の者がみな何かしら仕事のできる年齢に達したいま、テムジンにとって少年時代の数々の苦労は過去のものと思えたに違いない。兄弟のほかにふたりの若者が加わり、テムジンの所帯は大きくなっていた。ボオルチュは、テムジンが盗まれた馬を追っていたときに偶然出会ってこの集団に加わった。ジェルメは彼の父親によってテムジンに与えられたことは明らかだが、『元朝秘史』はその理由を説明していない。ふたりの若者が加わった幕営地は、十代の少年が七人そろい、一緒に狩りをしたり、一族を守ったりすることになった。テムジンの所帯には、花嫁ボルテのほかに、彼の妹と三人の年輩の女たちがいた。女家長である母親のホエルン、腹違いの弟ベルグテイの母ソチゲル、そしてもうひとり、どこから来たのかわからない老婆が一緒に暮らしていた。

『元朝秘史』の記述によれば、テムジンはこの気心の知れた一族の長を務めるだけで幸せだったようだ。しかし、どこを向いても部族間の襲撃と復讐の嵐が吹き荒れる世界では、そんな牧歌的な暮らしは許されなかった。何百年も前から代々にわたり、草原の部族は情け容赦なく互いを餌食にしてきたのである。過去の掟破りはいつまでも尾を引いた。部族内の家族に与えられた侮辱はすべて、部族ぐるみの報復の免罪符となり、多くの歳月を経たあとですら襲撃の口実になりえたのだ。いかに他と関わりを持つまいとしても、こうした混乱が続く世界で、テムジン一家のような集団がのうのうと免責され放置されることはなかっただろう。

テムジンの家族はすでに多くの辛酸をなめてきたにもかかわらず、テムジンの母を拉致されたメルキト族は十八年の歳月を経たいまになって、屈辱をそそぐために復讐を決めた。メルキト族が奪いにきたのは、命を削って五人の子どもを育て、老いさらばえた未亡人ホエルンではなく、テムジンのうら若き花嫁ボルテだった。彼女ならホエルンの強奪に報いるに足るというわけだ。抜け目なくオン・ハンと結んでおいた盟約は、テムジンがこの危機に対処するさい決定的な役割を果たす。そしてメルキト族の挑戦は、テムジンを偉業達成の道に押し出すきっかけとなった。

第二章——三つの川の物語

チンギス・ハンの運命の幡《はた》を掲げて、彼らは前進した。(1)

——アター・マリク・ジュワイニー『チンギス・ハン——世界征服者の歴史』

草原の民と超自然信仰

ある朝早く、ヘルレン川上流域の人気《ひとけ》のない草原にポツンと張られたゲルでテムジン一家が眠り込んでいるころ、メルキト族の襲撃隊がここをめざして疾駆していた。一家と同居する老女は頭を地面につけて横たわっていたが、年寄りのつねで明け方になると眠りが浅く、寝たり覚めたりをくり返していた。すると、近づく騎馬隊の蹄《ひづめ》で地面が震えた。途端に眠気も吹き飛んだ老女は、ほかの者たちを起こそうと声をかぎりに叫ぶ。七人の少年たちはがばと跳ね起き、取るものも取りあえず長靴《ちょうか》を履いて、あたりに足かせでつないであった馬たちのところへ駆けつけた。テムジンは六人の仲間と自分の母親と妹を連れて逃れたが、新妻や義母ソチゲル、自分たちを救ってくれた老女はあとに残していった。いつどんな悲劇が起こって一族が全滅するかわからない日常を必死に生きる部族世界では、きびしい現実とかけ離れた騎士道的規範に則《のっと》って行動する余裕などなかった。彼らの実利的な計算をもとに即断すれば、この三人の女を囮《おとり》として残していくことにより、少なくとも襲撃者の足取りが遅れて、ほかの者たちが逃げる時間を稼げることになる。逃走するテムジン一行にとって、見渡すかぎりの草原に身を隠す場所などなかった。北方の山中にある安全な場所に行き着くには、死にもの狂いで馬を駆って進まなければならない。

襲撃隊がゲルに到着するまでに、少人数のテムジン一行は早暁の闇のなかへ走り去っていた。しかし襲撃者たちは、老女がボルテを牛車に隠して連れ去ろうとするのをめざとく見つけた。メルキト族があたりをうろついて危険きわまりない数日間、テムジンはつねに居場所を変えながら、ブルカン・カルドゥンの山腹や樹木におおわれた岩の窪みに身を隠していた。最後にはメルキト族も捜索をやめて北西をめざし、シベリアのバイカル湖に注ぐセレンゲ川のほとりの遠い故郷に向かって立ち去った。この撤収が自分を隠れ場所からおびき出す罠ではないかと怪しんだテムジンは、ベルグテイとふたりの友ボオルチュおよびジェルメに三日間誘拐者のあとを追わせ、メルキト族が引き返してきて不意打ちをかける恐れがないことを確かめた。

ブルカン・カルドゥン山中の森に身を隠しているあいだ、テムジンは妻の誘拐にどう対処すべきかという一世一代の決断に迫られた。ボルテ奪還の望みを一切放棄するという選択もあった。たしかに、その道を選ぶほうが順当だったかもしれない。吹けば飛ぶようなテムジン一族がはるかに強大なメルキト族を相手に戦うことなど、普通なら考えられなかったからだ。いつかテムジンにも別の妻が見つかるだろう。しかしその場合は、父の例にならって新しい妻を誘拐してこなければならない。自分より強い男に妻を奪われた男のところへなど、喜んで娘を嫁がせる親はいないからである。

従来、戦うべきか逃げるべきかを決める的確な即断に頼っていたテムジンだが、それは突然目の前に現われた危険に対処する本能的判断だった。こんどは慎重に考えをめぐらせて、自分の一生を左右する行動計画を練る必要がある。みずからの運命を選び取らなければならないのだ。いま身を隠している山に救われたと信じたテムジンは、山の霊に向かって祈りを捧げた。仏教、イスラム教、キリスト教のように、聖典があって聖職者が導く宗教を信奉する草原の部族とは異なり、モンゴル族はずっと精霊信仰を保ちながら、自分たちを取り巻く万物の霊に祈ってきた。〈久遠《くおん》の蒼穹《そうきゅう》〉や「黄金の陽光」をはじめ、数かぎりない自然の霊を敬った。彼らは自然界を天と地に二分する。人間の魂が肉体の静的部分ではなく、血液や息や匂いといった動的要素に宿るのと同様、大地の魂も動く水に宿るとされた。血液が体内を流れるように、川の水は大地を流れる。そして、そのうち三本の川が、この山中から流れ出していた。最高峰のブルカン・カルドゥン山は、その名のとおり「神の山」だったから、この地域のハンであり、地上の場所としては〈久遠の蒼穹〉に一番近かった。しかも三つの川の源をなすブルカン・カルドゥン山は、モンゴル世界の聖なる中心でもあった。

『元朝秘史』によれば、テムジンはメルキト族の手に握られていた命を生き永らえたことを喜び、まず第一に自分を守ってくれた山と、大空を渡る太陽とに感謝の祈りを捧げた。また、イタチのごとく耳をすまして一族を救った、いまは囚われの身の老婆にも特別の謝意を表した。自分を取り巻く万物の霊に感謝すべく、モンゴルの慣行どおり天と地にミルクを振り注いだ。さらに、長衣《ローブ》からベルトをはずすと首にかけた。帯やベルトは、モンゴルの風習では男だけが身につけるもので、モンゴル男性の証《あかし》にほかならなかった。つまり、テムジンがこうして帯を外すことは、自分の力を抜き取り、周囲の神々の前で無防備になることを意味した。そのうえで、彼は帽子を脱ぎ胸に手を当てると、九度にわたり地面に頭をつけて、太陽と聖なる山に叩頭《こうとう》の礼を行なったのである。

草原の部族民にとって、世俗の政治的権力は超自然的な力と切り離せないものだった。両者とも同じ源である〈久遠の蒼穹〉(2)から生まれるからだ。成功をおさめ他者に打ち勝つためには、まず精霊の世界から超自然力を授からなくてはならない。霊幡がテムジンを勝利と権力に導くためには、何よりもその霊幡に超自然力が宿らなくてはならない。ブルカン・カルドゥン山中隠棲の三日間にわたって捧げられたテムジンの祈りは、彼が生涯を通じこの山とのあいだに保った親密な霊的関係と、彼がこの山から授かることを信じてやまなかった特別の加護とのはじまりを記すものだった。

ブルカン・カルドゥンはテムジンに力を与えるだけではなく、まず難しい選択で彼を試しているかのようだった。この山から流れ出す三本の川はそれぞれが、ひとつの行動の選択肢を指し示していた。ヘルレン川を下って南東の方角にもどれば、もといた草原に帰れる。しかし、そこで羊飼いとしてどれほど多くの動物と妻をたくわえても、メルキトやタイチウトをはじめ他の部族がふたたび襲撃してくれば、それらを失う危険はつねにつきまとう。テムジンがその流域で生まれたオノン川は北東に流れ、また別の選択肢を指し示している。ヘルレン川よりも樹木が多く、人里離れた地域をくねくねと流れているため、隠れ場所には事欠かないが、動物を飼う牧草地に乏しかった。そこで暮らすとしたら、テムジン一家は子どものころと同じように、魚を釣ったり鳥を罠《わな》にかけたり、ネズミやそのほかの小動物を狩ったりしながら、細々と生活するしかあるまい。オノン河畔での生活は安全ではあっても、繁栄も名誉もない。第三の選択肢は、南西に流れるトーラ川にそって進み、かつてクロテンのコートを捧げたオン・ハンの助力を請うことだった。以前テムジンは、オン・ハンの下で分隊長に取り立てようという申し出を断わっていた。そのかわりに彼が選んだ暮らしは、わずか一年でメルキト族の襲撃によって粉微塵と消えた。それでもなおテムジンは、ハン同士の共食いともいえる抗争に身を投じるのは気が進まなかったらしい。しかし、新妻を奪い返す道はほかになかった。

テムジンは草原の戦闘が巻き起こす絶え間のない混迷から離れ、平穏な生活を築き上げようとしたものの、メルキト族の襲撃によって、そんな暮らしがまったく望むべくもないことを思い知らされた。いつどの襲撃者から一家の幕営地を襲われるかもしれない危険にさらされながら、極貧の賤民同然の生活を送りたくなければ、このさい草原の戦士の位階をのし上がるべく戦うしかない。これまで避けて通ってきた絶えざる戦《いくさ》のきびしいゲームに加わるほかはないのだった。

政治、位階、霊的な力などのいっさいと別に、テムジンはどれほど切実にボルテを恋い焦がれているかを隠そうとしなかった。ボルテこそ、悲しみに満ちた彼の短い半生で、唯一幸せを味わわせてくれた人だった。モンゴルの男は人前で、とりわけほかの男たちの前では感情を抑えるものだが、テムジンは自分がいかにボルテを愛しているか、彼女の不在がどれだけ苦しいかを、情熱的に吐露した。テムジンは嘆く。襲撃者にはベッドを空にされただけでなく、胸を引き裂かれ、心臓を破られた、と――。

テムジンは戦を選んだ。妻を見つけ出すか、さもなければ死をもいとわないという決意だった。山の上で三日間悩みながら思案をめぐらし、祈り、計画を立てたのち、オン・ハンの幕営地を探して援助を求めるためにトーラ川を下った。とはいえ、彼はよるべのない放浪者として助けを請うたのではない。すでにオン・ハンに高価なクロテンのコートを捧げ忠誠を誓った、正当な息子として赴《おもむ》いたのである。

テムジンがオン・ハンに出会い、メルキト襲撃に乗り出したいと切り出すと、老ハンはすぐさま援助を申し出た。もしも戦いたくなければ、オン・ハンは返事を引きのばして、自分の幕営地の女をテムジンの妻に差し出すことも容易だったろう。しかし老ハン自身、メルキト族にはかねてから恨みを抱いていたので、テムジンの要請により、ふたたびメルキト族を襲って収奪する口実ができたのだ。

さらにオン・ハンは、モンゴル族のハンのなかでも頭角を現わしつつある若き盟友で、かなりの部下を従えた百戦錬磨の戦士を味方につけるために、テムジンを派遣した。この人物こそ、テムジンが契りを交わしたアンダである、ジャダラン氏のジャムカだった。ジャムカは快く老ハンの要請に応じ、血盟の弟がメルキト族と戦うのを助けることに同意した。オン・ハンが右翼、ジャムカは左翼を担い、テムジンと手を取り合って草原の理想とする軍を編成しようと意気投合した。オン・ハンの軍とジャムカの軍は、ブルカン・カルドゥン山に近いオノン川の源流付近でテムジンの小部隊と合流した。そこから三軍は山地を越え、草原を下って、バイカル湖の方角にあるセレンゲ河畔のメルキト領地に乗り込んだ。

それまでの短い半生で数々の難局を切り抜けてきたテムジンだが、実際の襲撃に参加したことはなかった。このときの襲撃は、攻撃をしかける間もなく敵が総崩れになったとはいえ、テムジンに戦の将としてふさわしい資質があることを裏づけた。夜、山へ狩りに出たメルキト族の男が攻撃部隊を見つけて、大急ぎで自分の一族のところへ馳せもどると、ようやく騎馬隊の侵入直前に警告を発した。メルキト族は安全な場所を求めて下流へ逃げ出し、幕営地全体が恐怖に包まれた。襲撃隊がメルキトのゲルを略奪しはじめるや、テムジンは天幕から天幕へボルテの名を叫びながら、逃げ遅れた人びとのあいだを駆けめぐったといわれる。しかし、年配のメルキト戦士に妻としてあてがわれたボルテは、荷車で戦の場から運び出されていた。ボルテは自分の新しいよるべを襲ったのがだれなのか知るべくもなかったし、二度とふたたび拉致されたくはなかった。これが自分を救い出すための襲撃だったとは思いもよらなかったのだ。

あたりを包む大混乱の渦中で、自分の名前が大声で呼ばれているのをボルテが突然聞き分け、それがテムジンの声だとわかったときの様子を、『元朝秘史』は詳しく描写している。荷車から飛び降りると、彼女は闇のなかを声の方角に突き進む。鞍の上で半狂乱になって身をよじるテムジンは、夜の闇に目を凝らして、何度も何度もボルテの名前を叫んだ。彼はあまりにも心乱れていたため、自分に駆け寄るボルテがだれだかわからず、彼女が馬の手綱をもぎ取ろうとすると、それがボルテだと悟る前に、あやうく襲いかかるところだった。だが次の瞬間、ふたりは身を投げ出してひしと抱き合った。

義母ソチゲルと老婆を助け出すことはできなかったが、妻をみごとに取り返したテムジンの心は晴れやかだった。自分が受けたのと同じ苦しみをメルキト族に与えて、あとは故郷にもどるばかりだ。『元朝秘史』は、テムジンが自分の指揮下でメルキト族を攻めた軍勢に、こう語ったと伝えている。「われらはやつらの胸の内を空っぽにしてやった……やつらの寝床も空にした……男という男と、その子孫を根絶やしにした……幕営地に残っていた者はひとり残らず拉致した……メルキトのやつらはこの

とおり雲散霧消した。さあ、引き揚げようではないか」(3)

メルキト族に圧勝し、ボルテはテムジンと感動的な再会を果たしたのだから、ふたたび相見《あいまみ》えた二十歳前の若夫婦としては、せめてひとときのあいだ楽しく暮らしたいと思っただろう。しかしあいにく、人生は一難去ってまた一難である。テムジンはボルテが身ごもっているのに気づいた。『元朝秘史』は、また一緒になれた夫婦の歓喜を描くどころか、その妊娠中のボルテについても、夫婦の暮らしぶりについても黙して語らない。この沈黙は、ボルテの長子の父親はだれかをめぐって長々と続く論議を巻き起こし、次の世紀におけるモンゴルの政治に波紋を広げた。ボルテは一一七九年に長男を産み、テムジンはその子に「客人」を意味するジョチと名づけた。これをテムジンがその男児を自分の子どもと信じていなかった証拠とみる学者も多い。いっぽうテムジンにしてみれば、赤ん坊の誕生時には自分たち一族はみなジャムカ一族の客人だったことを表わすために、気軽にこの名前をつけただけかもしれない。

この時期について『元朝秘史』が詳しく語るのは、テムジンがジャムカとのあいだに新たに結んだ同盟関係である。劇的なボルテ救出ののち、テムジンは自分のささやかな一団を、多くの配下が仕えるジャムカの大集団に合流させることを決め、小さな一族郎党を率いてジャムカの幕営地に赴いた。それはコルコナグ盆地の名で知られる広くて肥沃な地域で、テムジン一家が代々暮らしてきたオノン川流域とヘルレン川のあいだにあった。

テムジンとジャムカが青春時代に義兄弟の契りを結んだのはこれで三度目だった。今回は一人前の男として、それぞれの部下たちを立会人に公《おおやけ》の儀式を行ない、友情を誓い合った。断崖に立つ木を前にしたふたりは、黄金の飾り帯と強い馬を交換し合った。身につける衣服の交換は、互いの体臭を分け合うことであり、魂の真髄を交わし合うことを意味する。とりわけ、飾り帯は成人男性の象徴だった。彼らは公の場で、「互いに愛し合う」(4)こと、そしてふたつの生命をひとつに結びつけ、けっして互いを見捨てないことを誓ったのである。テムジンとジャムカは、ふたりの誓いを祝って宴を催し、酒を酌み交わしたばかりか、ほかの者たちと離れて床につくと、血を分けた兄弟のように一枚の掛け布団で同衾した。

自分の小さな一族を守ってくれた山地から草原に出てジャムカとの関係を強めることで、テムジンは狩人の生活のかわりに羊飼いの生活を選び取った。テムジンは生涯狩猟を愛したが、彼の家族が生きる糧を得る手段として狩猟だけに頼ることは、こののち二度となかった。ジャムカのグループの一員として、いつも肉や乳製品が食べられるようになり、それまでより暮らし向きは向上した。テムジンは牧畜生活についてジャムカ一族から多くを学んだ。彼らは安定した慣習にしたがって年間の作業をすべてそつなく運び、正しい専門知識によって牛、ヤク、馬、山羊、羊、ラクダを管理していた。モンゴル人はヤクと牛を一種類に数えて、これらの動物を「五つの鼻」と呼んだ。どの動物も、食用以外に貴重な生活必需品の材料となったが、馬はそのなかでもとりわけ高貴な存在で、乗馬以外には利用されなかった。

ジャムカ一族に加われば当然、民族間の絶え間ない争いに巻き込まれざるをえず、テムジンは草原の戦士としての人生をも選びとりながら、やがて頭角を現わすことになる。ジャムカとのアンダ関係のおかげで、テムジンには一氏族を超えた大きな位階制のなかで、ありきたりの部下とは違う特別の地位が与えられた。『元朝秘史』の記述によれば、そうして一年半ばかり、テムジンはジャムカの指揮に従い、彼に学ぶことで満足していたようだ。しかし、腹違いの兄の支配に甘んじるよりは彼を殺してしまう若者にとって、こんな立場がいつか耐えがたいものに変わるのは避けられなかった。そのさい、古くから伝わる草原の位階制度も一役買うことになる。

親族間の位階関係のもとで、それぞれの血筋は「骨」と称された。通婚が許されない一番近い血筋は「白い骨」と呼ばれる。結婚が認められるもっと遠い関係の親族は「黒い骨」の血筋だった。人びとは互いに親族関係にあったので、それぞれの家系が重要人物の直系の子孫だと主張する。しかしその主張が通るかどうかは、それを押しきる力しだいだった。テムジンとジャムカは遠い従兄弟同士だったが、異なる「骨」に属していた。先祖をたどれば同じ女性に行きつくけれども、それぞれ異なる夫の子孫だったのだ。ジャムカのほうは、その女性の最初の夫で草原の羊飼いだった男の血を引いていた。いっぽうテムジンは、伝承によると、その夫を殺して彼女を拉致した「愚か者のボドンチャル」という森の狩人の子孫だった。このように系図をたどると、先祖の女の長男であり、草原の男を父とする人物の血を引くジャムカの血筋のほうが、テムジンより上だった。草原の社会では、こうした物語は必要とあれば結びつきを強調するのに用いられるが、抗争の口実にもなった。テムジンとジャムカの関係において、親族関係の話は諸刃《もろは》の剣だった。親族関係は、人間関係を決める決定的要素というより、人びとが社会的な主張を行なったり、それを秤にかけたり、他者に強制したりするときの一般的指針として用いられた。

テムジンがジャムカの統《す》べる集団の一員でいるかぎり、ジャムカの家族が「白い骨」であって、テムジンはもっと遠い「黒い骨」の親族に甘んじるしかなかった。テムジンがおのれの家族を中心に据える自分自身の集団を確立してはじめて、彼は「白い骨」になる。『元朝秘史』の記述によれば、ジャムカの配下で暮らす歳月が流れるにつれ、彼はテムジンをアンダというより目下の弟として扱いはじめ、自分の一族がふたりの共通の先祖のうち長男の血を引いていることを強調するようになった。過去の家族関係でわかるとおり、テムジンは目下扱いに長く耐えられる人間ではなく、案の定、この状況が彼にとって受け入れがたいものであることは早々に判明する。

『元朝秘史』によれば、一一八一年の五月なかば、ジャムカは冬の幕営地の撤収を命じ、はるか遠い夏の牧草地をめざして出発した。いつものように、ジャムカとテムジンは部下と動物の長い列の先頭を切って、並んで馬を走らせた(5)。しかしその日ジャムカは、もうテムジンと主導権を分け合うのはご免だと決意した。おそらく、ジャムカ一族のなかでテムジンの評判が大いに高まっていたことを察したためだろう。あるいはただ、テムジンの存在に嫌気がさしただけかもしれない。ジャムカはテムジンに告げた。自分は馬を連れて、山地に近い場所に幕営地を定めることにする。テムジンのほうは馬より値打ちのない羊と山羊を連れて、川の近くに幕営地を定めるように、と。「白い骨」のジャムカは馬の放牧者として自分の権威を主張し、テムジンを「黒い骨」にふさわしく羊飼いの少年扱いしたのだった。

『元朝秘史』によれば、テムジンはこの命令を受けると、移動の列の後方にいる自分の一族と動物のところにとって返し、ホエルンに相談したという。心乱れ、どうしたらいいかわからなかったようだ。ところが、母親に事情を説明するテムジンの話を聞いて、ボルテが口をはさんだ。ジャムカと袂を分かち、行動をともにしたい者はだれでも仲間に入れて独立すべきだと、怒りもあらわに詰め寄ったのである。後刻、ジャムカが天幕を張り、一夜をすごそうと移動を止めたとき、テムジンとわずかばかりの一党はこっそり抜け出した。ジャムカが追ってくる場合にそなえ、彼の幕営地とのあいだにできるだけ距離を稼ぐべく、夜を徹して進み続けた。ある者は前々からの計画どおり、ある者はとっさの思いつきで、ジャムカ配下の多くがテムジンとともに脱出した。もちろん飼っている動物たちも一緒である。こうして自分の氏族が分裂しても、ジャムカは追ってこなかった。

一一八一年の初夏の夜に起こったふたりの若者の決裂は、その後二十年におよぶ戦へと進展していく。そのかん、テムジンとジャムカの両雄は、モンゴル戦士の指導的存在として名声を集めつつ、もっとも憎むべき敵同士へと対立を深めていった。十九歳でジャムカと別れたのち、テムジンはみずから戦士の長となり、配下を引き寄せ、権力基盤を築いたうえ、いずれは、まとまりにくいモンゴル族を統一するハンの地位をめざそうと決意したようだ。この目的をなしとげるにあたって、おもな競争相手はジャムカであり、彼らの抗争はしだいにモンゴル族全体を巻き込む内戦の様相を呈することになる。ふたりのライバルはそれからの四半世紀というもの、互いの動物と女を盗み、配下の者たちを襲撃して殺し合い、最終的にはどちらがモンゴル族全体を支配するかを決するために、激しい闘争に明け暮れた。

続く数年間は、ジャムカもテムジンもそれぞれ、つかのまの同盟を結んだり、実利的な判断にしたがって忠誠を尽くしたりしながら絶えず陣容を変え、モンゴル族のなかで家族単位や氏族単位の配下を増やしていく。しかしどちらも、すべての家系を結んで、ケレイト族、タタール族、ナイマン族のような強力な単一部族に統一することはできなかった。モンゴルの口承によれば、彼らはかつて唯一のハンの下に結束していたという。しかしここ何世代にもわたって、モンゴル族の再統一を果たせた者は皆無だった。一一八九年、酉《とり》年の夏、ジャムカとの決裂後八年目にして、二十七歳のテムジンはモンゴル族の長たるハンの地位を獲得すべく乾坤一擲《けんこんいってき》の賭けに出ることを決意する。ひとたび彼がハンの称号を名乗れば、ジャムカの配下をもっと引き寄せられるだろうし、ハン襲名は、さらに大きな目的の成就をめざす予言ともなるはずだった。たとえそれがかなわないにせよ、少なくともハン襲名はジャムカとのあいだに最終的な争いを引き起こし、ふたりの雌雄をもっとはっきり決することができる。

「心臓の形をした黒い山」の麓《ふもと》にある「青い湖」のほとりの草原に、テムジンは配下の者たちを召集し、クリルタイと呼ばれる伝統的な会議を開いた。家族、親族、氏族の人びとは、その場に顔を見せただけで賛成票を投じたことになる。会議の場に現われれば、テムジンをハンとして正式に承認したのと同じだった。欠席は反対票として数えられる。定足数を集めるだけで勝利となった。こうした会議では、選挙が公正に行なわれたことを証明するために、普通は出席者のリストが作成され記録されるのだが、なんの記録も残っていないところをみると、おそらくはほどほどの動員数だったのだろう。草原の諸派血脈の多くが、まだジャムカを支持していたのかもしれない。

テムジン一族は、彼の家族、忠実な仲間、点在して暮らす部下たちからなっていて、草原のほかの部族に比べると小規模だった。しかもテムジンは、いまだにオン・ハンの配下である。自分のついた新たな地位がオン・ハンに弓を引くものでないことを示すために、テムジンはこのケレイト族の首長のもとに使節を派遣し自分の忠誠心をあらためて披瀝《ひれき》したうえ、オン・ハンの祝福を求めた。テムジンの望みは、オン・ハンとその配下のケレイト族に導かれて分裂したモンゴル族を統一することだけだと、使節は丁重に説明した。オン・ハンはそれに同意し、自分に忠誠を尽くすかぎりにおいて、モンゴル族の統一に懸念を抱く様子は見せなかった。自分に服するモンゴル族を故意に分裂させておくのがオン・ハンのやり方だった。ジャムカとテムジン、ふたりの若者の野心を煽ることで両雄を互いに反目させ、それぞれの力を削《そ》いで、ケレイトの長たる自分の支配下に置き続けようとしたのである。

小集団のハンとしての役目を果たすには充分と思われる支持がオン・ハンから得られたので、テムジンは少年時代に学んだ教訓を頼りに、わが部族のなかに革新的な権力構造を築くための思いきった作業に着手した。首長に属する天幕群は部族の中枢であり、首長の行政府でもあって、「オルド」(*ordu*)ないし「ホルド」(*horde*)〔モンゴル特有の天幕群からなる移動宮廷〕と呼ばれた。大多数の草原の部族では、ハンのオルドは親族からなり、彼らは一種の貴族階級として部族を監督し指導した。ところがテムジンは、親族関係にはかかわりなく各個人の能力と忠誠心に応じて、それぞれの配下に各種の任務を割り当てた。まず、個人的な補佐役としてもっとも重要な地位を、最初から自分に付き従ってきたふたりの腹心、ボオルチュとジェルメに与えた。ふたりとも十年以上の長きにわたって、テムジンに変わらぬ忠誠を示し続けたからだ。テムジン・ハンは、人の能力を見定め、その家柄より能力にもとづいて適切な仕事を割り振ることに、辣腕を発揮した。

第一に、信頼できる男たちを料理人に任命した。主として動物を殺して肉を切り出し、それをゆでる大鍋を操る仕事だが、父と同じように毒を盛られるのではないかという不安を募らせていたテムジンは、厨房こそ自分の身を守る最初の防衛線と考えていた。弓の射手に任命される者もいれば、首長の幕営から遠く離れた場所まで連れ出されることが多い動物の群れを守る責務を託される者もいた。身体強健な弟カサルは自分の幕営を守る戦士のひとりに任命し、腹違いの弟ベルグテイには、いつでも乗れるように幕営のそばに待機させる去勢馬の大群の管理をまかせた。テムジンはさらに、七十人は昼間の護衛、八十人は夜の護衛として常時テムジンの天幕を取り囲む、百五十人の戦士からなる選り抜きの親衛隊を創設した。テムジンのもとで、草創期のモンゴル族を束ねる行政制度は彼自身の家庭の延長となった。

テムジンがハンとして承認され、彼の行政府を築くことに成功したにもかかわらず、なおもジャムカは自分の配下を統べ、テムジンを全モンゴル族のハンとして認めることは断固拒否していた。ジャムカと、上流階級に属する「白い骨」の家系にとって、テムジンは「黒い骨」の者どもが偶像視する傲慢な成り上がり者にすぎず、いずれ懲《こ》らしめて分相応の地位にまで貶《おとし》めなければならない存在だった。テムジンがハンに選ばれてから一年しか経たない一一九〇年のこと、ジャムカは親族のひとりが牛泥棒をはたらいてテムジンの従者に殺されたのを口実に、戦火を交えようと配下の全部隊を召集した。どちらの側も兵を集めたものの、その数は双方ともせいぜい七百人どまりだった。しかし軍の規模に関するかぎり、当時のチンギス・ハンの戦について確証はない。それに続く戦いにおいて、ジャムカの軍勢はテムジン軍を草原中に蹴散らした。彼らが自分に刃向かって軍を再編成するのを防ぐために、ジャムカは草原の歴史上もっとも残酷な復讐劇を演じた。まず捕虜にした指揮官の首を切り落とし、それを馬の尻尾に結びつけた。血を流したことと、体のなかでもっとも神聖な部分である頭部に不名誉を加えたことは、死者の魂に対する冒瀆《ぼうとく》だった。加えて、その頭部を馬のもっとも汚らわしい部分に結びつけるにいたっては、死者の一族全員を辱《はずかし》めることになる。

伝えられるところでは、それは、捕虜の若者七十人を生きたまま大釜でゆでたという。それは彼らの魂を滅ぼし、その存在を完全に消滅させる処刑方法だった。「七」という数字はモンゴルでは不吉な数とされているので、七十個の大釜の話はドラマティックな効果を狙って尾ひれをつけたものかもしれない。だが実態はともかく、ジャムカにつけたジャムカの評判が大いに傷ついたことを『元朝秘史』は明記している。ジャムカが正気とも思えぬ残酷さを示したことによって、先祖から受け継いだ権力にあぐらをかいた古い貴族の家系と、彼らにひどい目にあわされながらも、自分の能力を発揮し忠誠を尽くすことで生きる、低い身分の家系との分裂が浮き彫りになった。ジャムカとの戦はテムジンにとって重要な転機となる。戦いには敗れたが、ジャムカの残忍さにますます恐れをなすようになったモンゴル族のあいだで、テムジンは人びとの支持と同情を集めた。テムジンに従った戦士たちは惨敗を喫したにもかかわらず、ふたたび若きハンのもとに三々五々集まってきた。

ジャムカとの対立はまだ解消しないまま、一一九五年、テムジン三十三歳のとき、ほかの部族を襲撃する思いがけない機会に恵まれ、大量の略奪品を獲得した。その結果、モンゴル族のあいだで軍人としてのテムジンの名声はいやが上にも高まり、経済力も増した。ゴビ砂漠の南方では文化の進んだ女真族《じょしん》が中国を統治しており、彼らは草原の部族民が自分たちを脅かすほど強くなるのを防ぐために、部族同士をつねに交戦状態に置こうとして、しばしば草原の政治に介入してきた。女真族は伝統的にタタール族と同盟を結んでいたが、タタール族が強くなりすぎているのではないかと恐れて、タタール討伐の兵を挙げるようオン・ハンを扇動した。オン・ハンは女真族の金国皇帝と速やかに盟約を交わし、連合軍を編成して、自分たちよりはるかに豊かなタタール族を叩き略奪すべく、ふたたびチンギス・ハンと手を組むことにした。

一一九六年冬、ケレイト族の統治者オン・ハンと、モンゴル族を従えたテムジンとは、タタール討伐に着手した。典型的な草原の戦術で行なわれた彼らの襲撃は、かつてないほど規模が大きく、またたくまに楽勝した。テムジンは戦で得た贅沢な略奪品に深い感銘を受けた。女真族の王国に近く、また宋（南宋）から洗練された産物が入ってくることもあって、タタール族は草原のどの部族よりも交易品をたくさん所有していた。『元朝秘史』によれば、数々の戦利品のなかでとりわけモンゴル人の心をとらえたのは、打ち出し模様がある銀製のゆりかごで、それにかけられた絹の毛布も金糸と真珠の玉で刺繡がほどこされていたという。捕虜になったタタール族の子どもたちですら、金糸に飾られたサテンの衣服をまとっていた。鼻と両耳に金の輪を通した少年もいた。襤褸《ぼろ》をまとったモンゴル族は、そんな贅沢品を身につけた人など見たこともなかったし、ましてや子どもは論外だった。

テムジンは、強力な女真王国が自国と境を接する部族と戦うさい、別の部族を利用する手口をはっきりと見てとった。ある年はタタール族と同盟を結んでケレイト族と戦い、その翌年にはケレイトやモンゴルと結んでタタールを叩く。ジャムカの場合と同様、今日の友は明日の敵だ。そして闘争と反目の連鎖がどこまでも続き、今日征服された部族は、何度となくくり返し征服される。いかなる勝利も確かなものではなく、いかなる平和も長続きしなかった。この教訓は、やがてテムジンが草原の混乱状態のなかからつくり上げる新しい世界に深い影響を与えることになる。しかし、とりあえず今回の戦の結果としては、かつてない大量の物品がモンゴル族にもたらされ、おかげで部族内におけるテムジンの名声はいや増したのである。

テムジンには、モンゴル族の支配をめぐりジャムカとの戦いがひかえていた。タタール族から略奪した富は、さらに多くの配下を集めてくれた。いまやテムジンは、ほかのモンゴル氏族におよぼす影響力を蓄え、彼らの領土に覇権を広げはじめていた。強大な氏族の領土には手を伸ばせなかったが、ヘルレン川にそってテムジンの幕営地のすぐ南に帳《とばり》を張るジュルキン氏のような小氏族を押しのけることは可能だった。

タタール族と戦うのに同意したとき、テムジンはジュルキン氏の親戚に助太刀を頼んだ。彼らは当初テムジンの軍勢に加わると約束したにもかかわらず、いざテムジンが戦闘に赴《おもむ》く準備をはじめると、六日のあいだ待ってもやってこなかった。その場に参じる行為が賛成票を投じたことになるクリルタイと同様、襲撃に参加するために出てこないのは、襲撃の指揮官（この場合はテムジン）への不信任票を投じたに等しい。ジュルキン氏とテムジンの配下のあいだには以前、緊張が生じたことがあった。テムジン一族を取り巻くほとんどの人びとと同様、ジュルキン氏の血筋もテムジン一族より上だったから、彼らはテムジンとその配下を侮蔑的に扱うことが少なくなかった。『元朝秘史』の伝える派手な挿話が、ふたつのグループのあいだにふくれあがっていった憎悪を物語る。

テムジンは、タタール族との戦闘がはじまる寸前にジュルキン氏を宴会に招待した。ところが、テムジンの腹違いの弟ベルグテイがすこぶる侮辱的なやり方で暴行を加えられたために、敵味方入り乱れての大喧嘩が起こる。テムジン一族の馬の管理をまかされたベルグテイは、宴会のあいだも馬の立ち番を務めていた。明らかにジュルキン氏の者と思われるひとりの男が馬を一頭盗もうとしたので、ベルグテイは彼を追いかけたが、「力士のブリ」の名で知られるジュルキンの男に押しとどめられてしまう。ブリとの闘いを受けて立つしるしに、ベルグテイは服の袖から腕を抜いて上半身をはだけた。同等の者同士のあいだで不和が生じた場合は取っ組み合いの喧嘩をするのが習慣だったが、ブリはベルグテイを軽蔑して目下扱いし、刀の鞘《さや》をはらってベルグテイの肩をさっと切った。このように血を流すことは、たとえ傷は浅くても重大な辱めとなる。馬の騒ぎにより外で何が起こったのかを察すると、酒に酔った客人たちは勝手に喧嘩をはじめた。習慣どおり、客は武器を身につけずに宴会の場に入っていたため、食べ物の皿を投げ合ったり、すでに人びとの胃袋に大量に収まっていた馬乳酒をかきまぜるしゃもじで殴り合ったりした。

ジュルキン氏は、タタール族と戦うさいにテムジンの軍勢に加わらなかったばかりか、テムジンがいないのをいいことに留守を守る幕営地を襲って配下を十人殺し、着ていたものや所持品を奪っていった。そんなわけで、テムジンがタタール族を破った勢いを駆って領土を広げようとしたとき、まず攻撃のほこ先を向けたのはジュルキン氏だった。一一九七年、テムジンはジュルキン氏の討伐にかかり、いまや戦士としても指揮官としても充分に磨きのかかった腕を証明するかのごとく、いとも簡単たが、この改革によって権力の座への道が決定づけられたともいえる。ちなみに第一の改革は、家族ではなく忠誠を尽くしてくれた盟友たちを、自分の身辺の重要な地位に就けたことだった。

草原の戦の長い歴史においては、敗退した部族は略奪され、一部は捕虜として連れ去られたのち、残された者はふたたび自力で生きていかなくてはならない。ふつう負けた側は、一族を立て直して逆襲に出るか、さもなければ散り散りになってライバルの部族に吸収される。しかしジュルキン氏を破ったテムジンは、過激な新政策を実施した。それは襲撃と逆襲、同盟と決裂からなる草原のサイクルを根本から変えようとする彼の野心を表わすものだった。テムジンは配下を召集してクリルタイを開き、彼の軍に参加する約束を守らず、彼の留守を襲った廉《かど》でジュルキン氏の貴族階級を公開裁判にかけた。彼らが有罪に決まると、同盟を結んだ氏族に忠誠を尽くすことの大切さを知らしめるために処刑したが、同時にこれは、すべての氏族の貴族たちに、もはや特別扱いはなくなったということをはっきり警告するものだった。テムジンはジュルキン氏の領土を占拠するさい、先例のない処置をとった。残されたジュルキン氏の者たちを、自分の一族の各世帯に分配したのである。ジュルキン氏側にもテムジン一族にも、ジュルキン氏は奴隷として連れ去られたものと解釈した者がいただろうし、そのほうが草原の慣習にふさわしい扱いでもあった。ところが『元朝秘史』によれば、テムジンは彼らを奴隷としてではなく、一族のまっとうなメンバーとして受け入れたという。テムジンは自分の意図を象徴的に示すために、ジュルキン氏の幕営地から孤児となった男の子を引き取り、奴隷としてではなく息子として母ホエルンに与えたうえ、彼女のゲルで育てさせた。それ以前にも自分が打ち負かしたメルキト、タイチウト、タタールからそれぞれ男の子をひとりずつ連れてきて、母の養子にしていた。これにより、テムジンは少年たちを自分の弟として受け入れたのである。このような養子縁組をはじめたのは、センチメンタルな気持ちからなのか、政治的な理由からなのかはともかく、配下の者を結束させるのに、こうした人為的な親族関係の活用がいかに象徴的な意味と実質的な効用を持つかを、テムジンがよくわきまえていたことがうかがえる。テムジンは、これらの子どもたちを彼の家族のなかに受け入れたのと同じように、征服された人びとを自分の一族に組み込んで、彼らがモンゴル軍の今後の勝利と繁栄に等しく与《あずか》れるよう取り計らったのだった。

テムジンは新しく手にした権力を示すために、勝利をおさめたモンゴル族と新しく受け入れた親族向けの宴会を催して、ジュルキン氏征服劇の幕を閉じた。その宴席に、一年前の宴会でベルグテイを傷つけた力士のブリを呼び、ベルグテイと相撲をとるように命じる。それまでブリはだれにも負けたことがなかったが、このときだけはテムジンの怒りを恐れて、わざとベルグテイに負けた。ふつうならこれで試合が終わるところを、テムジンとベルグテイは明らかに違った結末を用意していた。ベルグテイはブリの肩をつかんでその尻に馬乗りになり、テムジンの合図を受けるや、ブリの背中に膝を押しつけて背骨をベキッとへし折った。それからブリの麻痺した体を外に引きずり出して、そのまま息をひきとるにまかせたのだ。

テムジンはジュルキン氏の支配層をひとり残らず処分した。この行為が意味するところは、縁続きの草原の氏族すべてに明らかだった。テムジンに忠実に従う者は報われ、鄭重な扱いを受ける。そのいっぽう、逆らう者には容赦しない。

テムジンはジュルキン氏を滅ぼしたのち、一族をヘルレン川の下流域にある領地に移動させた。新しい根拠地はヘルレン川と、もっと小さなツェンケル川の合流点に近かった。やがてはこの地がアバルガと呼ばれるモンゴルの首都になるのだが、当時は人里離れた幕営地にすぎなかった。モンゴル語ではふたつの川にはさまれた土地を「アラル」（島）という。ツェンケル川とヘルレン川のあいだの島は広々と開けた牧草地だったから、人びとはここを「コデエ・アラル」と呼んだ。現代モンゴル語では「牧畜の島」を意味するけれども、古代モンゴル語の意味は「痩せ地の島」(6)であり、この名前のほうが、一本の木とてない広大な大草原のまんなかにぽつんと取り残された場所を表わすのにふさわしい。

アバルガは痩せ地ではあっても、草原の羊飼いにとって理想的な根拠地を提供してくれる広大な場所だった。羊飼いは南向きのゲルを望む。冷たい北風が吹き込むのを防いでくれるだけでなく、入り口から暖かい南の日射しが入ってくるからだ。ゲルは川に面しているほうがよいが、近すぎてもいけない。多くの生活廃棄物で川を汚さないためには、川から徒歩三十分という距離が必要である。そのくらいの距離を置けば、夏に湧く虫も防げるし、川ぞいの平地に荒れ狂う突発的な洪水の被害も受けないですむ。こうした利点のほかに、アバルガはまたテムジンの生地や、聖なるブルカン・カルドゥン山に近かった。山はヘルレン川の源流から二〇〇キロメートルばかり遡《さかのぼ》ったところにそびえていた。このような条件をすべてそなえたアバルガは、一一九七年からテムジンの生涯が終わるまで、ずっと彼の作戦基地の役割を果たした。

テムジン配下の一族郎党は新しい根拠地で四年のあいだ勢力をたくわえ、その規模も大きくなったが、ジャムカはテムジンの主導権を認めず、テムジンが草原の伝統的な生活様式に持ち込んだ変化をおもしろく思わない上位の諸氏族から、巻き返しの期待を集めるようになった。一二〇一年、酉年、そうした支持を背景に、全モンゴル族の支配者たる地位を求めてジャムカは勝負に出た。テムジンとオン・ハン両者への挑戦としてクリルタイを召集し、古来栄誉ある「グル・ハン」の称号を受けたのだ。これはハンのなかのハンという意味を持つ。彼に従う人びとはあらためて忠誠の誓いを立て、この誓いを聖なるものにするために種馬と牝馬《ひんば》を一頭ずつ生け贄にした。

ジャムカがこの由緒ある称号を選んだのは、ただ古いというだけの理由ではなく、もっとはっきり邪《よこしま》な意図があってのことだった。グル・ハンの称号を戴いた最後のハンはオン・ハンの叔父で、自分に背《そむ》いたオン・ハンに兄弟もろとも殺されるまでケレイト族を統治していた。テムジンの父イェスゲイがオン・ハンの盟友となったのは、この反乱のときだった。つまりこの称号を選ぶことによって、ジャムカは目下のテムジンばかりかオン・ハンの権力にも公然と挑んだのである。

もしジャムカがこの戦に勝てば、草原中央部の最高統治者となることができる。ジャムカには、かつてテムジン一家を従え、少年時代のテムジンを奴隷にしたタイチウト氏など、草原で影響力の強い上流氏族が味方についていた。モンゴル族を真っ二つに分ける争いは、たんに略奪と拉致の応酬にとどまらず、全モンゴル族の首長の座をかけて、ジャムカとテムジンのあいだにくり広げられる死闘のはじまりだった。オン・ハンはテムジンの後援者として配下の戦士を集め、みずからジャムカ討伐戦の指揮をとった。

こうした作戦行動の第一の目標は、実際にはまったく戦を交えずにすますことだった。戦うかわりに圧倒的な力で脅し、相手が逃げ出すよう仕向けるのである。恐怖心を引き起こすために、草原の戦士はさまざまな戦術を用いた。そのひとつが、敵方の指揮官や先祖の霊幡を掲げることだ。戦士たちは戦に先立ち、自分たちを導いてくれる霊と祖先への供物として霊幡の前に動物の生け贄を捧げた。この種のドラマティックな宗教的儀式は戦士たちの情熱をかきたて、緊張を高める。敵方の一族は、こちらが敵と共通の先祖の霊幡を掲げて行進することで戦意をくじかれる。そんな相手と戦うのは、自分の祖父に攻撃をしかけるようなものだからである。

戦闘前の宣伝合戦には、太鼓と儀式用具一式を携えたシャーマンも一役買った。戦がはじまる前には、双方のシャーマンとも羊の肩関節の骨を焼いて生じた裂け目を占い、未来を予言した。自陣にシャーマンが姿を現わすことは、味方の勝利を予言されるに等しかった。予言の効力は、過去にそのシャーマンがどれだけ勝者側についたかという評判によって決まる。テムジンもこれまでに、夢のお告げを授けるシャーマンを何人も身辺に集めてきた。将来重要な役割を演じることになるテブ・テンゲリもそのひとりだ。シャーマンは戦意をかき立てるために断崖の上で太鼓を打ち鳴らし、応援の精霊を呼び出したり、天候を支配したりできる魔法の石を叩いた。それによって敵方の戦士が強い側に寝返るか、逃げ出すかするのが狙いだった。

ジャムカがケレイト族を相手に戦ったとき、数の上では明らかにオン・ハンとテムジンの側が優勢だった。定評あるシャーマンの精鋭がそろったテムジン陣営は、心理作戦においても勝っていた。とりわけ、双方ともシャーマンの魔術が引き起こしたと信じる雷鳴と稲妻のすさまじい嵐のあとでは、テムジンが優位に立った。ジャムカ勢の多くの者が怯えて逃げ出し、ジャムカ自身も撤退を余儀なくされる。オン・ハンの軍勢がジャムカとその中核部隊を追撃するいっぽう、テムジンはオノン川方面に遁走するタイチウト氏を追うよう命じられた。それはテムジンが育ち、知り尽くした土地だった。

テムジンはタイチウトに追いついたものの、彼らを打ち破るのは予想以上に難しかった。草原の戦では、主として馬上から、あるいは岩陰の静止位置から矢を射ち合う。また樹木の多いオノン川流域の場合、急場で集めた丸太をバリケードがわりにすることもあった。草原の戦士は戦で血しぶきを浴びるのを避けようとしたため、接近戦になることは滅多になかった。息の匂いや体臭は魂の一部だったから、戦士たちは敵の匂いを嗅ぐことすら穢《けが》れとみなして忌避した。攻撃をかけるときは一団となり、馬を駆って敵に向かう。近づきながら迅速に矢を放つと手綱を返し、退却しながらも射続ける。ときには防戦側が、攻め込む相手を馬上から長い棒で落馬させ、敵兵がふらふら立ち上がったところを射殺すこともあった。

テムジン軍とタイチウトの対戦は丸一日続いたすえ、勝敗はいずれともつかなかったが、テムジン勢のほうが敵の心中に敗北の不安を大きく植えつけたことは間違いない。『元朝秘史』によれば、その日遅く、一本の矢がテムジンの首を貫いた。闇がおりると敵対する両軍は武器をおさめ、一日中戦った同じ原野で隣り合わせに野営した。これは一見奇妙に思われるかもしれないが、夜のあいだ互いに間近な場所にいるほうが効果的に相手を見張り、奇襲を防ぐことができたのだ。

テムジンの傷は深くなかったけれども、日が暮れると意識を失った。この種の傷は感染の危険性が高く、矢に毒が塗られていた可能性もあった。テムジンの忠実な部下で副官のジェルメは夜通し付き添い、傷から血を吸い出し続けた。地面に血を吐いて大地を汚《けが》すことのないよう、ジェルメは血を飲み込んだ。ジェルメの行為にはこうした宗教的理由に加え、血を隠すことで、いかに大量の出血があったかをほかの戦士に伏せておくという現実的な意味もあった。もうそれ以上飲み込めずに、口から血が滴りだしてようやく、ジェルメは地面に血を吐きはじめた。

　夜半すぎ、テムジンは一時的に意識を取りもどして馬乳酒を所望した。いかんせん戦場の野営地ゆえ、ジェルメの手に入るものといえば少量の水しかなかったが、タイチウトの野営地には食糧補給の荷車が何台かあるのを知っていた。ジェルメは服を脱ぐと戦場を急いで横切り、馬乳酒を求めて裸のまま敵兵のただなかを歩いていった。モンゴル人にとって、公衆の面前で裸になるのは非常に恥ずべきことだったから、かりにタイチウトのだれかが裸で夜の野営地を歩くジェルメを見かけたとしても、仲間が用を足しに起きてきたと思っただろう。礼儀上、味方の戦士に恥をかかせては気の毒と考え、見すごしてくれたに違いない。ジェルメのほうでも、目ざとい敵兵に正体を見破られたら、自分は仲間に裸にされ、辱められたので逃げてきたと言い張るつもりだった。誇り高きモンゴル戦士が裸のまま甘んじて捕虜になることなどありえないから、おそらくそんな主張でも通用したのである。

　幸いタイチウト兵はだれひとり目を覚まさなかったのに、ジェルメは馬乳酒を見つけることができず、発酵しているチーズの原料をバケツ一杯発見して運び出した。それを持ち帰ると水とよく混ぜて、一晩中テムジンに飲ませた。夜明けとともに視力がもどったテムジンは、あたり一面の血と半裸の腹心を目にし、混乱して事のしだいをたずねた。前夜の出来事を聞いて、寝ているすぐそばの地面を覆う自分の血に気分が悪くなり、「どこかよそに吐けなかったのか」と問いつめた。一見恩知らずのようだが、テムジンはジェルメがタイチウトの手から自分を救ってくれたことをけっして忘れず、[7] のちにモンゴル軍が行なったもっとも重要な遠征のいくつかをジェルメの手に委《ゆだ》ねた。

頸部《けいぶ》に負った傷のエピソードは、テムジンと部下を結ぶ深い忠誠の絆を象徴している。テムジンにはそんな忠誠心を呼び覚ます力がそなわっていた。テムジンの時代、草原の部族は何かきっかけがあれば軽々《けいけい》と敵方につき、兵士も指揮官を見捨てたが、テムジン麾下《きか》の将軍たちは、テムジンが戦士として活躍した六十年を通して、だれひとり彼のもとを去ることはなかった。またテムジンのほうも、将軍をひとりとして罰したり傷つけたりしなかった。歴史に残る偉大な王や征服者のなかで、これほど篤い忠誠は稀である。

タイチウトはテムジンの負傷に気づかず、兵の多くが夜半ひそかに戦場から脱走をはじめた。翌朝までにはほとんどの敵兵が逃げ出してしまったので、テムジンは部下に追跡させ、以前打ち破ったジュルキン氏と同様、貴族階級の大半は殺したが、残りは自分の配下として受け入れた。テムジンは、自分がはじめてタイチウトの捕虜となり、首かせにつながれてからほぼ三十年後に、逃亡を手助けしてくれた家族に報い、自由の身にしてやった。

テムジンがタイチウト氏を追撃しているあいだに、ジャムカはオン・ハン軍の手から逃れる。ジャムカはタイチウト氏を失ったものの、まだ自分に忠誠を尽くす多くの氏族を抱えており、草原の奥地へ遁走する道すがら、ジャムカ側につく新たな同盟勢力もいくつか得た。ジャムカとテムジンの最終決戦は先送りになったのだ。

民族全体を軍事組織に

一二〇二年の戌年《いぬ》は、テムジンがタイチウトを敗退させた翌年だったが、オン・ハンはふたたび彼を東のタタール族略奪へと差し向け、年老いたオン・ハン自身はメルキト族を再度襲撃するため根拠地の近くにとどまった。

テムジンはタタール族を敵にまわしたこの戦で、草原の生活を長く支配してきた決まりごとに、一連の思いきった改革を持ち込んだ。これらの改革は、部下のうち貴族の血筋の者たちを敵にまわし、大勢の低い血筋の者たちの忠誠心を深めることになる。テムジンの改革と物資の分配により、後者の暮らしは豊かになった。テムジンは数多くの襲撃を指揮する経験から、敗れた部族のゲルに略奪目的でわれがちに押し入ることは、もっと完璧な勝利を妨げるだけだと悟った。攻める側が、襲った幕営地の兵士を追いつめずに逃走を許し、ただちに幕営地の略奪に専念する従来のやり方では、敗れた兵士の多くが逃げおおせ、いつかもどってきて復讐することができる。テムジンは今回の第二次タタール征服において、タタール軍を完全に打ち負かすまですべての略奪を禁ずると命じた。タタール族を完敗させてはじめて、もっと組織的に略奪を遂行できる。すべての物品がテムジンの前に運ばれ、テムジンを中心にそれらを一番ふさわしいと考える割合で配下の者たちに再分配するのである。彼は、森の狩人たちが巻き狩りのあとで狩りの獲物を分配する風習にならって略奪品を分け与えた。

もうひとつの改革として、テムジンは襲撃で殺された味方兵士の未亡人と孤児にそれぞれの分け前を下付するよう命じた。彼がこの改革を行なったのは、父がタタール族に殺されたさいの母の苦境を覚えていたからか、ほかに政治的な意図があったからかは定かでないが、いずれにせよ重大な影響をおよぼすものだった。この政策によって、一族のなかでもっとも貧しい人びとの支持が確実にテムジンに集まっただけでなく、兵士たちの忠誠心も鼓舞《こぶ》された。たとえ自分が死んでも、遺していく家族の面倒をテムジンが見てくれると納得できたからだ。

タタール族に圧勝したのち、テムジンの部下のなかに個人的な略奪の禁令を無視する者が現われた。そこでテムジンは、自分がいかに真剣にこの改革に取り組んでいるかを示すために、きびしいけれども公正な処罰を行なった。彼らから一切の所有物を取り上げ、この戦の戦利品も返上させたのである。テムジンはすべての略奪品の分配を管理することで、貴族階級が自分の配下に思うまま略奪品を分与する風習を廃止した。彼の急進的な改革が多くの部下の怒りを買い、なかにはこれをきっかけにテムジンを見捨ててジャムカの軍に加わる者も出た。この結果、貴族階級と一般の羊飼い出身者たちとのあいだの溝はいっそう深まった。またしてもテムジンは、わが部族の人びとに、親族の絆やしきたりにすがらなくても、直接テムジンの保護を頼めばいいことを示したのである。おかげでテムジンへの権力集中が大きく進むと同時に、彼に対する部下の献身度も強まった。

モンゴルの要職にある少数派からは不満の声も聞かれたものの、テムジンの新しい方式はまたたくまに効果を表わした。戦闘が終わるまで略奪を保留することにより、テムジンの軍はこれまでより大量の物品や動物を集めることができた。しかし、新方式はかつてない問題も引き起こす。モンゴル族はタタール族を打ち負かしただけでなく、ほとんどその全軍と非戦闘員全員を捕えてしまったのだ。

草原の伝統的な考え方では、親族関係の枠外にいる者はだれでも敵であり、養子縁組や婚姻によって親族に組み入れられないかぎり永遠に敵のままである。こうした敵対集団同士の絶えざる戦闘に幕を下ろしたいと望むテムジンは、タタール族に対してもジュルキン氏やタイチウト氏と同様の扱いで、貴族階級は殺し、それ以外の生き残りと彼らの所有物、そして動物はすべてテムジン一族に取り込むつもりだった。このやり方は数百人からなる小氏族には効果的だったが、タタール族は数千人を擁する部族だ。これほど大規模な社会改革を断行するには、部下たちの全面的な支持が必要だった。そのため、テムジンは勝利に沸く戦士たちに呼びかけてクリルタイを開いた。

クリルタイの参加者はこの方針に賛同し、背丈が、馬車の車輪を支える楔の高さを超えるタタールの男は皆殺しと決めた。この基準は成年男子を定義するばかりか、民族の特徴を象徴的に表わしていた。海にかかわる生業《なりわい》を持つ民族が、自分たちの国を象徴するのにしばしば船を用いるのと近い。ここでもテムジンは、殺戮《さつりく》の埋め合わせに、残ったタタール人は奴隷ではなく正式なメンバーとして自分の一族に受け入れたいと考えた。この方針を強調すべく、母のためにまたひとりタタールの子どもをもらい受けたのに加えて、部族間の結婚も奨励した。このときまでテムジンには、四人の息子と何人かの娘を産んだ正妻のボルテがいるだけだったが、今回はテムジン自身も、タタール貴族の娘イェスゲンとその姉イェスイを妻に迎えることにした。従来、モンゴル族よりはるかに名声が高かったタタール族は、この戦闘を境におびただしい数でモンゴル族に吸収され、その多くがモンゴル帝国で高位高官の地位に上る。その結果「タタール」という名称は「モンゴル」と同義語となり、場合によっては「モンゴル」より広く知れ渡って、以後何世紀ものあいだ歴史にたくさんの混乱を生じさせた。

しかし、部族間の通婚と養子縁組だけでは、ふたつの大きな集団をひとつの民族にまとめ上げようとするテムジンの目標達成には不充分だった。親族集団がそのままの形で残れば、もっと大きな集団は結果的に分裂せざるをえない。そこで一二〇三年、タタール征服の翌年にテムジンが命じたのは、モンゴル軍とモンゴル族に向けたさらに大胆な改革だった。

テムジンは配下の戦士たちを、互いに兄弟となる十人の分隊〔十人隊、あるいは十戸ともいう〕に組織した(8)。親族関係や氏素性《うじすじよう》にかかわらず、十人隊のメンバーは兄弟同然の忠誠心をもってともに暮らし、ともに戦うよう命じられた。その絆を究極的に確認する証として、十人隊の隊員は戦にさいし、ほかのメンバーを捕虜に取られたまま逃げることを厳禁された。一家のなかで長男が家族全員を支配するのと同じように、モンゴルの十人隊では一番年長の者が隊長〔十人隊長、十戸長〕を務めたが、隊員たちは別の人物をこの地位に選出してもかまわなかった。

十の分隊が集まって百人の兵士の中隊〔百人隊〕となり、そのうちのひとりが隊長に選ばれる。拡大家族が集まって親族を形づくるように、十のモンゴル中隊が集まって千人の兵士からなる大隊〔千人隊〕を構成し、十大隊で一万人の兵士が集まった万人隊ができる。万人隊の隊長は、こうした指導的立場に必要な資質を理解するテムジン自身が選任した。父親、息子、兄弟、従兄弟がともにすごすことは差し障りがないかぎり許されたが、彼らを脱走も変更も認められない新しい部隊編成に強制的に組み込み、背けば死罪と定めることによって、テムジンは親族、氏族、部族、そして民族の古い束縛を打ち破ったのである。この編成の時点で、テムジンの配下には千人隊が九十五あったと伝えられる。ただし定員割れの部隊もあったので、総勢はせいぜい八万人程度だったかもしれない。

モンゴル族全体が軍事組織として統合された。この新しい制度の下では、部族の全員が年齢・性別に関係なく一定量の公共奉仕を求められた。もし軍隊で働けなければ、週に一日、公共事業やハンへの奉仕活動を課された。こうした仕事には、戦士の飼っている動物の世話、燃料用の畜糞集め、料理、フェルトづくり、武器の修理、あるいは歌で軍隊を慰安することまで含まれる。新しい組織では、すべての人が同じ「骨」に属していた。少年時代、自分の低い出自《しゅつじ》ゆえにくり返し社会的拒絶を味わったテムジンは、ついに「黒い骨」と「白い骨」という貴賤の差別を撤廃した。いまや彼の配下の者は全員、ひとつの民族として団結したのだ。

テムジンがなぜ自国民に十進法の組織を取り入れたかについては、歴史的な推察が山ほどある。初期のチュルク語系民族は十人の集団を基礎とする同種の軍事組織を持ち、テムジンがそれを借用したことも充分考えられる。しかし彼は、この組織を戦のための戦術として用いただけでなく、社会全体の永久構造として定めたのである。

テムジンの方策は、ほぼ二千年前にアテネの政治家クレイステネスが採用したものとよく似ている。もちろんテムジンが古代ギリシア史のそんな詳細を知りえたと信ずるに足る理由は何もない。アテネに古くから続いてきた反目と対立を断ち切るために、クレイステネスは部族制を廃止し、すべての市民を十人のメンバーからなる十の集団に振り分けた。こうしてひとつの部族都市を、軍事・商業・芸術・知性のすべての面において、地中海東岸でもっとも強力な都市国家に変容させたのだ。ほとんど同じ改革が、アジア内陸部の草原で暮らすモンゴル族にいっそう驚くべき結果をもたらすことになる。

軍の再編後、テムジンはもうひとつ、一見小さな改革を追加する。ヘルレン川流域のアバルガに根拠地を維持するいっぽう、聖なる山ブルカン・カルドゥンに近いオノン川、ヘルレン川、トーラ川の源流域に、モンゴル族の故郷としての立入禁止地区を設けた。ここは彼がメルキト族から逃れたゆかりの場所だ。「これら三本の川の源には何人《なんぴと》たりとも幕営を許さない」[9]との禁令を出した。この禁令により、モンゴル族の故地は、モンゴル王家を除く部外者すべてに対して閉ざされた。王室の人びとはその後二世紀のあいだ、死者を葬《ほうむ》り、一族の儀式や非公開の家族会議を行なうにあたり、かならずこの地にもどってきた。モンゴル族はそれまでずっと、これら三本の川が源を発する山々を自分たちの故郷と考えてきたが、この新しい法によって、ここは将来のモンゴル帝国の秘儀を執り行なう中枢の地となった。今日、ブルカン・カルドゥン周辺はモンゴルの宇宙誌における正式な聖地とされている。そこは地球の中心であるばかりか、宇宙の中心でもある。

テムジンは配下の者たちについて言及するさい、単一の民族や部族の名を口にするかわりに、彼らがゲルをつくる材料にちなんで、しだいに「フェルトの家の民」[10]という言葉を用いるようになった。タタール征服後にこの言葉を使いはじめたのは、おそらくテムジンに草原のすべての民をひとつにまとめる野心があることを示す最初の兆候だった。

タイチウトやジュルキンのような弱小氏族のみならず、強力なタタール族を打ち負かし併合したことによって、テムジンは草原の世界で威信を高めたが、それは彼が長年にわたり服従してきた君主オン・ハンの予想をはるかに上回るものだった。テムジンが、大幅にふくれあがった配下の者たちへの支配を強固なものにするかたわら、彼が打ち出した新機軸の成否を決する大きな挑戦にまみえるのは、まだこれからだった。彼の次の動きによって、生涯のライバルであるジャムカはテムジンの義父オン・ハンとのあいだに同盟関係を結び、テムジンの上り坂の力と人気に立ち向かうことになる。

第三章――ハンたちの戦い

すべての部族は一色になり、彼の命に服した。[1]

――アター・マリク・ジュワイニー『チンギス・ハン――世界征服者の歴史』

血の濃さよりも忠誠を

オン・ハンが生涯の終わりに近づいていることは、だれの目にも明らかだった。しかし、彼の跡を継ぐのはだれなのか、知る者はなかった。二十年以上におよぶ戦闘ののち、テムジンはモンゴル族のほとんどを支配していたが、いまだに宿敵ジャムカを叩き潰してはいない。オン・ハンはおおむねテムジンの側についているものの、配下のふたりのハンを対立させて漁夫の利を得続けていた。タタール族に勝利をおさめた一年後の一二〇三年、亥《い》年、テムジンは問題を白日のもとにさらし、オン・ハンの娘と自分の長男ジョチの結婚を求めることで、それを解決しようとした。もしオン・ハンがこの結婚の申し込みを受け入れれば、テムジンをジャムカより寵愛する臣下として認めたことになる。

オン・ハンは、実の息子だが能力もなければ従う者もいないセングムの言を容れて、この縁組を横柄に拒絶した。テムジン自身は配下の者を一様に「フェルトの家の民」とみなし、民族間の違いを認めることを拒んでいたが、貴族的なケレイト王家の人間から見れば、テムジンなどはいかに自分たちにとって役に立つ存在であれ、どこにでもいる成り上がり者にすぎなかった。ほぼ一世紀後にマルコ・ポーロは、テムジンが自分の花嫁を所望したものと思い込んで、オン・ハンの口ぶりを記している。オン・ハンの言葉そのままではないとしても、のちのモンゴル人の話をそっくり写したものだ。「わしの娘と結婚しようなどとは、チンギス・ハンは恥を知らぬのか。自分がわしの臣下で奴隷同然の身だと弁《わきま》えておらぬのか。とっとと帰ってやつに言ってやれ。おまえの嫁にするくらいなら、娘を火にくべて燃やしたほうがましだとな(2)」

しかし、年老いたハンは自分の性急な拒絶をすぐに後悔し、テムジンがどう出るか、不安を募《つの》らせる。目下、テムジンが草原で最高の軍事指導者であることに疑いの余地はない。また、自分がテムジンに戦いを挑むなどという危険を冒すのは、不可能なこともわかっていた。戦うかわりに、タタール族がテムジンの父親を殺したときと同様、テムジンをだますことで、わが身に降りかかるかもしれない火の粉を取り除く策をめぐらした。オン・ハンは、自分の気持ちが変わり、互いの家族間の縁組を歓迎する旨の手紙を、急いでテムジンのもとに届けさせた。日取りを指定し、子どもたちの婚礼を祝うために家族を連れてくるようにと、テムジンを招いた。テムジンが、二十年以上の長きにわたり自分の義父だったハンを信頼していたことは明らかだ。そこで配下の軍をあとに残し、小人数の部下を引き連れて、婚礼の宴のために約束の場所へ出向いた。万事うまく運んだ場合、この結婚は、彼がすでに統治しているすべての民をオン・ハンに従うケレイト族と結びつけることになり、テムジンの経歴は頂点をきわめるはずだった。またこの縁組により、テムジンは草原中央部の未来の統治者として、オン・ハンを継ぐ最強の位置につくことになる。

あと一日だけ馬を走らせればオン・ハンの宮廷に到着する地点まで来たとき、婚礼の招待が自分を陥れる企みであることをテムジンは察知した。オン・ハンはこっそり兵を集めてテムジンを殺し、その一族を一掃するつもりだったのである。テムジンが勝利を予感したまさにそのとき、両部族の結合がかなわないばかりか、自分の生命と一族の存続が脅かされていることがわかった。ほんの小部隊しか従えておらず、頼りになる本隊ははるか彼方だったから、テムジンはあえて戦おうとしなかった。かわりに、圧倒的に優勢な敵を目前にして、草原の人びとがつねにとる行動に出た。小人数の一団に急いで四方へ散開することを命じ、自分は少数の従者をともなって、オン・ハンの軍勢が追いつかないうちにすばやく東へ逃走した。

テムジンはいま、自分の力を試す最大の難関を迎えていた。オン・ハンの軍を前にしての逃亡は、二十年以上昔にボルテを拉致され、メルキト族から逃げた出来事を髣髴《ほうふつ》させるものだったに違いない。草原の絶えざる襲撃の応酬が終わりを告げることなど不可能にも思われた。テムジンがこれまでに実施したあらゆる改革とは裏腹に、実際にはほとんど何も変わっておらず、いままた彼は自分より社会的地位が高く、政治力もはるか大きな強者から逃げていく。

指導者の不用意な逃亡に、テムジンの下でまとまったばかりの「フェルトの家の民」は、はじめて大きな脅威に直面した。彼らは持ちこたえることができるだろうか。これほど多種多様な部族や氏族からなる人びとは、テムジンが行方も知れず逃走中であろうと、彼に対する忠誠と信頼を維持できるのか。あるいは、それぞれの出身地へ逃げもどったり、あわててオン・ハンやジャムカの保護を得ようと画策したりするのだろうか。これに続く一連の出来事は、テムジンの生涯で最大の試練と勝利として、モンゴル人の語り草となった。

何日も休みなく逃げ続けたのち、疲れ果てて糧食も尽きたテムジンは、泥水で濁ったバルジュナ湖(3)の遠い岸辺にたどりついた。何人の部下が無事に逃げのびたか見回して数えると、その数わずか十九人。彼らはこの人里離れた逃亡の地で、いままさに餓死の危機に瀕していた。一行がバルジュナ湖のほとりで一息つき、今後の方針を決めようと休養中、思いがけず北のほうから一頭の野生馬が姿を現わしたので、テムジンの弟のカサルがそのあとを追った。彼が馬を射止めると、兵士たちは手際よく馬の皮を剥いだ。肉を焼く薪も、ゆでる鍋もなかった一行は、古来伝わる調理法に頼ることにした。皮を剥いで肉を薄く切ると、馬の皮で大きな袋をつくり、そのなかに肉と水を入れる。火を燃やすために乾いた畜糞を集めてきたものの、皮の釜を直接火にかけるわけにはいかない。かわりに、真っ赤に焼けるまで火で熱した小石を、肉と水が混ざったなかに落とした。石で水は熱くなるが、水のおかげで皮袋が焼け焦げることはない。数時間後、飢えた男たちはゆでた馬肉をたらふく食べた。

カサルを除けば、テムジンのまわりに集まっていたのは親戚ではなく友人たちだった。家族のなかには一時草原で行方不明になった者もいたけれども、ほかの親戚はオン・ハンやジャムカの保護を求めてテムジンを見捨てていたのだ。特筆すべきは、テムジンの父親がホエルンをメルキトの夫から奪ったとき手助けした父の弟たちのひとりが、甥を敵にまわしてオン・ハンのもとに参じたことである。

気持ちを慰めるものも、未来につながる展望もないなか、疲れきった男たちは馬の出現という出来事にすがりつき、空っぽの胃袋を充たす食べ物以上の神秘的な贈り物と考えた。モンゴル世界でもっとも大切に重んじられる動物である馬は、この場面を厳《おごそ》かに聖化し、天の助けの証《あかし》となった。この馬はテムジンの運命の力を表わすもので、これまで大きな戦《いくさ》やクリルタイに先立って行なったのと同様、馬を生け贄にすることは兵士の腹を満たすばかりか、テムジンの霊幡にさらなる力を与えてくれたのだ。馬肉を食べたあとの飲み物はバルジュナ湖の濁った水しかなかったが、テムジンは空に向かって片手をあげ、もういっぽうの手でバルジュナ湖の濁り水をすくって乾杯の音頭をとった。部下たちの忠誠に感謝し、けっして忘れないことを誓った。部下たちもまた濁り水の乾杯をともにし、永遠にテムジンに忠誠を尽くすことを誓ったのだった。代々語り継がれるうちに、この物語は「バルジュナの誓約」として歴史に知られるようになる。そのうえ、テムジンの武運のどん底を示すとともに、モンゴル帝国の原点となる出来事として、神秘の衣をまとうにいたった。

この一件は、親族関係や民族や宗教を超えた相互の協力と忠誠にもとづくモンゴル人の多様性を象徴するものとみなされるようになった。テムジン・ハンに従った十九人の部下たちは、九つの異なる部族の出身だった。そのうち実際にモンゴル族の出身は、おそらくテムジンとカサルだけで、ほかにはメルキト、契丹《きったん》、ケレイトなどがいた。テムジンは〈久遠《くおん》の蒼穹《そうきゅう》〉と「聖なる山ブルカン・カルドゥン」を崇める敬虔な超自然信仰者《シャーマニスト》だったが、ほかの十九人のなかにはキリスト教徒が数人、イスラム教徒が三人、仏教徒が数人いた。彼らを結びつけているものは、テムジンへの献身に加えて、彼と仲間への忠誠の誓いだけだった。バルジュナでなされた誓約は一種の友愛結社を生み出した。それは親族関係も民族的結合も宗教も超えて、個人の選択と責任にもとづく近代の市民社会に近い。出自《しゅつじ》とは別のこうした同胞的な絆《きずな》は、やがてモンゴル帝国の基本的な構成単位として、テムジンの部下たちが形成する新しい共同体の雛形となった。

バルジュナ湖に隠れたのち、テムジンは逆襲の計画を練った。テムジンの脅威を永久に取り除いたとオン・ハンがのんきに錯覚している隙に、すばやく行動しなければならないのはわかっていた。彼は草原のあちこちに散らばった配下の者たちに戦の計画を知らせる伝令を送ったが、おそらく伝達事項には、自分と部下の命を救った奇跡的な馬の出現が詳しく語られていたことだろう。まもなく、テムジン自身さえ予想しなかったほど、新設の十人隊や百人隊が草原を越えて続々と集まってきた。テムジンがバルジュナ湖から西を指してオン・ハンの領地に引き返す途中も、部下たちが四方八方から彼のもとへもどってきた。さらに、母方や妻ボルテの親戚で、これまでオン・ハンの忠実な配下だった者たちが、ケレイトの指導者を棄て、テムジンの幕営地を求めてやってきた。

いっぽう、みじんの疑念も抱かないオン・ハンは、テムジンに対する勝利を祝って、どこへ行くにも運んでいく豪華な金張りの天幕で大宴会を催した。部下におよぼす自分の力を過信し、草原の彼方《かなた》で起こりつつあることにまったく気づかないオン・ハンは、テムジンの部下が離散し、テムジン自身もはるか東方に逃げていったと信じ込んで大はしゃぎだった。

テムジン軍は大宴会場めざして疾駆した。忠実な部下たちが先まわりして予備の馬を待機させ、一組の馬が疲れると別の一組に乗り換えられるよう手配する。こうした乗り継ぎにより、彼の軍勢は電光石火の速さで、夜を徹して休みなく進んだ。草原を横切ってケレイトの宮廷へ直進したほうが楽だったかもしれないが、テムジンは配下の兵に、守備兵がいないとわかっている速まわりの険しい道を越えさせた。

　馬で何日もかかる場所にいるはずのテムジンが、酒宴に興じる人びとに突然襲いかかった。彼の部下たちは、すでに幕営地全体を取り囲んでいたのだ。熾烈《しれつ》な戦の三日間がすぎ、テムジン軍の攻勢にケレイトは退却を余儀なくされた。オン・ハン配下の多くが彼を見捨てて、テムジンの旗の下に集まった。テムジンは周知の方針どおり、自分を選んで前の主君を見捨てたほかに、オン・ハンを裏切ったり害を与えたりしていなければ、彼らを受け入れた。

　オン・ハンの軍はテムジン勢に打ち負かされたというより、すっかり呑み込まれてしまったというのが実態だった。ケレイトの王族は各自、思い思いの方角に逃走した。オン・ハンの息子は南に逃れたが、従者に見捨てられ、砂漠で飲み水がなくなり死ぬ。ジャムカと臆病な部下たちは西に逃れ、草原の三大部族でまだテムジンに敗れていないナイマンの領地をめざす。オン・ハンもまた、ナイマン族に逃げ込もうとしていた。

　敵の指導者はおろか、老ハンの息子まで捕えそこなったモンゴル軍は、この失敗を釈明し、取るに足りない問題に仕立てなければならなかった。テムジン勢は、オン・ハンの名声を傷つける噂や、敵味方を問わずあらゆる人びとに老ハンは死去してもはや脅威ではないと信じ込ませる作り話を広めた。モンゴル軍がふれまわった説によると、オン・ハンは無事ナイマンの国境にたどりついたものの、国境の警備兵は、このよるべのない老人がかの有名なケレイトの武人ハンだと信じようとせず、殺してしまったということになっている。さらに話は続く。オン・ハンを殺した償いとして、ナイマンの王妃はその首を自分のゲルに運ばせ、入り口の反対側の奥まった場所に祭壇を設けて、清らかな白いフェルトの毛氈《もうせん》を敷き安置したうえ、オン・ハンの首に供物と祈りを捧げた。モンゴル人の感性では、こんな血なまぐさい代物《しろもの》を家のなかに持ち込むくらい不快なことはなかったし、おまけにオン・ハンの魂の座である首は危険きわまりないものだ。ところが、王妃は楽士を呼んで馬頭琴を奏でさせ、ハンの首を慰めようと義理の娘たちも歌い踊った。オン・ハンがまだ存命で、自分のゲルに迎えた賓客であるかのごとく、王妃はうやうやしく葡萄酒を捧げたという。ナイマンの統治者タヤン・ハンはゲルに入って切り離された首を見るや、恐れおののいて嫌悪のあまり怒り狂い、首が自分に笑いかけたと叫んだ。そして、オン・ハンの首を清らかなフェルトの毛氈から蹴り落とし、粉々に踏みしだいた。

この種の作り話は、老ハンが実際に亡くなったと人びとに信じ込ませると同時に、テムジンの次の攻撃目標であるナイマン王家を辱《はずかし》める効果があった。プロパガンダと世論操作は、たちまちテムジンお気に入りの主な武器のひとつとなった。モンゴル勢は、老いたタヤン・ハンがもうろくのあまり、人前で妻や息子にも馬鹿にされ、恥をかかされる頭のおかしな弱虫になりさがったという悪口を、自軍のあいだに広めた。モンゴルの指揮官たちは、味方のあいだに敵への怒りをかきたてるために、ナイマンの王妃はモンゴル人のことを臭くて汚《きたな》らしい野蛮人だとこきおろしているとのデマをばらまく。モンゴル軍は、味方の士気を鼓舞し、敵の戦意を喪失させるためにゴシップを利用し、タヤン・ハンの息子は父親をあざけって「タヤンばあさん」と呼ぶとか、父親は父親で臆病者だから、身重の女が用を足しに行くぐらいの距離しかゲルを離れない、といった噂を流した。

ナイマン王族に関する珍妙な噂を広めるのと同時に、ナイマン族がどれほどモンゴル勢を恐れているかという話をでっち上げ、味方の士気を高めることも忘れなかった。ジャムカがナイマン族に加わって以来、彼がテムジンの戦士たちの様子を語るので、ナイマンがちぢみ上がっているという噂も駆けめぐった。『元朝秘史』は、モンゴル兵について身の毛もよだつような描写を誇らしげに記す。「彼らは鼻には鑿《のみ》を、舌には鋭い錐《きり》を突き刺している。露を糧食とし、風にまたがって走る」。また、テムジンを飢えたハヤブサにたとえながら、「その全身は銅と鉄の鎧《よろい》におおわれ、鑿も通らないほどしっかり綴《と》じ合わされている」とも語る。

この話とは裏腹に、ナイマンがはじめて捕えたモンゴル兵が、あまりに粗末な鞍をつけた骨と皮ばかりの痩せ馬に乗っていたため、捕虜を捕まえた兵士たちは仲間のナイマン兵に、モンゴル軍がいかにみじめな状態にあるか信じてもらおうと、この馬と鞍を天幕から天幕へたらいまわしにして嘲《あざけ》った。テムジンは敵に捕まった騎兵の話に新たな策略で応ずる。モンゴル軍はナイマン軍と比べて兵士の数がはるかに少なかったので、テムジンは一人ひとりの兵に、野営する丘の上で毎晩篝火《かがりび》を五つずつ燃やすよう命じた。遠目には小さな軍隊がずっと大きく見え、モンゴル軍は「空に輝く星の数より多い篝火[4]」を焚くという噂が流れることになった。

モンゴル制覇をかけた決戦は、一二〇四年、子《ね》年、ブルカン・カルドゥン山の西方約五〇〇キロメートルのあたりで行なわれる。戦をひかえた日々、テムジンは十人隊を基礎とする新しい軍事組織の力を検討した。総力戦に出れば、敵に比べて兵の数が少ないテムジン軍は簡単に撃破されかねない。そこでテムジンは、小規模な奇襲作戦でナイマン軍を小刻みにたたく戦法をとった。緒戦にあたり、テムジンは兵たちにいわゆる「動く藪の陣形」、またの名を「回転草〔枯れると根から折れて風に吹きちらされる砂漠地帯の雑草〕の陣形」で前進するよう命じた。大部隊で一気に攻撃をかけず、十人隊がばらばらな方角から、夜明け前の闇のなかを低い姿勢で隊ごとに声をひそめて前進した。こうした攻め方だと、敵は相手がどれくらいの軍勢か見当もつかず、一方向からの攻撃にだけ備えればいいというわけにもいかない。攻撃を終えた十人隊は四散して、手負いの敵が反撃に出るほど立ち直れないうちに姿を消した。

テムジンが「動く藪の陣形」の散発攻撃に続いて登場させたのは「湖の陣形」だった。この陣形は部隊が横に長い隊列を組んで前進し、前列が矢を放つと次の列が取って代わる。寄せては返す波のごとく、兵士たちは攻撃をかけては、現われたときと同じようにすばやく消えた。波は次々と後方に引き下がり、また次の波となる。「湖の陣形」で攻撃されたナイマン軍は、相手の横長の陣形に応戦するため、横一直線に薄く広がらなければならない。ナイマン軍がこの形をとるや、テムジンは第三の戦術に切り替え、十人隊を縦に組み替えて「鑿《のみ》の陣形」をとらせた。この陣形は前面こそ狭いが縦方向に非常に長く、攻める側は、いまや薄く広がったナイマンの隊列の一点に最大限の力を集中して、敵を鑿でえぐることができる。

これらの戦術は、少なくとも部分的に見るかぎり、従来の戦闘技術と狩猟の戦略とを融合させたものといえなくもない。しかし、とまどった敵がこの戦法に終始なす術を失ったという事実は、テムジンがこれらの戦術に独自の工夫をたっぷり加えたことを示している。彼はより幅広い戦術にもとづく新しいタイプの草原の軍隊を生み出した。なかでも一番重要なのは、この軍隊が兵士間の緊密な協力と、指揮官への絶対服従を基盤とする点である。彼らはもはや、てんでんばらばらに攻撃を加える烏合の衆ではなく、強固な結合体だった。テムジンは個々の兵が体得し、的確かつ迅速に対処すべき一連の作戦行動を運用した。モンゴル軍には次のような格言がある。「テムジンの命令なら火も水も厭《いと》わない。テムジンのためなら突撃あるのみ」(5)。この言葉はただの理想ではなく、モンゴル軍による新しい戦争の実態であり、ナイマンを手早く片づける原動力ともなった。

モンゴル軍が優勢に立っても、テムジンは勝利を焦って突き進むことはなかった。だれもが明日は決戦だと予想した晩、彼は兵士たちにぐっすり眠るよう命じた。いっぽう、ほかとの連絡も断たれて混乱し、なす術もなく途方にくれたナイマン兵は、夜のあいだに脱走をはじめる。しかし、テムジンは兵たちを抑えて追跡させなかった。夜の闇は濃く、月も出ていなかったし、逃げ道といえば山の裏側の険しい斜面しかない。一寸先も見えないため、逃げていく人馬は滑って谷底に転落した。『元朝秘史』の言葉を借りれば、彼らの体は切り立った崖の下に「腐った丸太」(6)のごとく折り重なった。

翌朝、モンゴル勢はわずかばかりのナイマン残党をいともたやすく打ち破り、「タヤン・ハンにとどめを刺した」。うまく逃げおおせた戦士のなかに、タヤン・ハンの息子クチュルクもいた。彼ははるか遠くカラ・キタイ〔黒契丹〕の領土、天山山脈まで逃れていった。いっぽう、ジャムカは森に消えた。ジャムカが逃げ込める集団はもはやどこにもなかった。彼の最期は華々しい決戦のさなかではなく、長々と続く泣き言とともに訪れる。わずかに残ったメルキト族も、ふくれ上がるモンゴル族にたちまち吸収され、四十歳になるジャムカは少数の部下とともに社会からはみ出した無法者として、野生の動物を獲物に飢えをしのいだ。思いがけぬ運命の逆転により、かつて貴族だったジャムカは、若き日のテムジンが父の死によって直面したのと同じ境涯に堕ちたのである。一二〇五年、テムジン軍がナイマンに勝利をおさめた翌年の丑《うし》年に、ジャムカの手下たちは耐えきれずに敗北を認め、ジャムカを捕えてテムジンのもとへ連行した。ふたりのあいだの強い憎しみにもかかわらず、テムジンは何よりも忠誠を重んじた。ジャムカを連れてきた兵に報いるどころか、彼らが裏切った指揮官の面前で、全員を処刑したのだ。

二十年以上、互いに戦ってきたふたりの男の最後の会見は、『元朝秘史』の感動的な見せ場となっている。もはや脅威ではなくなったジャムカに復讐しようとはせず、テムジンはふたたび彼と手を結ぶことを提案した。「相棒になろうではないか。ふたりがまた結びついたいま、忘れたことを互いの胸に思い起こさねば。互いを眠りから覚まそうではないか。立ち去って私から離れているときも、あなたは私に幸運をもたらす、ありがたい義兄弟だった。殺し合いの日々ですら、私のためにあなたのみぞおちは痛み、心は苦しんだに違いない。むごたらしい殺し合いの日々ですら、私のためにあなたの胸は痛んだに違いない(7)」

ジャムカは、かつて自分が所有したよりはるかに広大な領土を統《す》べる年下の友の、熱い訴えに動かされたらしい。彼もしばし、テムジンが思い起こす若き日の義兄弟関係への郷愁に浸ったのか、テムジンの言葉にこう答えた。「私たちは消化されることのない食べ物を口にし、忘れるはずのない言葉を交わし合った。……一枚の掛け布団を分け合って眠った」。さらにジャムカは、自分たちが離ればなれになったのは、名前を出せないある人物のせいだと語った。「私たちは、ふたりの仲を裂こうとする者に挑発された。横槍を入れる者に悩まされ続けたのだ」

『元朝秘史』はジャムカが悔い改めて長々と告白した言葉を伝えるが、気どった文体と話の細部の両面から、その信憑性には疑惑が持たれている。『秘史』によれば、ジャムカは次のように述べた。「いまや世界は喜んであなたを迎えている。私があなたの味方になったとて、何ほどの益があろうか。益どころか義兄弟よ、暗い夜にはあなたの夢にとりつき、明るい昼にはあなたの心を悩ますばかり。私はあなたの襟にとりついたシラミであり、あなたのゲルの戸板の棘《とげ》となるだろう」

犯人の精神的な問題と情緒不安定を理由に情状酌量を訴える現代の弁護士さながら、ジャムカはふたりの若かりしころをふり返って、自分がなぜあれほどテムジンに惹《ひ》かれ、なぜ彼を裏切ったのか、申し開きを試みる。

自分は両親を失い、兄弟も信頼できる友もなく、妻は妻で口やかましい女だったと、ジャムカは手短に述べた。しかし、最後には慈悲を請わずに死を求めたが、ひとつだけ願いを口にした。自分の血を地面に流したり、太陽や大空にさらしたりすることなく、貴族にふさわしい処刑をしてほしい、と。生きているあいだはテムジンを失望させたけれども、死しては良き友でありたいと、ジャムカは申し出た。そして、テムジンが自分の亡骸《なきがら》を高いところに安置してくれたら、テムジンとその子孫を危険から守ることを誓った。「私を殺し、亡骸を高い場所に横たえてほしい。そうしたら、いついつまでもあなたの子々孫々を守り祝福しよう」。言い伝えによれば、テムジンはジャムカの遺体に、昔、アンダの誓いを立てたとき彼に与えた黄金の飾り帯を巻いて埋葬したという。

ジャムカはテムジンの最初のライバルだった。そしていま、彼に刃向かう最後のモンゴル貴族として、その生涯を閉じた。全モンゴル族の制覇を求めた長い戦いのなかで、テムジンは草原のすべての部族を打ち破っていった。敗れた部族の男は皆殺しにし、女は自分の息子か部下と結婚させることによって、貴族の家系が残るおそれを取り除いた。テムジンは、だれであれ自分の上に立つ者の権威に我慢がならなかった。家族を支配するためにベクテルを殺し、妻を奪われたためにメルキト族を滅ぼした。自分の父を殺したうえ、モンゴル族を草原のネズミ同然だと見下したタタール族には大殺戮を行なった。モンゴル族の貴族を打ち倒し、自分たちより上位の氏族であるタイチウトとジュルキンをひとつずつ消していった。自分の盟友であり義父でもある人物が、互いの家族間の結婚を許そうとしなかったとき、彼とその一族を滅ぼした。ナイマンの王妃がモンゴル族を、卑しい者たちと嘲ったとき、テムジンはナイマン族を襲って彼女の夫を殺し、彼女を部下のひとりに妻としてくれてやった。そしてついに、生涯でもっとも愛した人物のひとりであるジャムカを殺し、結果として貴族階級のジャダラン氏を滅ぼした。

いまこそテムジンは、広大な領土のまぎれもない統治者であり、南はゴビ砂漠から北は極寒の地のツンドラまで、東は満州の森林地帯から西はアルタイ山脈にいたるすべてを手中におさめた。彼の帝国は草原であり、人の数より動物のほうがはるかに多かった。統治の正当性は戦場での勝利だけで認められるものではなく、領土のすべての地域の代表者が参加するクリルタイで公《おおやけ》に承認されなければならない。仮にある集団がだれも代表を出さないことに決めれば、クリルタイを召集したハンの統治を拒否したことになる。ハンにはその集団を治める権利がなくなるが、もっと重要なのは、彼らのほうもハンの保護を求められなくなることだ。

自分が統治者の地位につくクリルタイを召集するまでに、テムジンは一年の猶予期間を設け、そのあいだに平和の回復と諸民族との関係修復を図った。一二〇六年、寅年《とら》、彼はモンゴル族の聖なる山ブルカン・カルドゥンにほど近いオノン川の上流域にもどってクリルタイを召集した。おそらく、草原の歴史上もっとも大規模で、もっとも重大なクリルタイだったろう。祭典用の乳や肉を提供するために、数万頭の動物があたりで草を食《は》んだ。ゲルの列がテムジンの幕営からあらゆる方角に何キロメートルも延びた。そしてすべての中心には、馬の毛でつくったスルデ、そう、テムジンを今日の儀式に導いた霊幡が立っていた。何日間も大がかりな祭典と威風堂々たる儀式が執り行なわれると、かわって何日間も祝賀会やスポーツ競技会、音楽会が催され、それがくり返された。昼はテブ・テンゲリを含む宮廷付きのシャーマンたちが太鼓を打ち鳴らして歌い、夕暮れには楽士たちが演奏した。夜の空気には、モンゴル族特有の喉から出す魅惑的な持続低音や、倍音唱法の歌声が充ちた。彼らは体の奥深くから声を出し、ふたつのメロディを同時に追うことができるのである〔「ホーミー」と呼ばれる〕。大きな政治的行事にはつきものだったが、若者たちは相撲、競馬、弓術などを含むナーダムと呼ばれる伝統的なモンゴルの競技で覇《は》を競った。

テムジンは現代の西ヨーロッパとほぼ同じ規模の広大な領土を支配したが、そこに住む人口は統治下のさまざまな遊牧民族を合わせてほぼ百万人、動物の数はおよそ千五百万頭から二千万頭くらいだった。彼はたんにタタール族、ケレイト族、ナイマン族のハンではなく、すべての「フェルトの家の民」の統治者たらんとし、この新生帝国のためにわが部族の名前を新しい公式名称として選ぶ。自分の治める国を「大モンゴル国」(*Yeke Mongol Ulus*)と名づけたのだ。すべての民をひとつにまとめたのち、テムジンは親族、氏族、部族に代々受け継がれてきた貴族の称号を廃止した。そのような称号はすべて個人や家族ではなく国家に属し、新しい統治者の意志によって割り当てられるべきものだった。自分自身も「グル・ハン」や「タヤン・ハン」といったこれまで部族が使ってきた称号を廃し、そのかわりすでに部下たちがテムジンを呼ぶさい用いていた名称「チンギス・ハン」(Chinggis Khan)を選んだ。この名称はのちに西欧では、ペルシア語の綴りから「ジンギス・カン」(Genghis Khan)として知られるようになる。モンゴル語の *"chin"* は「頑健で揺るぎなく、恐れを知らない」という意味で、狼を指すモンゴル語 *"chino"* と似ている。モンゴル族は狼を自分たちの先祖だと主張していた。これは単純ながら新しいハンにぴったりの称号だった。

偉業をなしとげた統治者のつねで、チンギス・ハンも荘厳な儀式と大がかりな見せ物がもたらす政治的効果を心得ていた。しかし、宮殿や寺院のような建造物のなかに閉じこもった大多数の統治者とは違って、チンギス・ハンの即位式は広大な草原で行なわれ、数十万の人びとが参加した。

モンゴルの政治的式典は、この地を訪れた旅人や年代記編者に際だった印象を与えたらしく、彼らはその模様を事細《ことこま》かに記している。いま残っているなかでもっとも詳細な記録は、十七世紀のフランスの伝記作家フランソワ・ペティ・ドラクロワのものだ。彼が執筆に用いた当時のペルシアやトルコの資料は、現在は失われてしまった。ペティによれば、チンギス・ハンの配下の者たちが「彼を地面に広げた黒いフェルトの絨毯の上に横たえると、民の声を発する役割の人物が、チンギス・ハンに向かって大声で民の喜びを宣言した(9)」。宣言者はチンギス・ハンにこう説き聞かせる。「私がいかなる権力をあなたに与えようと、それはすべて天から贈られたもの。あなたが民を賢明に正しく治めれば、神はかならずやあなたの考えを祝福し、成功に導いてくださるでしょう。しかし、もしあなたが仮にもその力を乱用することがあれば、みずからの手で自分を惨めな境涯に貶《おとし》めることになるでしょう」

この式典によって、彼に従う者たちのまぎれもない支持が示された。彼らはチンギス・ハンを絨毯に乗せたまま頭上高く担ぎ上げ、文字どおり玉座に運ぶことによって、チンギス・ハンへの服従をはっきりと表明した。それから「即位したばかりの皇帝の前で九度叩頭《こうとう》の礼をし、恭順の意を表した」。列席の各部族がこの式典への参加によってチンギスへの支持を表明したのと同様、シャーマンたちの参加も、それぞれの精霊と夢からチンギスへの支持を教えられたことの証《あかし》だった。組織宗教がなかったため、シャーマンたちがこの式典に霊的な祝福を与え、たんなる政治的行事以上のものへと高めた。彼らの存在によって、式典はテムジンが〈久遠の蒼穹〉から神命を授かったことを厳粛に宣言する儀式となったのだ。

シャーマンは万物の精霊に向かって太鼓を打ち鳴らし、聖なる歌を歌って、空と大地に馬乳酒を振りまいた。集まった群衆は整然と列をなして並び、掌《てのひら》を〈久遠の蒼穹〉に向けて祈りを捧げた。祈り終えると、古来から伝わるモンゴルのかけ声「フレー、フレー、フレー」に乗せて、自分たちの祈りを空へ送った。このかけ声はすべての祈りの最後を飾るもので、キリスト教の「アーメン」に近い。こうした宗教的行為によって、群衆の一人ひとりがハンの選定に参加し、統治者とのあいだにも、また霊的な世界とのあいだにも宗教的な誓約を交わしたことになる。

万人に等しく適用される大典

王にしろ大統領にしろ、たいていの統治者はなんらかの国家制度のなかで成長する。そして通常、彼らがなしとげる仕事は、自分を取り巻くそれらの制度や国家に再編や活性化をもたらした。ところがチンギス・ハンは、自分の意図する国家をつくり出し、その国家が必要とするすべての制度を新たな基準にもとづいて打ち立てた。制度の一部は従来の部族社会から借用し、一部は彼が創設した。新しい民族国家が生きのびるためには強固な制度をつくることが必要であり、チンギス・ハンの初仕事は自分を権力の座に導いた軍組織の改革だった。彼は軍をさらに強化し、政府の中枢に据えた。チンギス・ハンのもとでは牛飼い、羊飼い、ラクダ飼いが将軍に出世し、千人隊や万人隊の長として軍の先陣を切った。十五歳から七十歳までの健康な男子はすべて軍の現役メンバーだった。最初に部族のハンに選ばれたときに行なったのと同じく、彼はもっとも忠実な部下たちを千人の兵士とその家族の長に任命し、ボオルチュのような最古参の臣下には万人隊の監督をまかせた。身分の低い「黒い骨」の血筋の者たちにも報いて、その業績と戦場の内外でテムジンに尽くした忠誠とをもとに最高の地位を与えた。テムジンが誠実な友人たちに与えた万人隊に比べれば、自分の家族に管理をまかせた部隊は見劣りがする。母親と末の弟、末のふたりの息子オゴデイとトルイに委ねたのは五千人の部隊だった。チャガタイには八千、ジョチには九千の部隊で、この上のふたりの息子たちでさえ、万人隊は与えられなかった。チンギス・ハンは信頼できる友人たちに、自分の家族の何人か（とくに母親と末息子トルイおよび次男チャガタイ）の監督を命じ、その理由をチャガタイは「意固地で了見が狭い」(10)からと述べている。そして監督者に、「チャガタイのそばに四六時中つきそい、忠告してやってくれ」と念を押した。

彼がひとつの国家にまとめ上げた、多様な部族からなる大集団のなかで平和を維持するため、チンギス・ハンは古臭い部族間の対立と抗争の種をなくす新法をすばやく公布した。チンギス・ハンの制定した大典《たいてん》は、(11) 歴史上ほかの立法者がつくった法とは様相を異にしていた。彼の法は、神の聖なる啓示にもとづくものでもなければ、定住文明が生み出した古代の法典に由来するものでもなかった。何世紀にもわたって守られてきた遊牧民族の慣習と伝統を整理統合しつつ、古い慣行が自分のつくった新しい社会の円滑な動きを妨げる場合は、ためらうことなくそれらを廃止した。大典と抵触しないかぎり、個々の集団がその地域内で古い慣行に従うことは許されたものの、大典はやはり万人の上に最高法規ないし普遍法として機能した。

ただし大典は整備された単一の法体系というより、テムジンが後半生の二十年をかけて発展させ続けた進行形の法務の蓄積だった。チンギス・ハンの法典は日常生活のすべての面に干渉するのではなく、もっとも厄介な問題を規制する場合に適用された。男が女を拉致するかぎり、草原には反目が続く。チンギス・ハンは最初に定めた法律で、女性の拉致を禁じたといわれる。これが妻ボルテの略奪に対する反発であることはほぼ間違いない。いまだに妻の拉致に端を発する争いがいつ起こるかわからず、チンギス・ハンの家庭生活は悩み多いものだった。長男の父親が自分なのか、ボルテを連れ去った男なのかはっきりしなかったからである。そしてチンギス・ハンが老いるにつれて、この不確かさがますます深刻な問題を引き起こす。

拉致の禁止に付随して、モンゴル人を誘拐し、奴隷にすることも厳禁した。自分がタイチウト氏によって捕えられ奴隷にされた経験から、拉致されたうえ奴隷の身で酷使される苦しみを味わっていた。それればかりでなく、この慣行が社会全体の仕組みにとっていかに有害か、またそれが草原の部族社会全体にどれほど激しい憎しみと暴力を蔓延させるかも痛感していた。

チンギス・ハンは、配下の人びとのあいだにある軋轢《あつれき》の原因をすべて取り除きたいと考えた。子どもが自分の子か否かをめぐる混乱を身をもって体験したことから、正妻がもうけた子か側室の子かにかかわらず、すべての子どもを嫡出子と認めると布告した。妻になる女の値段を、まるでラクダを売買するかのごとく掛け合って決める風習[12]は、男たちのあいだにいつまでも消えない不和を生むため、女を売り買いして結婚することも禁じた。同様の理由から姦通も禁止する。ただしモンゴル人は姦通に関し、ほかの民族とは異なる定義づけをしていた。モンゴル人にとって、妻と夫の近親者とのあいだの性的関係は姦通ではなく、また男と召使いの女たち、あるいはその所帯のほかの男の妻たちとの関係も姦通にはならなかった。ゲルの問題はゲルのなかで処理すべし、草原の問題は草原で決めるべしというチンギスの命令に従えば、姦通は別の所帯の既婚男女同士の関係に適用されるものだった。家族間抗争の原因をつくらないかぎり、罪にはならなかったのだ。

動物泥棒[13]はそれまでもずっと悪行とみなされていたが、襲撃が文化に組み込まれた草原では日常茶飯事で、くすぶり続ける憎しみと不和の原因ともなる。チンギス・ハンは、八頭の去勢馬を盗まれたとき自分の家族がこうむった甚大な被害を念頭に置いてか、動物の窃盗行為を重罪とした。さらに、いなくなった動物を発見した者は、正当な持ち主に返却することを求められた。そのために、彼は大規模な遺失物管理制度を構築したが、これはモンゴル帝国の拡大につれて発展し続ける。紛失した物品、金銭、動物を発見したのに、正当な管理者に返さなかった者は泥棒として扱われ、窃盗罪は死刑だった。

草原の人びとは、いなくなった動物のことで争う以外にも、野生の動物の狩猟権(14)をめぐってしばしば言い争った。チンギス・ハンは既存の取り決めを成文化して、動物の繁殖期にあたる三月から十月までのあいだ狩猟を禁止する。夏季に動物を保護することにより、冬の最低必要量の食糧確保にもつながった。さらに、狩人が殺す動物は食料として必要な数に限定した。また、動物を無駄なく利用するため、解体の仕方だけでなく狩りの方法も法律によって定めた。

セックス、財産、食料に加え、覇を競う諸宗教が社会を分裂させかねないことも、チンギス・ハンはわきまえていた。草原には仏教からキリスト教、マニ教からイスラム教にいたるまで、ありとあらゆる宗教の何らかの宗派が入り込んで改宗者を獲得し、おまけにそのどれもが真の宗教であるばかりか、唯一無二だと主張していた。チンギス・ハンは、おそらく世界ではじめて、完全な信教の自由を万人に認める法令を定めた。自分自身は引き続き故郷の精霊たちを崇《あが》めていたが、それを国教にすることは認めなかった。

チンギス・ハンはすべての宗教を保護するために、宗教指導者とその財産に税をかけず、あらゆる種類の公共奉仕も免除した。またのちには、宗教関係の職業を奨励する目的で、葬儀屋、医師、法律家、教師、学者など、社会に不可欠な仕事に従事する専門職の人びとにも同様の免税資格(15)を広げている。

チンギス・ハンは、ハンの地位をめぐる争いの防止に特化した法律を数多《あまた》つくった。彼が定めた法によれば、ハンはかならずクリルタイによって選ばれなければならない。彼の親族のメンバーが、選挙なしにハンの地位を主張する行為は、もっとも重大な法律違反とされた。対立候補の殺し合いを防ぐために、親族のだれかに対する死刑判決は、親族全員のクリルタイによってのみ定められるべきで、個人が決めてはならないとした。この取り決めにより、チンギス・ハンは権力の座に上りはじめるにあたって、まさに自分自身が用いた手段である腹違いの兄弟殺しを禁じたのだ。

チンギス・ハンが制定したモンゴル法には、連帯責任と連座制が導入された。ひとりの個人は、家族および家族が所属するより大きな集団の一員としてのみ、法律的に存在するのである。したがって家族は、そのメンバーにかならず正しい行動をとらせる責任を負わねばならない。ひとりが罪を犯せば全員が罰せられる。同じく、氏族や十人隊の兵士たちは互いの行動に責任を負う。それによって、軍隊や政府だけでなく、国民が全体として法を維持し、互いに遵守させ合う責務を担うことになる。公明正大なモンゴル人であるためには、公正な共同体に生きなければならなかった。

法を実行し遵守する責務は、まずハンその人にもっともきびしく問われた。この点についてチンギス・ハンは、君主すら例外としない万人に対する法治の絶対性[16]を主張した。統治者を法の下に置くことによって、彼はそれまでどの文明も達成しえなかったことをなしとげた。君主が神の意志によって統治し、法の上に君臨する西欧文明を好例として、法治に特権的例外を認める文明が多いなかで、チンギス・ハンは自分のつくった大典が、万人と同じく統治者にも厳密に適用されることを明らかにした。ただしチンギス・ハンの子孫は、彼の死後わずか五十年しかこの決まりを守ることができずに放棄してしまう。

全般的な帝国運営のため、とりわけ多くの新法を記録し、それを配下の広大な領土で施行するために、チンギス・ハンは文字表記制度の採用を命じた。文字は何世紀も前に、イスラム商人やキリスト教の伝道師たちによって草原の民に伝えられていたが、その技を修得した者はほとんどいなかった。もっとも文化程度の高いタタール、ナイマン、ケレイトにしてしかりで、歴史に残るかぎり文字を書けるようになったモンゴル人は皆無だった。一二〇四年のナイマン征服のさい、タヤン・ハンに書記がおり、ハンの口頭意見を書きとめて公印を押すことを、チンギスははじめて知った。書記はウイグル族の出身だった。ウイグル族はもともとモンゴルの草原にいたが、九世紀に現在の中国西部、新疆《しんきょう》ウイグル自治区にあるオアシス地帯に移住した。ウイグル語はモンゴル語と密接な関係があり、モンゴル語表記への応用は比較的たやすいことがわかった。草原の部族にキリスト教を広めた宣教師の使うシリア語のアルファベットから発展したため、表意文字ではなく表音文字で綴られるけれども、中国語と同じ縦書きであった。

チンギス・ハンは制定した法律の散逸《さんいつ》を防ぐために司法長官の職を設け、母が養子にした弟、シギ・クトゥクを任命した。チンギス・ハンが自分で見つけて母に養育を託したとき、金の耳輪と鼻輪をつけていたタタールの少年だ。チンギス・ハンは彼に「盗人を罰し、虚偽を白状させよ(17)」と命じると同時に、彼が下した判決を、青表紙の公式報告書に記しておくよう指示した。青は〈久遠の蒼穹〉の聖なる色である。チンギス・ハンの施政下で、文字を書くことと法を守ることがこのように密接に結びついていた事実からは、モンゴル語で本を意味する "*nom*" がギリシア語で法律を指す "*nomos*" に由来する理由がうかがえる。十三世紀のモンゴル世界では、法律と書き言葉は同義だった。

モンゴル帝国の膨大な政治機構のなかで忠誠と結束を維持させるために、チンギス・ハンは古くから政治的に行なわれていた人質の慣習に新味を加えた。千人隊と万人隊の隊長に、息子たちとその親友を自分のもとへ送り込むよう求め、それらの人材でチンギス・ハンみずからの万人隊を組織した。親が不正を働いたら子どもを殺すと脅かすより、はるかに効果的な戦略をチンギス・ハンは編み出す。人質候補を行政官として教育し、無能な役人や不実な高官にいつでも取って代われるようにしたのだ。次の世代にいつなんどき職を奪われるかもしれない危機感のほうが、親族が殺される恐れよりも、戦場で忠誠を尽くさせるのにずっと役立った。チンギス・ハンはこのように人質の概念を逆転し、政府にとって欠かせない要素として彼らを組み込んだ。その結果ほとんどすべての家族が、宮廷と私的で直接的なつながりを持つことになった。

チンギス・ハンは、この精鋭近衛部隊を日警と夜警に分けた。その名のとおり、彼らはチンギス・ハンと彼の幕営地を日夜警護する務めを担ったが、たんなるボディガードにおさまらない多くの役割を果たす。宮廷で働く少年少女を監督し、各種の動物の世話をする牧人の組織を管理した。また幕営地の動きを監視し、旗、槍、太鼓など国家のあらゆる武器や備品に目を配った。さらに、鍋釜類や動物の解体も管理し、肉や乳製品がきちんと分配されるよう指示した。近衛兵は怪しげな人物を審問し、処罰を行なうほかに、全般的に法を守らせる責務も負った。彼らは宮廷の天幕への出入りをすべて管理していたので、モンゴル政府の中枢を担ったともいえる。

チンギス・ハンの近衛部隊のメンバーは全員、ほかの九つの万人隊より上位に置かれた。したがってほかの部隊に命令を下し、服従させることもできる立場だった。他国の軍隊では個々の兵士に階級があるが、モンゴル軍の場合は部隊そのものに階級がつけられていた。近衛部隊では一番低い位の兵士ですら、ほかの万人隊の最高位の隊長より上だった。また、それぞれの万人隊の内部では、隊長直属の千人隊に属するすべての兵士が、ほかの九つの千人隊の兵士よりも上にあった。

命令がめざす相手にしっかり届くよう情報伝達の促進を図って、チンギス・ハンは「矢の伝令」という名で知られる早馬の駅伝網(18)を整備した。軍が騎手を調達し、地元の住民が駅の運営に必要な馬と人員を提供した。モンゴル人にとって駅伝制度は軍隊と並んで重要なものだったから、兵役のかわりに駅伝の業務で働くことが許されていた。地形にもよるが、駅はおよそ三〇キロメートル間隔で設置された。それぞれの駅を維持し運営していくのに、ほぼ二十五世帯の協力が必要だった。駅はだれでも利用できるように開放されていたが、個々の駅についての情報や、そのときどきの駅の総数はほとんどが極秘事項だったので、駅伝制度に関する資料は残っていない。しかし、その規模の概要については、十八世紀の駅伝網から推し量ることができる。当時駅伝制度はいまだ健在であり、西部のアルタイ山脈から、東部の万里の長城入り口までモンゴル帝国を横断するのに、およそ六十四の駅が必要だった。

チンギス・ハンは短距離の通信手段として、松明《たいまつ》、鏑矢《かぶらや》、狼煙《のろし》、旗など、古くから伝わるさまざまな方法を取り入れた。これらは大演習や狩猟や軍事行動のさい、とりわけ急を要する情報伝達に必要だった。遊牧民は早くから複雑な手信号に工夫を加えてきたが、これは相手が音の聞こえないところまで離れても、しばらくは役に立つ。チンギス・ハンの下でもこれらの手信号をもとにして、戦や大演習に用いるさらに手の込んだ迅速かつ効果的な通信システムが開発された。

平和と繁栄はチンギス・ハンに戦とは別の問題を生じさせた。六年間続いた平和は、陰謀や些細な対立が生じる隙《すき》をつくったというより、むしろ対立を煽ったかもしれない。そうした摩擦は、チンギス・ハンがようやく勝ちとった諸部族の統一を無に帰するおそれがあった。チンギス・ハンの権力が強くなるにつれて、配下のあいだで多くの不満が噴出した。それは、とくに彼の親族のなかではげしかった。一家の者たちは、外部の協力者より多くの物品や権力に与《あずか》る権利を持つと感じていたからだ。チンギス・ハンは末弟のテムゲを、母と暮らすよう手配した。テムゲは草原の慣習によってオッチギン〈炉辺の王子〉と呼ばれていた。草原ではオッチギンは、高齢に達した親の面倒を見る責任があった。

変わらぬ忠誠を尽くす軍隊があり、競争相手の親族や古い貴族もいなくなったというのに、思わぬところから新たな問題が生じた。チンギス・ハンのシャーマン、テブ・テンゲリ(19)である。彼はそれまで何度となく、〈久遠の蒼穹〉はチンギスを寵愛するがゆえに、世界の統治者となすだろうと宣告していた。自分の見た夢とあらゆる兆候が、チンギス・ハンの成功を予言し、その偉大さを示すものだと説いた。チンギス・ハンは、テブ・テンゲリが宮廷に霊的な重みを与えてくれる点だけでなく、彼のすぐれた現実処理能力にも目をつけて、母ホエルンとテムゲ・オッチギンの財産を管理するよう命じた。テブ・テンゲリはこの地位を利用して、彼自身と、結束の固い自分の兄弟六人の懐《ふところ》を肥やす。彼は超自然的な力により、新生モンゴル帝国でチンギス・ハンに次ぐ多くの信奉者を持っていた。

あるとき、この七人の兄弟は、集団でチンギスの弟のカサルを襲い、殴りつけた。後刻、カサルはチンギス・ハンのゲルに出かけていき、ひざまずいて兄の助けを求める。家族を完全には信用してないチンギス・ハンは、弟を非難して嘲るようにたずねた。一族のなかでもっとも強い男として名を馳せるカサルが、そんな連中に殴られるとはどうしたことか、と。『元朝秘史』によれば、カサルは兄の前にひざまずいたまま、屈辱のあまり泣きだしたという。ゲルを出たのち、怒りと不安と恥辱に震え、三日間チンギス・ハンに話しかけなかった。

少しばかりカサルの鼻をあかしたことで気が大きくなったのか、テブ・テンゲリはその後まもなくチンギス・ハンに夢の話をした。最初の夢では彼が国を治めているのが見えたが、次の夢ではカサルが治めていたというのである。そして、カサルがチンギス・ハンの統治を脅かさないよう、速やかに断固たる一撃を与えるべきだとそそのかした。チンギス・ハンはすぐさまカサルを逮捕するように命じ、弟のわずかばかりの部下を取り上げた。

チンギス・ハンの母親は、宮廷から一日を要する場所に末息子と一緒に暮らしていたが、この騒ぎをいち早く聞きつけた。彼女は以前から、自分の財産の管理人としてテブ・テンゲリが振りかざす権力を快く思っておらず、彼が息子たちのあいだに引き起こした争いを耳にすると激怒した。深夜にもかかわらず、白いラクダを黒い車につなぐと夜を徹して走り続け、明け方には息子の宮廷幕営地に到着した。

『元朝秘史』によれば、思いがけず母親が自分のゲルにまっしぐらに飛び込んでくるのを見たチンギス・ハンは、驚きのあまり身じろぎもできなかったという。そこで、母親はカサルの縛《いまし》めを解いて帽子をかぶせ、腰のまわりに飾り帯を巻くのを手伝ってやった。長男に対する怒りがおさまらない彼女は、どっかりあぐらをかくと上着の胸をはだけ、両の乳房《ちぶさ》を引っぱり出す。いまや老いて皺だらけの乳房は、五人の子どもに乳を与えたおかげで張りを失い、『元朝秘史』の表現を借りれば、彼女が両手で支えてもなお膝に垂れた。

「あんたはこれを見たことがないのかい」[20]と、しなびた乳房を両手に持ち上げながら、怒った母親は息子を問いつめた。「これがあんたの吸った乳房だよ」と言うなり、息子を非難する長広舌をふるいはじめた。彼女が口にした言葉は、チンギス・ハンが腹違いの兄ベクテルを殺害したときとほとんど変わらず、チンギス・ハンに向かって、自分のへその緒に喰らいつき、胞衣《えな》を噛みちぎる獣のごとき行動をとったと告発した。母親をなだめるために、チンギス・ハンはカサルの自由を回復させ、彼の配下の兵の一部をもどしてやった。

息子を諌《いさ》めてまもなく、おそらく五十代後半だったであろうホエルンはこの世を去った。草原の慣行に従えば、彼女の財産は末息子テムゲの手に渡るはずだったし、テムゲもそれを自分の財産に加えたいと思っていた。そうすれば、家族のだれよりも多い一万人の兵を率いることになるのだ。シャーマンのテブ・テンゲリと六人の兄弟は、どうやらチンギス・ハンの内諾を得ていたとみえ、テムゲ・オッチギンを押しのけてホエルンの財産と部下を没収した。テムゲが部下を取りもどそうとすると、彼らはチンギス・ハンの末弟であるテムゲに、テブ・テンゲリの背後にひざまずいて命乞いをさせ、公然と侮辱した。

親族からの度重なる抗議にもかかわらず、チンギス・ハンは親族をさしおいてテブ・テンゲリと手を組み続けた。いまなおチンギス・ハンが喜んでその言葉に耳を貸す家族は、妻のボルテだけだった。彼女は、この七人の強力な兄弟が引き起こす危険を夫よりはっきり悟っていた。彼らは強く結びつき、いまやモンゴル国内でチンギス・ハンとは別個に自分たちの部下を抱えていたのだ。末弟が辱《はずかし》められたという最近の出来事を耳にして怒ったボルテは、チンギス・ハンに向かい、テブ・テンゲリにあまり大きな権力を与えると、チンギス・ハン自身の息子たちが危険にさらされることになると説いた。テムジンがジャムカと同盟し、部下ともども一緒に暮らしていた昔、彼女は夫にジャムカから離れるよう忠告を与えたことがあったが、こんどはテブ・テンゲリとその親族に別れを告げることを迫った。テブ・テンゲリがハンの存命中、その実弟たちにこんなことをやってのけるとしたら、ハン亡きあと息子や未亡人に何をするかわからないと夫に詰め寄った。

その次にテブ・テンゲリが六人の兄弟と父親ムンリグを連れて宮廷に姿を現わしたとき、テムゲ・オッチギンは彼に近寄り、上着の襟首をつかんだ。チンギス・ハンは、ふたりが相撲をとろうとしているにすぎないと思い込んだふりをして、ゲルの外に出て勝負するよう命じた。しかしテムゲは、テブ・テンゲリと相撲をとりたかったわけではなく、罰するつもりだったのだ。彼がテブ・テンゲリを戸口から引きずり出したとたん、待ちかまえていた三人の男が摑みかかってテブ・テンゲリの背骨をへし折った。チンギス・ハンが瀕死の男の上に小さな天幕を張るよう命じると、あとはだれもそのあたりに近づかなかった。

草原の部族のなかで、テブ・テンゲリはチンギス・ハンが対戦すべき最後のライバルだった。自分が支配できない者は滅ぼすのがチンギス・ハンの流儀だった。自分の親族の力を抑え、貴族の血筋も敵対するハンたちもすべて殺し、古い部族を消滅させ、その部族民をモンゴル族に吸収し、ついには草原でもっとも有力なシャーマンを殺させた。

チンギス・ハンは、テブ・テンゲリのあとを継ぐ新しいシャーマンを任命した。しかし、その男は前任者より年を重ねていて、野心的なところがなく、扱いやすい人物だった。チンギス・ハンの部下たちもこの経験から大事なことを学んだ。チンギス・ハンの勝利は、彼がすぐれた軍事力を持つにとどまらず、その霊能力が最強のシャーマンをもしのぐ証拠だと解釈したのである。多くの部下の目には、チンギス・ハンがみずから強力なシャーマンであることを示したように見えたが、この確信はいまなお大半のモンゴル人の胸に宿っている。

すべての遊牧民族がひとつにまとめられ、統治者としてのチンギス・ハンの地位も固まり、次はどんなことが起きるか予測がつかなかった。チンギス・ハンはあまりにも長い歳月にわたりジャムカとオン・ハンを相手とするドラマに巻き込まれてきたので、ふたりが退場したいま、彼が率いる大部族は目標を失ったかにも映った。敵がいなければ団結する理由もない。チンギス・ハンは新たな敵を求めたが、敵とするに足る部族は見つからなかった。ほかに標的になりそうな相手もなく、一二〇七年、二十八歳になった長男のジョチと彼の率いる万人隊をシビルと呼ばれる地域に派遣して、森の部族とトナカイを飼う民を屈服させることにした。ちなみに、現在の「シベリア」(Siberia)という名称は当時のモンゴル語「シビル」(*Sibir*)からきている。ジョチは勝利をおさめて帰還した。モンゴルのために何千もの新兵とともに、シビルの部族指導者たちも連れ帰った。チンギス・ハンは彼らとのあいだに、ジョチの娘の婚姻をはじめ多くの政略結婚を取り決めた。人間のほかにも、ジョチは多くの高価な貢ぎ物を持ち帰ったが、そのなかにはクロテンなどの珍しい毛皮、狩猟用の鳥、森の産物が含まれていた。

北へ領土を拡張しても、気を惹くものといえばせいぜい毛皮や羽毛ぐらいだった。チンギス・ハンの最大の関心は、金属、織物、珍しい装飾品など、幅広い産物のある南に向けられていた。彼がはじめてさまざまな品物を贈られたのは、タクラマカン砂漠のオアシスや、その周辺地域〔現在の新疆ウイグル自治区〕で農業を営むウイグル族からだった。チンギス・ハンは彼らの降伏を受け入れ、同盟を結ぶ唯一の方法として、わが一族に組み込もうとした。そこで自分の娘をウイグルの君主[21]に娶《めと》らせて、彼を義理の息子とした。

チンギス・ハンは、シベリアの諸部族やウイグル族に姻戚関係を拡大することで、たんに自分の親族とシベリアやウイグルの王族とのあいだに同盟関係を築いたのではない。部族や国民をまるごと、いわば家族の一員として自分の帝国に受け入れようとしたのである。部族社会特有の政治的慣行からして、ハンとの親族関係を認めることは、国民全体と家族的な絆を結んだと解釈できるからだ。こうして、親族関係という形式は一種の市民権を意味するようになる。チンギス・ハンがその後の歳月も、この形式を利用し拡大し続けるにつれ、それは世界的な市民権の一形態となった。これは、キリスト教徒やイスラム教徒のように共通の宗教にもとづくものではなく、また伝統的な部族文化圏のように同じ人種によるものでもなく、ただ国家に対する忠誠を誓うこと、国家の一員として受け入れられること、互いに誠実な関係を保つことのみを基盤としていた。やがて、モンゴル帝国内の非モンゴル系王国はすべて「黒」を意味する語からくる。“*Khari*”という名称で知られるようになったが、この言葉には「姻戚」の含意がある。ウイグル人や朝鮮人など選り抜きの国民と、同じく選り抜きのチュルク語系諸民族は、モンゴル人とのあいだで栄誉ある婚姻関係を結ぶことができるいっぽう、「黒い親族」以外の部族との通婚は認められない。

一二〇九年前後のこと、自分の結婚式のためにモンゴルの宮廷を訪れたウイグルのハンは、金、銀、形も色も大きさも種々さまざまな真珠など、豪華な貢ぎ物をずっしりと積み込んだラクダの列を従えて到着した。モンゴル人には織物の技術がなく、動物の革や毛皮や羊毛を圧縮してつくったフェルトしか持たなかったので、彼らにとってもっとも価値ある貢ぎ物は、絹、錦、ダマスク織り、繻子《しゅす》といった夢のような織物だった。ウイグル人の訪問は、農業文明国の豊かさと草原の部族の貧しさを対照的に浮かび上がらせた。チンギス・ハンは大軍を従えていたが、治める相手は大半が貧困にあえぐ人びとだった。いっぽう、南に進んでゴビ砂漠を越えれば、シルクロードぞいに断続的ながら驚くほど豊かな物資の流通があった。チンギス・ハンは、こうした物資の不均衡を正し、モンゴル軍の強さを試す機会を狙っていたが、そのような試みは大きな危険をともなう。虎視眈々と

好機をうかがう彼の前に、あたかも祈りに応えるかのごとく、早々とその機会が到来した。

当時はまだだれひとり、この成り上がり者の統治者と、彼が高らかにその誕生を宣言したモンゴル帝国（大モンゴル国）に目を留める人はいなかった。アジア内陸部の高地草原の外側では、蛮族の首長がひとり殺害されたり、新しい統治者が即位したりすることに注意を払う者などほとんどおらず、ある蛮族の滅亡とそのライバルの台頭を関連づける者も皆無だった。馬や女や織物をめぐる、取るに足りない蛮族の戦などは、正真正銘の文明国のきわめて重大な戦闘と比べると、いかにも魅力に欠けていた。しかし、情勢はがらりと変わろうとしていたのだ。

第2部

モンゴル世界大戦

1211〜1261

チンギス・ハンとその子孫の武器によって世界は揺さぶられた。スルタンは打倒された。カリフは倒れ、皇帝は玉座でわなないた[1)]。

エドワード・ギボン『ローマ帝国衰亡史』

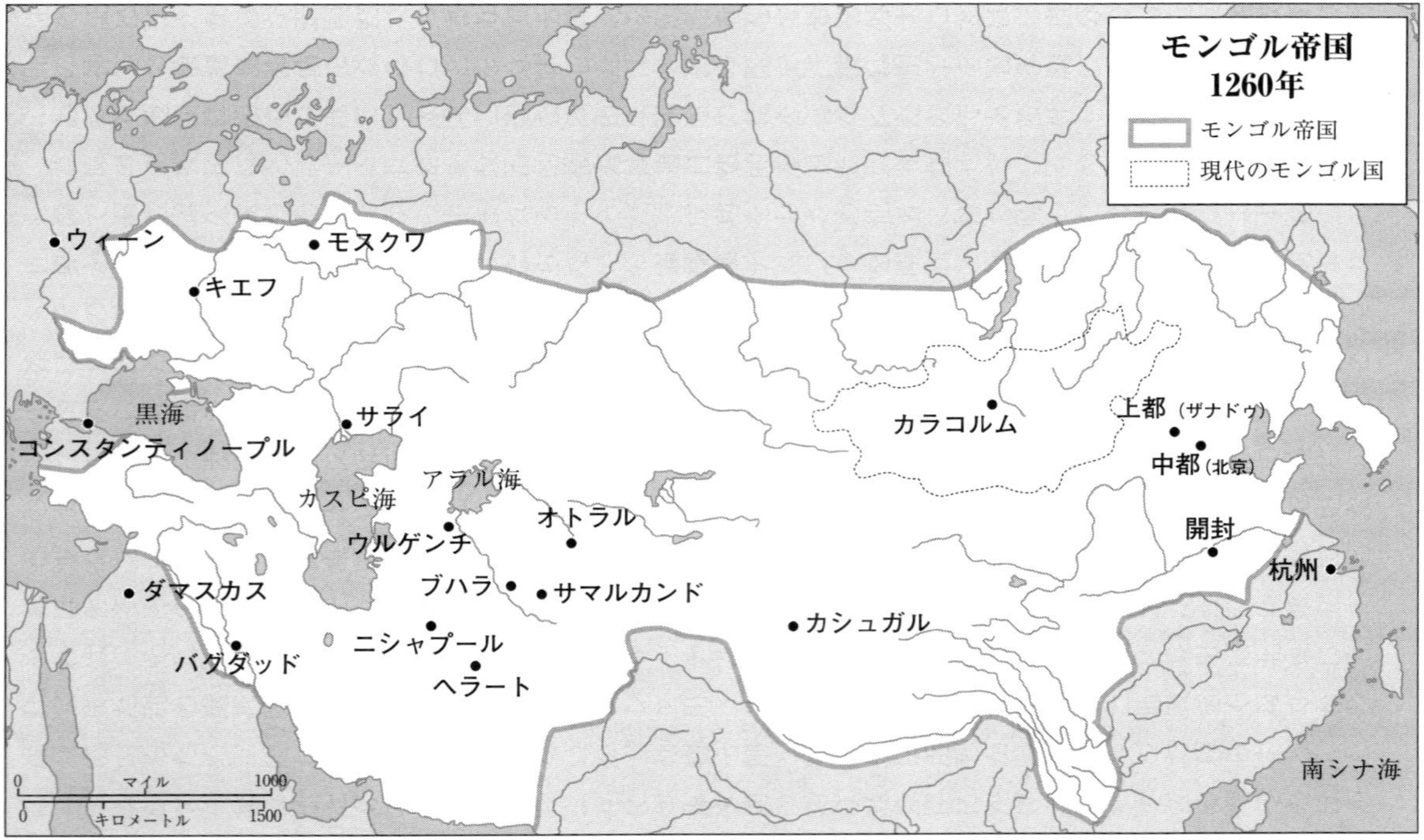
モンゴル帝国
1260年
モンゴル帝国
現代のモンゴル国
ウィーン
モスクワ
キエフ
黒海
コンスタンティノープル
サライ
カスピ海
アラル海
ウルゲンチ
オトラル
ブハラ
サマルカンド
ダマスカス
バグダッド
ニシャプール
ヘラート
カシュガル
カラコルム
上都（ザナドゥ）
中都（北京）
開封
杭州
南シナ海
0 マイル 1000
0 キロメートル 1500

第四章――金国皇帝に唾する

わが蒙古馬の蹄《ひづめ》はいたるところに赴《おもむ》く。
天にも昇れば海にも潜る。(1)
――耶律楚材《やりつそざい》　一二三七年

歩兵のいない騎馬軍団

一二一〇年、午年《うま》、モンゴル建国四年目、チンギス・ハン四十八歳のとき、金国からの使者がモンゴルの幕営地へやってきた。新しい皇帝が即位したのを伝えると同時に、チンギス・ハンとモンゴル人に帰属と服従を要求するためだった。ほぼ一世紀前の一一一五年に興った女真王朝の金国が、現在の北京の地にあった都、中都(2)から支配をおよぼした地域は、満州と現代の中国内モンゴル自治区の大半、そして中国北部だった。彼ら自身、満州の森林地帯を出自《しゆつじ》とする部族民だった女真族は、草原の部族全体に君臨する権利を主張した。過去において、オン・ハンは彼らに忠誠を捧げてきた。そしていま、女真族はオン・ハンにかわって草原の遊牧民を支配するチンギス・ハンに、自分たちの優位を重ねて主張したがっているようだった。

女真が草原におよぼす影響力は軍事力によるものではなく、中国全土にまたがる工房や都市から遊牧民の手に流れ込む物資を、しっかり押さえることから生じていた。一方、草原のハンの地位は、戦《いくさ》に勝つ力と、交易品を安定して供給する能力にかかっていた。多くの場合、戦場での勝利は敗者から略奪する機会をもたらしたので、このふたつの能力は一体だった。チンギス・ハンがすべての部族を打ち破り、ひとつにまとめ上げることにおいて空前の成功をおさめたため、たまたま略奪が終わりを告げて、物資の流れが止まるという結果が生じた。すべての手工業品は南から来たので、チンギス・ハンのとるべき道は、南方の統治者のひとりに忠誠を尽くし、配下の軍として物資を分けてもらうか、さもなければ彼らに攻撃を加えて産品を分捕るかのいずれかしかなかった。

チンギス・ハンは女真族をみじんも信頼していなかった。モンゴル族は、女真族が破って支配している契丹《きったん》族と、人種的にも言語的にも近縁関係にあった。モンゴルの新たな統治者の力に気づき、多くの契丹人が女真の領土から逃げ出してチンギス・ハンに保護を求めた。一二〇八年には、四人の契丹人の廷臣が女真を棄ててモンゴルに亡命し、女真を討つようしきりに勧めたが、チンギス・ハンはそれを罠《わな》か、悪辣《あくらつ》な陰謀ではないかと疑って応じなかった。

その年、女真族の金国皇帝が思いがけず死去し、新しい皇帝が即位したとき、金国王室はチンギス・ハンを値踏みする機会を得た。一二一〇年、彼のもとへ使節を送り、情勢が変わったことを告げて、はっきりと服従の姿勢を示すよう要求したのである。このさいにどんな儀式が行なわれてしかるべきだったかは、『北京官報』の一八七八年の報告にうかがえる。そこには、女真の子孫である満州族の清朝宮廷からの使者によって執り行なわれた、モンゴル役人の任官式の模様が記されている。若きモンゴルの役人は「恭《うやうや》しく地面にひざまずいた」[3]。そして、「自分がなんの取り柄もないモンゴルの奴隷であり、ちりほども報いることのできない身でありながら、自分の一族が何世代にもわたって清帝国の恩恵を受けてきたことを、心からなる謝意をもって認め、およばずながらも全力を尽くして義務を果たす所存だと宣言した」。彼はさらに、「清帝国の宮廷の方角に向き直り、清帝国の恵み深さに心からなる感謝を表しつつ……叩頭《こうとう》の礼を行なった……」

　チンギス・ハンも叩頭の仕方を充分に心得てはいた。これまで幾度となく、〈久遠《くおん》の蒼穹《そうきゅう》〉を讃えてブルカン・カルドゥン山に頭をつけてきた。しかし五十歳になんなんとするいま、何人《なんぴと》に頭を下げるのも御免だったし、奴隷としてだれかに従う気もなかった。服従の意を示せとの命を受けて、チンギス・ハンは南を向き、地面に唾を吐いたと伝えられる。それから金国の皇帝に対する毒々しい侮辱の言葉をひとくさり述べると、馬にまたがって北に去ったが、そのあとに立ちのぼった土埃《つちぼこり》で度肝を抜かれた金国の使者は、息もできないほどだったという。チンギス・ハンが金国の使節に大胆な抵抗を示したことは、モンゴル族と女真族の戦を宣言したに等しい。交易品の必要性は、チンギス・ハンが女真族に戦をしかける理由としてすでに存在していたが、金国が服従を迫ってきたことは、いまや攻撃の格好な口実となった。

　チンギス・ハンは女真の使節団に面会したのち、ヘルレン河畔の根拠地にもどり、クリルタイを召集した。決定すべき問題が何かは周知のものだったから、人びとは会議の場に姿を現わさないことで拒否権を行使することができた。クリルタイに応ずる者の数が少なすぎれば、チンギス・ハンは事を前に進められなかっただろう。充分時間をかけた公開の議論を行なうことで、共同体の全員が決定にたずさわり、何はさておいても戦うべき理由を一人ひとりが納得できた。戦場でこそ兵士は何も問わずに服従することを求められたが、クリルタイに先立つ議論の場では、一番位の低い兵士ですら、問題を理解したうえで自分なりの意見を表明する若い仲間として扱われた。位の高い軍人たちは大規模な公《おおやけ》の会合を開いて討論したのち、ひとりずつ自分の隊にもどり、下位の兵士たちと議論を続けた。すべての戦士に全身全霊を賭けさせるためには、(4) 最高位の将軍から一兵卒にいたるまで一人ひとりが、戦闘計画の全体像における自分の役割を心得ていることが重要だった。

チンギス・ハンはウイグルとタングートの代表をクリルタイに参加させることで、これらの二国との関係を強固なものにし、それによって金国への侵攻を開始した場合に無防備となるモンゴル領土の南の防備を固めた。さらに、遠征の留守を守る人びとにも勇気を奮い起こさせ、この戦の意味を理解させる必要があった。このふたつの目的を達するために、チンギス・ハンは臣下の自尊心に訴え、敵が過去に犯した悪行の数々に復讐する必要性を説いただけでなく、女真の豊かな都市から無尽蔵の物資が手に入れられることも約束した。『元朝秘史』によれば、チンギス・ハンは臣下の民と同盟国がしっかり自分を支持しているという確信を得るや、近くの山でひとり祈りを捧げるために、クリルタイの代表会議から公然と退席した。帽子を脱ぎベルトを外すと、〈久遠の蒼穹〉に向かって頭を下げ、超自然界の守護神に自分の置かれた状況を説明した。モンゴルの民が代々、女真族に抱いてきた不満の種を数え上げ、祖先が彼らの手にかかって殺されたり、痛めつけられたりしたことを縷々《るる》申し述べたのだった。そもそもこちらから金国皇帝に戦いを求めたのではなく、自分が争いをしかけたのでもないと弁明した。

チンギス・ハンのいないあいだ、集まったモンゴル人は断食をして祈るために男、女、子どもの三グループに分かれた。三日三晩というもの、クリルタイに集まったモンゴルの民は心休まることなく、祈りの礼儀で帽子を脱ぎ空腹のまま、〈久遠の蒼穹〉のお告げとチンギス・ハンの命令をひたすら待ち受けた。彼らは夜を日に継いで〈久遠の蒼穹〉に向かい、モンゴル古来の祈りの言葉「フレー、フレー、フレー」をつぶやき続けた。

四日目の明け方、チンギス・ハンは「久遠の蒼穹はわれらに勝利と復讐を約した」という天のお告げをたずさえて姿を現わした。

一二一一年、未《ひつじ》年の春に、モンゴル軍が南方の壮麗な都市群をめざして進軍をはじめたとき、敵の女真軍は自信満々で待ちかまえ、モンゴルの侵攻を嘲《あざけ》った。チンギス・ハンに関して女真の皇帝は、「わが帝国は海のごとく、汝《なんじ》の国はひと握りの砂にすぎぬ(5)」と述べたと、中国の学者は記している。そして皇帝は問いかけた。「わが国が汝らのことを恐れる理由があろうか」、と。

その答えはまもなく出る。

十三世紀、現在中国領土になっているモンゴルの南の地域には多くの独立国や王国がひしめき合い、その総人口はおそらく世界人口の三分の一を占めていただろう。約五千万の人口を擁する女真王国は、その地域に林立する数多《あまた》の王国のなかで第二の大きさを誇っていた。もっとも広くて重要な地域は、何世紀にもおよぶ中華文明を受け継いできた宋（南宋）の統治下にあった。宋王家は中国南部にあり、拠点を杭州に置いて、六千万にのぼる国民を統治していた。一列に連なった緩衝国（敵対する二大国間の小国）がモンゴルの大地と宋国をへだてていたが、いずれも農地と牧草地が入り交じった国で、支配しているのはもと遊牧民族だった。彼らはこの地域を征服したのち、服従した民を効率的に搾取すべく定住するにいたった。こうした支配者が、何世代にもわたって安楽な都会暮らしを続けたすえ弱体化すると、新たな部族が草原から現われて彼らに取って代わることが多かった。遊牧民の軍勢が草原から急襲し、南の農耕民と都市を征服して新しい王朝を築くと、数年後には略奪を生業《なりわい》とする別の部族の攻撃に倒れる。これが長いあいだ定着したサイクルだった。支配する部族の名前は世紀がめぐるにつれて変わっても、このシステムは何千年も果てしなく続いてきたのである。

女真の西にはタングート族の支配する西夏王朝があり、その先にウイグル、そしてさらに行くと天山山脈にカラ・キタイ（黒契丹）の国、西遼があった。チンギス・ハンはすでにウイグルから忠誠の誓約を取りつけており、練習試合のような戦で、近年タングートも従えていた。タングート征服は、一二〇七年から一二〇九年にかけての一連の侵攻によって行なわれた。ゴビ砂漠の横断まで求められるその戦は、段違いの強敵女真との来るべき戦いに備えて、完璧な予行演習ともいえた。タングート族はチベット民族に属し、黄河の上流域で現在の中国甘粛省《かんしゅくしょう》にあたる地域に、農民と遊牧民からなる帝国を築いた。彼らは内陸の砂漠に連なるオアシスぞいの細々とした交易ルートを独占していた。西はイスラム世界から東は中国まで交易物資が移動するこのルートは、内陸の砂漠地帯を薄くてちぎれそうなリボンのように走り、か細いながらも東洋と西洋の偉大な文明国をつなぐ唯一の道筋となっていた。タングート襲撃によって、チンギス・ハンは城塞都市、壕《ほり》、要塞を攻める新しいタイプの戦法を学ぶ必要に迫られた。タングートは防備が固いだけでなく、チンギス・ハンの軍勢のほぼ二倍にあたる十五万の兵を擁していた。都市の人間として育ち、何百年も昔から続いてきた攻城法を知りぬいた将軍たちと違って、チンギス・ハンは独自のやり方を編み出さなければならなかった。彼はたちまち、周辺地域から敵への食糧補給を断つという素朴な戦術を身につけた。しかし時を経ずして、もっと風変わりな戦法を試みるようになる。たとえば、黄河の流れを迂回させて、城壁を張りめぐらしたタングートの都を水攻めにしようとした。ところが、流れを変えるところまでは成功したものの、技術面の経験不足から、水浸しになったのはタングートではなく自分たちの幕営地だった。しかしこのような不手際をものともせず、モンゴル軍は危うい失敗から立ち直る。チンギス・ハンは失敗から学び、攻撃を続けて、タングートの首都を征服した。以後、モンゴル軍はこの戦術を何度となく用いるが、そのたびごとにいっそう水攻めに熟達し、これを効果的に利用するようになった。

一二一一年、チンギス・ハンがゴビ砂漠を越えて女真に侵攻する決意をしたことは、またひとつ中国の辺境での戦をはじめたにとどまらず、やがては世界中を焼き尽くすことになる大火事の火種をつくった。チンギス・ハン自身を含めてだれひとり、これから何が起ころうとしているのか知るよしもなかった。彼は一度にひとつの戦しか行なわず、このたびは女真を相手にしただけだったから、世界征服の野心などみじんも示したわけではない。しかし充分な訓練を積み、綿密に編成されたモンゴル軍は、女真戦を皮切りに故郷の高原を飛び出すと、インダス川からドナウ川まで、太平洋から地中海までのすべてを蹂躙していく。わずか三十年という短いあいだに、モンゴル戦士はすべての軍隊を打ち破り、すべての要塞を攻略し、自分たちが行き会ったすべての都市の城壁を突き崩した。キリスト教徒、イスラム教徒、仏教徒、ヒンドゥー教徒が、モンゴル騎馬軍団の文字も解さない若き兵士たちの埃にまみれた長靴《ちょうか》にひざまずく日は近い。

広大なゴビ砂漠を横断するには多岐にわたる準備が必要だった。軍隊が出陣するより先、小部隊が出ていって水の補給源を調べ、牧草の状態や天候について報告した。この様子を観察した中国人は、本隊が到着する前に先遣隊がすべての丘陵、すべての地点を偵察する様子を記している。先遣隊はその地域のあらゆる人、あらゆる資源についての情報を得ようとした。そしてかならず実行したのは、いざという場合に備えて手近な退却路を探すことだった。

モンゴル軍は長距離の行軍にうってつけで、兵士各自が厳密に必要なものだけを携行し、それ以上のものは何ひとつ持たなかった。古くから伝わる踝《くるぶし》まで届く羊毛の外套「デール」に加え、ズボン、耳おおいのついた毛皮の帽子、かかとの厚い乗馬用の長靴をつけていた。悪天候でも身を守れるように工夫された衣服のほかに、兵士がそれぞれたずさえたものといえば、火をおこすための火打ち石、水やミルクを入れる革の水筒、矢尻を磨くヤスリ、動物や捕虜を駆り立てる投げ縄、繕い物用の縫い針、ナイフと手斧、そしてこれらすべてを収める革袋だった。また、十人隊はそれぞれ小さな天幕《テント》を運んでいた。

モンゴル軍の動きと隊形を決定したのは、古来のあらゆる文明圏の軍隊と明らかに異なるふたつの要素だった。第一は、モンゴル軍(6)は歩兵が皆無で、武装した騎兵だけの完全な騎馬軍団だという点である。対照的に、ほかの国のほとんどすべての軍隊では、兵士の大多数が歩兵だったろう。ほぼ六万五千のモンゴル騎馬隊が女真戦に出撃し、ほぼ同数の兵からなる騎馬隊と対戦したが、それ以外にも女真側には八万五千の歩兵がいたので、女真はモンゴルの二倍をゆうに超えた兵を擁する有利な立場にありながら、モンゴル軍の持つ機動性には欠けていた。

モンゴル軍の第二の特徴は、膨大な数にのぼる予備の馬を除いては、面倒な兵站《へいたん》の隊列をともなわずに進軍したことだ。移動するさいは馬の乳をしぼり、屠《ほふ》って食料にし、狩りや略奪で生きる糧を得た。マルコ・ポーロは次のように断言している。モンゴルの兵士は火をおこして食物を温めるために停止することなく、十日間も行軍を続けられる。(7) 彼らは馬の血を飲む。兵士は各自、粉ミルクのペーストを一〇ポンド〔一ポンドは約四五〇グラム〕携行し、毎日水の入った革の水筒に一ポンドずつ混ぜて食事をつくる。また彼らはひも状の干し肉と乾酪《チーズ》を携え、馬で行軍中にかじる。生肉が手に入っても調理する時間がない場合は、生のまま鞍の下に置き、すぐに柔らかくして食べる、と。

中国人は、ほとんど飲まず食わずで長いあいだ生きのびられるモンゴルの戦士に驚き呆れて書き記している。ある記録によれば、彼らは調理に火を要しないので、(8) 全軍が煙ひと筋立てずに野営できるという。女真の兵士と比べると、モンゴル兵のほうがはるかに頑健だった。モンゴル兵は肉、ミルク、ヨーグルト、その他の乳製品を常食としたが、彼らが戦う相手は各種の穀物でつくった粥で生きていた。農民出身の兵士がとる穀物食では、骨折や虫歯が増えて病弱になった。それにひきかえ、モンゴル兵士のうちもっとも貧しい者ですら食事は主として蛋白質からなり、歯も骨も強かった。腹にもたれる炭水化物の食事に頼る女真兵とは異なり、モンゴル兵は一日二日何も食べなくても平気だった。

従来の軍隊では、兵士は長い列をつくって同じ道を行進し、そのうしろに大量の携行食糧を積んだ車が続いた。それに対してモンゴル軍は、動物にたっぷりと牧草を食わせ、兵士は最大限の狩りの機会に恵まれるよう、広大な領域に展開した。チンギス・ハンは中央を進み、西には右翼軍が、東には左翼軍がその側面を固めた。小部隊が前衛を占め、後衛の小部隊は予備の動物を引き連れた。チンギス・ハンの軍は十進法組織のおかげで、このような隊形を自在に変えたり動かしたりすることができた。万人隊はそれぞれ、チンギス・ハン自身の幕営地を縮図にした機能を持っていた。万人隊の長官は自分が直接率いる千人隊の中央を進み、ほかの九つの千人隊は必要に応じて、その前後左右に配置する。チンギス・ハンはモンゴル軍を層状組織ではなく、同心円状組織の組み合わせとして編成したのである。

モンゴル軍は幕営地を絶えず変えたが、各部隊の中心幕営地[9]はいつも寸分たがわぬ形で配置されていたため、新参兵士も報告はどこへ届ければよいか、必要な物資はどうすれば見つかるのか、簡単にわかった。モンゴルの千人隊はそれぞれ、病人や負傷者の手当てをさせるために、主に中国人の医者からなる医療部隊をともなって行軍した。天幕は特定の形に並べられ、それぞれの形に名前がついていて、独自の目的があった。そのうえ天幕の内部まで、どれもまったく同じ装備だった。行軍、戦闘、または狩猟の一日が終わると、将校たちは幕営地の中心に、その周囲を衛兵やほかの兵士が取り囲んで天幕を張る。夜間、馬たちは不測の事態に備えて、いつでも乗れる状態で待機させ、幕営地の周辺には監視地帯を設けて警備した。

しっかりと構築され、整理の行き届いた中央幕営地とは対照的に、一般の兵士の大部分は小部隊に分散して原野に広がり野営した。夕暮れになると兵士たちは小さな火を焚いたが、それにふさわしいとされたのは、少し離れたところからだと火がはっきり見えないくらい明るく、同時にはるか彼方からは暗すぎて煙が見えない時間帯だった。焚き火を使い、兵士たちはその日唯一の温かい食事を手早く調理する。食事が終わっても、火のまわりでのんびり時をすごしたり、寝こんだりすることはせず、三、四人のもっと小さなグループに分かれて、あたりに散在する人目につかない奥まった窪みで眠りにつく。翌朝、朝日が射すが早いか、幕営地の前後左右を入念に偵察するのが一日の仕事はじめだった。

モンゴル軍はこうした広大な地域に散開するため、ほかの軍隊と比べて情報伝達の重要度が高まる反面、(10)その難しさも増した。普通の軍隊なら、一団で長い列をつくって行軍し、野営するので、指揮官は文書によって容易に情報交換ができる。ところがモンゴル軍の場合、部隊の広がりは大きく、しかも将校すら読み書きができない。重要な情報もそうでないものも、あらゆる情報の伝達を文書ではなく口頭で行なわなければならなかった。命令は兵から兵へと口伝えされる。口頭による情報伝達システムの問題点は、伝達内容の正確さにある。メッセージは毎回、次の相手に正確にくり返される必要があり、またそっくり告げられたとおりに記憶されなければならない。正確さを期すために、将校は兵士ならだれでも知っている押韻《おういん》形式の文で命令を発した。モンゴル兵士は一連の定形メロディと詩文体を利用し、そこへ命令の内容に応じてさまざまな言葉を即興で当てはめることができた。モンゴル兵にとって命令を耳にすることは、自分がよく知っている曲に合わせた新しい詩の一節をおぼえるようなものだった。

兵士たちは今日でも草原の騎馬隊がやるとおり、小グループで馬を駆りながらしきりに歌を歌った。故郷、女、戦など、兵士たちがよく歌うテーマに加えて、モンゴル兵は行動の規律や規範を歌い込んだ。そうした規律や規範も、万人が頭に入れられるよう音楽向けにつくられていたのである。規律を暗記したり、絶えずメッセージソングの練習をくり返したりすることで、すべての兵士はいつなんどきでも、歌い慣れた歌に乗せる新しい韻文として新しいメッセージを心に刻んでは、命ぜられた場所へ届けることができた。

異郷の地で、数の勝った敵と戦う不利な立場に置かれたものの、チンギス・ハンには戦続きの人生で学んだ多くの教訓という強い味方があった。しかも、彼は配下の兵士と将校を知りぬいていた。彼らの大半は四半世紀以上もともに戦ってきた仲間だ。ボオルチュやジェルメのような二、三の将軍は、四十年近くものあいだ主君の側《そば》を離れなかった。彼らなら、自分の目が届かない遠隔の地の長い戦でも安心してまかせられた。チンギス・ハンはまた、将軍一人ひとりの長所と弱点が頭に入っていた。配下の指揮官のひとりジェベは、戦闘のさい一か八かの賭けに出て部下の士気を鼓舞し、迅速かつ猛然と戦う。いっぽう別の指揮官ムカリは、行動こそゆっくりと積み上げていくが、時間のかかる幅広い任務を粘り強く遂行できる。

モンゴル軍がいかにきびしく鍛錬され、いかに規律正しく、またいかに戦意満々であっても、従来の戦法で要塞都市を落とすことは不可能だった。そこでチンギス・ハンは、一の矢が戦場を横切る前に勝利をおさめてしまうという、草原の初期の戦で用いた基本的な戦術に出る。まず敵を混乱させ、ついで恐怖を徐々に広めて、戦意を挫《くじ》くのである。はじめのうち、モンゴル軍には堅固な都市の城壁を打ち壊す武器も知識もなかったから、都市周辺の農村地帯を徹底的に破壊して兵を引き、敵が都市は安全だと思い込んだとたん、ふたたび姿を現わす戦法をとった。

そのうえでチンギス・ハンは、自分が嗅ぎつけた女真内部の社会的混乱や不和をすべて利用して、敵の力を削《そ》ごうとした。対女真戦で彼が最初に心がけたのは、契丹族を女真の統治者から引き離すいっぽうで、女真が自分たちを守ってくれるという中国系女真国民の確信を揺るがすことだった。巧みな宣伝活動により、モンゴル軍は自分たちこそ解放軍だと宣伝しながら女真の領土に侵入した。百年前、女真に滅ぼされる以前にこの地を治めていた契丹王家の再興をほのめかしたのだ。

戦闘開始前に多くの契丹人が逃亡し、モンゴル軍に加わった。彼らはモンゴル人を、同じ言葉を話す親族とみなした。女真戦における最初の作戦行動のひとつとして、ジェベはチンギスの弟のカサルとともにモンゴルの一隊を引きつれて、遼河《りょうが》のほとりにある契丹の故地へまっすぐ進軍した。その地で契丹族から熱狂的な支持を受けたモンゴル軍は、契丹のもと王家の耶律《やりつ》氏の子孫をすばやく見つけ出す。一二一三年、チンギス・ハンは正式に契丹王国をモンゴル帝国の属国として復活させた。もちろん、まだ女真の全領土を征服してはいなかったが、属国を設けることで女真の分裂を深め、ますます多くの砂漠の民をモンゴル側に引き寄せていった。

この戦を通じて、チンギス・ハンはもと契丹の貴族たちがしきりに自分を手助けし、モンゴル軍の侵攻した土地の諸事万端を自分に理解させようとしていることに気づいた。そのうちもっとも重要な人物は、契丹の王族だった耶律楚材《やりつそざい》という二十代の若者である。彼がモンゴル人の注意を引いたのは、占星術を身につけていることと、生け贄にした羊や山羊の肩甲骨を焼いて生ずる割れ目を解釈して未来を占う、卜骨《ぼっこつ》の奥義を究めている点だった。彼は生まれながらの契丹人で契丹語を話したため、モンゴル人との意思疎通は容易だったうえ、中国文化の幅広い知識も身につけていた。契丹の学者たちはモンゴル語と中国語を理解しただけでなく、文章が書け、定住民の法律や慣行に関する知識があるという点でも、モンゴル帝国を治めていく上で大いに役立つことがわかった。そこでチンギス・ハンは、彼らの知識をモンゴル帝国のために活用しようと、あらゆる分野の学者を招いたり拉致したりすることに力を注ぐ。チンギス・ハンはそれ以後の行く先々で、学者たちを御前に召し上げて審問し、どんな技術の持ち主か、帝国のどこで役立てられるかを見定めた。

モンゴル式戦法は、モンゴル地方で数千年をかけて磨き上げられた草原の伝統的戦闘方式に改良を加えたものだ。結局のところ、モンゴルに輝かしい成功をもたらしたのは優秀な武器ではなかった。武器の製造技術を長いあいだ秘密にしておくことは不可能である。一方がどんなにすぐれた武器を持っていても、ほんの数回戦えばたちまち敵はそれを取り入れることができる。モンゴル軍の成功は、小集団で行動する遊牧民として何千年も培《つちか》った団結力と厳格な規律、そして指揮官への揺るぎない忠誠によるものだった。

どの国の戦士も指揮官のために死ねと教えられる。ところが、チンギス・ハンは自分のために死ぬことをけっして部下に求めなかった。戦を行なうにあたり、戦略目標として彼が何より優先したのはモンゴル人の命を救うことだった。歴史に登場するほかの将軍や皇帝たちは、いともたやすく数十万の兵士に死を命じたが、チンギス・ハンは一兵卒たりとも無駄死にさせるのを望まなかった。彼がモンゴル軍のためにつくったもっとも重要な規律は、兵の損失に関するものである。戦場のなかでも外でも、モンゴル戦士は戦死、負傷、敗北について語るのを禁じられていた。それらを思い浮かべるだけで、現実に引き起こしかねないという理由からだ。倒れた仲間や戦死者の名前を口にすることすら厳禁だった。すべてのモンゴル兵士は、自分は不死身である、何人といえども自分を打ち負かしたり傷つけたりできない、自分を死に追いやるようなものは何もないと固く信じて、戦士の生涯をまっとうしなければならなかった。万策尽きて、もはやなんの希望もなく命果てるとき、モンゴル戦士は空をうち仰ぎ、この世で口にする最期の言葉として〈久遠《くおん》の蒼穹《そうきゅう》〉と叫んで、天命に従うことになっていた。草原での戦では、遊牧民は戦死者の亡骸《なきがら》も所持品も、動物が始末をつけ自然に腐敗するにまかせて、原野に置き去りにする。

故郷を遠く離れた農耕地帯では、死体が腐るまま放置されることはありえず、地元民が亡骸を冒瀆しかねないことをモンゴル軍は恐れた。女真戦で通常の草原の戦と違ったもうひとつの点は、モンゴル軍が戦死者の亡骸を草原に埋葬すべく故郷に送りはじめたことである。死体の搬送は、捕虜たちになんらかの手段で行なわせた。おそらく革袋に入れて縫いラクダに背負わせるか、牛車に積み込んで運んだのだろう。稀にこうした方法が難しい場合、死体を近くの草深い場所に運び、所持品すべてとともにひとりずつ、ひそかに埋葬した。そのうえで、埋め跡を隠すために動物に墓の上を踏ませ、農民たちが墓を見つけて盗掘するのを防いだ。

モンゴル人は戦闘そのものに栄誉を求めず、勝利を誉《ほまれ》とした。すべての戦のゴールはただひとつ、完璧な勝利だった。この目的をとげるためには、敵に対してどのような戦術を用いようと、どんな戦い方をしようと、いかに戦いを避けようとかまわない。巧みに敵をだましたり、あこぎな戦略を使ったりしても、勝利は勝利であり、戦士の武勇を汚《けが》すものではなかった。戦場で武勲を示すチャンスは、ほかに山ほどあるからだ。モンゴルの戦士にとって、戦いに敗れたら個人的な武勲などというものは存在しない。チンギス・ハンの言として伝えられるとおり、「終わり良ければすべて良し」なのである。

モンゴル人の創意工夫の才をもっとも顕著に示すのは、女真の最大の強みである膨大な人口を最大の弱点に変えてしまった点だ。都市を攻撃する前には、その周囲の農村をすべて空っぽにするのが典型的なモンゴルの戦法だった。彼らは十進法の軍隊組織の延長として、地元の労働力を強制的に徴集した。モンゴル戦士は、ひとりにつき地元の男を十人駆り集めて自分の指揮下に置かなければならず、そのうちのだれかが死んだ場合は欠員を補充して、意のままに動かせる男をつねに十人確保する必要があった。捕虜たちは軍の補充人員として、来るべき包囲戦に備え、壕を埋めるのに必要な石や土などの材料を集めるだけでなく、動物や兵士のために食料や水を手に入れる日常的な仕事もこなした。そのほか、こうして徴集された捕虜たちは、木や石の飛び道具で城壁を粉々に砕く攻城兵器を巧みに操作したり、都市の城壁を突破する移動式の櫓《やぐら》を押したりする仕事も担った。

モンゴル人にとって農民の暮らしぶりは理解不可能だった。女真の領土に人はあふれているが、動物の数はきわめて少なかった。ひとりの人間が通常は五匹から十匹の動物を所有するモンゴル地方とは、まさに対照的である。モンゴル人から見れば、農民の耕す畑は庭同然の草地でしかなかったし、農民はといえば、獣肉を食べる真の人間ではなく、まるで草食動物のようだった。これらの草を食べる人びとのことを語るさい(11)、モンゴル人は牛や山羊に使うのと同じ表現を用いた。農民の群れは動物の群れさながらに見えたから、兵士たちは農民を駆り集めたり追い立てたりするときには、ヤクの群れを追うのと同じ言葉、同じ几帳面さ、同じ心づもりで行なった。

従来の軍隊では、農村は略奪の対象であり、農民は強姦しようが殺そうが意のままに処分できる邪魔な存在だった。それに対してモンゴル軍は、兵士の数という点で侵攻した土地と比べつねに劣っていたので、膨大な数の地元民を戦略的に利用した。モンゴル軍は古くから伝わる草原の戦略に改良を加えた戦法を用いる。古来の戦略では、敵の動物の群れを駆り集め、敵の戦線や住居に向かって追い立てると、味方の兵が突撃する前に敵は大混乱に陥った。女真戦で、モンゴル軍はこの戦法を農民の群れに用いた。小部隊に分かれて無防備な農村を襲撃し、火をつけて住民を追い払う。おびえた農民たちは四方八方に逃げまどい、幹線道路を埋め尽くして、女真の兵端部隊を立ち往生させた。女真戦では百万以上の避難民が必死に村を逃げ出し、どっと都市に流れ込んだ。彼らは膨大な量の都市の備蓄食糧を食い尽くし、いたるところで恐慌状態を引き起こした。

当時の軍隊には、うしろから避難民の群れがついてきたものだったが、モンゴル軍の場合は避難民が先だった。モンゴル軍は難民化した農民を盾として、また都市の城門を打ち破る「生きた破城槌《はじようつい》」として、丸ごと利用した。モンゴル軍は自軍の兵士の生命を守るためには、敵の生命など歯牙《しが》にもかけなかった。捕虜が戦場で死ぬと、その死体は壕を埋め立てたり、敵の防御用の穴などを埋めたりして通路をつくるのに役立てる。都市に閉じ込められ、女真王家とその臣下の民は飢えていった。どの都市も次々と、人肉を食べて飢えをしのぐようになる。不満が募り、女真の支配層に対して都市住民の反乱と農民の暴動が勃発する。女真の高官たちは膨大な数の避難民を守ることも、養うことも、統御することもできなかった。そうした反乱のうち最悪の例では、女真軍はみずからの側につくはずの農民を三万人あまり殺すことになった。

大規模な歩兵隊がゆっくりと進軍し、とくに重要な前線や特定の戦場で戦闘をくり広げるのとは対照的に、モンゴル軍は敵の領土全体にわたって戦闘を展開した。その結果起こる混乱に乗ずれば、モンゴル軍はいかなる巧妙な策を弄《ろう》することも可能だった。あるエピソードによると、包囲された都市、大定《たいてい》の救出に向かう女真高官の護衛部隊をモンゴル軍が捕えたという。モンゴル兵のひとりがその使節の衣服で変装し、公文書を奪って敵の街に出向いた。街に着くと、あらかじめ打ち合わせたとおり、モンゴル軍は包囲を解いて撤退する。ひとたび城壁のなかに入ると、変装したモンゴル兵は街の役人をだまし、女真軍がモンゴル軍を撃退したと信じ込ませた。ついで女真の高官を装った男は、街の防護壁を念入りに撤去する作業と、守備隊の撤退を監督した。数週間かけて武装解除をすませると、モンゴル軍に知らせを送る。モンゴル軍は電光石火のごとく舞いもどり、いともたやすくその街を征服した。

モンゴル軍はこのような策略を弄しただけでなく、容赦のない宣伝活動を行なって、敵の不安と恐怖をあおり立てる噂を流した。怪しげな噂話の一例をあげれば、モンゴル軍はもし女真の守備兵が戦利品として大量の猫と鳥を渡すなら、包囲した都市から引き揚げると約束した。そこで飢えた住民は夢中になって猫や鳥を集め、モンゴル軍に差し出した。これらの動物をすべて受け取ると、モンゴル兵は燃えた松明《たいまつ》や旗を猫と鳥の尾につけて放した。おびえた動物たちは全速力で逃げもどり、街を火の海にしたという。この話は、戦争用の宣伝活動ではとりわけ劇的な一幕として語り継がれた。

すべての予備調査、戦闘準備、宣伝活動が終わり、いよいよ攻撃の段になると、モンゴル軍は敵をこの上ない恐慌状態に陥れることに努めた。もっともよく使われた攻撃の隊形は、「動く藪の陣形」

と似たもので、「カラスの群れ」または「流れ星」と呼ばれる。昼なら太鼓の音、夜なら火を合図として、騎兵が同時に四方八方から全速力で押し寄せる。当時、モンゴル軍が戦う様子を見た中国人の言葉を借りれば、「モンゴル軍は空が落ちてくるかのごとく来襲し、稲妻のごとく姿を消す」[12]。モンゴル兵が耳をつんざくばかりの音を立てて急襲し、現われたときと同様にすばやく去って深い静寂を残すと、敵はすっかり揺さぶりをかけられて、気も動転した。応戦態勢が整う前にモンゴル兵が撤退してしまうため、敵は流血と錯乱の修羅場に取り残されるのである。

タングート戦以来、チンギス・ハンが学んだのは、中国の技術者は遠くから重い石で都市の城壁を攻撃する攻城兵器のつくり方を知っているということだった。中国ではすでにそうした装置の数々が開発されていた。投石機は、石つぶて、発炎性の液体、そのほかの破壊物を発射して、都市の城壁に打撃を加える。また、城門破壊用の投石機は重い錘《おもり》の落下力を利用したもので、撓《たわ》みの力を利用した人力投石機よりも速く物体を放出することが可能だった。床弩《しょうど》〔槍を飛ばす大型の弩〕の放つ大きな槍は建造物を破壊し、飛行経路にあたる人も動物も殺してしまう。包囲戦の歴史上、ずいぶん古くから知られていたこれらの兵器も、モンゴル軍にとっては目新しかったが、まもなくチンギス・ハンの兵器庫に常備されるようになった。これらの兵器に込められた性能と工夫に感銘を受けた彼は、たんに兵器を使うにとどまらず、その製造に必要な技術と知識を取り込んだ。モンゴル軍は、自分たちのところに亡命してきた技術者を厚く遇し、戦が終わるたびに、捕虜のなかから技術者を丹念に選り抜いてモンゴル軍に徴用した。チンギス・ハンが工兵隊をモンゴル軍の常設部隊とした結果、新しく戦で敵を征服するたびに彼の兵器は複雑さを増し、性能が向上していった。

攻城兵器はモンゴル軍にとって特別の魅力があった。この種の兵器を使えば、攻撃する側は都市の城壁から充分離れたところにいられるし、彼らが忌み嫌う一騎打ちの戦いをしないですむからだ。モンゴル軍は女真戦のある時点で、敵が火薬を詰めた竹筒を使うのに遭遇した。それは点火されるとゆるやかに燃えて、火炎放射器のように筒の先端から火花を散らし、炎を上げ、煙を出す。爆竹を進化させたこの兵器は、火をつけたり、敵とその馬を混乱させたりするしかけとして利用された。のちにモンゴル軍はこれに改良を加えて、使い道の幅をさらに広げる。

チンギス・ハンは自分が敵の要塞を落とせないときは、女真戦で遼陽《りょうよう》を包囲したジェベに倣って、退却を装うなどの戦術で敵を城外におびき出した。ジェベは「犬の喧嘩の兵法」として知られる戦術を用いた。いかにも慌てふためいて逃げだしたかのごとく、大量の装備や備蓄品を残すよう部隊に命じ、撤退するふりをする。都市の高官は略奪品を集めさせるために兵士を城外へ派遣した。するとたちまち、開いた城門はあらゆる物を運ぶ荷車や動物でふさがってしまう。都市の兵士は身を隠すものとてない城壁の外にいて、城門は開けっ放しだ。そこへモンゴル兵が襲いかかり、城門を突破して遼陽の街を手に入れたのである。

生まれ落ちてこのかた遊牧民の暮らしを続けてきたモンゴル兵は、幼いときから移動しながら戦う術を身につけていた。いっぽう農民出身の兵士にとっては、逃げることは敗北を、追いかけることは勝利を意味した。定住民族の兵士は、敵を自分のいる場所から追い払おうとする。遊牧民の兵士は敵を殺そうと努める。敵に向かって攻撃をかけるとき殺そうと、敵に背を向けて逃げるとき殺そうと、なんの変わりもない。モンゴル人にとっては、どちらを向いていようが戦は戦だった。逃げながら敵を叩くのも、一か所にとどまって勝利をおさめるのも値打ちは同じ。モンゴル兵は、ひとたび敵を城塞都市からおびき出すや、動物の大群を扱うときに身につけた技を応用した。一番よく使われた戦術は、追ってくる敵を縦に長く数珠《じゅず》つなぎに引きのばす方法である。そうすると敵はどんどん無防備になって、罠となる場所へおびき寄せたら最後、いともたやすく襲撃できる。あるいは、逃げるモンゴル軍が小隊に分かれて、それを追跡する側も小グループになるように誘導する。こうすれば、打ち破るのはもっと簡単だ。

執拗な敵に壊滅的な攻撃を受けたり、追いつめられたりしたときですら、モンゴル兵はなんとか死地を脱すべく計略をめぐらした。見回り中に奇襲をかけられて追いつかれた場合、逃げながら地面にばらまくために、何かしら高価な品物をつねに携えている。敵はかならず列を乱して地面に散らばったものを拾おうとし、喧嘩になることもしばしばだった。おかげでモンゴル兵は無事に逃げおおせる。はたまた、砂を投げて風に舞わせるとか、馬の尻尾に木の小枝を結びつけて埃を巻き上げるといった手を使うこともあった。追いかけてくる敵に対し、自分たちの動きを晦《くら》ませたり、こちらの兵の数を実際よりずっと多く見せかけたりするためである。

女真戦の最初の一年がすぎると、モンゴル軍にとって最大の危険は戦闘にではなく、不快な天候にあることが明らかになった。女真の領土は緯度が低く、大河や海に近いため、大気に湿気が多く含まれる。夏が訪れると、モンゴル兵と毛深いモンゴル馬にとって、高温多湿の気候はほとんど耐えがたいものになった。農業地帯や都市部にいるモンゴル兵が、ありとあらゆる病に倒れたという報告がたびたびなされ、夏のあいだはほとんど停戦状態に陥った。多くのモンゴル兵と馬の群れが、現在の内モンゴルの高地にある涼しい草原へ、比較的短距離の撤退を行なったからだ。

草原に流れ込むイスラム圏の物資

一二一四年、ついにチンギス・ハンは中都（北京）にある金国皇帝自身の宮廷を包囲した。金国の王室は宮廷内のクーデターがおさまったばかりだった。新しい金国皇帝はあまりにも多くの内紛に耐えてきたため、これ以上長々と包囲戦につき合うよりましだとばかり、モンゴル軍の退却を狙って講和に同意し、モンゴル軍には三千頭の馬と五百人の男女だけでなく、大量の絹、銀、金を与えた。和平協定の調印にあたって金国皇帝はみずからがチンギス・ハンの臣下であることを認め、王女のひとりを彼の妻として差し出した。

それに応えたチンギス・ハンは中都の包囲を解き、ゴビ砂漠の北側にある外モンゴルめざして長い旅をはじめる。契丹族は旧領土の大半を取りもどし、契丹王家は王位に復した。女真族も自分たちの小さな王国を温存できるはずだった。チンギス・ハンは欲しい物品が手に入るかぎり、これらの地域を支配したり、そこにモンゴルの政府を樹立したりする意図のないことを表明していた。ウイグル族やタングート族に彼らの領土を治めることを許したのと同様、女真族や契丹族にも、モンゴルに従い貢ぎ物を提供しさえすれば、彼らが好きなように王国を治めるのを喜んで許可した。

契丹も女真も、チンギス・ハンを自分たちすべてが仰ぐ最高の帝王と認めた以上、モンゴル軍にはもはや彼らの領土に留まる理由はなかった。夏ははじまったばかりだったが、暑さと乾燥のせいで、モンゴル軍がゴビ砂漠を越えて故郷に帰るのはすでに不可能になっていた。そこで彼らは、ゴビ砂漠の南側にあるドロンノル（七つの湖）という地に幕営することにした。秋になって涼しい日が来るのを待つあいだ、兵士たちはゲームをしたり、宴会を開いたり、捕虜にして故郷へ連れ帰る楽士や歌手の、すばらしい演奏に耳を傾けたりして楽しい時をすごした。

しかし、モンゴル軍が征服したばかりの領土から撤退するが早いか、女真の支配者は協定に背きはじめた。臣下がひそかにモンゴルの侵略者側についているのではないかと疑った金国王は、チンギス・ハンが王座を残してくれたにもかかわらず首都である中都を引き揚げ、王室こぞって南の開封《かいほう》へ逃げ去った。さすがのモンゴル軍も、そこまではとうてい深追いできないだろうと高を括《くく》ったのである。チンギス・ハンにとって金国王の逃亡は、新たに結んだ協定を裏切る行為であり、謀反だった。オノン川とヘルレン川のあいだにある故郷の地を三年以上も離れていたにもかかわらず、チンギス・ハンは戦線復帰の準備をはじめる。彼は四年目の戦のために軍を調《ととの》え、内モンゴルから進軍して、ほんの数か月前に降伏させたばかりの首都をめざした。

金国王はもとの首都を守るために一分隊を残していったが、兵士も市民も、自分たちが見捨てられたのを知っていた。前年の戦闘でチンギス・ハンが勝利をおさめたことによって、敵軍の内部から、とくに金国王に見捨てられた兵士たちからの支持が澎湃《ほうはい》と沸き上がってきた。中国の伝統的な見方からすれば、戦の勝利は天が味方する者の手に落ちる。そこで、戦うたびに積み上がる勝利の記録もチンギス・ハンに与《くみ》し、中国の農民と女真の戦士とを問わず、チンギス・ハンは天命を受けて戦ったのであり、彼に刃向かうのは天に背くに等しいという考えが広まっていった。金国王に仕えていた女真その他の部族出身の兵士の多くは、チンギス・ハンのなかに真の草原の戦士を見出した。それは都市を征服して住みつく前の、自分たちの祖先の姿を髣髴《ほうふつ》させるものだった。いずれにせよ彼らにとっては、自分たちを侵入者と戦う運命に置き去りにした無力で堕落した統治者より、チンギス・ハンとその兵士たちとのほうが共通点も多く、将校も武器もともども連隊ぐるみ金国を棄ててモンゴル軍に加わった。

チンギス・ハンと、新たにモンゴル軍の味方となった戦士たちは、楽々と中都を押さえた。しかしこんどは、敗れた女真族の者に貢ぎ物を差し出す機会を与えず、街に懲罰を加えて略奪する構えである。モンゴル軍は何もかも取り上げるつもりだった。街がじきに陥落することが明らかになると、チンギス・ハンはとどめの攻撃を部下にまかせた。いやます夏の暑さに閉口し、定住性の生活の不潔さに辟易《へきえき》して、チンギス・ハンは中都を去り、もっと高地で乾燥した内モンゴルの広々とした大地に帰っていった。彼は中都の略奪を契丹の隊長听答《ツオダ》と彼の部下にまかせた。彼らはモンゴル軍より都市の管理に慣れているので、占領した都市からいかに富を引き出すかを一番よく心得ているはずだからだ。モンゴルの将校たちは、城壁の外の街から少し離れたところで、略奪品が運ばれるのを待って記録する手はずだった。チンギス・ハンは、タタールを打ち破って以来、自分が主張してきた能率的なモンゴル方式で略奪が実行されるものとばかり思い込んでいた。モンゴル方式では、兵士は一か所に集めた略奪品を、巻き狩りのさいに獲物を扱うのと同じ方法で処理する。すべてのモンゴル人のあいだで地位に応じて配分するのである。最後に残った真鍮ボタンや銀の粒にいたるまですべての略奪品は、ハンへの一割から孤児や未亡人に対する特定の分け前まで、事細かな規則にしたがって分配された。

ところが、モンゴルの新たな同盟軍はこのシステムが理解できなかった。ことによれば、たんに守りたくなかっただけかもしれない。とくに契丹人と中国人はきびしい抑圧に苦しんできたので、女真に多くの不満を抱いており、何がなんでも復讐を果たして街を破壊したかった。彼らの感覚では、兵士が手に入れたものは兵士に所有権がある。彼らは宮殿の壁から金を引きはがし、埋め込まれた場所から貴石を取り外し、金貨や銀貨でいっぱいの箱を分捕った。貴金属を牛車に積み込み、絹の反物をラクダの背に結びつけた。

略奪を国家の重要事項と考えたチンギス・ハンは、略奪が組織的に行なわれるように監督させ、きちんとした目録を作成させるために、モンゴルの司法長官シギ・クトゥクを中都に派遣した。彼が到着すると、略奪は規律正しく行なわれるどころか、すさまじい混乱が待っていた。街の外に駐屯するモンゴルの将校たちは、宮廷料理人にいたるまでだれもかれも、同盟軍の兵士の勝手気ままな略奪を見逃す見返りとして、金糸を刺繍した絹を受け取っていた。シギ・クトゥクが到着すると、やはり略奪品の分け前が差し出された。彼はそれを拒絶し、違法行為を報告するためにチンギス・ハンのもとに舞いもどった。チンギス・ハンは怒って契丹を非難し、略奪品を押収したが、処罰したという記録は残っていない。

モンゴル軍は女真の街々から撤退するにあたり、すでに住民を追い出し村を焼き払った土地に対して、さらに苛酷な扱いをした。チンギス・ハンは、モンゴル軍が取って返す必要に迫られた場合にそなえて、牧草が豊かに茂った広大な土地を残しておきたいと考えた。耕された畑や、石塀、深い溝などはモンゴル馬の足どりを鈍らせ、どこでも望みの方向へ進む馬の能力を妨げた。またモンゴル人が狩りの獲物とするレイヨウ、ロバ、その他の野生動物の群れが気ままに移動する邪魔にもなる。モンゴル軍は女真戦から引き揚げるにあたり、農耕地を広々とした牧草地にもどす準備作業として、馬に農耕地を歩かせ、蹄で土を踏み荒らさせた。農民たちが自分の村や畑に二度ともどれないよう念を入れたかったのである。こうして内モンゴルは草地として取り残され、モンゴル人は遊牧民の領土と定住農民の畑とのあいだに、牧草地と森林からなる広大な緩衝地帯をつくりだした。草原はモンゴルの馬にとっていつでも食べられる牧草の宝庫となり、また将来の襲撃のさい馬が敵地に向かって走るのを容易にした。さらに、農民や村人が追い払われると野生動物の群れがもどってきたため、草原はつねに獣肉が蓄えられている場所にもなった。

一二一五年、亥《い》年の前半、モンゴル軍は人と動物とさまざまな品物からなるキャラヴァン隊を組んで、くすぶり続ける廃墟となった中都を発ち、内モンゴルの乾燥した高地に向かった。彼らはふたたび、一年前にチンギス・ハンが故郷にもどろうとして時期を待ったものの帰れずに終わったドロンノルの地に集結し、難路のゴビ砂漠を渡る前に夏がすぎるのを待った。チンギス・ハンはまたもや戦に勝利する能力を示し、草原の歴代ハンのなかでは空前の規模で臣下の民に物資を持ち帰る手腕を見せた。

鮮やかな色彩の絹の川が中国から流れ出した。あたかも、チンギス・ハンがシルクロードの曲がりくねった水路をすべてつけ直して大きな流れにまとめ上げ、北に方向を変えた結果、モンゴルの草原に潤いが漲《みなぎ》ったかのようだった。モンゴル人はラクダや牛車に高価な布を積み込みすぎて、絹はほかの品物を包んだり、詰め物に使ったりするほどだった。生皮のロープは捨て、絹の撚《よ》り紐で縛った。牡丹の花、天翔《あまか》ける鶴、砕ける波、伝説の動物といった模様を金糸銀糸で刺繍した礼服を束にし、小さな真珠を縫い込んだ絹のスリッパも詰めた。荷車には絹の敷物、壁飾り、枕、クッション、毛布のほかに、絹の飾り帯、編み紐、房飾りなどがあふれんばかり。また、何巻きもの生糸や絹糸、モンゴル語ではとうてい言い表わせない色彩の、ありとあらゆる衣服も運んでいった。

荷物のなかには絹、繻子《しゅす》、錦、紗《しゃ》などに加え、漆塗りの家具、紙の扇、磁器の鉢、金属の鎧《よろい》、青銅の小刀、木彫りの人形、鉄瓶、真鍮の壷、囲碁将棋の類、木彫りの鞍と、およそモンゴル人の目を惹いて運べるものなら何でもあった。また、香水の瓶や、黄土を原料とする化粧品の壷、黄鉛《おうえん》、藍《あい》、花のエキス、芳香を放つ蜜蠟、香油、麝香《じゃこう》なども運ばれた。その他、貴金属、象牙、鼈甲《べっこう》などを台として、トルコ石、真珠、赤瑪瑙《めのう》、珊瑚《さんご》、ラピスラズリ、エメラルド、ダイアモンドがはめ込まれた髪飾りや装身具も持ち去られる。葡萄酒の入った革袋、蜂蜜の樽、紅茶の塊を積み込んだ荷車が、香料、薬、媚薬や、肉桂《にっけい》、樟脳《しょうのう》、白檀《びゃくだん》などの特殊な木材の匂いを漂わすラクダに続いた。

書記たちが長い列をなしてラクダや荷車の物品目録をつくり、丹念に確認した。キャラヴァンが移動するさいはモンゴル人を楽しませるために、捕虜となった楽士が楽器を奏で、歌を歌った。止まって休みをとるときはいつも、軽業師、曲芸師、奇術師がそれぞれの芸を披露し、若い娘たちは燃料用の乾いた獣糞集め、動物の乳しぼり、食事の仕度をはじめ、命じられた仕事を残らずこなした。少年たちは動物の世話をし、重い荷を持ち上げた。動物のあとには、何千何万という数の果てしない捕虜の列が進む。王子に僧侶、仕立て屋に薬剤師、翻訳者に書記、占星術師に宝石職人、画家や彫刻家に易者、奇術師に鍛冶屋――一芸に秀でていると目された者はすべて駆り集められたし、理由があろうと気紛れであろうと、ただモンゴル人の目を引いた人間も連行される運命は同じだった。

襲撃と交易の歴史を通じて、チンギス・ハンほど大量の物品を故郷に持ち帰った統治者はいない。略奪品の量も膨大なら、彼の臣民の欲望も飽くことを知らなかった。戦からもどるとき、チンギス・ハンのキャラヴァン隊は貴重な品々を積んでいたが、積み荷が着くたびにさらに欲望はふくれ上がっていった。すべてのモンゴル人が自分のゲルで、絹のかかった漆塗りの家具に腰を下ろすことができた。娘はだれでも香水の香りを漂わせ、化粧をし、宝石で身を飾った。乗馬用の馬はどれも金属の留め具をつけていた。すべての戦士が青銅と鉄の武器を携えた。新たに連行された何千もの職人がその技術を活かすために、木材、粘土、布から青銅、金、銀にいたる、あらゆる原料が必要になった。これらの職人を養うために、牧草地と南の農耕地帯をへだてる広大な原野を渡って、大麦、小麦、その他の食料品がはるばる運ばれた。チンギス・ハンが捕虜を連れ帰れば連れ帰るほど、彼らに与える食料や道具を手に入れなければならなくなった。目新しかったものがしだいに必需品と化して、荷物を積んだ隊列が到着するたびに、さらなる欲望が刺激された。

草原はもはや孤立してはいられなかった。チンギス・ハンは物資の補給線をつくり、生産を維持し、空前の規模で物と人の流れを調整しなければならなくなった。絹と安物の宝飾品を求めて、ゴビ砂漠の南の都市を電撃するつもりではじまった戦が、世界史上もっとも広範囲におよぶ三十年戦争に姿を変えた。チンギス・ハンはこれに続く十五年間をアジア大陸を股にかけた戦に費やしたすえ、死に臨んで子孫に戦の続行を遺言した。彼らは以後二世代にわたって新たな国に侵攻し、新たな人びとと刃《やいば》を交えることになる。

女真戦ののち、チンギス・ハンはツェンケル川とヘルレン川のあいだにあるコデエ・アラルの草原にまっすぐ帰っていった。そこですぐ、彼がこれまでの習慣どおり、山のようにたまった戦利品を将軍や将校たちに分配しだすと、軍人たちはまたそれを自分の部下たちに適宜配分する。ところがチンギス・ハンの戦歴上はじめて、略奪品が多すぎて分配しきれず、必要なときまで物資を管理・保管しなければならなくなった。この余剰物資問題を解決するために、彼はいくつかの建物を建てることにし、小さなアバルガ川のほとりで草原にほど近く、大地から泉が湧き出す場所に敷地を定めた。言い伝えによれば、ボルテは幼い息子オゴデイの病を、この泉からくんだ水で治してやったという。建物は全体で「黄色の宮殿」と名づけられ、主として戦利品の倉庫に使われた。両側に川があり、中央に小丘陵を配して守りやすい場所で、奇襲をかけるのはほとんど不可能だった。

長いこと本拠地を留守にしているあいだに、チンギス・ハンには解決しなければならない問題が山積していた。そのなかには、モンゴルの民だけでなく、北方のシベリアの諸部族や、南のウイグル族の農民にかかわる問題もあった。一二〇七年のジョチの侵攻にさいしてはモンゴルの支配に服したシベリアの諸部族のうち、女真戦でチンギス・ハンが長いこと留守にしたのをいいことに、毛皮や森の産物、若い女を貢ぎ物に贈らなくなった部族がいた。ところが、モンゴルの使節が事態を調べに赴《おもむ》くと、女性で名高い部族にふさわしく、彼らはボトクイ・タルグンという女首長を戴いていた。この名前は「大きい」とか「獰猛《どうもう》な」という意味を持つ。彼女は三十人の乙女を妻としてモンゴル人に引き渡すかわりに、モンゴルの使者を捕虜にした。使者がもどってこなかったため、結局チンギス・ハンは別の使者を送り込んだが、彼もまた捕われてしまった。

一二一九年、卯《う》年、(13)チンギス・ハンは事の真相を確かめるために信任厚い将軍と優秀な部隊を派遣した。広大な草原や農業地域で戦うのには慣れていたモンゴル兵も、樹木が生い茂った森林で戦ったり、行軍したりした経験はほとんどなかった。通常、モンゴル軍は大きく展開し、隊列の正面を幅広くした形で草原を進んだ。しかし森林のなかでは、せまい踏み分け道をひとりずつ数珠つなぎになって行軍しなければならない。ボトクイ・タルグンの軍は、モンゴル勢が自分の領土に到着するずっと前に来襲を聞きつけ、経験豊かな森の猟師ならだれでもやるように、モンゴル軍に罠をかけた。モンゴル軍の逃げ道を封じるために分遣隊を派遣して、彼らが通ったあとの踏み分け道を塞《ふさ》いだうえ、正面から奇襲をかけた。ボトクイ・タルグンの軍は勝利をおさめ、戦闘のなかで彼女の部下がモンゴルの将軍を殺害した。

こんな敗北はきわめて珍しく、チンギス・ハンは激怒した。最初は、勝ち誇った女王に思い知らせてやるべく自分が軍を率いると言い張ったが、やがて側近たちの説得で思いとどまる。モンゴル軍は大規模な遠征を準備した。こんどはどんな手段を用いても勝利をおさめる決意だ。モンゴル軍の小さな分遣隊が囮《おとり》として出発し、モンゴル領と女王の領土を画す国境の山道を守るふりをした。そのかん、モンゴルの主力部隊は別の方角から、森のなかに新しい道をひそかに切り開いた。斧、手斧、のこぎり、鑿《のみ》をはじめ駆り集められるかぎりの道具や武器を総動員して、モンゴル兵は「赤雄牛」(14)の踏み分け道をたどりながら、苦心して道を開いた。おそらく「赤雄牛」というのは、大型の赤みがかった鹿かオオツノジカのことだろう。秘密の道を完成させると、モンゴル兵は電光石火のすばやさで女王の司令部に襲いかかった。『元朝秘史』の言葉を借りれば、それはまるで「敵の天幕の煙穴を通って」

出現したかのようだった。

勝ち誇ったモンゴル軍は自国の使者たちを解放し、この部族を捕虜として連れ帰って、召使いや妾として分配した。チンギス・ハンはボトクイ・タルグンを第二の使者と娶《めあわ》せた。彼女は使者を捕虜にしたまま殺さなかったのだから、あるいはすでに夫にしていたのかもしれない。

森の部族の反乱は、砂漠のオアシスに住むウイグル族の深刻な問題と比べれば、ほんのつかのまチンギス・ハンの心を乱したにすぎなかった。チンギス・ハンのもっとも忠実な臣下の位置を占めるウイグル族は主君を強く支持していたため、西方、天山山脈山麓の丘陵地帯に住むほかのイスラム系ウイグル族も、仏教徒の統治者を打倒してチンギス・ハンの配下に入ることを希望した。現在の中国西部、新疆《しんきょう》ウイグル自治区の交易都市カシュガル(15)に暮らすイスラム教徒からモンゴルに使者が訪れた。十三世紀初頭、これらの人びとは満州出身の別の契丹族集団に統治されていた。支配層の契丹人は、女真族に東部から追い出されて天山山脈に定住した人びとで、東方に暮らす契丹と区別するために、モンゴル人は彼らを「カラ・キタイ」(黒契丹)と呼んだ。黒は遠い親族を意味すると同時に、西を表わす色でもあった。

多くのウイグル人が自発的にモンゴルの傘下に入るいっぽう、依然としてカラ・キタイの支配下にとどまる者もいた。カラ・キタイの国は目下、チンギス・ハンの昔の敵であるナイマンのタヤン・ハンの息子、クチュルクに統治されていた。もともとクチュルクはキリスト教徒であり、カラ・キタイは仏教徒だったが、どちらも臣下であるイスラム教徒のウイグル族を信用しなかった。新たに王国の支配者の地位につくと、クチュルクはイスラムの宗教儀式に制限を加え、臣下のイスラム教徒を迫害した。祈禱式への招集を許さず、公《おおやけ》の礼拝や教義の研究を禁じた。クチュルクが戦のために首都ベラサグンを出ていくと、市民は城門を閉ざし、彼がもどってくるのを妨げようとした。その仕返しに、彼は首都を包囲し、征服し、破壊した。

自分たちを守ってくれるイスラムの統治者がいなかったので、ベラサグンのイスラム教徒は、苛酷な王の打倒をチンギス・ハンに依頼した。モンゴル軍は四千キロメートル以上も離れた場所に駐屯していたにもかかわらず、チンギス・ハンは契丹王家を復活させた将軍ジェベに、二万のモンゴル兵を率いてアジア大陸を端から端まで踏破し、イスラム教徒を守ってやるよう命じた。チンギス・ハン自身が戦場に赴こうとしなかった事実は、彼がいかにこの地域を価値のないものと見ていたかを示している。彼の世界はモンゴルにあった。できるかぎり多くの時を、ヘルレン川にそったアバルガの本拠地で家族とともにすごしたかったのである。遠く離れた砂漠のオアシス都市や山岳地帯は、彼にとってなんの魅力もなかった。このたびの遠征は、宿敵クチュルクをしとめる機会にすぎなかった。

ウイグルのイスラム教徒の要請に応じた戦いだったため、モンゴル軍は略奪や市民の資産の破壊、市民の生命を危険にさらすことは許さなかった。そのかわり、ジェベの軍はクチュルク軍を打ち破ると、(16)罪科にふさわしい罰として現在のアフガニスタン、パキスタン、中国の国境に近い平原で彼の首をはねた。処刑後、カシュガルに伝令を飛ばし、宗教的迫害の廃止と、各地域における宗教的自由の回復を宣言させた。ペルシアの歴史家ジュワイニーによれば、カシュガルの人びとはモンゴル軍を「神の慈悲、神の恵みの賜物(17)」と讃美したという。

ペルシアその他のイスラム教国の年代記編者は、この話を気の遠くなるほど詳しく記しているが、

『元朝秘史』は戦全体を簡潔な一文に要約している。「ジェベはナイマンのクチュルク・ハンを追跡し、黄色の崖で追いつくと、彼を滅ぼしてもどった[18]」。モンゴル人の見方からすれば、おそらくはこの一事だけが重要だったのである。ジェベは自分の義務を果たし、敵を殺して無事帰還した。この戦は、本拠地から何千キロメートルもへだたった場所で、チンギス・ハン自身からも離れて、モンゴル軍が首尾よく軍事行動を展開できるかどうか、その力を試し、証明するものだった。

チンギス・ハンにとって、新たな民を獲得したり、迫害された宗教の擁護者として名声をあげたりするより重要だったのは、カラ・キタイに対する勝利によって、中国とイスラム諸国を結ぶシルクロードを完全に支配できるようになったことだ。彼はいまや、タングート、ウイグル、カラ・キタイ、北の女真領土を属国として従えていた。宋（南宋）の主要産業地域も、中東の購買力旺盛な地域も押さえてはいなかったが、両者をつなぐ道筋はチンギス・ハンの意のままだった。膨大な量の中国産交易品を支配することによって、中央アジアや中東のイスラム諸国とのあいだで交易の機会が飛躍的に増えると、彼は期待した。

一二一九年、軍事と交易の両面で多くの偉業をなしとげたチンギス・ハンは、六十歳になろうとしていた。ジュワイニーはこう述べている。「彼は完璧な平安と安寧をもたらし、このうえない繁栄と幸福を生み出した。道路は安全になり、争乱は鎮められた[19]」。チンギス・ハンは余生をのんびりと家族や馬とともにすごし、自分がモンゴルにもたらした新たな繁栄にひたって暮らすことで満足しているかに見えた。

自分で使ったり、国民に分け与えたりできる量をはるかに超えた物資を保有するチンギス・ハンは、この新たな資源を交易の活性化に利用したいと考えた。在来のアジア産品がどんどん供給されるだけでなく、遠く中東の西にある異国からも交易品が少しずつ入ってくるようになった。中東に住むイスラム教徒は、世界のなかでももっともみごとな金属や、すばらしい輝きを放つ鋼《はがね》を産み出した。綿その他の美しい織物も織ったし、ガラスの神秘的な製法も心得ていた。現在のアフガニスタンの山地から黒海にいたる広大な地域が、トルコのスルタン、ムハンマド二世の勢力下にあり、彼の帝国はホラズムと呼ばれた。チンギス・ハンはこれらの異国の産物を手に入れたかった。そこで目的をとげるために、遠隔の地のスルタンと交易上の提携関係を結ぼうとする。

フランスの歴史家フランソワ・ペティ・ドラクロワは、当時のチンギス・ハンが置かれた状況を次のように解説する。「……東にも西にも、アジアの北部にも、もはや何ひとつ恐るるに足るもののないこの皇帝が、ホラズムの王と真の友情を育《はぐく》もうと努めた。それゆえに、彼は一二一七年の終わりごろ、ホラズムの王のところへ贈り物を持たせて三人の特使を派遣し……両国の国民が安全に交易し、相互の堅固な結束のうちに、すべての王国が望みうる至福の境地ともいうべき、安息と豊かさを見出すことを求めた[20]」

通商協定を取り決め、交易関係を正式承認するために、チンギス・ハンはホラズムのスルタンのもとへ使節を送った。「余の最大の望みは貴国と平和裡に共存することである。余は貴殿をわが息子とみなすだろう。貴殿は、余が中国北部を征服し、北の部族すべてを従えたことをご存じのはずである。ご承知のとおり、わが国は蟻塚のごとく数多の戦士を擁し、銀鉱のごとく富み、余はさらなる領土を望むことを必要としない。われわれは、互いの臣民のあいだに交易を促進することに、同じ利害関係を有するものである[21]」

いささか怪しみながらも、不承不承スルタンは協定に同意した。モンゴル人自身は商業に不案内だったので、チンギス・ハンは新たに獲得したウイグルの領土ですでに活動しているイスラム教徒とヒンドゥー教徒の商人に目をつけた。彼らのなかから四百五十人の商人と従者を集め、白いラクダの毛から織った布、中国の絹、銀の棒、翡翠の原石などの貴重な品物を積み込んだキャラヴァンを組んで、ホラズムに派遣した。チンギス・ハンは、再度スルタンに友好関係を求めるメッセージを携えたインド人を使節団の先頭に立たせた。親書には交易促進を要請して、「邪悪な思いではれあがった膿瘍が、今後はわれらの関係改善と同意によって切開され、暴動と反乱の膿《うみ》が取り除かれるように[22]」と記されていた。

キャラヴァン隊がホラズムの北西部にあるオトラル県〔現カザフスタン南部〕に入ると、傲慢で貪欲な知事が物品を押収し、商人と御者たちを殺害した。彼には自分のしたことがいかに嘆かわしい結果を生むか、まったくわかっていなかった。ペルシアの歴史家ジュワイニーの解説どおり、知事の襲撃はキャラヴァン隊を抹殺しただけでなく、「全世界を破壊することになった[23]」

事件を知ると、チンギス・ハンは使節を送り、この襲撃の咎《とが》によりオトラルの知事を処罰するようスルタンに求めた。ところがスルタンは、チンギス・ハンが知るかぎりにおいて、もっともあてつけがましく、芝居がかった、侮辱的なやり方で彼を非難したのである。何人かの使者を殺し、残りの者の顔に傷をつけて、主人のもとに送り返した。わずか数週間のうちに、この屈辱の知らせが草原を飛んでモンゴルの宮廷に届いた。ジュワイニーの言葉を借りれば、そこでは「怒りの嵐が忍耐と慈悲の目に塵《ちり》を吹き込んで晦ませ、激怒の炎がすさまじい勢いで燃え上がって、チンギスの目から涙を奪い、炎は流れ出る血によってしか消すことができなかった」(24)。怒りと屈辱と挫折感のなかで、チンギス・ハンはまたもやブルカン・カルドゥンの山頂に引きこもった。山頂でチンギス・ハンは「帽子を脱ぎ、顔を大地に向けると、三日三晩祈りを捧げ、『私がこのもめごとを起こしたのではございません。どうか私に復讐をとげる力をお与えください』と唱え続けた。そのあと山を下り、じっくりと作戦を練って戦に備えた」(25)

第五章——スルタン対ハン

遊牧民にとって戦《いくさ》は一種の生産活動だった。
戦士にとって戦は成功と豊かさを意味した。(1)
——セチェン・ジャグチド『モンゴル問題に関する考察』

ペンを武器に恐怖を広める

一二一九年、卯《う》年、チンギス・ハンはホラズムをめざして西に進軍を開始し、辰《たつ》年にあたる翌年の春に到着した。彼は砂漠を横断し、敵陣の懐《ふところ》深く、いきなりブハラに姿を現わしたのである。その年が終わらないうちに、モンゴル軍はホラズム帝国の主要都市すべてを手に入れていた。ホラズムのスルタンは、チンギス・ハンの戦士たちの情け容赦ない追跡をようやく逃れ、はるかなカスピ海の小島で淋しく死の床についていた。

モンゴル軍ははじめての土地でぐんぐんと戦線を進め、四年間の戦によって、まるで蝿を叩き殺すかのごとく中央アジアの諸都市を制覇した。ブハラ、サマルカンド、オトラル、ウルゲンチ、バルフ、バナカト、ホジェント、メルヴ、ニサ、ニシャプール、テルメズ、ヘラート、バーミヤーン、ガズニー、ペシャーワル、カズヴィーン、ハマダン、アルダビール、マラーゲー、タブリーズ、ティフリス、デルベント、アストラハンなど、征服された都市の名前は十二の言語にわたり、気の遠くなるほど難解な音節が混じり合っている。チンギス・ハンの軍勢は、ヒマラヤ山地からカフカス山地、インダス川からヴォルガ川まで、行く先々で出会った軍隊をことごとく壊滅させた。それぞれの都市の征服は少しずつ違ったなりゆきだったが、落ち着く先は同じだった。モンゴルの猛攻に耐え抜いた都市はひとつとしてなく、占拠されない砦は皆無であり、いかなる祈りも市民を救うことはできなかった。賄賂や話し合いの結果、屈服せずにすんだ役人はいない。何者も、モンゴル軍の巨大な破壊力を弱めることはできなかったし、ましてや止めることなど不可能だった。

チンギス・ハンのホラズム侵攻は、建国後の年数がモンゴルより十二年しか長くない、生まれたばかりの国への攻撃である。しかしこれは、たんにひとつの帝国に攻撃を加えたにとどまらず、古代文明全体への挑戦だった。十三世紀のイスラム諸国は、アラブ、トルコ、ペルシアの諸文明を結びつけた、世界でももっとも豊かな国家群だった。また、天文学や数学から農学、言語学にいたるすべての分野の学問において、事実上もっとも進んだ国であり、一般民衆の識字率は世界最高の水準を誇っていた。僧侶しか字を読むことができないヨーロッパやインド、役人しか読めない中国と比べると、イスラム世界ではほとんどすべての村に、コーランを読み、イスラムの掟を解釈できる人物が少なくとも数人はいた。ヨーロッパ、中国、インドでは社会の一部だけが高水準の文明を保持するにとどまったが、イスラム世界は複雑な商業、工業技術、総体的な学問を有し、ほとんど超一流の世界文明の域に達していた。しかし、世界のほかの地域よりこれほどまでにレベルが高かったために、失わねばならないものも大きかった。この地は、モンゴル騎馬軍団が蹂躙したほかのどこよりも大きな損害をこうむった。

中国北部で、以前遊牧民だった契丹《きったん》、女真《じょしん》、タングート諸族が農民を支配したのとまったく同じように、中東では、もと遊牧民のセルジューク族、トルクメン族が、人口の大半を農民が占めるさまざまな王国を征服し、支配した。これら一連のチュルク語系民族が政治を牛耳った地域は、現代のインド、パキスタン、アフガニスタン、イラン（ペルシア）、そして地中海にそった現トルコのアナトリア地方の中心部にまでおよんだ。この地域の文明は古代に築かれたペルシア文化を土台にし、アラブ世界とローマからインドにいたる初期古代文明の影響を受けて、豊かなものになっていた。中東の文化のモザイク模様には、少数派であるユダヤ教徒やキリスト教徒など、異質な宗教的・言語的集団の文化がかなりの割合で含まれていた。しかし全般的に見れば、学者、裁判官、宗教指導者たちはアラビア語を話し、何かにつけコーランを引き合いに出した。兵士はその部族独自のチュルク語方言を話し、農民はさまざまなペルシア語の方言で語って歌った。

チンギス・ハンが突然来襲した当時、その地域には富があふれていたにもかかわらず、社会的な複雑さのために多くの王国が政治的対立、宗教的緊張、文化面のいがみ合いで分裂していた。なり上がり者のトルコ人とみなされていたホラズムのスルタンが、主としてアラブ人とペルシア人からなるイスラム教徒仲間に同盟を求めるのはほとんど無理だった。彼らはホラズムのスルタンを、野蛮な征服者チンギス・ハンとほとんど同一視していたのだ。ホラズムのスルタンとバグダッドにいるアラブ人のカリフの関係が非常に緊張していたので、いくつかの年代記では、カリフはおそらくスルタンを撃つようチンギス・ハンに嘆願したのだろうということになっている。ひとりの男の頭皮に秘密のメッセージを入れ墨で書き込み、男はそのまま疑われることもなくホラズムの領土を抜け出して、モンゴルに到着したという。怪しげな説ではあるが、この人れ墨をした伝令の物語(2)はイスラム世界に広く流布している。スルタンに刃向かう異教徒チンギス・ハンの側につくには、何か宗教的な大義名分がほしいと思っていたイスラム教徒にとって、この話はチンギス・ハンの戦にいささかの正当性を与えることになる。さらに、あるいは本当かもしれない言い伝えとして、そのカリフはモンゴルの攻撃を助けるために、聖地で捕虜にした十字軍の兵士を一連隊、チンギス・ハンに贈ったらしい。モンゴル軍は歩兵には用がなかったので、彼らを解放してやった。そのうちの何人かはなんとか故郷のヨーロッパまで帰り着き、これまで知られていなかったモンゴルの征服者の噂をはじめて流したという。

ホラズムのスルタンは、隣接するイスラム諸国との緊張に加え、国内でも家庭内でも、数々の軋轢《あつれき》に直面していた。母親とのいがみ合いも絶えない。事実上スルタンと同等の権力を握る母親は、モンゴル来襲の脅威によって、政治から戦争準備にいたるまで、あらゆる面で息子とぶつかるようになった。最初にモンゴルのキャラヴァン隊を捕えて、突如戦争を引き起こす原因をつくった知事は彼女の兄弟だった。しかし彼女は、息子が自分の兄弟を罰して戦争を回避するのを許さなかったため、モンゴルとの緊張が高まった。王家内部のひずみが自分たちを危険にさらすことがないかぎり、臣下のペルシア人とタジク人の集団は統治者にほとんど無関心だった。まして、自分たちを守ってくれるためではなく搾取するために統治者がこの街に配備したチュルク語系民族の兵士には何の関心もなかった。かたや兵士たちのほうも、駐屯している国を守ることには必要最小限の興味しかなく、自分たちが軽蔑する国民を救うのに命をかける気などさらさらなかった。

チンギス・ハンがホラズムの街に突然姿を現わしたとき、率いる騎兵の数は約十万から十二万五千。ウイグルその他のチュルク語系同盟国から中国人の医者と技術者の一団を補強したので、総勢十五万から二十万の人びとを従えていた。それに比べてホラズムの統治者は、国中に約四十万の武装兵士を擁し、彼らには勝手知ったる自国で戦う強みがあった。

モンゴル軍は降伏した者は公正に扱うと約束するいっぽう、抵抗する者は殺すと断言した。もしも降伏した国民が、親族関係を結ぶというモンゴルの申し出を受け入れ、食物を差し出して親族にふさわしい振る舞いをすれば、彼らを保護することを保証し、親族としての基本的な権利を与え、家族の一員として扱う。親族関係を拒絶すれば、敵としての扱いを受けることになる。包囲された市民に対するチンギス・ハンの申し入れは、恐ろしいものではあっても、同時に簡単明瞭だった。彼がニシャプール〔イラン北東部の街〕の市民に送ったメッセージは、まさにその好例だ。「司令官、長老たち、そして一般市民はわきまえよ。神が私に、東の果てから西の果てまで、世界中に広がる帝国を与えた。だれであろうと私に従う者の命は助けるが、刃向かう者は妻子も従者もひっくるめて命を奪うことにする」[3]。これと同様の意思表示が、この時代の多くの文書に見られる。もっとも顕著な例は、チンギス・ハンの次のような言葉を引用したアルメニアの年代記だろう。チンギス・ハンはモンゴルの法律と税金を課すために、「われわれが世界を占拠し、秩序を維持するのは神の意志である」[4]と述べた。それを拒む者に対してモンゴル人は、「その者たちを殺し、住まう場所を滅ぼす義務を負う。これを見聞きしたほかの者が恐れて、同様な過ちを犯さないようにするためである」

ホラズムでは戦わずして降伏する都市もあり、またほんの数日、あるいは数週間だけ戦い続ける都市もあった。数か月以上もちこたえたのは、もっとも頑固な守備隊のみだった。チンギス・ハンは女真の都市を攻めた経験から、堅固な要塞都市の攻略法だけでなく、勝利後の都市の扱い方、とりわけもっとも能率的な略奪のやり方など、多くのことを学んでいた。中都の無秩序な略奪の轍《てつ》は踏みたくなかったチンギス・ハンが、ホラズムで新しくはじめた能率的略奪とは、事前にまず人と動物をすべて街から追い払い、略奪を行なうさいモンゴル軍兵士に降りかかる危険を最小限にする方法だった。

モンゴルの戦士は敵の街に入ると、略奪をはじめる前にかならず同じ手順を踏み、まず敵兵を殺した。騎馬隊が主力のモンゴル軍は、城塞を守る訓練を受けた歩兵には用がなかった。さらに重要な殺戮の理由は、いままで敵だった大軍が、自分たちと故国モンゴルとをつなぐ道を塞ぐのを放っておきたくなかったことで、モンゴル軍はつねに故国へもどる道に何の障害物もない状態を望んだ。敵兵の処刑が終わると、モンゴルの将校は市民を専門職別に分けるために書記を送り込んだ。専門職としては、書記、医者、天文学者、裁判官、占い師、技術者、教師、イマーム〔モスクにおける集団礼拝の指導者〕、ラビ、僧侶など、何語であれ読み書きのできる者が選ばれた。モンゴル人がとくに必要としたのは、商人、ラクダ追い、多言語を話す人びと、それに工芸職人だった。モンゴル人自身は戦い、羊を飼い、狩りをするほかに何の技術も身につけていなかったから、これらの技能者が重宝された。発展途上の帝国では、鍛冶屋、陶工、大工、家具職人、織工、革職人、染め物師、鉱夫、製紙工、ガラス吹き、仕立て屋、宝石職人、楽士、床屋、歌手、芸人、薬剤師、料理人を含め、ありとあらゆる分野で腕のいい職人が必要だった。

手に職のない人間は、次の都市に攻撃をしかけるための手助けをさせるために集められ、重いものを運んだり、要塞の下を掘ったり、人間の楯となったり、壕《ほり》を埋める土砂がわりにされたりしたほか、とにかくモンゴルの戦闘に役立つことがあれば命を捧げるしかなかった。こうした役にさえ立たない人間は、殺して置き去りにされた。

中央アジアにおけるチンギス・ハンの征服戦争で、捕虜として最悪の運命をたどった集団は金持ちと権力者で、捕まるとかならず殺された。ヨーロッパの戦闘や中東の十字軍戦争における騎士道ルールでは、敵同士の貴族たちは一般の兵士は勝手気ままに殺すが、互いのあいだではうわべだけの気どった敬意を示し合った。戦場で敵の貴族を殺すよりは、人質として捕えて身代金を取ってから、故国や家族のもとへ返してやるほうを選んだ。モンゴルにそんなしきたりはなかった。それどころか、将来自分たちに戦がしかけられるのを防ぐために、なるべく速やかに貴族を皆殺しにしようとした。チンギス・ハンは敵の貴族をけっして自軍に採用しなかったし、どんなに能力があっても自分のもとで働かせることはほとんどなかった。

それまでに、チンギス・ハンがいつもこの方針を貫いてきたわけではない。女真、タングート、カラ・キタイの都市をはじめて征服したときは、彼はしばしば金持ちたちを保護したし、敗退した統治者が従来の地位に留まるのを許すことさえあった。しかし、女真とタングートはモンゴル軍が撤収するやいなや裏切りを働いた。中東のイスラム諸国に攻め入るまでに、チンギス・ハンは金持ちや権力者が忠誠を守るかどうか、信頼しうるか否か、どの程度役立つかについて、自分なりの教訓を学んでいた。彼は民衆の態度や意見にとても敏感だったので、のらくらと暮らす金持ちたちがどうなろうと、一般の人びとにはほとんど関心がないのもわかっていた。

貴族階級の命を奪うことによって、モンゴル軍は敵の社会制度を根本的に破壊し、将来敵が反抗してくる可能性を最小限に抑えた。貴族階級の戦死や、その家族の根絶によって、再建不能になった都市もある。チンギス・ハンが求めたのは、忠実で、権力と特権の座につけたことをモンゴル政府にだけ感謝する官僚だった。こうした理由から、彼は自分が与えた肩書き以外は一切認めようとしなかった。同盟を結んだ国の王や王子で、もとの地位にとどまりたいと望んだ者ですら、モンゴル政府によって再承認されなければならない。一二四五年から一二四七年にかけてのモンゴル旅行記で、ローマ教皇の使節ジョヴァンニ・デ・ピアーノ・カルピーニは、モンゴル人が貴人に敬意を表さないことをしばしば嘆いている。一番位の低いモンゴル人でさえ、外国から来た王や女王の前を歩き、無礼な口をきくというのである。

ホラズム帝国でもっとも権勢をほしいままにした女性である、スルタンの母親のたどった運命は、貴族階級の女性に対するモンゴル人の態度をよく表わしている。モンゴル人は彼女を捕えたあと、その臣下の大半を殺戮し、家族も二十人あまり殺したうえ、本人をモンゴルに送って、十年ばかりの余生を恥ずべき奴隷の境涯ですごさせた。彼女はそこで歴史から消える。こういう階級の女性が、その氏素性によってなんらかの特権や配慮を与えられることは皆無だった。彼女のような人間もまた、捕虜になった男たちと同様、身につけた技、仕事、奉仕をモンゴルのために提供する存在にすぎなかった。

モンゴル軍は都市を征服して去るとき、価値あるものはほとんど残さなかった。モンゴルの侵入直後に書かれた手紙のなかで、辛くもモンゴルの手から逃れた地理学者ヤークート〔一一七九～一二二九年〕は、「紙に書いた文章を消すように、モンゴル軍が地上から消し去った(5)」美しく豪華な宮殿について、熱っぽく書き記している。「そして、この貴人のすまいはフクロウやカラスの巣となりはてた。ここではフクロウが甲高い声で鳴き交わし、広間には風が呻《うめ》いている」

イスラム教徒の目には、チンギス・ハンは冷酷無情の典型だった。この時代の年代記編者たちは、とうてい信じられないような言葉をチンギス・ハンが口にしたとする。「男が味わえる最大の喜びは、敵を征服して自分の前に引きずり出すことである。敵の馬に乗り、敵の所有物を奪うこと。敵が愛する者たちの目を涙でぬらすこと。そして敵の妻や娘を、自分の腕にかたく抱きしめることだ(6)」。チンギス・ハンは、この種の禍々《まがまが》しい言葉を、自分の品位を傷つけるものとは考えずに、むしろ奨励したかに見える。転んでもただでは起きない質《たち》のチンギス・ハンは、イスラム教徒の識字率の高さを利用する巧妙な方法を編み出し、気づかぬ敵を世論形成のための強力な武器に変えた。恐怖がもっとも効率的に広まるのは兵士の力によってではなく、書記や学者のペンによってだということを、彼は知っていた。新聞がなかった時代に、世論形成に中心的な役割を果たしたのは知識階級の書く文字だった。そして中央アジア攻略のさいは、それらの文字がチンギス・ハンになりかわって充分に務めを果たした。絶えず戦死者の数をふくれあがらせ、言葉が届くところならどこにでも恐怖を広げてくれる実質上の宣伝マシーンを、モンゴル軍は操作していたのである。

この戦役がはじまってわずか一年の一二二一年八月までに、モンゴルの役人は属国の朝鮮（高麗）

に特産品の紙を十万枚も要求している。この膨大な紙の量は、モンゴル帝国の規模が大きくなるにつれて、文書記録がどれだけ速やかに増えていったかを物語るばかりでなく、モンゴルが自国の歴史を書くことにも重点を置きだした事実を表わしている。紙はしだいに、チンギス・ハンの兵器庫のもっとも強力な武器となっていく。彼は自分の偉業を記録させたり、武勲への讃辞を書かせたりすることには、なんの興味も示さなかった。そのかわり、自分とモンゴル人に関する最悪のとんでもない話を、人びとが勝手に広めるのを許した。

　ひとつの都市を攻略するたびに、モンゴル軍はほかの都市に使者を派遣し、チンギス・ハンの戦士たちの人間離れした力によって味わわされた、未曾有の恐怖を語らせた。これらの言葉が発揮した力はいまなお、イブン・アルアシール〔一一六〇～一二三四年。アラブの歴史家〕などの年代記編者が記録した目撃者証言にうかがえる。アルアシールはこの戦役の時代を通じて、現イラクのモスルに暮らしていた。この都市は当時、モンゴルの戦闘地域に近かったけれども、少しだけ外れたところにあった。彼は著書『完史（*al-Kamil fi al-tarikh*）』のなかで避難民のことを記している。最初のうち、彼はこの記述をあまり信じる気になれなかったようだ。「タタール人の身の毛もよだつ暴虐について、私はくわしい話を聞かされたが、ほとんど信じがたい話だった[7]」。しかしすぐに、自分の言葉で語る気を起こす。「噂によれば、大勢の住民がいる村や街にモンゴル兵がひとりで入ってきて、その地の人びとを次々と殺していくのだが、このモンゴル騎兵に逆らって手出しのできる者はだれひとりいない」。彼はまた、ほかの情報源からこんな話も聞いた。「モンゴル兵がひとりの男を捕まえたが、捕虜を殺す武器を携えていなかった。そこで彼は捕虜に向かって『頭を地面に伏せて動くな』と命じ、彼がそれに従うと、タタール人は刀を取ってきて捕虜を斬り殺した」

勝利をおさめるごとに新たな恐怖の宣伝があふれ出し、チンギス・ハンは無敵だと多くの人びとが信じていく。遠くへだたった安全な時空に身をおいて、落ちついて考えてみれば、これらの話は馬鹿馬鹿しく思われるかもしれないが、当時は中央アジア全体に恐るべき衝撃を与えた。イブン・アルアシールは、モンゴルの征服が「イスラム教とイスラム教徒にとって致命的な打撃である」と嘆いている。そして、多少芝居がかった調子でこうつけ加える。「おお、母が私を産んでくれなければよかったのに。この災いが降りかかる前に、私が息絶えて忘れ去られていたらよかったのに」。彼がこの血なまぐさい出来事を事細かに書き残す気になったのは、「多くの友が書き留めておくように迫った」からにすぎない。彼はモンゴルの侵攻について、「全能なる神がアダムを創造して以来、今日までの……最大の破局であり、もっとも悲惨な災いであり……すべての人間にあまねく降りかかるが、とくにイスラム教徒を標的にする」と断言する。モンゴル侵攻と比較して、これまでのもっともひどい虐殺はユダヤ人に対してなされたものだが、イスラム教徒に対するモンゴルの攻撃のほうがもっと悪辣だとも記している。モンゴル人は、「ひとつの都市でイスラエルの子ども全部を上回る数のイスラム教徒を虐殺した」からだ。読者に信憑性を疑われては困るので、「聞く者すべてを恐れおののかせるようなモンゴルの悪行」について事細かく事実を語ることを、彼は約束する。「神よ、正しい文脈で、私が細大もらさず述べられるよう、力をお借しください」。だが、この情熱的な語り口には、モンゴルの征服を正確に記録するというより、仲間のイスラム教徒を奮起させる狙いがあったのではないか。

チンギス・ハンの軍隊が先例のない勢いで人を殺し、死を一種の戦略として利用し、恐怖をあおるための手段としたことは確かである。ところが意外にも重要な部分で、モンゴルのやり方は当時の通例から外れていた。モンゴル軍は捕虜に対して、拷問や手足の切断、肉体の損傷などの行為を行なわなかったのだ。当時の戦争は、おうおうにして一種のテロ行為の応酬であり、同時代の統治者は公衆の面前で拷問を加えたり、陰惨な手足切断を行なったりして、人びとの心にじわじわと恐怖を浸透させる野蛮で単純な戦法をとっていた。一二二八年、スルタンの息子ジャラール・アッディーンとの戦で四百人のモンゴル人が捕虜になった。彼らは自分たちが殺される運命にあることをよくわきまえていた。勝者はモンゴルの戦士たちを近くのイスファハンまで連行し、馬の臀部《でんぶ》に縛りつけて、市民を楽しませるために通りを引きずり回した。モンゴルの捕虜全員が、(8)こうして見せ物にされたあげくに殺され、死ぬと犬の餌にされた。これほど公然たる拷問に対し、モンゴル軍は文化程度の高いはずのこの街の市民をけっして許さず、やがて高い代価を支払わせることになった。モンゴル軍が敗れた別の例では、勝ち誇ったペルシア人がモンゴル人にとって魂の宿る場所である頭部に釘を打ち込んで(9)捕虜たちを殺した。このエピソードは、一世紀後の一三〇五年にそっくりそのまま繰り返される。デリーのスルタンがモンゴルの捕虜をゾウに踏み殺させて、モンゴル人の死を見せ物にしたのである。スルタンはさらに、戦死したり捕虜になったりしたモンゴル兵の切り落とされた首で塔を築いた。

中国からヨーロッパにいたる文明国の統治者や宗教指導者は、こうした陰惨な見せしめを利用して国民を不安に陥れ支配し、恐怖を与えて敵にまわりそうな者の気を挫《くじ》いた。一〇一四年、キリスト教徒のビザンティン皇帝バシレイオスがブルガリア人を破ったさい、一万五千人のブルガリア人捕虜の目をつぶした。そのとき彼は、百人ごとにひとりは片目だけ残させ、片目の捕虜が残りの九十九人を率いて帰郷し、故国に恐怖を広めるよう図った。キリスト教国の十字軍がアンティオキア（一〇九八年）やエルサレム（一〇九九年）などの都市を占拠したとき、彼らはユダヤ教徒やイスラム教徒を年齢性別に関係なく、ただ信仰する宗教だけを理由に虐殺した。

神聖ローマ帝国の皇帝フリードリヒ一世（バルバロッサ）は、歴史的にも文化的にもドイツでもっとも偉大な英雄のひとりとされているが、西欧ではもっとも典型的に恐怖心を利用した人物である。一一六〇年、現イタリア北部のロンバルディア地方にあるクレモナという都市を征服しようとしたとき、彼は身の毛もよだつような一連の暴行を競わせた。皇帝の部下は捕虜の首を切り落とし、市の城壁の外でそれをボールがわりに蹴って遊んだ。かたやクレモナの街の守備兵はドイツ人捕虜を城壁の上に連れ出し、敵が見ている前で捕虜の手足を引きちぎる。するとドイツ兵のほうは、捕虜を集めて集団絞首刑に処する。これに応えてクレモナの街の役人は、残りのドイツ人捕虜を城壁の上で絞首刑にした。両軍は互いに直接戦闘を交えることなく、テロ行為をどんどんエスカレートさせていった。さらに、ドイツ軍は子どもの捕虜たちを集め、彼らを革ひもで投石機に縛りつけた。投石機はふつう城壁を突き崩したり城門を破ったりするのに使われる兵器だが、この大がかりな攻城兵器の力で、生きている子どもを街の城壁めがけて発射したのだ。

当時の文明国の軍隊による身の毛もよだつ暴行に比べれば、モンゴル軍は残忍な行為によって恐怖を巻き起こしたのではない。敵を征服するさいの迅速かつ巧みな戦闘行動と、金持ちや権力者の生命を歯牙《しが》にもかけないそぶりが恐怖のもとだった。モンゴル騎馬軍団は、東方を攻めた時は恐怖をまきおこしたが、彼らの戦闘で特筆すべきは、公衆の面前で行なわれる血に飢えた残虐行為ではなく、強力な敵軍や一見難攻不落の城塞都市に対しておさめた空前の勝利である。

モンゴルに屈した都市は当初、流布していた恐ろしい噂と比べ、ごく穏やかに恵み深い態度で扱われたため、ほかの地域でもモンゴルの力はそれほど恐ろしいものではなかったのではないかと見くびった。降伏後、多くの都市はモンゴル軍が自分たちの国を遠く離れてしまうまでおとなしくやりすごしてから反乱を起こす。モンゴル軍が街を管理させるのに少数の役人しか残さず、守備隊も駐屯させなかったので、住民はモンゴル軍の撤退を戦力が弱いせいだと誤解し、モンゴル軍の主力がこの方面にもどってくることはないだろうと決め込んだのだ。こうした都市に対して、モンゴル軍は容赦しなかった。すばやく反乱軍の征伐に引き返すと、徹底的に打ちのめした。惨敗を喫した都市は、ふたたび逆らうことはなかった。

モンゴル軍の最悪の虐殺といえるものは、オマル・ハイヤーム〔一〇四八～一一三一年、数学・物理学者〕が生まれた街、ニシャプールの市民に対して行なわれた。住民はモンゴル軍に反抗し、その結果起こった戦のなかで、城壁の内側から放たれた矢がチンギス・ハンの娘婿トクチャルを射殺した。反乱を懲らしめ、ほかの都市への見せしめにするために、チンギス・ハンは妊娠中に未亡人となった娘に、攻め落とした街に好きなように復讐していいと告げた。彼女は市民の皆殺しを言い渡したとされる。そこで一二二一年四月、兵士たちは彼女の命令を実行に移した。立証されてはいないものの広く流布した噂では、彼女は兵士たちに死者の首を積み重ね、男、女、子どもと分けて三つのピラミッドを築くよう命じた。そのうえ犬、猫、その他、街中の生きとし生けるものを殺させて、夫の死後この街に生き続けるもののないようにしたという。

チンギス・ハン個人にとってもっとも痛ましい出来事は、仏教徒の巡礼地であり、世界最大の磨崖仏を擁する美しい谷間の都、アフガニスタンのバーミヤーンにおける戦の最中に起こった。古代の敬虔な仏教徒によって山腹に巨大な釈迦像が刻まれていたが、モンゴル人がかくも巨大な像をどう受けとめたかは、まったくの謎である。この地の戦闘のなかで、チンギス・ハンの愛する孫、若きモエ・トゥゲンが殺された。チンギス・ハンは少年の父親チャガタイよりも前に孫の死の報を受けた。彼は息子を呼んだが、出来事を知らせる前に、嘆き悲しんで涙を流さないようにと命じた。

チンギス・ハンは生涯に何度となく、ごく些細なきっかけから人前で泣きわめいた。恐れるとき、怒るとき、悲しいときに泣いた。ところが、ほかのだれよりも愛する者の死に直面したときは、自分自身にも息子たちにも、泣いたり嘆いたりして苦しみを表に出すのを許さなかった。重大な難局や、個人的な苦しみにぶつかると、チンギス・ハンはすべてを戦闘に注ぎ込んだ。殺せ、嘆くな——。彼は辛い悲しみを激しい怒りに変えて、谷間の人びとに浴びせかけた。金持ちも貧乏人も、美女も醜女《しこめ》も、善人も悪人も、だれひとり生かしてはおかなかった。この谷間にはやがてハザラ族〔アフガニスタン中部の山岳地帯などに住むモンゴル系民族〕が新たに住みつくことになる。彼らはチンギス・ハンの軍隊の血を引いていると主張する。

多くの都市の破壊は徹底的に行なわれたものの、長年にわたり歴史家が示してきた数字[11]は、たんに誇張や荒唐無稽というレベルではなく、非常識とさえいうべきものだった。ペルシアの年代記編者たちは、ニシャプールの戦いでモンゴル軍が殺した人の数として、百七十四万七千という驚異的に細かい数字をあげている。これはヘラート〔アフガニスタン北西部の都市〕の街で殺されたとされる百六十万人をしのぐ数である。もっと法外な主張をしているのは、尊敬すべき歴史家ながらすこぶる反モンゴル派のジュジャーニーで、ヘラートの死者総数を二百四十万人とする。のちにもっと穏健な学者は、チンギス・ハンの中央アジア侵攻による死者の数を五年で千五百万人と踏んだ。しかし、こういう控えめな数字でも、モンゴル兵が各自百人以上を殺した計算になる。死者を大げさに数え上げた他の都市の記録では、すべてのモンゴル兵がひとりあたり三百五十人を殺したことになる。当時の中央アジアの都市にそれほど大勢の人が暮らしていたとしたら、侵攻するモンゴル軍を容易に制圧できたはずだ。

これらの数は事実として受け入れられ、何世代にもおよんで語り継がれてはいるが、実際にはなんの根拠も持たない。黙って自分の番が来るのを待っている牛や豚でさえ、そんなに数が多ければ殺すのは物理的に困難だろう。全体的に見て、殺されたと考えられる人間の数は、おそらくモンゴル兵の五十倍どまりだった。人びとは逃げたければ逃げられたはずだし、モンゴル軍にそれを止めることはできなかっただろう。モンゴル軍に征服された都市の遺跡調査で明らかになったところでは、実際に殺された者の数が、いわゆる死傷者として数え上げられてきた人数の十分の一を超えることは稀である。これらの地域の乾燥した砂漠の土のおかげで、骨は何百年、場合によっては何千年にもわたり、傷むことなく保存されてきた。しかしどの遺跡からも、モンゴル軍によって虐殺されたといわれる何百万人もの骨の痕跡は出土していない。

チンギス・ハンは虐殺者というより都市の破壊者と呼んだほうが正確だろう。彼は復讐や恐怖を蔓延《まんえん》させることを目的としただけでなく、戦略上の理由でしばしば都市全体を破壊し尽くしたからだ。

ユーラシア大陸の交易の流れを再構築するという、大規模で大成功した試みのなかで、チンギス・ハンは配下の軍隊がよりたやすく監督できる路線に交易を集中させるべく、あまり重要でない都市や、難路にある都市を破壊した。ある地域の交易を止めるために、その地域の都市を文字どおり土台にいたるまで打ち壊したのである。

都市を組織的に破壊したばかりでなく、手をかけて灌漑《かんがい》設備を壊し、広大な地域から住民を追い出した。灌漑ができなくなれば村人も農民も去っていき、畑は草地に変わる。軍隊とともに移動し、将来の戦闘の備えとなる動物群に餌を提供する広大な予備の土地は、こうして生まれた。モンゴルへ帰るために中国北部から撤収したさい、耕地を馬に踏み荒らさせたように、チンギス・ハンは退くときも進むときも空き地を望んだ。空き地があれば、モンゴル軍の勝利を担う馬その他の動物に食べさせる、充分な牧草がつねに確保できるからだ。

チンギス・ハンの遺志

四年ごしで中央アジアの戦役を続けたチンギス・ハンは六十代になっていた。まさに権力の座の頂点を極め、部族内に自分と張り合うライバルはなく、部族の外にも敵の脅威は皆無だった。しかし、戦線で圧倒的勝利をおさめたのとは裏腹に、チンギス・ハンの家庭は彼が亡くなる前からすでに崩壊しかけていた。彼はテムゲ・オッチギンにモンゴルの本拠地をまかせ、中央アジアの戦に四人の息子すべてを連れていった。その戦場で、息子たちがもっと立派な戦士として成長するだけでなく、互いに協力し合って生きる術を学ぶことを望んだのである。自分を神のごとき存在だと思い込む征服者とは異なり、チンギス・ハンはおのれの生命がかぎりあるものだということを自覚して、自分の帝国の変遷に備えようとした。草原の慣行によれば、動物を飼って生計を立てる家族では、息子たちはみな各種の動物をいくらかずつ分けてもらい、草地も分け前に応じて使用権が認められた。これと同様にチンギス・ハンは、モンゴル帝国全体の多岐にわたる資産の種類がそれぞれ含まれた小帝国を、できるかぎりそれぞれの息子に与えるつもりだった。どの息子も、多くの民と草原の動物を統《す》べるハンであるばかりでなく、都市や工房、定住地域の農場などを擁する広大な領土の所有者となるはずだ。しかしひとりは、ほかの三人の上に立つ大ハーンとなって中央政府を運営し、最終判決を下す法廷を開き、ほかの兄弟の忠告を得て、外交問題、とりわけ戦争遂行の責務を担うことになる。チンギス・ハンの考えたシステムは、兄弟たちに大ハーンの指導のもとで協力し合って事を進める力と意欲があるかどうかにかかっていた。

チンギス・ハンがホラズムの戦に赴く以前から、その計画は問題にぶつかっていた。それは、死について論じたり死の準備を調えたりすることがきびしいタブーになっているにもかかわらず、チンギス・ハンがこの問題をしっかり処理するために家族のクリルタイを召集したときのことだった。この会合は、過去の対立関係がすべて俎上に載り、モンゴル帝国がやがてはたどることになる分裂の道を暗示した点で、モンゴル史上重大な一齣《ひとこま》となった。

チンギス・ハンは息子たちのほかに、もっとも信頼する側近を話し合いに参加させた。ハンの死後、王位継承権を確実なものにするには、彼らの同意と支持も必要となるからだ。会合がはじまると、年長のふたりの息子ジョチとチャガタイは、いまにも跳ね上がろうとする鋼《はがね》の罠《わな》さながら、緊張して身構えている様子を見せた。三男のオゴデイがいつもの調子でやってきたのだとしたら、父親の前で完全に酔いつぶれていたとは考えられないが、すでに二、三杯の酒をひっかけてほろ酔い気分だったことだろう。末っ子のトルイは、わがもの顔で中央の席を占める兄たちを前に、口をつぐんだまま天幕の奥で小さくなっていたらしい。

チンギス・ハンはクリルタイを開くにあたって、まず後継者選びの問題を説明し、こんな言葉を口にしたという。「わが息子すべてが互いに力を貸さずして、おのれがハンになり、支配者になろうとするなら、ひとつ頭の蛇にあらずして、多頭の蛇の物語のごとくなろう」[12]。この古来の寓話は次のようなものだ。冬が来て、互いに張り合う蛇の頭は、寒風と雪を逃れるのにどの穴がいいか口論し合い、意見が一致しなかった。ある頭はある穴を好んでそちらの方角に這っていき、残りの頭はそれぞれの方角に這っていく。尾がたくさんあって頭はたったひとつのもう一匹の蛇は、迷わずひとつの穴に向かい、冬のあいだ中そこで温かくすごしたが、多頭の蛇のほうは凍え死んでしまった。

この問題がいかに重大なものかを説いて聞かせたのち、チンギス・ハンは長子のジョチに後継者問題についてまず口を開くよう求めた。モンゴルでは席に着くとき、歩くとき、話すとき、酒を飲むとき、食事をするときのすべてにわたって、だれが先かあとか、その順序は今日ですら重要な象徴的意味を持つ。話をする順番をこのように指定することで、チンギス・ハンはジョチが自分の長子であることを公《おおやけ》に強調したのであり、それによって彼が後継者にふさわしいことを主張したのだった。もし弟たちがこの発言の順序を受け入れれば、ジョチの正統性を認め、長男として自分たちを支配するのを承諾したことになる。

次男のチャガタイは、父のそうした考えがよく説明もされず、検討されることもなしに、まかり通ってしまうのを拒んだ。ジョチが父親の問いに答えるより先に、彼は大声で話しはじめた。「父上がジョチに話せとおっしゃったのは(13)」――チャガタイは挑むように父に問いかけた。「王位を継げということなのですか」。それから彼は、いかにチンギス・ハンが異論を唱えようと、ジョチの父親問題に関しては自分の主張が真実だと言わんばかりに、疑問に見せかけた反論を口にする。四十年前のこととはいえ、ジョチはボルテがメルキトの拉致者の手から救い出されたのち、あまりにも早々と生まれてきたのだった。「メルキトの父《てて》なし子に支配されるのを、われわれがどうして納得できましょう」。チャガタイは父と弟たちに詰問した。

ジョチは弟に父なし子といわれたとたんに跳び上がった。悲鳴に近い声をあげると、天幕のなかを突進してチャガタイの襟首をつかむ。ふたりの男は拳でしたたかに殴り合った。チャガタイは父親がいかに彼を愛し、重んじているかを切々と説き聞かされた。この言葉は、おそらくチンギス・ハン自身が口にしたのだろうが、『元朝秘史』ではハンの威厳を損なわないために側近が語ったことになっている。父親はどう話したらいいか明らかに苦心惨憺の体《てい》で、息子たちに申し開いた。昔は何もかもいまとは違っていたことを理解してほしい。彼らが生まれる前は、草原には恐ろしい出来事が横行し、隣り合った部族同士が戦いを交えて、だれひとり身の保障はなかった。彼らの母親が拉致されたときその身に起こったことは、まったく彼女の咎《とが》ではない。「ボルテさまは家から逃げだしたわけではありませぬ(14)……。ほかの男と恋をしたのでもありませぬ。殺しに来た男に盗まれただけなのです」

息子たちの誕生をめぐる状況がどうであれ、みなひとつの「温かい子宮(15)」からこの世に現われたことを思い出してほしいと、チンギス・ハンは側近の言葉を通じて、ほとんどへりくだるような態度で息子たちに懇願した。「命がけであなたがたを産んだ母上を侮辱し、母の愛が凍りつくようなまねをなされば、あとになっていくら謝罪しても傷が癒えることはないでしょう」。側近は、この新しい国家を築くために、いかに両親が懸命に働いてきたかを息子たちに思い起こさせ、息子たちのためにもっと良い世の中をつくろうとして、ふたりが払った犠牲の数々を並べ上げた。

感動的なシーンが長く続いたあとで、チンギス・ハンは、自分が死ねば息子たちが拒絶するであろう選択を押しつけるわけにはいかないと悟った。息子たち全員が文句なしに受け入れる妥協案を取り決める必要があったのだ。チンギス・ハンはようやく残った父親としての権威を発動して、みずからジョチを長男と認めることをふたたび明言し、ほかの息子たちにもこれを事実として受け入れ、二度とふたたびジョチの父親問題を持ち出さないよう命じた。

チャガタイは父の命に服したが、たとえ勅命は遵守しても、言葉がそれを真実に変えることはありえないと釘を刺した。彼はにやりと笑うと、こう言い放ったのである。「口先で殺した獲物を馬に載せることはできません。口先で屠《ほふ》った獲物の皮を剥ぐこともできません」(16)。表向き、息子たちはみな父親が生きているかぎりジョチが嫡出子であることを認めるかに見えた。しかし心のなかでは、彼らはけっして承服しない。よしんば、ジョチが正統の長男であると認めたにせよ、それが大ハーンの地位継承を保証することにはならない。こうした重要な地位は、年齢ではなく当人の能力と他者の支持にもとづくからだ。

父の激しい怒りを買ったからには、自分が大ハーンの地位につくことを父が認めるはずはないと察したチャガタイは、それでもなおジョチがその地位を占めるのだけは防ぎたいと考えた。そこで彼は妥協案を出す。それは偶然思いついた案かもしれないし、あるいは、あらかじめ弟たちの同意を得ていたのかもしれない。彼は、自分もジョチも大ハーンになるべきではないと述べた。かわりに王位継承権は、陽気で気のいい三男、大酒飲みのオゴデイに与えられるべきだ、と。

拒否すれば戦争しか選択肢がなくなるので、ジョチはこの妥協案に同意し、オゴデイを王位継承者として認めた。ついでチンギス・ハンは、息子たち一人ひとりにそれぞれ土地と動物の群れを分け与えた。これは、子どもたちが争ったときにとる親の常套手段で、ジョチとチャガタイを引き離すためだった。「母なる大地は広大であり、川と湖は数多《あまた》ある。幕営地を離れたところに構え、それぞれ自分の王国を統べよ。私はお前たちのあいだに距離を置くよう注意する」(17)。そうしてチンギス・ハンは、人びとに笑われたり侮《あなど》られたりすることのないように振る舞え、と息子たちを戒《いまし》めた。

この出来事を記録するさい、モンゴルの宮廷に仕えるイスラムの学者たちは明らかに苦心惨憺した。彼らにとって男性の名誉とは、身のまわりの女性をいかに性的に支配できるかにかかっているからだ。チンギス・ハンほどの権力者に、種違いの息子がいたとか、そのことで自分の息子たちの非難まで浴びたなどということは、ほとんど想定外だった。モンゴル人によって書かれ、家庭内のもめ事が包み隠さず記録されている『元朝秘史』とは異なり、ペルシアの初代年代記編者ジュワイニーは、彼の書いた歴史からこの諍《いさか》いをそっくり消し去って、家族のクリルタイを粛々《しゆくしゆく》と秩序正しく行なわれ、満場一致を見た集まりに変えている。ジュワイニー版では、チンギス・ハンはオゴデイの賞賛に値する資質に関してみごとな演説をし、息子たち全員が同意したことになっている。息子たちは従順に「ひざまずき、忠誠と義務を尽くすことを誓い、素直な言葉でこう答えた。『チンギス・ハンの言葉に逆らう権力を持つ者、それを拒絶する力のある者などいるでしょうか』……そしてオゴデイの兄弟全員がチンギス・ハンの命に従い、声明書を作成した[18]」

この出来事から少し時を経たのち、ラシード・アッディーンはジュワイニーよりいくらか正直な記述を残している。しかし彼の原稿には、チンギス・ハンとその妻の名誉にかかわるような大事な箇所に空白がある。その書き方は、「――の故に、結びつきの道は彼らの双方によって踏みにじられた[19]」が、家族のなかの善良な者たちは「そのような嘲りを口から出すことはなく、彼の――を本物とみなした」という具合だ。こうした空白部分がラシード・アッディーンの原文にあったものか、あるいは後世の書記が写すさいに入れたのかはともかく、ここからジョチの出生問題が後世の人びとにとっていかに象徴的・政治的に重要な意味を帯びているかがわかる。

チンギス・ハンと息子たちの張り詰めた会合が終わったとき、この集まりがどれほど遠い未来まで影響をおよぼすのか予測できた者がいたとは思えない。この家族クリルタイにおいて、モンゴルの勝者たちは世界を意のままに分割したが、それはまさにナポレオン戦争後のウィーン会議、第一次世界大戦後のヴェルサイユ会議、そして第二次大戦後のヤルタとポツダムでの連合国会談における、勝者の駆け引きを予感させるものだった。

家族会議の席上で何度も家族の口にのぼったにもかかわらず、ボルテはその席にいなかったが、おそらくまだ存命だったと考えられる。息子たちのあいだに起こったことを耳にしたかどうかは不明であり、彼女がその後どうなったか、信頼するに足る情報は残っていない。言い伝えによれば、引き続きヘルレン川のほとりにあるアバルガの美しい草原に住んでいたという。ここは、彼女が夫と新婚のころ暮らしていた場所から馬でわずか二、三日しかかからない。ボルテはそこか、あるいはその近辺で、一二一九年から一二二四年のあいだに息をひきとったと見られる。

この不愉快な事件はチンギス・ハンの晩年に暗い影を落とし、とりわけ中央アジアの戦役に重くのしかかった。息子たちの諍いによって、彼は自分の死後この帝国を維持するために、どれだけ多くの努力を払わねばならないか、はっきりと悟った。今のところ息子たちに帝国を治める力はない。チンギス・ハンは草原の部族をまとめ、自分のまわりの脅威となるものすべてを打ち破るという大きな目標を追っているあいだ、息子たちに然《しか》るべき関心を向けたことがまったくなかった。そして彼らがそろって中年になったいま、まだ何の実績もなかった。チンギス・ハンは親族を信用せず、生涯、若いころからの盟友だけを頼みとしてきたために、息子たちとのあいだに信頼できる関係が築かれておらず、自分の代わりが務まるように彼らを鍛えてもいなかった。

晩年を通じて、チンギス・ハンはジョチとチャガタイの関係を改善しようと努めたが、うまくいかなかった。そこで、アラル海南岸にあるホラズムのもと首都ウルゲンチの街の攻略戦に、彼らふたりを振り向けた。包囲戦のあいだ、ふたりの兄弟のあいだに渦巻く緊張状態は、いつ爆発して争いにつながってもおかしくないところまで高まった。ふたりとも、この都市が相続財産の一部としてジョチに与えられるのを知っていたため、ウルゲンチの攻め方について意見は食い違った。ジョチは、ウルゲンチが自分のものになるので、弟がこの街を完全に破壊しようとしているのではないかと疑った。

チャガタイのほうは、ジョチが欲に目がくらみ、たとえモンゴル兵をよけいに死なせても、この街の建造物を残そうと考えているのではないかと考えた。

モンゴル軍は大半の都市を数日、あるいは数週間程度で落としてきたが、ウルゲンチ征服には六か月といういままでにない長い日数を要した。この街の守備兵は激しく戦った。モンゴル軍が街の城壁を打ち破って侵入したのちも、彼らは家から家に立てこもり、戦い続けた。半壊した街の、閉所恐怖症を起こしそうな場所で戦い続けるのが耐えられず、モンゴル軍は街に火をつけて焼き払った。守備兵は黒こげになった廃墟から、なおも挑んできた。とうとうモンゴル軍は堰《せき》をつくり、川の流れを変えて、街中を水浸しにしてしまった。その結果、残っていた兵士は全滅し、街はほとんど壊滅状態になる。ウルゲンチは二度とふたたび立ち上がれなかった。ジョチはこの街を与えられたものの、彼とその子孫が統治すべきものは何も残っていなかった。

息子たちの諍いに怒ったチンギス・ハンは、彼らを呼びつけたが、しばらくは足止めして宮廷に入れなかった。やがて宮廷に入らせると、ふたりをきびしく非難し、叱責するいっぽう、仲直りするよう嘆願した。チンギス・ハンの生涯で、この時期の会話や発言は、ほかのどの時期より多く残っている。それを見ると、家族への心配を募らせる反面、支配力が弱まっていることがうかがえる。あまりにも長いあいだ息子たちの教育をないがしろにしてきた彼は、何もかもいっぺんに教え込もうとした。そのさい、自分が学んだ教訓や、はっきり言葉で表わしてこなかった考えを、明確に表現するのに悪戦苦闘している。チンギス・ハンは命令を下すのには慣れていたが、説明するのは苦手だったのである。

彼は息子たちに、人の上に立つとき一番大切なのは自己を抑制することだと教えたかった。とくにプライドを抑えることが肝要で、これは野生のライオンを手なずけるよりも難しく、また怒りに打ち勝つことも同じくらい重要で、これは最強の力士を負かすよりも困難だと、チンギス・ハンは説明する。彼は息子たちに、「自分のプライドを呑み込むことができなければ人の上に立つ資格はない」と戒めた。自分が一番強いとか、利口だとか、ゆめゆめ思ってはならないとも語った。彼はこうも諫《いさ》めた。一番高い山ですら、その山腹を歩む動物がいる。その動物が山の頂に登ったら、山よりもさらに高くなるのだ、と。

寡黙なモンゴルの慣行にふさわしく、あまり多くを語らないよう、息子たちに注意した。話さなければならない内容だけ口にすること。指導者は自分の考えや意見を、言葉ではなく行動によって示すべきである。「指導者たるものは臣下が幸せにならなければ、みずからもけっして幸せにはなれない」。将来の展望、目的、計画の重要性を息子たちに強調した。「目的意識がなければ、自分の人生を成功に導くことは不可能だ。まして他人の人生は言うにおよばない」

チンギス・ハンの考えのなかには相克もあったらしい。彼はリーダーシップをしっかりと握ることの重要性を重ねて強調しながら、「将来の目標は先祖の教えからかけ離れたものであってはならない」[20]という慎重な保守的意見も伝えようとした。チンギス・ハンはそれを説明するのに、「古いデールはぴったり身について着心地がいいうえ、藪のなかに踏み入ったような人生の難局にも耐えるが、新しくてあまり着ていないデールはすぐに破れる」と語っている。自身の謹厳実直や質素な生活にふさわしく、息子たちにもつまらない物質的な楽しみや金のかかる娯楽にふけって「派手な」生活を追い求めるなと忠告する。「ひとたび立派な衣服、駿馬《しゅんめ》、美しい女を手に入れたら、自分の未来も目的もあっというまに忘れてしまう。そうなったら最後、奴隷同然に落ちぶれ、すべてを失うことは間違いない」とも言って聞かせた。

チンギス・ハンが息子たちに教えたもっとも大切な教訓のひとつは、軍隊を打ち破るのと国家を征服するのは同じではないということだった。軍隊はすぐれた戦術と兵士によって打ち破れるが、国家の場合は、その国民の心をしっかりと掴むことによってのみ征服することができる。この言葉は理想主義的に聞こえるけれども、これに続くのはもっと現実的な忠告だ。モンゴル帝国はひとつにまとまるべきだが、臣下はけっしてひとつに結束させてはならない――。「湖の対岸で征服した民は対岸で統治すべきである[21]」。彼が与えた多くの教訓と同様、これもまた息子やその子孫に無視されることになった。

モンゴルの征服は、一二二二年、午《うま》年、現パキスタン中央部の都市ムルタンで終わる。その年のはじめに、アフガニスタンの山地からインダス川流域の平原へ下りたチンギス・ハンが考えていたのは、インド北部全体を征服し、ヒマラヤ山脈の南をぐるりとまわって北をめざし、中国の宋の領土を横切ることだった。このような計画は、行きと完全に同じ道をもどってはならないというモンゴル人の感覚にぴったり合致していた。しかし、地形と気候のためにチンギス・ハンは立ち往生する。乾燥した涼しい山地を離れたとたん、兵も馬も体が弱り、病に倒れるようになった。さらに不安を強めたのは、故郷の草原の極寒極暑には非常によく馴染んでいたモンゴル軍の弓も、湿気を多く含んだ空気には弱く、モンゴル戦士をかくも恐るべき射手に仕立て上げた驚くべき精度が失われそうになったことである。これらの障害に直面したチンギス・ハンは、二月に山地めざして引き返す。雪に埋もれた山道を開くのにおびただしい数の捕虜が命を落とすこともいとわず、快適で涼しい高地へ軍を進めた。そのさい、インドとの戦を続けるために、ふたつの万人隊、約二万の兵士を残していったが、夏が来るまでに病と暑さで兵の数が激減してしまう。生き残った者もインドから撤退し、足元をふらつかせながら気候が穏やかで健康的な環境のアフガニスタンに向かった。

インド攻略はなしえなかったものの、ホラズム帝国を打ち破り、中央アジアと中東地域の大半を支配下におさめて、この戦役は主な目的を達成していた。チンギス・ハンは新たに征服した土地を去るにあたって、おそらくは史上最大の狩りを柱とする祝賀会を開くことにした。一二二二年から一二二三年の冬にかけての準備期間に、彼の部下たちは広大な地域に杭を打ち、その杭のあいだに馬の毛でつくった長い撚《よ》り紐を張りめぐらして、周囲から遮断した。(22) 撚り紐に吊るしたフェルトの細長い布きれが、この土地をよく吹き渡る風にそよいで動物を脅かし、遮断地域の周辺部から中央に追いやるしかけだ。約束の時期がくると、それぞれの軍隊が異なる方角からその地に集まりはじめた。何万という兵士が次々に行なわれる狩りに参加し、それは何か月も続いた。しとめた獲物には、ウサギや鳥の類から、ガゼル、レイヨウ、野生のロバなどの大群にいたるまで、ありとあらゆる動物が含まれていた。

狩りは戦勝祝賀会の一面を持ちつつ、狩猟の陽気な気分とその後の饗宴を利用して、息子たちの関係を和ませ、戦場で激した怒りを鎮め、この戦を協調ムードのうちに終わらせようとする試みでもあったようだ。弟たちに加えられた心の傷がいまだに疼き、父もまた自分によそよそしく振る舞っていると感じて、チンギス・ハンの最愛の息子だったジョチは病気だと言い張り、父親じきじきの命令で呼ばれたにもかかわらず狩りに参加するのを断わってきた。しかも、病気のはずのジョチが父と張り合い、部下のために祝賀の狩猟を計画していたことがチンギス・ハンの耳に入ったとき、父と子の関係は危うく戦に発展しそうになった。

父と息子はふたたび相見《あいまみ》えることはなかった。ジョチはモンゴルの地にはもどらず、新たに征服した領土に留まった。ジョチはほどなく死を迎えるが、その誕生と同様、死をめぐっても多くの謎を残していった。彼の死がまだ父の存命中だったことで、息子たちのあいだの政治がらみの問題を穏やかにおさめ、モンゴル帝国の安泰を保つために、チンギス・ハンが殺害したのかもしれないという噂が生まれた。しかしモンゴル史の多くの部分と同じで、信じるに足る証拠はなく、残っているのは噂だけだ。

チンギス・ハンの家庭の緊張状態とはかかわりなく、モンゴル軍の凱旋は多くのモンゴル人にとって生涯最高のときとなった。集団狩猟の高揚感はモンゴルへの長い旅路のあいだも続き、帰り着いたモンゴルの地では、戦勝の誇らしさが帰郷の喜びと勝利の祝賀を盛り上げた。チンギス・ハンの主力部隊の前には、捕虜の長いキャラヴァン隊が行進した。ほぼ五年にわたり、イスラム諸国からの略奪品を運ぶラクダのキャラヴァンが、モンゴルに向かって絶えることなくやってきた。モンゴルの人びとは、異国の贅沢品を収めた荷物が届くのを夢中で待ちかまえた。イスラムと戦う軍隊が出陣したころは、山羊やヤクの乳をしぼる日々をすごしていたモンゴルの少女たちが、やがて絹や金糸の衣装をまとうようになり、新たに手に入れた召使いが、彼女たちの代わりに動物の乳しぼりをこなした。子どものころから金属などめったに目にしたことのない老人たちが、象牙の柄にもダマスカス製の鋼の刃にも彫刻がほどこされたナイフで肉を切り、歌手の歌を聴きながら、銀の鉢から馬乳酒をくんで飲んだ。

チンギス・ハンはふたたび愛する故郷にもどっていたが、次の戦に出る前に落ちついて休むことはほとんどできなかった。あるいは、自分の生涯が終わりに近づいているのを察して休む気になれなかったのか、さもなければ、彼の帝国がつねに他国を征服することによってしか成り立たないのを悟っていたからかもしれない。もし立ち止まれば、彼の家庭内の分裂のために、モンゴル帝国にほころびが生じるおそれがあった。さらに差し迫った問題は、部下たちが安定した物資の供給を当てにするようになってしまったことである。彼らは、チンギス・ハンが子どものころに知っていたような素朴な品々では満足しなくなっていた。こうした飽くなき欲求を満たすべく、チンギス・ハンは新たな征服戦争に邁進し続けなければならなかった。

彼はタングートに対して、その長い生涯で最後の戦を開始した。タングートは、モンゴル帝国建国の翌年にあたる一二〇七年に彼がはじめて侵攻した外国だった。最初は降伏したにもかかわらず、ホラズム攻略のさいに援軍を派遣するのを拒んだため、チンギス・ハンはタングートの王に対して長く恨みをくすぶらせてきた。タングート王は、もしもチンギス・ハンが単独でホラズムを打ち破れないなら、戦いをはじめるべきではないという身勝手な言葉を伝えてきたのである。これには神経を逆撫でされながらも、チンギス・ハンは当面の目標をホラズム戦にしぼることにしたのだったが、ホラズム戦に決着がついたいま、あらためてタングートに目を向けた。ふたたび軍を南に進める彼の心中に、もうひとつ大きな戦の計画があるのは一目瞭然だった。戦の全容において、タングート戦はほんの幕開けにすぎない。チンギス・ハンはおそらく、タングート王国に基地を確保し、そこから最終目標の宋に向かって南進するつもりだったのだろう。宋は、チンギス・ハンがホラズム侵攻のさい、あとの戦をまかせて中国北部に残した軍隊から、うまく身をかわして生き残っていた。

一二二六年から二七年にかけての冬、タングート戦めざしてゴビ砂漠を横断中、チンギス・ハンは野生馬を狩るために行軍を止めた。彼が乗る赤みがかった灰色の馬は、野生馬の群れが立ち向かってくると、怯えてチンギス・ハンを地面に振り落とした。内傷を負い、たいへんな高熱を出したチンギス・ハンは、イェスイ妃が懸命に諫めたにもかかわらず、モンゴルにもどることを拒否してタングート戦を遂行した。落馬後、健康が回復することはなかったが、彼はなおもタングート王に対する作戦を継続する。奇妙な偶然で、王の名はあの聖なる山ブルカン・カルドゥンと同じく、「神」を意味するブルカンだった。この名前はチンギス・ハンにとって本当に神聖なものだったので、彼はタングートを打ち破ったのち、王を処刑する前に自らの名を変えるよう命じた。

六か月後、タングートに対する最終的な勝利のわずか数日前に、チンギス・ハンは逝去した。『元朝秘史』は、チンギス・ハンが夏の終わりに崩じたと明言するいっぽうで、彼が乗ったすべての馬に関して事細かに記しているにもかかわらず、彼がどんな死に方をしたかを述べる段になると、急に口をつぐむ。『元朝秘史』以外の情報源を参照すると、ついに死が訪れたとき、タタール人の妃イェスイは、生前のチンギス・ハンの生きざまにふさわしく質素に埋葬の用意を調えた(23)という。随行の者たちはチンギス・ハンの亡骸《なきがら》を浄め、簡素な長衣をまとわせ、フェルトの長靴を履かせて帽子をかぶせ、最後に白檀《びゃくだん》を詰めた白いフェルトの毛布に遺骸を包んだ。白檀は虫がつくのを防ぎ、亡骸に心地よい香りを染み込ませる、芳香性の貴重な木材である。フェルトの柩《ひつぎ》には三本の金の紐が結ばれた。

三日目に、大ハーンの亡骸を質素な荷車に乗せた行列がモンゴルめざして出発した。チンギス・ハンの霊幡のあとに女性シャーマンが続き、そのうしろには、頭部馬具をゆるめにつけて、チンギス・ハンの鞍を空しく載せた馬が進んでいった。

チンギス・ハンが、彼の亡きあとどんなイメージをこの世に残そうとしていたのか、想像するのは難しい。しかし、彼の心に映った自画像をうかがわせる記述は、ミンハージ・アッシーラーフィー・ジュジャーニーの編年史に見出すことができる。ジュジャーニーはチンギス・ハンを呪わしい人間と評し、その死を地獄への転落と表現したが、あるイマームがこの悪名高い征服者と交わしたと主張する会話を記録している。聖職者はチンギス・ハンの宮廷に仕え、みずから吹聴するところでは、モンゴルのハンから特別に目をかけられたという。ある日、この男との会話のなかで、チンギス・ハンは「私の名声は後世に残るだろう」(24)と語ったらしい。

そのイマームはためらいがちに、あなたは多くの人びとを殺そうとしているから、あなたの名前を記憶に留める人はだれひとり残らないかもしれませんと答えた。ハンはこの答えが気に入らず、聖職者に告げる。「おまえは完全な理解に達しておらず、ほんのわずかな知識しかないということがわかった。世界には数多の王がいる」。自分が将来、世界に名を残せるかどうかについて、彼は次のように説明した。

世界のほかの地域にはもっとたくさんの人びとがいるし、もっともっと多くの元首もいれば王国もある。そして自信たっぷりに、「彼らが私の物語を語り伝えてくれることだろう」と言い放つのだった。

生涯の終わり近くにチンギス・ハンが何を考えていたか、自分のことをどう思っていたのかを垣間見せてくれる珍しい文書が存在する。こちらはイマームの言葉よりはるかに情報量が多い。それはチンギス・ハンが中国のある道士〈道教の修行者〉に送った手紙[25]で、この老道士の弟子が写し取ったものだ。『元朝秘史』が主としてチンギス・ハンの言動を記録したのに対し、ここにはチンギス・ハンの自己分析が記されている。十中八九、モンゴル宮廷に仕える契丹人の書記が書き取ったに違いないこの手紙は、古い漢文体でしか読むことができないが、チンギス・ハン自身の感情や鋭い理解力を鮮やかに伝えている。

チンギス・ハンの見解は単純明快、常識豊かである。「私にはとくに際だった資質は備わっていない」と述べ、敵の敗北の原因は、自分の武勇がすぐれているからではなく、敵自身の能力不足にあるとしている。また、〈久遠《くおん》の蒼穹《そうきゅう》〉は、自分のまわりの文明国を、「その傲慢さと過度の奢侈《しゃし》」ゆえに糾弾した、とも語る。それまでに築き上げた途方もない富と権力にもかかわらず、彼は質素な生活を維持した。「私は牛飼いや馬飼いと同じものを身につけ、同じ食物を口にする。私たちは同じ犠牲を払い、富を共有する」。彼は自分の理想を簡単な言葉で表現した。「私は奢侈を憎み、節制を旨《むね》とする」。彼は臣下の者をわが子のように扱おうと努めた。才能のある人間は、その出自《しゅつじ》を問わず、兄弟のごとく遇した。自分に仕える役人との関係を、親密で尊敬を抱き合う間柄だと語った。「われわれは原則においてつねに一致し、いつも変わらず互いへの愛情で結ばれている」

チンギス・ハンはこの道士への手紙をイスラム侵攻の直前に送り、書かれた文字は中国語だったにもかかわらず、彼は明らかにどちらの王国も伝統文化も継承するつもりがなかった。歴史上、チンギス・ハンが唯一認めるのは、みずからの力と希望の源である祖先フン族の帝国だった。彼が自分の帝国を統治するうえで、イスラム式も中国式も望んでいなかったのは間違いない。フン族から伝わる草原の帝国にふさわしい、自分なりのやり方を見出したいと思っていたのである。

自分の勝利は〈久遠の蒼穹〉の支援によってのみ可能だったと、彼は主張する。「だが、私の願いが大きかったので、私に負わされた責務もまた重かった」。しかしチンギス・ハンは、自分が平時にあっては戦時ほどの成功をおさめていないと感じ、「私の統治には何か欠けたものがあるかもしれない」と述べている。また、国政に従事するすぐれた役人は、船の行方を定めるすぐれた舵と同じくらい重要だ、とも語った。彼は、将軍としての能力に恵まれた人物を見出すことはできたが、不運にも行政においてすぐれた人間を見出すことはできなかった。

もっとも重要なのは、この手紙のなかに、チンギス・ハンの政治に対する考え方の変化が表われていることだ。自分に欠けているものがあることをはっきり認めたのち、なおもチンギス・ハンは自分が傑出した存在であり、この世界で果たすべき使命を帯びた人間だと自負していたことが、この文書から読み取れる。はじめて草原の外へ大きく打って出た女真戦は、略奪のための襲撃として着手したものだったが、戦が終わるまでには女真を一属国として服させていた。彼の言葉からは、ただの襲撃と交易網の支配にはおさまらない、より深遠で壮大な計画がうかがえる。歴史上だれひとり達成できなかったことをなしとげるために南下したことを、チンギス・ハンは認めた。彼は「全世界をひとつの帝国にまとめる」ための「大事業」に取りかかっていた。彼はもはや一部族の首長ではなく、日出ずる地から没する地まで、全世界すべての人びとの統治者になる志に燃えていたのだ。

チンギス・ハンの逝去をもっとも的確に書き表わしたのは、十八世紀イギリスのローマ史家で、諸帝国の歴史を研究した偉大な学者エドワード・ギボンだろう。彼は簡略に記している。チンギス・ハンは「時満ちて栄光のうちに死を迎えた。いまわの際まで、中国の征服を達成するよう息子たちに熱心に説いた[26]」。チンギス・ハンの希望と命令が達成されるには、まだ多くの課題が残っていた。

第六章――ヨーロッパの発見と征服

われわれが犯した罪のために、見知らぬ部族がやってきた。[1]
――ノヴゴロドの年代記　一二二四年

石の城壁に守られた都をつくる

大ハーン就任の祝賀式典で気が大きくなったオゴデイは、父の宝物庫を勢いよく開くと、蓄えられていた金銀財宝のすべてを鳴り物入りで放出した。モンゴルでもっとも貴重な宝石である真珠を、箱ごと配った。何巻きもの絹布を人びとに投げ与えた。馬もラクダも美しい飾りをつけ、すべてのモンゴル人が金糸で刺繍された新しい絹のデールをまとった。さまざまな色のデールがあったので、廷臣たちは日ごと、全員が同じ色のデールを身につけ、また次の日は別の色に変えた。彼らは一二二九年の夏中、アバルガで酒を飲み、祝宴を張り、さまざまなゲームに興じた。この地には、チンギス・ハンの戦場から送られてくる膨大な量の略奪品用の宝物庫が建てられていた。世界でもっとも大きな権力を握った一族が、みずからの繁栄を祝って青、緑、白、黄色の絹をまとう日々が、飛ぶようにすぎていった。男も女も酔いつぶれるまで酒を飲み、暫時睡眠をとると、また目を覚まして飲みはじめた。

このころ、この一族には〈黄金の家族〉または〈黄金の血筋〉という呼び名がついた。黄金は草原の人びとにとって王族を意味したが、この新しい呼び名は、一族が手にしたものの、じきに使い果たすことになる莫大な富を表わすものにすぎなかったかもしれない。祝典を控えめにしようと心がけるチンギス・ハンがいなくなり、いまや後継者たちは自分が稼いだものではない富と、溺愛する酒に酔い痴れながら帝国を統治した。オゴデイ・ハンの即位式の飲めや歌えの享楽は、彼の治下で定着し、少なくとも一時期はモンゴル帝国そのものの精神を左右するまでになった。アター・マリク・ジュワイニーが時を経ずに記しているが、オゴデイは「つねに浮かれ騒ぎの宴《うたげ》を開き、どこまでも酒と美女に溺れていった(2)」

チンギス・ハンの死後、モンゴル人がオゴデイの大ハーン即位を祝うどんちゃん騒ぎをしているあいだに、新しく征服された属国の民が離反し、貢ぎ物を送らなくなった。オゴデイはモンゴルの支配を再確認するため、中国北部と中央アジアに大軍を派遣しなければならなかった。一二三〇年、大ハーンの位についたとたん、中央アジアにおけるモンゴルの支配を強化しようと三つの万人隊、約三万人の兵士を送ったものの、富の大半はこれまでの戦役で没収済みだった。オゴデイが派遣したのは戦闘部隊ではなく、家族まで同行した占領軍である。しかし、中国北部と中央アジアからモンゴルに運び込まれる貢ぎ物は、質量ともに最初の略奪で手に入れた富と比べるとささやかなものだった。

オゴデイは派遣軍に同行しなかった。征服は優先事項ではなかった。彼はすべての大君主と同様、永久に変わることのない首都を持とうと決心した。ゲルの集合体ではなく、壁と屋根、窓と戸がある本物の建物が欲しかったのだ。父の考えとは裏腹に、馬に乗って征服した王国は、馬に乗ったままでは統治できないと信じるようになっていた。もちろん実際は、馬上から、そして移動する権力中枢からの統治が、モンゴルの勝利における重要な要因のひとつだった。オゴデイがその短い治世で犯したいくつかの大きな過ちのはじまりは、父の方針を捨てて、モンゴル帝国の権力と行政の中枢を固定化しようとしたことである。

オノン川とヘルレン川にそった郷土は、いまはモンゴルの慣行にしたがって末子トルイのものになっていたため、オゴデイはみずからの首都をもっと西の自領内に築くことに決めた。彼が選んだ土地はオルホン川のほとりで、モンゴルの中央部にあり、以前はオン・ハンのケレイト族に属し、そのさらに昔はチュルク語系民族の王国の首都だった。その地が選ばれたのは、遊牧民族がすぐれた幕営地を決める基準にかなっていたからだ。広々とした草原にあり、風通しがよくて蚊を寄せつけず、街の住民に汚染されないですむ距離のところに豊富な水があり、近くに山を擁して冬場は動物が避難できる。これらすべての点から見て、カラコルムの地は完璧だった。唯一の問題点は、人が住みついて暮らす都市と、一時的な住まいでしかないすぐれた幕営地とは、多くの点で異なった条件を必要とすることだった。街の住民は一年中食糧を必要としたが、生産する術がなかったので、ゴビ砂漠の何百キロメートルも南から大金をかけて運ばれる物資にずっと依存し続けることになった。開けた草原では、冬のきびしい寒風から守ってくれるものは何ひとつない。山地に身を隠せる動物の群れと違い、都市は季節ごとに簡単に移転できるものではない。これらの諸問題は、新しいモンゴルの首都が抱える悩みの種となり、ついには破滅を招くことになった。

オゴデイはおそらく、自分の宮殿の建設を典型的なモンゴル流儀で着手したのだろう。草原に矢を放ち、矢の射程距離にしたがって最初の翼をつくる。モンゴル式の距離の測り方にもとづいて、建物は普通に矢の届く距離に広がる。別の翼も同様に建てられ、それらをつなぐ高い楼閣を真ん中に据える。宮殿を取り巻いて堅固な城壁を築いたが、この城壁にちなんで宮殿には「黒い砂礫」ないし「黒い城壁」を意味するカラコルムという名がついた。ラシード・アッディーンはオゴデイの新しい宮殿を次のように描写している。「建造物はきわめて丈高く、柱はそびえ立っている。まさに高潔な王の高貴な決意を支えるがごとくである。職人たちは建物の仕上げに色とりどりの模様や絵を描いた(3)」

モンゴル人はカラコルム周辺のゲルに住み、広々とした草原にいたときと同様な暮らしを続けた。王族は季節ごとにさまざまな場所にすまいを変える。それらは首都から数日、あるいは数週間の旅程にあった。中国の建築家や職人が設計と施工を担当したカラコルムに対し、オゴデイが自分の家族のためにつくった個人的な宮殿は、カラコルムから馬で一日のカルチャガンにあって、イスラム様式だった。世界のほかの首都は、王族の権力や威光を誇示する展示場の役を果たすものだが、カラコルムは主として巨大な倉庫兼工房でしかなく、年間を通じ、オゴデイを含む大半のモンゴル人に無視されていた。彼らはカラコルムを所有物の保管基地として利用し、自分たちのために働く職人も所有物の一部とみなした。カラコルムで生産される物品はわずかだったものの、ここには帝国全土から貢ぎ物が集まってきた。街の三分の一は国を運営するために新たに採用された役人(4)の住居だった。役人には帝国内のすべての属国から集めた書記や翻訳者も含まれており、それぞれの国との通信連絡事務にあたった。

この街を訪れた人が記したもっとも古い記録は、ジュワイニーによるもので、東西南北に門のついた敷地内の庭園を描写している。その庭には、「庭の門と同様な扉を持つ」中国人技師の建てた館があり、「館のなかには三つの階段がついた玉座が据えられていて、ひとつはオゴデイ専用、もうひとつの階段は妃たちのもの、残りは献酌官と食卓係が使う(5)」。オゴデイは宮殿の前にいくつもの湖をつくらせたが、「そこには多くの水鳥が集まった」。水鳥の狩りを眺めたあと、彼はひたすら酒の愉楽に身を委ねる。酒好きにふさわしく、宮殿の複合建築群の呼び物は、金と銀でつくられた一連の醸造用大樽だった。樽はあまりにも大きかったので、オゴデイは身近にラクダとゾウを飼わせ、「公の宴会が開かれるさいは、これらの動物が各種の酒をくみ上げた」という。

自分と〈黄金の家族〉のための宮殿に加えて、オゴデイは、仏教徒、イスラム教徒、道教信徒、キリスト教徒の部下たちのために、それぞれ礼拝所や寺院を建てさせた。さまざまな宗教の信者のなかで、モンゴルの宮廷ではキリスト教徒が権力を握りつつあった。オゴデイもほかの三人の兄弟と同様、ケレイトとナイマンを征服したさいキリスト教徒の妃を娶《めと》っており、彼の子孫にもキリスト教徒がいて、とりわけお気に入りの孫シレムン（聖書のなかのソロモンという名のモンゴル版）の信仰は篤《あつ》かった。モンゴル人がキリスト教に惹かれた理由のひとつは、イエスという名前にあったらしい。「イエス」はモンゴルの聖なる数字、九をさすモンゴル語と同じ音だったし、モンゴル王朝全体の祖であり、チンギス・ハンの父でもある「イェスゲイ」とも同じ響きを持っていたからだ。キリスト教徒が高い地位を占めてはいたものの、小都市カラコルムは当時、宗教的に世界でもっとも開かれた寛容な都市だった。じつにさまざまな宗教の信者たちが肩を並べて仲良く礼拝できる都市は、ここしか見あたらなかっただろう。

商品を積んだキャラヴァン隊がこの新しい首都をめざしてくるよう、オゴデイは要不要を問わず、また品質の良し悪しも問わず、あらゆる種類の商品を破格の高値で買い上げた。ラシード・アッディーンは次のように記している。オゴデイは「毎日食事をすませると宮廷の外の椅子に腰を下ろす。そこには全世界で手に入るありとあらゆる商品が山積みされていた。彼はこれらの品をすべての階級のモンゴル人とイスラム教徒に分け与えた。大男に命じて、好きな品物を持ち上げられるだけ下付してやることもよくあった」(6)。動物や各種の食べ物に加え、商人たちは織物、象牙、真珠、狩猟用の鷹、金杯、宝石で飾られたベルト、柳の鞭の柄、チータ、弓矢、衣類、帽子、珍しい異国の動物の角などを運び込んだ。さらには、中国からの役者や楽士、ペルシアからの力士、ビザンティン帝国の道化師をはじめ、芸人たちも訪れた。

オゴデイ・ハンは、輸入品に商人の言い値の二倍の金額を払うこともしばしばだった。商人たちがはるばる自分の王国まで来てくれた労をねぎらい、ほかの商人もこれを見習うよう奨励する意図もあった。オゴデイはまた、商人の言い値に一〇パーセント足して支払うとも布告した(7)。そのうえ、必要とあらばキャラヴァンに資金を融資する用意もあった。オゴデイは交易を促進する一助として(8)、さまざまな国や都市で用いられていたばらばらな計測法(9)の代わりに、統一的な度量衡のシステムを導入する。金銀の延べ棒や硬貨は持ち運びにかさばるので、モンゴルは紙幣の流通システムを生み出した。そのため、交易は従来に比べてはるかに安全で容易なものとなった。

オゴデイの軍は中央アジアにモンゴルの支配権をふたたび確立し、老将スベエデイのすぐれた舵取りによって宋王朝と同盟を結び、女真にまだ残っていた財宝と領土を細かく分割して両者で分け合った。オゴデイの父は自分が戦場に身を置いて略奪品を故国に送り、つねに物資を安定供給した。ところがオゴデイは、商人が物資を持ち込む道筋の安全を図ってモンゴル軍の戦力を利用するようになる。道路と商人を守るために常駐の守備隊を配置し、交易の便宜と経費の削減を目的として、地方税や法外な金利の複雑な制度を廃止した。また、夏には旅人の日除けとなり、冬には道路の目印となるよう、道の両側に樹木を植えた。樹木が育たない地域では、道を示すのに石柱を立てる。ジュワイニーはこう述べている。モンゴルの道路は、「西の果てであれ、さらに遠い東の果てであれ、明らかに利益が見込めるところへはかならず商人たちの足を運ばせる」(10)

オゴデイが山地からカラコルムに下りてきて、父親があれほど憎んでいた石の城壁を築いたことは、チンギス・ハンの打ち出した方針から離れる重大な一歩だった。それによって、モンゴルが対極のものを取り込んでいく道程がはじまり、次の四十年間で、モンゴルは騎馬軍団の国から、文明のもたらす退廃にまみれた、定住する王室の国へと変質する。このような退廃は、チンギス・ハンの残していったものとは水と油だった。

一二三五年までに、オゴデイは父の残した財産をほとんど浪費してしまった。彼が築いた首都は、建設にも運営にも金がかかったし、そのうえ贅沢な習慣が重なれば出費はいや増すばかりだった。いまだにモンゴル帝国全土から貢ぎ物が集まってきたが、父の時代とはその量が違っていた。オゴデイが首都を建設したり行政改革を行なったりするためにどれほど努力しても、しょせんモンゴル帝国は他国を征服しなければ立ちゆかなかった。オゴデイと臣下のモンゴル人が染まってしまったライフスタイルを維持するためには、何はともあれ豊富な物資の流入が不可欠だった。モンゴル人は農作物も産業製品もつくらない。また、自分たちが育てたおびただしい数の馬を売り払うのも嫌悪した。モンゴル帝国が生き残ろうとするなら、オゴデイは新たな攻撃目標、いまだ略奪の手がおよんでいない目標を探して、馬を戦いに連れ出さなければならなかった。しかし、それにふさわしい国はいずこ——。

今後の征服対象を決めるために、オゴデイは新たな首都カラコルムにほど近い草原でのクリルタイを召集した。参加者はおのおの異なる攻撃目標を支持するかに見えた。モンゴル軍を南に向かわせて、広大な亜大陸インドに侵攻させたいと考える者もいた。インドはチンギス・ハンが北部の山地からちらりとうかがっただけで、しのぎにくい暑さのせいで侵攻を断念した地である。かたやペルシアの奥深く長征を行ない、続いてバグダッド、ダマスカスなど、アラブの名高い都市への侵攻を主張する者もいた。さらに、近年になって便宜上の同盟を結んだ宋に、大規模な攻撃をしかけようと唱える声もあった。

しかし、ひとりだけ違う提案をする武将がいた。女真戦から凱旋したばかりのスベエデイは、チンギス・ハンの軍隊中もっとも偉大な将軍であり、攻城戦に対する鋭い知識と大規模な攻撃用兵器の駆使によって、これまでモンゴルが戦った主要な戦いのすべてにおいて中心的な役割を果たしてきた。もう六十歳に達し、おそらく片目がつぶれているうえ、一説によれば太りすぎて馬に乗ることもできず、やむなく鉄製の荷車で運ばれたという。こうした肉体的なハンディにもかかわらず、スベエデイの精神は明敏で、しかも戦《いくさ》の場にもどることを念願していた。自分が多くの勝利をおさめてきたイスラムや中国の軍隊とふたたび戦うよりは、チンギス・ハンの方針に別れを告げ、西方のヨーロッパに向けて大攻撃をしかけることをスベエデイは望んだ。ヨーロッパは従来モンゴルには知られていなかった文化圏だが、最近まったくの偶然から彼が発見した地域である。中国やインド、イスラム諸国と同じく、ヨーロッパもまたかならずや大きな富を与えてくれると彼は主張した。スベエデイはヨーロッパの軍隊の力を検査ずみだったので、彼らの戦法がどんなものか、彼らをいかにたやすく打ち破れるかがわかっていた。

ほとんどのクリルタイ参加者にとって、ヨーロッパは大いなる未知数だった。スベエデイはヨーロッパに赴《おもむ》いたことのある司令官のなかで唯一の生き残りだった。彼はもともと、ごく小さな戦力でヨーロッパに探りを入れにいったにすぎない。スベエデイによるヨーロッパ発見は、これに先立つこと十年以上前の一二二一年、チンギス・ハンの中央アジア侵攻中のことだった。当時スベエデイとジェベは、ホラズムのスルタンを追跡してカスピ海沿岸を北上した。スルタンが死ぬと、そのまま北の様子を探りに足を延ばしていいかとチンギスの意向を問い、許可を与えられた。そこにはキリスト教徒の小さな王国、才気あふれるジョルジ三世が治めるグルジア〔現在のジョージア〕があった。

ジェベはグルジアの防衛力をうかがう偵察隊を率いた。国のまわりのイスラム諸国と何世紀にもわたって戦闘を交えてきたことから、グルジアはすぐれた戦闘能力を有するプロの軍隊を誇り、自国の領土で戦う有利な立場にもあった。そこで、過去にチュルク語系民族やイスラム教徒の軍隊を数知れず迎え撃ったときと同様、侵攻するモンゴル軍にすばやく応戦した。ジェベ率いるモンゴル軍はグルジアの要塞に突撃をかけ、二、三回一斉射撃を浴びせると、やおら向きを変えて逃げ出したが、これはグルジア人の目に壊滅的敗走と映った。しかし、いうまでもなく「犬の喧嘩の兵法」そのものであり、見せかけの退却である。自信過剰のグルジア勢は列を乱し、夢中でモンゴル軍の追撃にかかる。モンゴル軍はかろうじて追っ手に追いつかれない位置を保ちながら逃げ続けた。グルジア軍の馬は、荷重と長時間の追跡によって少しずつ疲れはじめ、弱い馬ははるかに後れをとって、追撃の手がしだいに薄くなった。

グルジア軍が疲労して散らばりだしたところで、突然、退却中のジェベの戦士たちが彼らをおびき寄せ、スベエデイ率いるモンゴル軍の別働隊が待ちかまえるなかに、まっすぐ突入させた。スベエデイの兵士たちがグルジア軍を狙い撃ちしはじめれば、かたやジェベの兵士たちは新しい馬に乗り換えて戦闘に復帰する。モンゴル軍は数時間のうちに、グルジア軍とこの小国の貴族階級を滅ぼした。スベエデイはグルジアをヨーロッパで最初に服従させたが、この国は以後何世代ものあいだモンゴルのもっとも忠実な属国となる。

小手調べをすませたスベエデイとジェベは、東ヨーロッパの平原を探索し、この地で暮らす見知らぬ人びとが、戦場ではどう戦うかを調べるために山地を下っていった。モンゴル軍の調査は組織的で、しかも念入りだった。いつもどおり偵察と情報収集に重点を置いて、その地方の人口、都市の立地条件、政治的な境界線、都市間の敵対関係などを見定める。モンゴル軍は、黒海北岸とカスピ海のあいだの平原で暮らすキプチャクと呼ばれるチュルク語系部族を発見した。キプチャク族は、モンゴル人にはとても身近な遊牧民の暮らしぶりをしていた。フェルトの壁に囲まれて生活し、似かよった言葉を話すキプチャク族との類似点を利用して、モンゴル軍は彼らから多くの情報を入手した。キプチャク族のなかには、モンゴル軍から同盟を持ちかけられる部族もあったくらいだ。スベエデイが本当に関心を抱いていたのは、さらに北西の方角に広がる農業地帯だった。その地域には多くの都市国家があり、住民はすべてギリシア正教を信仰し、ロシア語を話したにもかかわらず、互いに敵対関係にある野心的な君主たちが統治していた。スベエデイは彼らに向かって軍を進め、その反応を探ろうとする。一二二三年四月末、彼は黒海の北、ドニエプル川のほとりに到着した。

平原にあるキリスト教徒の諸都市は、侵入する野蛮人と戦うためになんとか結束して軍を送り出した。にわかにかき集められた部隊が、その地域の小さな王国、都市国家のすべて（スモレンスク、ガリーシア、チェルニゴフ、キエフ、ヴォリニア、クルスク、スズダリ、キプチャクのいくつかの都市）から出発する。そのうち、ガリーシア、チェルニゴフ、キエフが派遣した三つの軍隊はいずれもムスティスラフという名の君主に率いられていた。三人のムスティスラフのうち一番印象的な人物は、すべての都市のなかでもっとも大きく、もっとも豊かなキエフの君主ムスティスラフで、彼はふたりの娘婿とともに威風堂々たる軍を引きつれてきた。ロシアの軍隊が徐々に集まってくると、モンゴル側はロシア軍に降伏するか同盟国になるか決めさせるために十人の使節団を送り込んだ。ところが、ロシア軍は傲慢にも使節を皆殺しにしてしまう。彼らはモンゴルの外交儀礼に違反することがいかに重大か、この罪に対して自分たちの君主とすべてのロシア人がどれほど高価な代償を払わされることになるのか、ゆめゆめ思いいたらなかった。

モンゴル軍は些細な小競り合いで戦線を開き、その直後、かくも強大な敵と戦うのに恐れをなしたといわんばかりに、自分たちが来た東へ向かって退却をはじめた。ロシアの部隊とキプチャク同盟軍の一部は、喜び勇んでモンゴル軍を追う。しかし来る日も来る日も、モンゴル軍は追跡するロシア軍の少し先を走り続けた。追っ手のほうは、到着が遅れてまだ追跡に加われないでいる大部隊もあれば、足の遅い部隊はずっと後方に取り残され、いっぽう俊足の部隊は逃走するモンゴル軍の最後尾に食らいつきそうな勢いだ。ロシア側が恐れていたのは、モンゴル軍がうまく逃げおおせ、これまでに襲撃したペルシア、グルジア、アゼルバイジャンから略奪した多くの馬や戦利品を、まんまと持ち去ることだった。名誉と略奪を競い合うロシアの君主たちは、モンゴル軍攻撃一番乗りの栄光を手にしようと兵士たちを急《せ》かしだす。しかし、彼らは致命的な過ちを犯していた。整然と退却して部隊を再編成したり、安全に撤収したりする計画がまったくなかったのだ。ほぼ二週間におよんで追跡を続けたのち、ロシアの先鋒隊はアゾフ海に注ぐカルカ川のほとりでようやくモンゴル軍に追いついた。この地で侵入者を最終対決に追い込むつもりだったのだが、これこそジェベとスベエデイがモンゴル軍にもっとも有利と判断して選んだ場所だった。自信満々のロシア君主たちは、モンゴル軍がふたたび逃げ出すのではないかという不安にかられて、兵士たちに長く苦しい追跡の疲れから立ち直る暇《いとま》も与えず、攻撃の戦列を整えさせた。

そのときのロシアの軍勢がどの程度の規模だったかについては、記録により大きな幅がある。いずれにせよ、四万から八万の兵士がロシア側で戦ったことは間違いない。戦闘配置についたロシア兵の数は、少なくともモンゴル兵の二倍だった。しかし、ロシア兵はほとんどが穀物畑や小さな農村から徴集されていた。彼らは健康で栄養が充分なら、散発的な戦闘には経験豊富で強かったが、職業軍人とみなすのには無理がある。まして、冬の終わりで栄養不良気味だったからなおさらだ。大半の兵士は武器を使うより、草刈りの大鎌をふるったり、牛追いの鞭を鳴らしたりするほうが性に合っていた。それでも、貴族階級の将校たちから簡単に勝てると吹き込まれた農民たちは、楯をかまえて忠実に戦列を整えた。各自が自分の農具のなかから適当なものを見つけて、まに合わせの刀や槍や鎚矛《つちほこ》、棍棒などを武器の代わりにした。少しはましな訓練を受けた少数の射手が彼らの近くに立ち、エリート将校たちは歩兵隊の後方で誇らしげに軍馬にまたがっていた。

ロシアの兵士たちは肩を並べ、しっかり足を踏ん張って身構えていた。どんな襲撃をかけられるのかはわからなかったが、とにかく列は乱すまいと覚悟を決めていたのだ。ところが攻撃ははじまらない。攻撃の代わりに、モンゴル軍は歌を歌い、太鼓を叩きだした。すると突然、モンゴルの戦列はひたと鳴りをひそめ、あたりに不気味な静けさが広がる。あまり埃《ほこり》も立たない晴れ上がった春の日だったので、モンゴル軍は手旗を振って指揮をとったり整列させたりする「静かな攻撃」の戦法を選んだのだった。手旗信号を受けたモンゴルの騎馬射手たちは、ロシアの歩兵部隊に向かって声もなく突進した。大地に轟《とどろ》く騎馬軍団の蹄《ひづめ》の音が戦列を揺るがせ、怯えながらモンゴル軍の痛撃を待つ歩兵たちの足に伝わっていった。しかし相手はぶつかってこない。モンゴルの騎馬隊は、スラヴ兵士が手にした武器の射程距離寸前で立ち止まり、その位置から歩兵の隊列にまっすぐ矢を射かけた。ロシアの兵士たちは、まわり中で仲間が血溜まりに崩れていくのを見たが、やり返そうにも手の届くところにはだれひとり敵兵がいない。刃《やいば》を交える相手も、槍を投げたり棍棒で追いかけたりする相手もいない。敵が来襲する代わりに、矢の弾幕を浴びせられただけである。しかもモンゴルの矢は、わざと敵の弓の弦につがえられないようにできていた。反撃に出られない悔しさにロシア兵ができるのは、モンゴル軍が矢を回収しても二度と使えないように、落ちた矢を折ることぐらいしかなかった。

歩兵隊をずたずたにされたロシアの射手たちは、狙いを定めて一斉射撃の返礼をもくろんだが、力の劣るヨーロッパの弓では射程距離が足りず、ほとんど命中しなかった。それを嘲《あざけ》るがごとく、モンゴル兵はロシアの矢を拾うと、こちらは矢を折る代わりにもとの持ち主めがけて射返した。ロシアの矢の刻み目は、モンゴルの弓の弦にもはまりやすかったのだ。動転したロシア軍は、怯えきって早々と退却をはじめる。モンゴル軍はそれを追いかけて、逃げるガゼルや怯えた鹿の群れを扱うのと同じように、ひとりずつ狙い撃ちにした。退却するロシア軍がまだ戦場に向かう兵士の縦隊にぶつかると、互いにつまずいて転んでは、退路を塞いでなおさら混乱を深め、殺される兵の数が増えた。

ロシアの君主たちは、ぴかぴかの投げ槍、光り輝く刀剣、色とりどりの旗や幟《のぼり》を携えて、誇らしげな紋章つき陣中着を身につけ、堂々たる体軀の馬にまたがっていた。ヨーロッパの軍馬は、閲兵式の場で高貴な乗り手の甲冑《かっちゅう》の重さに耐え、威風堂々たる力を見せつけるように品種改良されていたが、戦場で敏捷に走りまわるのは苦手だった。重い金属の鎧《よろい》をつけたロシアの軍人にとって、自分たちと同じく立派な閲兵式用の馬にまたがったヨーロッパの貴族は恐るに足らなかった。しかし、まわり中で歩兵隊が総崩れになったいま、逃げないわけにはいかない。ところが、彼らの乗馬はどんなに美しくても、長時間にわたって重い荷を運ぶことができない。モンゴル兵は鉄の鎧に身を固めた武人に追いつくと、ロシアの都市国家の君主をひとりずつ殺していった。彼らは戦闘開始地点だった黒海まで、えんえんとロシア兵を追い続けて殺戮した。一二二四年のノヴゴロドの年代記には、モンゴル軍と戦うために出陣した大軍のうち「十人にひとりの割合で故郷に帰ってきた」(11)と書かれている。ほぼ千年前のフン族によるヨーロッパ侵略以来はじめて、アジアの軍勢がヨーロッパに攻め込んで、主要都市を壊滅させたのである。

この戦いの終わりに、スベエデイとジェベは兵を引きつれて黒海沿岸のクリミアにもどり、そこでのんびりと春の日をすごした。四日も続けて大宴会を開き、自分たちの勝利を祝った。宴の主賓《うたげ》は、戦いに敗れた君主ムスティスラフとふたりの娘婿だったが、彼らが受けた待遇は、チンギス・ハンの軍隊に比べてモンゴル軍がいかに変質したかを示すものだった。高い身分の貴族にふさわしく三人をフェルトの敷物に包み、ゲルの床板の下に押し込んだのだ。そして、自分たちがその上の床《ゆか》で夜を徹して飲めや歌えの大騒ぎをするうちに、ゆっくりと血を流すことなく彼らを押しつぶした。モンゴル軍にとって肝心なのは、モンゴル側の使節を殺したことによって受けなければならない重罰を、ロシア人に思い知らせることだった。また、モンゴルの指揮官たちにとってそれと同じくらい重要だったのは、モンゴル人が不当に殺されたりすれば、自分たちがいかに容赦なく復讐するかを、部下にあらためて教えることだった。

アルメニア、グルジア、そしてロシアの交易都市の年代記編者はモンゴルの来襲を記録しているが、彼らが何者か、どこへ去っていったかについては、狐につままれたといわんばかりに口を閉ざす。年代記編者たちは、これらの異邦人によって自分たちが大敗を喫する羽目になったことを、神が与えた罰と解釈した。モンゴル軍は打ち破った国に駐屯せず、そのままモンゴルに帰っていったので、ヨーロッパ人はすぐにモンゴル軍の勝利を忘れ去り、ふたたび自分たち同士で小競り合いをはじめた。キリスト教徒の考え方では、モンゴル軍は人びとを懲らしめようという神の意志を実行したのであって、だから神は彼らをふたたび故郷に送り返した。ノヴゴロドの年代記はこう説明する。「タタール人はドニエプル川からもどっていった。われわれは彼らがどこから来たのか、どこに姿を隠したのか知らない。われわれの罪を罰するために彼らをどこから連れてきたのかは、神のみぞ知る」(12)

スベエデイがロシア軍にはじめて勝利をおさめてから十二年後、オゴデイのクリルタイに参加した人びとは、モンゴルによるかつての勝利の記録にあらためて目を通した。オゴデイの関心は何よりもヨーロッパの戦いから得られる富にあり、戦術ではなかった。戦場では驚くべき勝利を手にしたにもかかわらず、ヨーロッパ遠征で獲得した戦利品は、中国やイスラムの戦役と比べればわずかだった。スベエデイの軍勢には、城塞都市を攻略する時間も兵員も足りなかったから、持ち帰ったものも少なかったが、下検分の結果ではヨーロッパに多くの都市があることがわかっていた。さらに重要なのは、モンゴル軍がクリミアで馬を太らせるために休息をとっていたあいだに、ジェノヴァの商人が商う交易の中心地を発見したことである。モンゴル勢はそのうちのいくつかを襲撃した。

オゴデイはスベエデイが嫌いで、信用してはいなかったようだ。しかも、この気持ちは双方で抱いていた可能性が強い。スベエデイの立場を非常に強く支持していたのはジョチ一家だった。彼らははるか西の草原に暮らし、スベエデイが征服したヴォルガ川周辺の土地を相続していた。ジョチが死ぬと、一族のハンの地位を継いだのは息子のバトゥだった。バトゥ・ハンは、チンギス・ハンの孫たちのなかで二番目の年長者だったし、もっとも有能な孫のひとりだったので、オゴデイが死んだ場合は大ハーンに選ばれるのに一番有利な立場にいた。その彼がヨーロッパ遠征を行なえば、富と威信がいや増し、大ハーン候補としての最終資格がぐんと確かになる。

バトゥがこの戦を望むのとほぼ同じ理由で、オゴデイ・ハンはこれに反対した。彼個人としては、宋を相手にした戦いのほうがずっと得るものが大きい立場にあった。オゴデイはモンゴルの中心部を支配していたので、彼の領土はふたりの兄たちの領土によってヨーロッパとへだてられていたが、宋（南宋）とのあいだに横たわるのは末弟トルイの領土だけだった。オゴデイにとって好都合なことに、つい三年前、もっとも発酵の進んだ馬乳酒が飲める秋に、まだ四十歳にしかならないトルイは夜を徹しての酒盛りが明けた朝、酔ったまま自分の天幕からふらふら外に出ると、倒れて死んでしまった。オゴデイはただちに、父祖の地ブルカン・カルドゥンも含めて、死んだ弟の資産を併合しようと動きだした。自分の息子のグユクと、トルイの未亡人ソルコクタニの結婚を計画したのである。彼女はケレイト族の亡きオン・ハンの姪だった。ところがソルコクタニは、年端もいかぬ四人の息子の世話で手一杯だからという理由で、この提案を断わった。この決意は、のちにモンゴル史上もっとも重大な意味を持つことになる。しかし当面、まだ年若い彼女の息子たちに叔父の大ハーンと競う力はなかった。

宋に向かって南下することによって、オゴデイはソルコクタニの所有地の周辺や内部に軍を駐留させることが多くなる。それは、彼女の夫に服していた兵士たちを自分の意のままにする口実にもなる。そんなわけで、オゴデイにとって宋との戦は二重の利益をもたらす可能性があった。中国からもっと富を吸い上げるのと同時に、亡き弟の領土と軍隊を未亡人から取り上げて、併合する機会にも恵まれるはずだったのだ。

一族が、ヨーロッパ侵攻を望む側と、宋に攻撃をかけたいと思う側に分かれたため、クリルタイは前例のない驚くべき結論を下した。あらゆる方向に打って出ることを決めたのである。軍は二手に分かれて、宋とヨーロッパを同時に攻撃する。モンゴル軍は、八千キロメートルを超える距離、経度にすると百度以上に広がって戦うことになった。これは第二次世界大戦で、アメリカ合衆国と連合軍がヨーロッパとアジアで同時に戦うまで、いかなる軍隊もなしえなかった離れ業だ。オゴデイ・ハンは宋にさまざまな方向から攻撃を加えるべく、自分のお気に入りの息子たちが指揮をとる三つの軍隊を派遣した。ヨーロッパ戦はバトゥ・ハンが指揮をとり、スベエデイが案内役を務めた。しかし、おそらくバトゥの権力を最小限にとどめようという動きもあってか、一族の四つの分家すべてから出たチンギス・ハンの孫たちが、それぞれ違う方面で指揮をとることになり、ヨーロッパへ派遣された。オゴデイはもっとも手を焼かせる、一番気にくわない息子グユクを送り込んだ。

この決定は果敢ではあったが、たぶんモンゴル史上最悪のものだった。宋との戦では多くの勝利をおさめたにもかかわらず、結局、宋の主な領土を征服することはできずに終わった。しかも、オゴデイは最愛の息子をこの戦で失う。戦の失敗は、モンゴルの戦力が分裂していたことと、スベエデイの指導が得られなかったことにあった。モンゴルが半分の勢力で侵攻してきたため、宋は最終的にモンゴルに降伏するまでの四十年間、どうにかもちこたえることができた。この戦とは対照的にヨーロッパ戦は、一族の王子たちが長々と口論をくり広げたにもかかわらず大々的な勝利を博した。それでもなお、以前チンギス・ハンが征服した都市の富と比べると、戦利品の価値は足元にもおよばなかった。

モンゴル軍が進撃をやめた理由

ヨーロッパ戦の準備には二年の歳月が費やされた。伝令が四方八方に出向いて決定事項を告げ、軍務の割り当てを伝える。チンギス・ハンが設立した駅伝網は、一二三五年のクリルタイによって刷新と拡充が決まった。かくも広大な前線を持つ戦いでは、迅速で信頼できる情報伝達がそれまで以上に重要度を増した。実際の侵攻を開始する前に、モンゴル軍は小部隊を派遣して敵の守備状況を探り、引き連れていく動物のための適当な牧草地と水場の位置を確かめた。羊や山羊に草を与えるのに最適な谷間や平原、牛馬の餌のある場所を調べた。自然の草地が不足する場合は小部隊を派遣し、将来自分たちが通る道筋にある農村や農場を焼き払って、農地を牧草地に変えた。土地を耕し種を蒔く農民がいなくなると、モンゴルの主力部隊が到着するまでにそこは草地にもどっていた。

五年におよぶヨーロッパ戦は、モンゴルの軍事力の頂点を示した。戦場では何もかも計画どおりに運んだ。ヨーロッパ侵攻軍は約五万のモンゴル勢と、同盟国の軍勢十万からなっていた。チンギス・ハンにぴったりと付き従い、彼の考え方、戦い方を知りぬいたスベエデイは、草原の古い猟師と戦士が積み上げてきた知識を体現しているといってよかった。加えて、チンギス・ハンのもっとも明敏で有能なふたりの孫、モンケとバトゥがヨーロッパ戦の指揮を助けた。モンゴル軍は戦闘がはじまるまでに、中国とイスラムの技術と戦闘知識の粋を吸収し、チンギス・ハン自身が率いた軍をしのぐほどのとてつもない戦力を築いていた。

スベエデイの最初の目標は、ブルガリア人が占拠するヴォルガ川の制覇だった。一二三六年の申《さる》年に、主力部隊が出発する。二百人の偵察部隊が先頭に進み、別の二百人の部隊がしんがりを務めた。

ひとたびヴォルガ地方に到着すると、いよいよ本物の戦がはじまる。この時点でモンゴル軍は、風変わりな、ただし彼らにとってはすでに実証ずみの戦術をとることに決めた。自分たちの軍勢をいくつかに分け、少なくとも同時にふたつの戦線を立てて侵攻するのである。この戦法だと、敵は第一の標的がどこの都市か、どこの領主かわからなくなる。もしもある領主が別の領主を助けるために、軍を率いて自分の本拠地の都市から出撃すれば、二派のうちもう一派のモンゴル軍が無防備の都市を襲う恐れがあった。本拠地がこんな不安と危険にさらされ、どの領主も自分の領地を守ろうと軍を手元にとどめておいたから、だれひとりほかの都市の応援に駆けつけることはなかった。

スベエデイは自軍を率いてヴォルガ川を北上し、ブルガリア人の故国に向かった。いっぽう、亡きトルイの長子モンケは別の軍を連れて、チュルク語系のキプチャク族が住む地域に向かって南下する。キプチャク族のなかにはモンケから逃れる者もいたが、ロシアの都市を攻撃するためにモンゴル軍に加わる者もいた。ヴォルガ川周辺のブルガリア人を手早く追い散らしたのち、モンゴル軍は彼らの領土を根拠地として利用すると同時に、東に何百キロメートルも広がる草原で草を食《は》む数百万の動物のための保護区にした。すでに、東ヨーロッパの平原で暮らす遊牧民族のなかにはモンゴル軍に加わる者もいたが、逃走して、自分たちを突然襲ったすさまじい恐怖を侵略者より先回りして触れ歩く者もいた。

ヴォルガを出発点としたモンゴル軍は、のちにロシアとウクライナとなる地域で三年間におよぶ戦闘をくり広げた。モンゴル側の偵察によれば、この地の都市国家や公国の数々は、ほぼ二十年前にモンゴル軍が侵攻したときと同じく、あいもかわらず分裂し、互いに敵対関係にあった。モンゴルはどの国に対しても同様な外交儀礼を行なった。それぞれの領土で戦闘を開始するのに先立ち、まず正式の使節を派遣して、首都に対して降伏を求め、モンゴルの一族に加わって大ハーンの臣下となるよう要請する。もしそれを応諾すれば、使節は新しい属国を敵から守ることを約束し、王室と宗教をいままでどおり維持するのを認めた。こうした保護を受ける代わり、属国の民は自分たちの持てる富と物品の一〇パーセントを貢ぎ物としてモンゴルに差し出すことに同意しなければならない。モンゴル側の申し出を受け入れる都市はほとんどなかった。

モンゴル軍はリャザンという都市を最初の標的のひとつに選んだ。一二三八年のノヴゴロドの年代記は、「タタール人はバッタのごとく無数にやってきた」[13]と記している。まず、モンゴル軍の小部隊がいくつかに分かれて農村地帯を襲撃した。要塞の下を掘ったり、木を切り倒したり、荷車を牽《ひ》いたりといった、これから必要になる労役のために、それぞれのモンゴル兵が一定数の民間人を捕虜にする。それから村を焼き払い、残った農民たちが取るものも取りあえず、都市の木製城壁のなかへ逃げ込むようしむける。ようやく都市に到着すると、モンゴル軍は自分たちの条件を伝えて降伏を要請するために女性の使節を送り込んで、城壁のなかにひしめき合う人びとを動転させた。街の役人たちは、この女が魔女ではないかと不安にかられていかなる交渉にも応じず、モンゴル軍は戦闘準備にかかるのだった。

侵攻するモンゴル軍にまつわる何もかもが、ロシア人には恐怖の的だったに違いない。「彼らは固くたくましい胸を持っている」[14]——ある報告者は記す。「顔は痩せて蒼白、肩はいかり、鼻は短く、ゆがんでいる。おとがいは鋭く尖り、鼻より下の部分は頬より低くくぼんでいる。歯は長くて少なく、眉毛は頭髪から鼻までつながっている。目は黒くて落ち着きがなく、表情は鈍く不気味である。手足は骨張ってたくましく、すねは太いが膝下が短い」。戦うときにモンゴル兵が着用するのは、前が厚くて背中が薄くなっている軽い革の鎧だが、「それは彼らが逃げ出したくなるのを防ぐためだ」。戦闘では、「投げ矢、棍棒、斧、刀などを用いて勇猛果敢に戦うが、何といっても彼らの強みは弓を使いこなすことである」。捕虜になった場合、「モンゴル兵はけっして慈悲を請うようなまねはしない。また自分たちも敗れた者の命を助けない」。それは彼らに、「全世界を自分たちの支配下に置こうという意図と、しっかりした目標があるからである」

モンゴル軍はリャザンの城壁に攻撃をかける代わり、市民をもっと混乱させ、恐怖に陥れる企てに、膨大な数の徴用労務者を従事させた。労務者たちは樹木を切り倒し、城壁の外にいるモンゴル軍のところまで運んで、すでに城壁に囲まれている都市をさらに完全に囲い込む壁を築いた。モンゴル軍がつくった頑丈な防護壁は都市をすっかり取り巻いて城門を封鎖し、都市の守備兵が攻撃隊を送ってモンゴル軍を襲ったり、攻城兵器を壊したりするのを防いだ。この壁は、巻き狩りのとき動物を追い込むのに古来用いられてきた綱のかわりに、木材を用いた囲いである。モンゴルが築いた壁は、援軍が街に入るのを防ぎ、食料その他の物資補給を阻んだ。この壁が与えたもっとも恐ろしい心理効果は、人びとが逃げる望みもなく、街のなかに閉じ込められた点だろう。壁の外側のモンゴル兵は、市の城壁から放たれる矢が届かない場所で、敵に見られる心配もなく、攻城兵器などのしかけを準備することができた。

新しく築いた壁の外側にめぐらしたせまい通路《キャットウォーク》から、モンゴル兵は悠々とリャザンの街を見下ろした。それはちょうど、モンゴルの猟師たちが代々、フェルトの毛布とともに木から木へと張りめぐらしたロープの外の安全地帯から、なかでひしめく動物を眺めてきたのとそっくりだった。都市の人びとは投石機や破城槌《はじょうつい》を用いた攻撃には慣れていたものの、モンゴル軍が開発し工夫を加えた新手の砲撃戦は経験がなかった。投石機は、岩石、大きな木塊、揮発油が入った発炎筒、火薬その他、得体の知れないものを雨あられと降らせた。モンゴル軍はこれらを、火災を広げるための焼夷弾として利用するほかに、発煙爆弾としても利用し、強烈な悪臭を放たせた。当時のヨーロッパでは、悪臭は邪悪な魔術によるものであり、同時に疫病のもととも考えられていた。火槍〔火打ち石を使って火薬に点火し、その爆発力によって砲弾を飛ばす初期の鉄砲〕は火を噴き出すだけでなく、敵の城壁のなかへ小型の発火性ロケットを撃ち込んだり、爆発する手榴弾のようなものを発射したりすることも可能だった。さまざまな謎の兵器は大変な恐怖を巻き起こしたので、攻撃の的となった人びとはのちのち、モンゴル軍は馬を連れているばかりか、訓練を積んだ攻撃用の竜も同行させていると報告したほどだ。

この都市の砲撃で、見えない侵略者から発射される未知の物質が引き起こす火炎と煙と混乱は、市の防衛施設を破壊するにとどまらず、人びとを周章狼狽《しゅうしょうろうばい》させた。市民を怯えさせ、多くのものを破壊した砲撃が五日間続いたあと、モンゴル軍が自作の囲いの外からついに姿を現わし、すでに打撃をこうむっている市の城壁に、攻城梯子と大槌で攻撃をかけた。その日のうちに市は制圧される。市民たちは教会に逃げ込んだが、モンゴルの攻撃によって大火災が起き、多くの人が命を落とした。勝者は、市を統治する貴族たちを駆り集めて処刑した。当時のロシアの年代記編者が、この大殺戮を次のように記している。モンゴル軍が通過したあとには、「死者を悼《いた》んで嘆くべく開かれた眼は皆無だった」(15)。

モンゴル軍は労役のために捕虜を選び、ほかの多くの者は次の攻撃目標となる都市に逃げ込むよう仕向けた。これらの避難民は、モンゴルの襲撃が引き起こした血なまぐさい出来事の数々を詳しく語り、次の都市の住民を震え上がらせただけでなく、その都市は増え続ける避難民によって、モンゴル軍が来襲する前に収容能力の限界に達した。

新しい捕虜たちがモンゴル軍の築いた囲いを撤去し、次の標的となった都市に丸太を運びはじめると、市勢調査隊が軍のあとについて制圧した市に入り、分捕った人間、動物、物品の数を記録する。彼らはモンゴルの分配規則にのっとって、孤児や未亡人から大ハーンの一族にいたるまですべての人に、物品と捕虜を分配した。そうして、何千という捕虜にカラコルムまで略奪品を運ばせたのである。

避難民たちはヨーロッパ中にモンゴルに関する情報をばらまいた。それは、イギリスのハートフォードシャー州、セントオールバンズにあるベネディクト派修道院の僧、マシュー・パリス〔一二〇〇～五九年〕の記録にも載っている。一二四〇年に彼は、モンゴル人について西洋で書かれたものとしては最古の記録を残した。モンゴル人を「かの忌むべきサタンの種族の巨大な略奪集団[16]」と呼び、「タルタロスから放たれた悪魔のようだ」と記す。また、「彼らは故郷の山地を流れる川の名にちなんでタタールと呼ばれる」という間違った記述もある。タルタロスは冥界ハーデースのさらに下にある地獄を指すギリシア語で、ティーターン〔ギリシア神話の巨人族〕が神々と戦った咎《とが》で幽閉された場所だ。

モンゴル人は、「まことに嘆かわしいやり方で東洋の諸国を破壊し尽くし、行く先々で火を放っては大虐殺を行なった[17]」と、パリスは書き残している。彼は続けて、独特の細かさでこの侵入者の恐怖を描写する。彼らは「都市を滅ぼし、森を燃やし、城を破壊し、葡萄の蔓を引きちぎり、庭園を踏みにじり、市民や農民を虐殺した。命乞いした者をたまたま助けてやるようなことがあったとしても、もっとも身分の低い奴隷として扱い、戦のさいは自分たちの前に引き立てて、その奴隷の同族と戦わせた。もしも奴隷が戦うふりをするだけだったり、自国の者に逃げるよう警告を発したりしようものなら、うしろで監視しているタタール人がその者を虐殺した。奴隷たちが勇敢に戦って勝利を得るようなことがあっても、何の褒賞もなかった。かくのごとく、これらの野蛮人は捕虜を馬のように虐待したのである」

モンゴルの侵略者に対するマシュー・パリスの非難は、狂気じみた恐怖から病的な嫌悪感へとエスカレートしていく。「モンゴル人は非人間的で獣のごとき性質を持ち、人というよりは怪物と呼んだほうがふさわしい。飢えたように血を求めて飲み干し、犬や人間の生肉を引きちぎってむさぼり食う」。誹謗中傷のなかに、重要で正確な情報もいくらか混じってはいる。「彼らは牛皮を身にまとい、鉄の槍で武装している。身長は低く、ずんぐりした体格。体は引き締まり、非常に力が強い。戦えば無敵で、働けば疲れを知らない。体の前面は鎧に守られているが、背面にはつけていない。羊や山羊の血を好んで飲む。木の葉や樹木まで食する大型の強い馬を持っているが、乗り手は足が短いので、鐙《あぶみ》の代わりに三段の階段を用いる(18)」。彼の記述には、奇妙な誤解に混じって真実の種が含まれている箇所もある。「彼らには人間的な掟もなく、慈悲の心もなく、ライオンやクマよりさらに残酷だ。牛の皮でつくった船を、十人から十二人に一艘の割合で所有している。船を操ることも泳ぎもうまいので、非常に大きくて流れの速い川でも難なく速やかに渡ることができる。動物の血が手に入らないときは、濁った水でも泥水でも貪欲に飲み干す[19]」

マシュー・パリスがこんな報告を書いていた一二四〇年には、モンゴル軍はロシアの地方都市をほとんど制圧し終わり、政治的・宗教的にスラヴ世界で最大にして最重要の中心地、キエフ攻略の準備を調えていた。一二四〇年、子年の十一月、早々に張った氷を渡河に利用して、モンゴルの使節団がキエフの城門を叩いた。案の定、この都市の当局者たちは使節を殺し、傲岸にも遺体を城門の上に縛りつけた。

その冬のはじめ、モンケの指揮のもとで、モンゴル軍はキエフ近郊に集結した。その様子を、ロシアの修道僧は「雲霞《うんか》のごときタタール人[20]」と記している。モンゴル軍があまりにも騒がしかったので、市民たちは互いの話す声が聞こえないほどだったという。兵士は城壁を守り、一般の人びとは壮麗な聖母マリア教会に逃げ込んだ。もうこれ以上だれひとり入る余地がなくなると、なかの人びとは教会の戸を閉ざした。聖母マリアの聖堂につながる場所に保護を求めて、恐怖に怯える市民は教会の壁によじ登り、屋根に避難した。避難者の数が増えすぎたため、その重みに耐えかねて教会の建物全体が崩れ落ち、なかの群衆を押しつぶした。

一二四〇年十二月六日、キエフを制圧したモンゴル軍は、都市を略奪して焼き払った。キエフ大公国の司令官ドミトリーは懸命に戦った。キエフの貴族の大半が逃げ出したあとですら戦うことをやめなかったので、その軍事的能力と粘り強さを高く評価したバトゥは、ドミトリーを自由の身にしてやり、命を助けた。ロシアにおけるモンゴル侵攻は成功裡に終了しつつあった。わずか一年あまりのち、ノヴゴロドの年代記における一二四二年の記録は、新しい統治者のことをたんにモンゴルのハン、バトゥではなく、ツァーリ・バトゥと呼びはじめている。これは文字どおり皇帝バトゥを意味する称号であり、ロシアで対立する多くの君主国に新しい統一的な支配者が生まれたことを表わしている。ミハイル大公はバトゥ・ハンの前に連れ出されたとき、次のような言葉を述べた。「皇帝であらせられるあなた様に、私は従います。神があなた様にこの世界の統治権を賜《たまわ》ったからでございます(21)」

キエフの陥落により、モンゴルの東ヨーロッパ征服は完成した。モンゴル軍は多くの避難民を追い立てて西に逃亡させたので、モンゴル軍が到着する前から、ヨーロッパ中央部の人びとは避難民の話を聞いて怯えはじめた。スベエデイは逃げる避難民を追い越す勢いで新しい偵察部隊を派遣した。まだ川が凍りついているうちなら、騎馬隊は何の苦もなく、またたくまにハンガリーの平原へ到達できるからだ。一二四一年二月、ヨーロッパの戦場では、それ以後のモンゴル帝国および全世界の支配権をめぐる争いが渦巻いていた。その争いは、モンゴル人が得意とする戦場そのものにおいてではなく、舞台裏の政治的な小競り合いの場において、チンギス・ハンの孫たちのあいだでくり広げられた。チンギス・ハンの死後、便宜的にオゴデイを大ハーンに選出したことは、後継者問題をなんら解決せず、一世代先に延ばしたにすぎなかった。そしてその世代が、目下ヨーロッパでモンゴル軍を指揮し、支配権を求めて張り合っていたのである。

スベエデイは、チンギス・ハンの四人の息子それぞれの家族の代表者を同行していた。オゴデイの一番気に入っていた息子が死んでしまったからには、これらの若者のうちのひとりが次の大ハーンになるはずだが、はたしてそれはだれなのか。モンゴルの法律では、次代の大ハーンはクリルタイで選ばれることになっている。そして、ヨーロッパ戦役は大ハーンにふさわしい力量を示す場であり、選挙運動の場でもあった。孫たちは、新たに形成されつつある支配階級のなかで主導権を握り、優位に立とうと、あれこれ画策した。軍事的勝利をおさめて功績を認められることもその一部だった。モンゴルにおける多くの政治問題と同様、彼らの争いもだれが優位に立つかをめぐってクライマックスを迎える。勝利を祝う大宴会で、バトゥが立ち上がって開宴の乾杯をした。最初に酒を飲み干すことにより、孫たちのなかで最年長であり、最高位にある自分の地位を誇示したのだ。それは、自分が次の大ハーンとなることを期していると、公に宣言するようなものだった。グユクは、自分の父親は大ハーンなのだから、自分が先に酒を注がれるべきだと主張して、バトゥに猛然と挑んだ。ブリ〈チャガタイの孫〉は「生一本で勇敢[22]」だが、「酒に酔うと耳ざわりな言葉を平気で口にする若者」だった。その彼が、チンギス・ハン一族にとってもっとも痛い古傷をふたたび持ち出した。怒りにまかせてバトゥのことを、おまえの父親はメルキトの私生児なのだから、おまえも本当は家族ではないと難じたのである。

のちにチンギス・ハンの時代まで遡って書き起こされた文書によれば、三人の王子たちは長時間、互いに甲高い声を上げて怒鳴り合ったという。「おまえはひげを生やしたただの婆《ばばあ》だ」と、ブリがバトゥに声を荒らげる。「バトゥは怖くて震えている老婆にすぎない」と、グユクが応じる。一族のほかの者たちが自分たちに味方しないのに怒り狂って、グユクとブリは宴席を蹴り、馬にまたがると、口を極めて罵《ののし》りながら去っていった。この事件の噂がオゴデイ・ハンの耳に届くと、彼は激怒する。オゴデイは若者たちを宮廷に呼びつけた。最初のうちは彼らに会うことすら拒んで、自分の息子グユクを処刑すると脅した。「あやつは卵のように腐ればいい!」と、不品行の息子を罵った。

ようやく気が静まると、オゴデイはグユクを自分のゲルに招き入れ、一族のなかで争いを起こしたことや、部下の兵士を虐待したことで激しく彼を叱責した。「おまえは自分の部隊のすべての兵士の士気を喪失させたのだ[23]」と、息子を咎《とが》めた。また、自分の部隊をどう扱うべきかについて、洞察鋭い質問をした。「ロシア人は、おまえが自分の同胞に辛く当たったから降伏したと思うか。おまえが怖いから降伏したと思うか」。こう尋ねてから、嘲るようにつけ足した。「おまえは、ひとりふたりの兵士を捕えたので、自分が戦に勝ったと思っている。ところがおまえは仔山羊一頭捕えてやしない」

オゴデイは長広舌をふるって息子を叱りつけた。「おまえにとってこれがゲルを出るはじめての機会だから、男らしさをひけらかそうとしているのだ。まるで自分が何もかもやってのけたような気でいる。他人のことを動物であるかのごとく、甲高い声で怒鳴っている」。オゴデイは甥たちに宥《なだ》められてようやく落ちついた。オゴデイは、戦にかかわる問題は戦場である草原で解決せよという父親の教えを引き合いに出し、ヨーロッパ征服を続けさせるために若者たち全員を送り出した。

ヨーロッパの人びとは、チンギス・ハンの初期のアジア征服についてはほとんど知らなかったし、彼のホラズム帝国打倒に関してもごくわずかな情報しかなかった。しかしキエフの陥落と同時に、膨大な数の避難民とモンゴルに関する噂話が東ヨーロッパからどっと流れ込み、その直後に恐怖の的であるモンゴルの騎馬軍団が来襲した。それはまるで、あらゆる方角からいっぺんにやってきたように見えた。マシュー・パリスはその様子を次のように記している。西方へ侵攻したモンゴル軍は、「稲妻のごとき勢いでキリスト教徒の領土に攻め込んで、国土を荒らしまくり、大虐殺をやってのけ、すべての人に筆舌に尽くしがたい恐怖を引き起こした」。この「稲妻のごとき」戦は、のちに「電撃戦(Blitzkrieg)」というドイツ語の名詞にもなった戦法で、このときはじめて言及されたものだろう。

スベエデイは南部のハンガリーに向かって、三分隊に編成された五万の兵を擁する軍を派遣し、ドイツ北部にはポーランド経由で、もっと小規模な二万の軍を牽制のために送った。モンゴル軍はほぼ六五〇〇キロメートルの距離を疾風のごとく進んで、故郷のモンゴルから東ヨーロッパの平原を横切り、ポーランドとハンガリーに侵入し、ウィーンをはじめチュートン騎士団とハンザ同盟で知られるドイツ諸都市の城壁直下まで迫った。北方では、まるで氷の張った池の上を跳ねる石のごとくポーランドを飛び石状に進軍するにつれ、次々と都市が陥落していった。シレジアのヘンリク二世は三万の兵を集めたが、そのなかにはドイツ、フランス、ポーランドから来た騎士たちが含まれていた。慌てふためいたヘンリク二世は、兵士として役立ちそうな男ならだれでも徴集し、金鉱で働く鉱夫まで駆り集めてモンゴルの侵入者と戦わせようとする。一二四一年四月九日、両軍は現在のドイツとポーランドの国境に近いリーグニッツで遭遇した。[24] モンゴル軍が戦の場に選んだのは、都市から一〇キロメートルほどの開けた場所だ。この戦場は以後、ドイツ語で「ワールシュタット」の名で知られるようになる。

ヘンリク公は自軍の騎馬隊にモンゴルの戦列を襲うよう命じた。モンゴル軍は最初の攻撃を撃退したが、次に攻撃をかけられると屈するかのように、突如向きを変えて逃げ出した。ヨーロッパの騎士たちは鬨《とき》の声を上げ、隊列を乱してモンゴル兵を追いはじめる。モンゴル軍は、騎士たちの武器が届く距離のほんのわずか先をゆっくりと退却していく。そして、重い甲冑の騎士を乗せたヨーロッパの馬が疲れを見せたまさにそのとき、突然彼らのまわりに耳をつんざくばかりの爆発音が起きて、もうもうたる煙が立ち込め、大混乱が巻き起こった。年代記編者ヤン・ドゥルーゴーシュはこのときの様子を次のように述べている。モンゴル人は戦場で、巨大な頭を持った兵器を用いた。「その頭から急に悪臭を放つ煙が噴き出してポーランド兵を包み込んだため、彼らは気を失いかけて戦うことができなくなった[25]」。煙と騒音のおかげで、ヨーロッパの騎士ははるか後方の射手と歩兵隊から切り離されてしまう。またもやモンゴル軍は敵を自信過剰にさせたうえ、死地におびき寄せたのである。騎士たちは馬もろともばらばらに隊列を崩し、混乱し、みるみる疲労困憊したため、ふたたび向きを変えて射撃を開始したモンゴル兵の格好の標的になった。

モンゴル軍はドイツ軍を壊滅させた。ヨーロッパに残る記録では、ヘンリク公の率いる三万の軍勢のうち二万五千人が死んだことが立証されている。しかし、モンゴル軍は多くの捕虜も手に入れた。なかでも目立つのは鉱夫たちだ。鉱夫というのはどのような仕事か、モンゴル人にはほとんどわからなかったが、大いに評価していた。彼らはつねに未知の技術や才能を探し求めていたからである。オゴデイ個人の領土であるモンゴル西部ジュンガル盆地の豊かな鉱床で採掘を開始すべく、勝者は何千人もの鉱夫を東へ向かわせた。

キエフからドイツにいたる戦闘全体は、モンゴルが真の目標に近づくのをヨーロッパの派遣軍に妨げられないようにする陽動作戦にすぎなかった。その目標とは、ハンガリーの草原地帯である。ヨーロッパ北部の軍隊をほぼ壊滅させ、残った部隊も蹴散らして無力化することに成功したのち、モンゴル軍はポーランドとドイツの諸都市から引き揚げた。やがてその地方の人びとは、自分たちは事実上勝利をおさめ、侵略者を撃退したものと確信するようになる。戦死したヘンリク二世は「敬虔なるヘンリク」として殉教者に祭り上げられ、殉死の場所にベネディクト派の修道院が建てられた。キリスト教徒の伝説によると、彼の母、聖ヘートヴィヒが首のない裸の死体を見つけ、左足が六本指だったことから自分の息子だと悟ったところが祭壇になっている。ずっとのちの十九世紀に、プロイセンの政府は僧院を陸軍学校に変えたが、そこではこの地で行なわれた戦の戦略にとくに重点を置いて、未来のドイツ軍将校を訓練した。

何日も経たないうちに、ドイツの騎士たちを打ち破り虐殺したモンゴルの戦術は、ハンガリーのもっと大きな平原でくり返され、さらに何倍もの死傷者を出した。スベエデイの五万の軍勢が、ハンガリーのほとんどの地域で戦利品を奪って撤退にかかると、ベラ王とその軍があとを追った。スベエデイは、モンゴル軍が勝利を得るのに最適な地形のモヒ平原に着くまで、数日間退却を続けた。ハンガリー軍はそこに幕営地を設け、ぐるりに荷車と重い鉄の鎖で円形の防衛線を築いて、王は兵士たちを何日か、そのなかで籠城させた。部下たちが小グループに分かれ、散らばって眠るのに慣れていたバトゥにしてみれば、まわりに鎖を張りめぐらし、そのなかに兵がひしめき合うハンガリー軍のやり方は、モンゴル人が大規模な巻き狩りをするさいに獲物を囲い込む、ロープとフェルト毛布の円陣と似ていた。モンゴル軍は投石機を横づけにして、揮発油、火薬、発炎性の油などからなる、あの摩訶不思議な砲弾類を発射しはじめた。

煙と火に耐えかねたハンガリー軍が幕営地から出てみると、事実上、モンゴル軍にぐるりと囲まれているとに気づく。しかしモンゴル軍は、どうやら一か所だけ騎馬隊を配置するのを忘れたらしい。キリスト教徒のハンガリー人にはほとんど奇蹟と思えたに違いない。その隙間《すきま》は、三日ほど逃げればたどりつける首都ペシュト（ペスト）の方角を、きっかり指していたのである。ハンガリー軍は故郷に向かって動きはじめた。逃げる途中、彼らの恐怖はふくれ上がっていく。あるいは徒歩で、あるいは馬で大急ぎするうちに、列は乱れて散りぢりに広がり、もっと速く逃げるために装備を捨て去った。もちろん、モンゴル軍は偶然隙間を空けておいたのではない。慌てふためいて逃げてくるハンガリー兵を待ちかまえ、とうに騎馬隊が配置についていた。モンゴル兵は、湿原や沼地に多くのハンガリー兵を追い込んで溺死させた。スパーラト〔現クロアチアのスプリト市〕の助祭長で年代記編者のトマスは、モンゴル軍を「タタールの呪い」と呼び、モンゴル軍のハンガリー兵虐殺についてもっとも鮮やかな記録を書き残している。「死者は右へ、左へと倒れた。哀れな兵士の遺体は冬の落ち葉のようにどこまで行っても散らばり、血が土砂降りの雨のように地面を流れていた(26)」

騎士が戦場でモンゴル軍を撃退しそこなったので、今度は聖職者が不気味な策略で彼らを屈服させることを試みた。おそらくモンゴル人の多くがキリスト教徒だとは知りつつ、しかもモンゴル人がいかに死者の亡骸《なきがら》を目にするのを恐れ、忌み嫌うかは知らずに、キリスト教の司祭たちはモンゴル軍がペシュト市内に入るのを防ぐために、進軍してくる軍隊の前に聖人たちの骨、その他の遺物を開陳した。目の前に死体の断片を並べられたモンゴル兵は激怒する。彼らにとってこのような行為は実際に胸が悪くなるばかりでなく、モンゴルの慣習上からも汚《けが》らわしいものだった。恐れおののき、怒り狂ったモンゴル軍は、聖職者たちを殺したばかりか、穢《けが》れから身を清めるために、聖人の遺物や教会も焼き尽くした。ヨーロッパにとっては、モンゴル軍との遭遇は軍事的な敗退とともに宗教上の挫折をも意味した。なぜなら、兵士や君主が殺されただけでなく、ハンガリーは司教ひとりと大司教ふたり、そしてテンプル騎士団に所属する多くの敬虔な騎士たちを失ったからである。

　モンゴル軍はハンガリーの騎士団を打ち破ると、ベラ四世を追ってアドリア海まで南下した。モンゴル軍の侵攻が人びとに与えた、恐るべき心理的・感情的衝撃を描写した文献がいくつか残っている。そのひとつに、トッレ・マッジョーレのロジェルが書いた『タタール人によって滅ぼされたハンガリーの悲歌（*Carmen Miserabile super Destructione Regni Hungariae per Tartaros*）』がある。ヨーロッパの騎士階級は、ハンガリーとポーランドでほぼ十万の兵士を失った打撃からけっして立ち直ることがなかった。ヨーロッパ人は、犠牲者たちをヨーロッパの騎士と貴族の「花」と讃《たた》えて喪に服した。城塞都市と重い甲冑に身を固めた騎士の時代は終わりを告げた。一二四一年の復活祭《イースター》の季節、硝煙と火薬のなかでモンゴルの勝利が予告したものは、ヨーロッパの封建制度と中世の完全な崩壊だった。

　一二四一年の後半、モンゴルの勝利のわずか数か月後に、人びとの不安は恐慌状態に変わった。十月六日の日曜日、日食によって太陽が欠けたのである。ヨーロッパ中の人びとは聖日に太陽が欠けたことを、これからモンゴル人の手によっていっそう悲惨な災厄が起こる確実なしるしと解釈した。恐慌状態は、襲撃者の正体がよくわからないことでさらにふくれ上がった。ある聖職者がボルドーの大司教に送った手紙は、間違った情報だらけだが、広く一般に流布した。手紙には、モンゴル人は「地獄からやってきた人食い鬼で、戦が終わると死体を食いあらし、あとにはハゲワシですらついばむ気にならない骨だけが残る[27]」と記されている。詳細で、故意に扇動的な記述は続く。モンゴル人は年老いた女を食べるのを喜び、勝利を祝うさいはキリスト教徒の処女に集団暴行を加え、彼女たちを疲労困憊のあまり死にいたらしめる。その後「娘たちの乳房が切り取られ、首長のための珍味として保存される。また娘たちの死体は、蛮人の陽気な大宴会のご馳走となる」

モンゴル軍が、ブルガリア、ロシア、ハンガリー、ドイツに対して連続的な勝利をおさめたことは、広範囲にわたって人びとの不安をかきたて、地域によっては恐慌状態に追い込んだ。あの連中はいったい何者か、彼らは何を望んでいるのか。マシュー・パリスが嘆くとおり、ヨーロッパ人はだれも彼らの言語を知らなかった。「というのも、今日にいたるまで彼らに近づく術もなく、普通の交際によってみずからの慣習や人柄について語ろうと、彼らのほうから出てくることもなかったからだ」

ほかに頼りになる情報源もなかったので、キリスト教の聖職者は聖書に答えを求めた(28)。タタールという名前は、彼らには「タルシシ」〔金属の交易で有名な古代国家の名前〕と聞こえた。その国の王もまた、「海から海まで、そして川から大地の両端までを支配するであろう」。詩篇にはまた、次のような言葉もある。「荒野に住む者はその人の前に頭《こうべ》を垂れる。その人の敵は塵をなめる。タルシシの国と島々の王は贈り物をもたらすであろう」

聖職者にとって「贈り物をもたらす」という言葉は、イエスに贈り物を持ってきた東方の三人の王たちとタルシシの王を結びつけるものだった。そして突然、この一節とモンゴル人をつなぐ説明がひらめく。一一六四年、外国遠征からもどってきたドイツの十字軍が、三人の王たちのものだと称する骨を持ち帰った。一一八一年にドイツ人は、新しくできたケルンの壮大な大聖堂にこの遺物を保管するため、金の琺瑯《ほうろう》で念入りに聖骨櫃《ひつ》をつくりはじめた。この三人の王とタルシシの王を結びつける話と、だれにも一目瞭然な十字軍兵士による聖遺物の窃盗行為のおかげで、キリスト教徒は心配になってきたのである。タタール人は自分たちの先祖の骨を奪い返そうと、ヨーロッパに侵攻してきたのではないか。その場合、モンゴル軍は目的地のケルンめざして、まっすぐヨーロッパの中心部に突き進んでくるだろう。

モンゴル軍が南に向きを変えてハンガリーからバルカンをめざし、結局ケルンには乗り込んでこなかったので、聖職者は次のように推論した。もしモンゴル人が三人の王の骨を探し求めているのでないならば、おそらく侵入者は、バビロンの幽囚から故郷にもどりそこなった追放の身のユダヤ人だろう。彼らはこれまで、ペルシアの先を流れる川に邪魔されて侵入することができなかったのだ。キリスト教徒の年代記編者は、一二四一年という年はユダヤ暦の五千年にあたり、多くのユダヤ人はこの年に救世主の来臨か、さもなければダヴィデ王の再来があると期待していると報ずる。

最初のうちマシュー・パリスは、この説に疑問を抱いていたらしい。モンゴル人はヘブライ語を話したりしないし、律法も持たないから、神がモーゼに律法を賜ったという聖書の説明と明らかに矛盾するというのだ。しかしほかにもっとうまい説明が見あたらなかったので、パリスはすぐに、モンゴル人とユダヤ人の結びつきや、モーゼの時代と自分自身の時代との関連をうまく説明する方法を見つけ出し、これらの新しい民族は行方不明のヘブライ人だということもありうると論じた。「モーゼが治めていた時代に、彼らの反抗的な心は堕落して邪悪な考えを抱くようになり、異教の神々と見知らぬ慣習に従った。そのため今や彼らは、神の復讐により、摩訶不思議な変化を遂げるにいたった。彼らを知る民族は皆無。その心と言葉は乱れまくり、その暮らしぶりは残忍で道理をわきまえぬ野獣に等しい(29)」

「ユダヤ人は途方もなく邪悪なので(30)」、彼らはモンゴル人の怒りを罪もないクリスチャンに向けさせたのだと、キリスト教徒は告発する。パリスのまったく見当はずれな説明によれば、ヨーロッパのユダヤ人指導者全員が「どこか秘密の場所に呼び集められた」という。そのなかで「もっとも賢く、影響力のある人物」が口を開き、こう語る。「これまで幽閉されていた我らが仲間、イスラエルの部族が、全世界を彼らと我らに従わせるべく出陣した。我らのこれまでの苦しみが耐えがたいものであればあるほど、長ければ長いほど、こののち我らに与えられる栄光は大きい」。この説教者はおそらく、他のユダヤ人がモンゴル人に「高価な贈り物をし、最高の儀礼をもってモンゴル人を迎えること」を望んだのであろう。「彼らは穀物、ワイン、そして武器を必要としているのだ」。そこでユダヤ人は「どこでも刀、短剣、甲冑が売られていればすべて買い集め、自分たちの裏切り行為を隠すために大きな樽のなかにしっかりとしまい込んだ」。パリスのこのつくり話以外にもっとうまい説明がなかったので、キリスト教徒はこの話を「ユダヤ人の秘密の裏切り行為と驚くべき欺瞞《ぎまん》」の証拠として受け入れた。その結果、ユダヤ人はたちまち刑吏の手に委ねられ、終身禁固刑か、あるいは自分たちが集めた刀で切り殺されるか、ふたつにひとつの運命をたどることになる。

話の細部がいかにばかげていようと、いかに証拠不充分であろうと、こうしたつくり話はヨーロッパ中におぞましくも現実的で悲惨な結果を引き起こした。自分たちの文明を脅かす敵、モンゴル人を打ち負かすことができなかったヨーロッパ人は、手近なところにいる仮想の敵、ユダヤ人をやっつけることなら可能だった。怒ったキリスト教徒の群れは、ヨークからローマにいたる諸都市で次々と、市内のユダヤ人街を襲った。キリスト教徒はユダヤ人を罰するのに、モンゴル人が戦で用いたと伝え聞くやり方を試みた。ユダヤ人の家に火をつけ、住人を虐殺した。なんとか逃れたユダヤ人は、転々と避難場所を探したが、ほとんどすべての地域社会でもっとひどい迫害を受けた。教会はどの避難民がユダヤ人かをはっきりと見分け、彼らが新たなキリスト教徒の共同体に入り込むのを防止するため、ユダヤ人にだれの目にも明らかな特別の衣服と紋章をつけるよう命じた。

ハンガリー軍の敗退とともにウィーンへの道が開かれ、数週間も経たないうちに、怯えた地元の人びとは、モンゴルの偵察隊が都市周辺を調べているのを見かけるようになった。こうした先遣隊との小競り合いで、ハプスブルク家の部隊はひとりのモンゴル軍将校を捕えた。キリスト教徒の軍人たちが肝をつぶすほど驚いたことに、この捕虜は中年の教養あるイギリス人だった[31]。彼は聖地を旅しているあいだにさまざまな言語を学び、それを書き写す才能を伸ばしたのだ。彼の教育程度と、イギリスから逃げ出した事実を勘案すると、一二一五年、ジョン王にマグナカルタ署名を強制した運動に加わっていたのではないかという推測も成り立つ。彼はイギリスを脱出し、ローマカトリック教会から破門されて、最後は寛容なモンゴル軍に参加する。モンゴル軍のなかにヨーロッパ人、それももともとクリスチャンがいたからには、モンゴル人が本当は人間であり、悪魔の群れではないことが判明した。しかし、恐れおののいたキリスト教徒たちは、ウィーン城外におけるモンゴル軍の謎に満ちた任務について充分な説明を聞かないうちに、このイギリス人背教者を殺してしまった。

名も知れぬイギリス人を捕えたのは、ちょうどモンゴルのヨーロッパ侵攻が終わるのと同じ時期だった。モンゴル軍はずっと草原を通って、中央アジア、ロシア、ウクライナ、ポーランド、ハンガリーを進軍した。しかし、牧草地がなくなったところでモンゴル軍も止まった。兵士ひとりに五頭の馬がついていたため、モンゴル軍の活動には牧草地が必要不可欠だったのである。森、川、作物や溝がある畑、生け垣、木製の柵など、足もとに気をつけながら進まなければならない場合は、モンゴル軍が得意とするスピード、機動性、奇襲攻撃のすべてを失うことになる。耕された畑の畝《うね》は、馬たちの足場を悪くする。風景のなかに耕地が見えはじめるということは、乾燥した草原地帯から、沿岸地域の湿気の多い風土帯への移行を意味していた。そのような地域では、湿気のためにモンゴルの弓は強度と精度を失ってしまう。

ドナウ川を越えた探索にもかかわらず、モンゴル軍の総力を挙げた西ヨーロッパ侵攻は実現しなかった。一二四一年十二月十一日、オゴデイは泥酔して人事不省に陥《おちい》り死亡したと伝えられる。オゴデイ死去のニュースは四週間から六週間のうちに、カラコルムから六四〇〇キロメートルあまり離れたヨーロッパの地のモンゴル軍まで届いた。ほぼ同時期にチャガタイも死ぬ。かくてチンギス・ハンの死からわずか十四年のうちに、彼の息子は四人とも死去してしまった。そしていまや、チンギス・ハンの孫である王子たちが、次期大ハーンになるための闘いを続行すべく、故国に急行した。親族間の争いはそののち十年続いた。したがって、少なくともこの期間だけは、世界はモンゴルの侵攻を受けずにすんだ。

一二四二年、寅年《とら》の初頭、モンゴル軍は西ヨーロッパからロシアの牙城へ引き返した。ヨーロッパの都市からの略奪品は少なく、モンゴル軍が打ち破った軍隊の装備も貧弱だった。それらの軍隊からモンゴル軍が奪ったなかでもっとも高価なものは、ハンガリー王の幕営地の天幕と調度品で、バトゥはそれをヴォルガ河畔の自分の本拠地で使用した。略奪した物品は多くなかったが、モンゴル軍は多種多様な職人たちを見つけ出した。たとえばザクセンの鉱夫たち、書記や通訳、そしてベオグラードとバルカンの略奪ではフランス人捕虜の一隊を手に入れたが、そのなかには少なくともひとり、ペルシアの金細工師が交じっていた。

今回の侵攻で物質的見返りが少なかったことに落胆し、少しは戦利品を示したいと考えて、モンゴルの隊長たちはクリミア半島に駐在しているイタリア商人と契約を結んだ。大量の交易品と引き換えに、イタリア人には奴隷として地中海周辺で売るために、多くのヨーロッパ人捕虜、とりわけ若い捕虜を引き取ることを許可した。これがモンゴル人とヴェネチア、ジェノヴァの商人とのあいだに長く続いた互恵関係のはじまりだった。商人たちはこの新たな商売をはじめるべく黒海に交易所を設けた。イタリア人は、地中海市場でスラヴ人を売る権利と引き換えに、産業製品をモンゴル人に供給した。

このように若者を売買する取り決めは、その後モンゴル人にとって大問題を引き起こすことになる。というのは、イタリア人は奴隷の大半をエジプトのスルタンに売り、彼はその奴隷を奴隷部隊で使ったからだ。あと二十年経てば、モンゴル軍はスラヴ人とキプチャク人を主力とするこの奴隷部隊に遭遇せざるをえない。彼らはモンゴル軍と戦った経験が豊富で、多くの場合、移送される以前にモンゴル語を学んでさえいた。現イスラエル北部、ガラリア海沿岸での両軍の遭遇は、ロシア平原での最初の合戦とはまるで異なった結果を迎える。

第七章――王妃たちの抗争

神が手にそれぞれ異なる指を与えたように、神は男たちに違った道を与えた。(1)

――モンケ・ハン

男は戦場へ、女は国政へ

モンゴルの男たちが戦場で外国を征服するのに忙殺されているあいだ、女たちは帝国を運営していた。遊牧民族では、男たちが動物を追い、狩りをし、戦《いくさ》に出ているあいだ、女が家庭の諸事万端を管理するのが伝統だった。しかも統一モンゴルの場合、戦争は数か月の単位ではなく数年も続き、その家庭というのはゲルの集まりではなく広大な帝国になったが、依然として女たちが治めていた。オゴデイの治世を通じ、戦が激烈に続いていたロシアと東ヨーロッパは別として、モンゴル帝国の残り全部の運営を女性が担っていた。オゴデイ・ハンとの対立をものともせず、チンギス・ハンの末子トルイの未亡人ソルコクタニは、中国北部と、チンギス・ハンの育った一族の本拠地も含むモンゴル東部とを支配していた。チンギス・ハンの次男チャガタイの未亡人であるエブスクは、中央アジアとトルキスタンを統治した。

オゴデイは大ハーンの位にあっても泥酔状態で政務を執れないことが多く、しだいに政治権力を妻のひとりであるドレゲネに委譲していった。彼女は上位の妃ではなかったが、一番のやり手だった。一二四一年にオゴデイが死ぬと、彼女は正式に摂政の位に就く。一二五一年までの十年間は、ドレゲネとひと握りの取り巻き女性たちが世界史上最大の帝国を支配した。彼女らはだれひとり生まれながらのモンゴル人ではなく、征服された草原の部族出身で、結婚によって一族に加わったのだった。しかも、その大半はクリスチャンである。彼女らの性別も宗教も、権力の座に上る足かせにはならなかった。それぞれが帝国全体をわが息子の手に委ねようとして張り合ったが、その闘争も彼女たちの支配の妨げにはならなかった。

権力闘争自体は、どれほど熾烈《しれつ》をきわめても表向きは比較的穏やかに終始したが、闘った女たち自身の最終的な処遇の段になると話は別で、闘争に敗れた場合は悲惨な運命が待ち受けていた。宮廷内での闘争はともかく、この平和な十年間はモンゴル帝国にとって必要なものだった。国家の保有財産を整理統合し、一二一二年から一二四一年まで続いた第一次モンゴル世界戦争の三十年にわたる疲弊から回復し、次の戦に備える期間だ。

モンゴル宮廷内においてドレゲネがいかに権力をふるい(2)、重要な地位を占めていたかを示す最古の記録は、一二四〇年四月十日、彼女が大皇后としてオゴデイの印章とともに自分の名前を記し、道教経典の印刷を命じた文書である。この文書からは、男たちが戦に出ているあいだ、彼女が帝国をやりくりするだけでなく、まったく独自の分野でも一連の仕事をこなしていたことがはっきりわかる。宗教と教育を司《つかさど》るいっぽうで、国家的規模の建造物や重要な社会基盤〔橋梁、堤防の類〕の建設にまでたずさわったのだ。

　ささやかな勝利しかおさめられなかった中国の戦闘で、最愛の息子と近しい親族を失ったオゴデイは、政治への興味をほとんど失いながらも、孫のひとりを自分の後継者に指名した。ところがドレゲネは、喧嘩好きで傲岸なわが息子グユクを後継者候補に推したいと考えた。グユクは何かにつけて父親に強く咎《とが》められ、明らかに嫌われていた。オゴデイが死んだ直後に、ドレゲネはクリルタイを召集し、オゴデイが指名した孫のかわりにグユクを選出しようとしたが、〈黄金の家族〉のあいだで定足数が得られなかった。これはグユクの選任を認める人数が充分でないことを意味していた。ドレゲネは摂政の職務を続け、グユクの選任に必要な支持を得るために、五年計画で入念な政治工作に着手する。目的遂行をめざして亡き夫の配下だった大臣たちを罷免し、自分の腹心たちに取って代わらせた。なかでももっとも重要な人物はファティマという女で、ホラズムから拉致され、カラコルムで働くことになったタジク人ないしペルシア人の捕虜だった。年代記編者アター・マリク・ジュワイニーはファティマを嫌う。ジュワイニーはどうやら政治にたずさわるすべての女性に好感を持たなかったらしく、次のような記述を残している。ファティマは絶えずドレゲネの天幕を訪れて、「親しく内々の話をする仲になり、ドレゲネに大切な秘密まで打ち明けられるようになった(3)」。ファティマは政治的な役割を演じ、「従来の大臣たちを政務の執行から締め出すとともに、自分の裁量で自由に命令を発したり禁止令を出したりした」

　一二四六年までに、ドレゲネは帝国をしっかり掌中におさめ、息子の大ハーン選任のお膳立てを調えたと確信する。グユク選出についての審議と選挙は〈黄金の家族〉と重要幹部だけにメンバーをかぎって内々に行なわれたが、彼の即位式はモンゴル国民だけでなく外国高官も含む大行事となるよう、ドレゲネは計画した。八月の式典の日まで夏のあいだ中、モンゴル帝国の遠隔地から属国の使節が続々と到着した。アミール（首長）、知事、大公が、王子や王と同じ道を肩を並べてやってきた。セルジューク朝のスルタンがトルコから来る。バグダッドからカリフの使節が到着するかと思えば、グルジアの王位継承を狙う同名のふたりの王子も着いた。先王の嫡出子のダヴィドと、同じ王の非嫡出子のダヴィドだ。ヨーロッパから来訪した最高位の使節は、アレクサンドル・ネフスキーの父で、ヴラジーミルとスズダリの大公ヤロスラフ・フセヴォロドヴィチだった。彼はドレゲネ皇后との会食の直後に謎の死をとげている。

一二四六年七月二十二日、たまたま大きな集いの最中に、西ヨーロッパからはじめてモンゴル宮廷を訪れる使節団が到着した。アッシジの聖フランチェスコの弟子で、当年とって六十歳の修道士、ジョヴァンニ・デ・ピアーノ・カルピーニだ。彼は教皇インノケンティウス四世に任命された使節であると同時にスパイでもあった。その任務は、ヨーロッパを脅かしたこの見知らぬ民族に関して、最大限の情報を入手することだった。カルピーニはフランスのリヨンを一二四五年の復活祭《イースター》に出発してヨーロッパを横断し、ロシアにあるバトゥの幕営地に到着するまでにほぼ一年の歳月を要している。しかし、ひとたびモンゴルの輸送システムに乗ると、五千キロメートルあまりをわずか百六日で踏破した。ほぼ三か月半のあいだ、平均四五キロメートル以上の距離を毎日、馬で進んだことになる。

ヨーロッパで軍事的成功をおさめたモンゴル人は、カルピーニがローマ教皇と西ヨーロッパのすべての人びとの降伏を伝えにきたものとばかり思い込み、熱烈に彼を歓迎した。しかしカルピーニが携えてきた書簡はまったく違う内容だった。そのなかで教皇インノケンティウス四世は、イエスの生涯とキリスト教の主要な教義に関する衒学的《げんがくてき》な概説を述べていた。それらはみな、キリスト教徒の母親を持ち、しばしば一緒に礼拝に出席したことのあるハンには馴染み深いものだったろう。おそらくグユク自身もキリスト教徒だったたし、たとえそうでないにせよ、彼がキリスト教に非常に好感を持っていたことは間違いなく、政府内部でもキリスト教徒のモンゴル人を重用していた。教皇の書簡は、ヨーロッパに侵攻したことでモンゴル人を叱責し、ハンに「この種の攻撃を完全に停止すること、とくにキリスト教徒の迫害をやめること」(4)を命じていた。教皇はハンに釈明を求めた。「いかなる動機でほかの国を滅ぼすのか。汝《なんじ》は将来、何をなすつもりか。余にもれなく説明せよ」。書簡はハンに告げた。ローマ教皇こそは神によって地上のすべての権力を委任され、神自身によってその代理人であると認められた唯一の人間である、と。

モンゴルの高官たちは、カルピーニが貢ぎ物を持ってきたわけでもなければ降伏を告げにきたのでもないことを知ると、大半が彼を無視した。しかし、現存する一二四六年十一月の書簡で、グユクはインノケンティウス四世に素朴な質問を呈している。神がだれの罪を許し、だれに慈悲を示すかを、どうしてあなたはご存じなのか。あなたの言葉を神が是認するということが、どうしてあなたにわかるのか——。さらにグユクは、神は教皇ではなくモンゴル人に、日出ずるところから日沈むところまで全世界の支配をおまかせになり、チンギス・ハンの大典を通じてみずからの掟《おきて》と法を広めさせるおつもりなのだ、と指摘した。そしてグユクは教皇に、モンゴルのハンに忠誠を誓うため、君主たちすべてを伴ってカラコルムに来るよう勧めている。

ヨーロッパと極東の外交上はじめての直接的接触は、宗教的侮蔑をまじえた比較神学論争へと変質してしまった。モンゴル人とヨーロッパ人は多くの宗教的信条を共有していたにもかかわらず、しょっぱなからあまりにもうしろ向きで誤解に満ちた出会い方をしたため、最後まで共通の宗教的基盤が築けずに関係を悪化させていく。モンゴル人は、次の世代もヨーロッパのクリスチャンとより親密な関係を結ぶ望みを抱き続けるが、結局そのような希望はあきらめざるをえず、やがてキリスト教をすっかり放棄して、仏教やイスラム教に肩入れすることになった。

一二四六年の秋になり、カルピーニやほかの外国高官たちが家路を指してモンゴル王室の幕営地をあとにすると、グユクの関心は華やかな祝典から離れて、自分の権力を固め、名実相伴う大ハーンになろうとする重大な政治的課題に転じた。新たに与えられた権力を示すために、まず母の信頼厚い側近ファティマに攻撃をかける。魔術を使うという口実で彼女を告発したグユクは、ファティマを母の宮廷から召喚するが、母親は彼女を手放すことを拒否した。「彼は何回もファティマを呼びにやった。しかしそのたびに、母親はあれこれ言い逃れて拒絶した。その結果、親子関係ははなはだしく悪化し、グユクは母親がこれ以上ぐずぐず言えば力ずくでもファティマを連れてくるよう、部下に命じた[5]」

その後の展開については曖昧な記録しか残っておらず、答えより疑問のほうが多くなる。グユクはついにファティマを捕えることに成功し、彼の母ドレゲネは死んだ。病死か、それとも殺されたのか。憤死か、悲しみのあまり息絶えたものか――。ほとんどの記録はこの件に関して口を閉ざしている。ペルシアの歴史家ジュジャーニーは、ドレゲネは夫オゴデイのもとに送られた、と記した。彼女の夫は六年前に死んでいるのだから、この叙述は彼女の死に方を遠回しに表現しているように思われる。ジュジャーニーも確信はなかったらしく、「しかし真実を知るのは神のみである」[6]と補足した。私たちが知るのは、グユクの部下がファティマを捕え、ドレゲネが死んだということだけである。

ひそかにファティマを処分するかわりに、グユクは彼女を陰惨な公開拷問にかけた。モンゴル人がふたつの大陸にまたがる帝国を統治し、さらに版図を広げる機会が山ほどあるというときに、モンゴル王室は国家の問題ではなく、この女ひとりの問題にかかりきり、彼女が何をやったのか、彼女に対してどんな罰を与えるべきかに夢中の様子だった。グユクは看守に命じ、身ぐるみ剥がれてロープで縛り上げられたファティマを、公開法廷の御前に引き出させた。衆人環視のその場所で、彼女は、「昼夜を分かたず、食べ物も水も与えられず何日も、ありとあらゆる種類の残酷きわまりない暴力と脅迫を浴びせられた」[7]。殴りつけられ、また熱した金属の鞭で打たれた。こうした公開の拷問は、ヨーロッパ社会の魔女狩りや、キリスト教会の異端審問ならふさわしいが、チンギス・ハンのやり方とは水と油だった。彼は敵を殺害し、苛酷な統治を行なったものの、拷問や、不必要な苦痛を与える懲罰は絶対に避けた。ファティマの場合は女性に対する拷問だから、モンゴルの慣行とはとくになじまなかったのではないか。モンゴル史上、かくも非道な見世物は前例がなかった。

ファティマの拷問は、現在も残っている法典に照らし合わせてみると合法だったと思われる。彼女はモンゴル人ではなく、またモンゴル人と結婚していたわけでもなく、保護を受けられない捕虜という不安定な身分だったからだ。拷問を受けて、ファティマがついに、ドレゲネをはじめ〈黄金の家族〉のメンバーに魔術をかけたことなど一連の罪を自白すると、グユクは残酷さと象徴性において類例のない罰を彼女に科した。彼が命じたのは、ファティマの上半身と下半身のすべての開口部を縫い合わせて、彼女の魂の精髄が体外に出ないようにしたうえ、その体をフェルトの毛布に巻き込んで川に捨てることだった。かくして、グユクの母の側近であり、十三世紀最大の権力を握った女性のひとり、ファティマの生涯は終わりを告げた。

ファティマの公開拷問と処刑が示すとおり、グユクの短い治世は恐るべき復讐に満ちていた。グユクは権力を強固にし、敵を排除する露骨な闘いの火蓋を切った。彼はファティマにかかわりのあるすべての人間を探し出して殺すよう、兵に命じた。さらに、大叔父テムゲ・オッチギンに対する訴訟手続きを開始する。テムゲはチンギス・ハンの血を分けた兄弟のなかで最後に残った弟として、合法的に王位を要求できる立場にあった。そこで、グユクが大ハーンに選出される直前に自分の権利を主張して兵を挙げ、ドレゲネの領土に侵攻しようとしたが失敗に終わる。若いころシャーマンのテブ・テンゲリと争ったときは勝利を占めたテムゲ・オッチギンだが、このたびの甥の息子との対決では生きのびることができなかった。閉め切ったゲルのなかで行なわれた秘密裁判では、グユクみずから指揮を執り、選挙によらず軍事力で大ハーンの地位をねらった廉《かど》で、一族の男たちはテムゲに死刑の判決を下した。

次にグユクは、モンゴル帝国の領土を預かるほかの女たちに目を向けた。チャガタイ一族の領土を治めて摂政の地位にある未亡人を解任し、当時ソルコクタニが摂政として管理していたトルイの資産に関する調査を命じた。ソルコクタニは夫トルイの死後、グユクとの結婚を拒否したいわくがある。グユクは調査のあいだ、彼女と息子たちの配下の兵士を引き渡すよう求めた。こうして東の前線をしっかり自分の指揮下に置いたうえ、大規模な狩猟を行なう名目で兵を集めて西に進める。しかしこの動きは、ロシアにいるバトゥ・ハンに奇襲攻撃をしかける口実にすぎなかった。グユクは以前、ロシアにおける勝利の宴《うたげ》で受けた侮辱に対して、従兄弟に報復したかっただけではない。すべてのハンのなかでヨーロッパの重要性を一番信じていたとおぼしきグユクは、ヨーロッパ征服を完成させ、モンゴル帝国の自分の領土にヨーロッパをつけ加えたかったのである。

いずれにせよ、グユクに公然と反旗をひるがえすのを好まなかったソルコクタニは、彼がかならず奇襲攻撃に失敗するよう、用心深く手配した。ひそかに伝令を送ってグユクの計画をバトゥに知らせたのだ。もしかすると、ソルコクタニはグユク自身に直接手を下したのかもしれない。モンゴル草原の中央部にある一族の本拠地を発つと、四十三歳の一見健康そうなグユクが、突然謎の死をとげた。ハンの地位についてわずか十八か月のこと。たぶん何者かが殺害したのだろうが、殺す理由のある容疑者のリストは長すぎて分析は容易でないし、彼の死の詳細を述べた文書もモンゴルには残っていない。かたや、突如寡黙になったペルシアの年代記編者たちは、「彼の定められた時が来た(8)」とのみ記している。

帝国の中心で政治的抗争が続くなかで、周辺部が崩壊しはじめる。比喩が大好きなジュワイニーはこう記す。「世の成り行きは正直の道筋から逸《そ》れ、商業と公正な取引の手綱は正義の街道から外れた。モンゴルは暗闇のなかにあり、世界という杯は縁まで邪悪な飲み物であふれている(9)」。モンゴル王家とその臣下たちは、「そのときどきで違った方向に引きずり回され、途方に暮れている。ここにとどまる忍耐もなければ、逃げていくことのできる場所も知らないからである」

グユク統治下の短い執行猶予期間が終わると、残された王妃たちの熾烈な闘いが再開された。グユクの未亡人オグル・ガイミシュが、オゴデイ死後の姑ドレゲネに倣ってモンゴル帝国の支配権を握るべく一歩踏み出した。しかしオグル・ガイミシュには姑のような手腕がなく、時の女神も彼女に微笑《ほほえ》まなかった。息子たちが彼女の摂政権と張り合って、対立する宮廷を設立したのがその大きな理由だ。それに対し、生涯にわたり準備を調えてきたソルコクタニのほうは、四人の有能な息子たちの全面的な支持を得て、ここに満を持《じ》して動きはじめる。グユクの未亡人が首都カラコルムにクリルタイを召集するのを待たず、バトゥ・ハンは密かな盟友関係にあるソルコクタニにけしかけられて、一二五〇年、天山山脈にあるイシククル湖のほとりにクリルタイを召集した。モンゴルの外ではあるが自分が赴《おもむ》くのに便利な場所だった。クリルタイはソルコクタニの長子モンケを大ハーンに選出したが、オゴデイ一族は、正当な選挙はモンゴルの正当な国土、とりわけ首都カラコルムで行なわれなければならないという理由で、この選挙への参加を拒否した。カラコルムは自分たち一族の支配下にあるからである。

不屈のソルコクタニは名案を思いつく。彼女には首都を支配する権利はなかったが、チンギス・ハンの末子の未亡人だったから、チンギスが生まれ、大ハーンに選出され、最後に葬られた由緒ある一族の故地は意のままだった。この地で開催されるクリルタイへの出席を拒める者はだれもいない。彼女の盟友バトゥ・ハン自身にはロシアからの長旅は無理だったが、この選挙と即位式のあいだ中ソルコクタニとその一族を守るために、弟ベルケの指揮下にある三万人の警護部隊を派遣してくれた。ソルコクタニはこの聖なる地で第二の選挙の用意を調えた。そして一二五一年七月一日、集まった群衆は、四十三歳のモンケがモンゴル帝国の大ハーンであることを宣言する。今回は開催地について異を唱えることのできる者はひとりもいなかった。

モンケは自分が選ばれた日を祝うために、この日は万人が休息をとり、動物を働かせたり荷を運ばせたりしてはならぬと命令を発した。大地は天幕の杭で引き裂いてはならず、水は汚してはならない。何人《なんぴと》も野生の動物を狩ってはならず、祝宴のために殺さなくてはならない動物も、聖なる大地に血を流すことなく殺すべし——。聖なる日が終わると、一週間におよぶ祝宴が続いた。毎日の祝典で、集まった賓客の腹におさまったのは、三百頭の馬と牛、三千頭の羊、さらにモンゴル人愛用の馬乳を発酵させた酒アイラグ（馬乳酒）が荷車二千台分だった。

この祝典はソルコクタニ畢生《ひっせい》の事業の頂点を飾った。そしてある意味では、ほかのだれよりも彼女の栄誉をもっとも讃《たた》えるものだった。チンギス・ハン自身はどちらかといえば、軟弱で酒に溺れがちの自己中心的な息子たちを育ててしまったのに対し、ソルコクタニは歴史に重大な足跡を残す運命を持った四人の息子を産み、鍛え上げたのである。彼女の息子は全員がハンの地位についた。このあとモンケ、アリク・ブケ、クビライは、すべて大ハーンの称号を得た。そして、もうひとりの息子フレグはペルシアのイル・ハンとなり、その地に自分の王朝を開いた。彼女の息子たちはペルシア、バグダッド、シリア、トルコをすべて征服し、モンゴル帝国の版図を最大規模に押し広げた。さらに彼らは南に進んで中国の宋を征服し、ベトナム、ラオス、ビルマに侵攻する。また、恐るべき暗殺者集団アサッシン〔イスマーイール派の分派ニザール派に対してヨーロッパ人が用いた異称。アラビア語のハシュシャシーン（大麻野郎）に由来すると考えられる〕を滅ぼし、イスラムのカリフを処刑した。

オゴデイとグユクの一族は、選挙そのものは終了したものの祝典がまだ続くうちに、遅れて到着した。オゴデイ一族のなかで重きをなす三人の王子たちが、いきなり天幕のなかへ大股で踏み込むや、新しい大ハーンに敬意を表したいと告げる。即位したばかりの大ハーンは全員を捕えて鎖につないだ。この王子たちの到着は宮中の人びとの気を逸らす策略で、そのかんにオゴデイ一族の者たちが近くに集まり、祝宴で酩酊した人びとに奇襲攻撃をかけるつもりだと、すでにモンケのスパイから報告があったのだ。モンケはこれから攻撃をかけようとしていた連中をいともたやすく捕え、裁判を開始する。モンケといえども、チンギス・ハンの子孫にかぎって、だれひとり拷問にかけたり、血を流させたりすることはできなかった。かわりに、ほとんどがイスラム教徒と中国人からなる彼らの側近を引き出し、鞭打ちの拷問にかけて主人に不利な告白をさせた。結審までに、モンケは従兄弟たちにさまざまな罪状があることを知る。王子たちのうちふたりは、口いっぱいに小石とごみを詰め込まれて死んだ。側近のなかには自殺をとげた者もいる。モンケはオゴデイの一族と近親者を全部で七十七人処刑した。

モンケが男たちの裁判を指揮するいっぽうで、彼の母親は自分の宮廷で女たちを裁いた。ソルコクタニは不運な摂政オグル・ガイミシュ妃を捕えさせ、ほんの少し手心を加えた形でファティマの処刑を再現した。オグル・ガイミシュは両の手にぐるりと牛の生皮を縫いつけられ、人前にさらして笑いものにするために丸裸にされたうえ、フェルトにくるんで溺死させられたのである。もうひとり、一族の年配の女性も同じ憂き目にあった。そして三番目の女は毛布に巻かれて蹴り殺された。

モンケ・ハンは裁判の範囲を自分の宮廷からさらに広げ、帝国中あますところなく調査隊を派遣して大粛清を行なった。[10] 取調官たちは、モンケ一族に不忠の行為を働いた疑いのある者はだれでも引っ捕えて審問し、有罪判決を下して処罰した。こうした裁判が東は中国、モンゴルから、南はアフガニスタン、西はペルシア、イラクにいたる世界的規模で行なわれた。ウイグルの統治者のような最高位の役人たちも処刑された。しかし、一番被害を受けたのは〈黄金の家族〉そのものだった。モンケは亡き叔父チャガタイとオゴデイの一族から、敵の支持者をしらみつぶしに探し出す決意を固めていたらしい。モンケはカラコルムとその周辺の領土をオゴデイの子孫から奪った。帝国中で、幸運にも特別法廷による処罰を免れた統治者や高官たちは、なおカラコルムに出向いて新しい大ハーンの前に出頭し、忠誠を尽くしたかどうかの記録をさらに審査される。その場合もまだ処罰される恐れが残っていた。この試練を生きのびた高官たちはようやく、新しい大ハーンによってもとの地位に返してもらえる。オゴデイ一族に対する大規模で血なまぐさい粛清が終了すると、モンケ・ハンは政治に関係ない囚人や捕虜に大赦令を出した。

権力ははっきりとトルイの一族に移っていった。ソルコクタニは息子たちが権力の座につくのを妨げる最後の障害を打ち砕いた。そして、息子たちがもはや〈黄金の家族〉のどの一族からも脅かされる恐れがないことを知りつつ死んでいった。彼女の偉業をもっとも的確に述べているのは、シリアの歴史家パル・ヘブライオス〔一二二六〜八六年〕である。彼は、「もし私が女という種族のなかにこのような女性をもうひとり見つけたら、女のほうが男よりはるかにすぐれた種族だと認めねばなるまい」[11]と書いている。世界史上、ソルコクタニほど広大で豊かな帝国を息子たちに与えた者はいない。しかし、母の死後何年も経たないうちに、四人の息子たちはこの帝国を分裂させはじめる。

一二五二年二月、モンゴルの新年の祝日のころ、亥《い》年の暮れか子《ね》年のはじめに、ソルコクタニは死去した。一二四一年にはじまった女性統治者の十年間は、彼女の死とともに終わりを告げる。彼女らは互いに対立しながらも、大いに必要とされていた外部の人材をモンゴル政府内部に組み込み、その助けを借りて、モンゴル帝国に僧院や学校、書籍の印刷、思想や知識の交流といったものの基礎を築いた。これらの女性統治者が創始した新しい制度や機関は、男たちがモンゴル世界大戦を再開したのち、モンゴル帝国内部だけでなく外側の世界にまで大きな影響をおよぼすことになる。しかしそれが満開の花を咲かせるには、もう一戦《ひといくさ》待たなければならない。

孫たちの分裂

一二五一年にモンケがモンゴル帝国の大ハーンに即位したのは、一二二七年に彼の祖父チンギス・ハンが死んでほぼ四半世紀後のことになる。モンケは自分について、「余はわが祖先の定めた法に従う。ほかの諸国のやり方をまねることはしない(12)」と語った。この言葉は彼の施政と、母ソルコクタニの薫陶による真面目な人柄を端的に表わしている。モンケは実直な人物で、オゴデイの軽薄さもグユクの無謀さも見せなかった。おまけに〈黄金の家族〉では唯一、過度の飲酒にはまることがなかった。

モンゴル帝国の大ハーンとしての正統性を強め、歴史をもっと自分の側《がわ》に引き寄せるために、一二五二年に、モンケは遡って自分の父親に大ハーンの称号を贈った。授与の法的根拠となったのは、トルイがチンギス・ハン の末子であり、したがって「炉辺の王子（オッチギン）」なのだから、亡父の郷土のみならず、その称号も受け継ぐ資格があるという点だった。

モンケは自分の領土を確保するさい、新しく手に入れた首都カラコルムに関心を持った。この地は二十年間、オゴデイ一族の権力の中心でありシンボルだった。しかし、モンケはこの地味な都市を、いわばオゴデイ一族の屋敷からモンゴル帝国の堂々たる首都に変えようとしたのである。この地は、オゴデイがカラコルムを建設する以前はケレイト族に属し、とくにオン・ハンとその一族のもので、それにはモンケの母でありオン・ハンの姪であるソルコクタニも含まれていた。

モンケは首都に自分の足跡を残す必要があった。オゴデイはすでに中国とペルシアの建築家を登用していたから、モンケはヨーロッパ戦で捕えたキリスト教徒の名匠に目をつけた。ヨーロッパ建築には興味がなかったが、金細工師の技術には感銘を受けたのだ。彼の軍隊がベオグラードを占領したとき、パリの金細工師ギヨーム・ブーシエ(13)を捕虜にしていた。この捕虜は、キリスト教の礼拝用具をつくる技術を持っていたためソルコクタニに与えられたのだが、彼女の死とともにモンケの弟アリク・ブケのものとなっていた。モンケはブーシェと五十人の助手を選んで、モンゴルの首都にヨーロッパの異国情緒をつけ加えることにした。しかもそれは、彼の宮廷を訪れる人びとの度肝を抜く、大規模で風変わりな様式のものだった。

カラコルムでモンケの宮廷を訪れた使節は、宮殿のなかにある珍奇なしかけについて述べている。銀その他の貴金属でつくられた大木の彫刻が宮殿の庭の真ん中にそびえ立ち、宮殿にのしかかるように大きく枝を広げていた。小枝は建物の内部や垂木《たるき》にまで伸び、大枝からは銀の果物が下がり、木の幹には四匹の金の蛇が巻きついている。木のてっぺんには、やはり銀で鋳造された天使が小脇にラッパを抱えて誇らしげに立つ。木のなかには空気の入った管が何本も入り組んで伸び、だれにも姿を見られずに召使いがその内部に入っては、管を巧みに操って魔術めいたことをやってのける。ハンが客人に酒を勧めたいと思ったときは、機械じかけの天使がラッパを唇に運んで吹き鳴らす。すると、木の根本にしつらえた大きな銀製の水盤に、蛇の口から酒が噴水のごとくほとばしる。管によってそれぞれ、ワイン、黒馬乳酒、米の酒、蜂蜜酒、という具合に異なる酒が出た。

カラコルムの銀の木にからまった四匹の蛇は、モンゴル帝国が広がる四つの方角を象徴的に表わしていた。そして珍しい異国の産物である葡萄、ミルク、米、蜂蜜からつくった四種類の酒も同様だった。樹木は草原では珍しかったが、チンギス・ハンがひとつにまとめ上げたモンゴル族発祥の地である故郷では、重要な役割を持っている。モンゴルの口承によれば、モンゴル族を統一しようとした最初の祖先はコルコナグ草原の一本の木の下でハンに即位し、その同じ場所で、メルキト族との戦のあとにテムジンとジャムカがアンダの誓いを立てたという。カラコルム宮殿にそびえる木の不思議なしかけは、モンゴル族の起源と、すべての方角に向かって世界中を制覇すべき使命とを、目にも鮮やかに想起させるものだった。世界の中心に巨木のごとくそびえ立つモンゴル帝国の支配下にすべてを置くという責務を、モンケ・ハンは担ったのである。彼はその使命を、まさにモンゴルの天命として、また彼自身が果たすべき義務として受け入れた。

モンケの西欧寄りの傾向を示すもののひとつとして、キリスト教が一時的にモンゴル宮廷で優先されたことがある。この趨勢は、〈黄金の家族〉内にキリスト教徒の妻妾が多数いたことと、グルジアやアルメニアのようなキリスト教国がつねに変わらぬ忠誠を示したことによって強められた。一二五三年、丑《うし》年の暮れ近く、フランチェスコ会の修道士ギヨーム・ド・ルブルクがフランス王の使節としてモンゴル宮廷を訪れた。彼の書いたもののなかに、モンゴル宮廷内部におけるキリスト教と他の宗教との対立関係について、一貫した、詳細には欠けるけれども興味深い記述が見られる。滞在中ルブルクは、たまたまモンゴル王室がクリスマスを祝うのを目撃する機会に恵まれた。もっとも彼自身は、王室の人びとのために「ヴェニ・サンクテ・スピリトゥス」（来ませ、みたまよ）を歌う以外の役割を果たしたわけではない。モンケ・ハンとその妻は教会で、祭壇の向かい側にある金色の長いすに腰かけてミサに与《あずか》った。アッシリアのキリスト教の慣習に則《のっと》って、教会の内部にはけばけばしい飾りも彫像の類も一切なかったが、教会の垂木は絹でおおわれ、教会の建物にゲルのような雰囲気と外観を与えていた。ミサがすむと、モンケは司祭と少しばかり宗教談義をしてから帰っていった。彼の妻はあとに残り、すべての会衆にクリスマスの贈り物を配る。ルブルクは贈り物として織物を差し出されたものの辞退した。しかし、かわりに彼の通訳がその布を受け取り、のちにキプロスで売り払っているところを見ると、ルブルクがわざと無礼を働いたことに王妃は気づかなかったようだ。

贈り物の分配が終わると、クリスマスの祝典は赤ワイン、米でつくった発泡酒、そしていたるところに登場する馬乳酒のグラスを挙げてはじまった。フランスから来た使節は、王妃のためにふたたび歌わなければならなかった。何回か乾杯が続いたあと、やっと大皿に盛ったマトンと鯉の料理でクリスマスの聖餐がはじまる。この料理は塩もパンもなしに供されたと、ルブルクは軽蔑したように書き残している。「私は少しだけ食べた。彼らは日の暮れるまでこのようにすごした」(14)。クリスマスのミサと祝典が終わると「王妃は酔っぱらって馬車に乗り込み、司祭たちが飲めや歌えの騒ぎに興じているなかを帰っていった」

モンゴルのクリスチャンは神と光の関係を強調した。なかでも、モンゴルの神話で聖なるものとされている「金の光」と神のかかわりは大切だった。また彼らはイエスを、病気の治癒および死に対する生の勝利と結びつけた。共通の宗教を持つにもかかわらず、ルブルクはモンゴル宮廷内にいるアッシリア、アルメニア、東方正教会のキリスト教徒を強く憎んでいた。カトリック教徒以外はすべて異端者とみなしたため、五世紀にコンスタンティノープルの総司教まで務めながら、四三一年のエフェソス公会議で異端として罷免されたネストリウスになぞらえ、アッシリア教会に集うモンゴルの会衆を軽蔑気味に「ネストリウス派」と呼んでいる。アッシリア人の信仰のなかでルブルクが異端とするのは、聖母マリアがキリストの母ではあっても神の母ではないとする点だった。モンゴルのクリスチャンにとって死や血を描写するのはタブーだったので、十字架にかかるキリストの肖像を描くことを断固拒否する点でも、カトリック教徒とは違っていた。モンゴル人は自分がキリスト教徒だと認める場合も、宗教がまず自分の本質を表わすものとは考えていなかった。キリスト教を信じるモンゴルの将軍のひとりが説明したとおり、彼はクリスチャンではなく、何よりもモンゴル人なのだ。

フランスの使節を数か月も待たせたすえ、一二五四年五月二十四日、モンケはようやく彼を公式に宮廷へ迎え入れた。ルブルクは政府高官たちに、自分は神の言葉を知っており、それを広めるためにやってきたのだと告げる。そこに集められたさまざまな宗教の代表者たちを前にして、モンケは彼に神の言葉を説明するよう求めた。ルブルクは二言三言ぎこちなく話しはじめ、キリスト教徒にとって「神を愛せよ」という教えが重要であることを強調した。それに対して、イスラム聖職者のひとりが疑わしげに尋ねた。「神を愛さない人間がいるでしょうか」(15)

ルブルクは答えた。「神の教えを守らない者は、神を愛してはいないのです」

今度は別の聖職者が彼に質問する。「あなたが神の教えをご存じなのは天国におられたからですか」。それから、彼はルブルクが神の教えについて述べた言葉の言外の意味をとらえて、あからさまに彼に挑んだ。「この言葉であなたは、モンケ・ハンが神の教えを守っていないとおっしゃるのですか」

討論はしばらく続いたが、ルブルク自身の言葉によれば、ときにとげとげしくなる討論に彼がうまく対処できなかったのは明らかだった。カトリックの基本的な前提となる教義を共有しない人びとと議論を戦わすのに慣れていなかったのである。モンケ・ハンはルブルクがぶつかった問題を察し、出席の学者たち全員が時間をかけて自分の考えをもっと明確に書き記したのち、この問題についてさらに充実した討論を再開するよう提案した。

あらゆる種類の競技会を好むモンゴル人は、相撲大会を開くのと同じ方式で対立する宗教の討論会を催した。討論会は決められた日に、一団の審判官が監督して開かれる。今回モンケ・ハンは、キリスト教、イスラム教、仏教から三人ずつ審判を出し、彼らの前で討論するよう命じた。大勢の聴衆がこの催しを見ようと詰めかけた。討論会は非常に真剣で形式ばった雰囲気のうちに開始する。政府の役人は、モンケが望む線で討論が進むようにきびしい規制を設けた。「何人《なんぴと》といえども死の苦しみについて議論することはまかりならぬ(16)」

ルブルクその他のクリスチャンたちはイスラム教徒と組んでひとつのチームをつくり、仏教の教義を論破しようとした。これらの聖職者たちが盛装に身をただして埃《ほこり》っぽいモンゴル平原の天幕に集《つど》ったとき、彼らがはじめようとしていたことは、ほかのいかなる学者や神学者の会合でも行なわれたことのない、史上初の試みだった。キリスト教の宗派が多々あるなかで、それほど多くの宗派の代表がこの集まりに出席したとは思えないし、彼らがイスラム教と仏教のさまざまな宗派の信者たちと対等に議論を交わしたのでないことは確かだ。宗教学者たちは、何の武器も用いず、君主や軍隊の権威を借りることもなく、それぞれの宗教の信条や思想の基盤について論じなければならなかった。自分たちの思想がどのくらい説得力があるかを試すのに、言葉と論理しか使えなかった。

第一試合で、ルブルクは中国北部出身の仏教徒とぶつかった。仏教徒はまず、世界はどのようにして創られたのか、そして死後に霊魂はどうなるのかと訊いてきた。ルブルクは、仏僧が間違った質問をしており、第一に何はさておき万物の根源である神について論じるべきではないかと反論した。審判はルブルクにまず軍配を上げる。

彼らの議論は、善と悪、神性とは何か、動物の霊魂はどうなるか、輪廻転生はありうるか、神が悪をつくったかどうかなどの諸問題をめぐって行きつもどりつした。さまざまな宗教の聖職者たちは討論を進めながら、そのときどきの論題に応じて連携を結んだり解いたりした。モンゴル相撲の力士たちは、一試合終わるごとに馬乳酒を飲む慣わしがあったが、この伝統に則って、学者たちもひと勝負すませるたびに、次の論戦に備えてしたたか酒を飲んだ。

どちらの側も、なんら相手を説得することができなかったようだ。酒が効いてくると、キリスト教徒はとうとう論議で説得するのをあきらめて歌にもどった。歌を歌うことのないイスラム教徒は、キリスト教徒の歌声をかき消そうとばかりに、大声でコーランを唱えはじめる。かたや仏教徒は、ひたすら黙想に耽った。討論会は最後まで、互いを改宗させることも殺すこともならず、学者たちの集いはモンゴルで行なわれるたいていの祝典と同じ終わり方をした。出席者全員が酔いつぶれて、続行できなくなったのである。

学者たちがカラコルムで討論をくり広げているころ、彼らの宗教仲間たちはモンゴル帝国の外側の世界で、互いを切り刻んだり、生きたまま焼き殺したりしていた。モンゴルでルブルクが論陣を張っていたのとほぼ同時期に、彼のうしろ盾であるルイ九世は、タルムード〔ユダヤ教の律法とその解説の集大成〕の文献その他、ユダヤ教関係の書物を残らずかき集めようとおおわらわだった。敬虔なるクリスチャンである王は、ヘブライ語の写本を山のように積み上げて火をつけた。ルブルクがフランスを留守にしているあいだに、彼の同胞は手書きで注釈のついたユダヤ教の書籍を約一万二千冊焼却処分する。教会は、これらの焚書およびイエス・キリストの福音を広める偉大な奉仕活動を是とし、ルイ九世を聖ルイ王として聖人の列に加えた。以後ルイ九世は、善良なクリスチャンが見習うべき崇敬《すうけい》の的となり、人と神の仲介者として祈りを捧げられる存在となった。

これと同じ時期に、イスラムの王国とキリスト教国の統治者は、宗教に対する不寛容を国策とした。聖地を征服し東ヨーロッパに侵入しようとする試みを阻《はば》まれたため、ローマカトリック教会は国内のさまざまな異教に対して寛容さを失った。一二二五年、カトリック教会は異端の教えを信じている疑いのある者に拷問をかけることを容認する。主としてドミニコ修道会の司祭たちが街から街へ巡り歩き、容疑者を見つけ出しては拷問にかけた。それまでは、俗世の支配者が犯罪容疑者や反逆者、戦争捕虜を尋問するのに拷問を利用したが、聖職者が宗教上の目的で拷問を行なうことはなかった。

カラコルムでの討論会から数日後、モンケ・ハンはルブルクを呼び出し、彼に別れを告げて故国に送り返した。ハンはこれを機に、司祭と、彼を通じてヨーロッパの統治者たちに、自分がどの宗教の信者でもないことを説明した。さらに、寛容と美徳に関するモンゴル人の信念をルブルクに説いて聞かせる。「われらモンゴルの民は唯一の神を信じ、その神によって生かされ、死んでいく。そして神に対してわれらは嘘偽りのない心を抱く。……神はわれらの手にそれぞれ異なる指をお与えになったように、人間にもそれぞれ異なる生き方を与えられた。汝《なんじ》らに対して神は聖書を賜ったが、汝らキリスト教徒は聖書の教えを守っていない(17)」。モンケはその証拠として、クリスチャンが正義より金《かね》を重んじることを引き合いに出した。さらに説明は続く。「神は聖書のかわりに、モンゴル人には聖なる人、シャーマンを与えたもうた。日々の暮らしで、われらはシャーマンの告げることを行ない、互いに仲良く暮らしている」

モンケ・ハンはその後、フランス王ルイ九世に書簡を送った。そのなかで彼は、天には唯一無二の「久遠の神」がおられ、地には神の御子であられる唯一の君主チンギス・ハンと、モンゴル帝国を治める彼の子孫がいると簡潔に述べている。チンギス・ハンの死後につけ加えられた救世主的な語り口を別にすれば、この言葉のおもな内容はモンゴル帝国の創設者が晩年に表明したものと変わらない。そして、ひとたびすべての人類がモンゴル帝国の寛大な統治に服すれば、「久遠の神の御力により、日の出ずるところから日の沈むところまで全世界がひとつになって、喜びと平和のうちに日々を送るであろう(18)」とも記した。しかしモンケは、フランス人とすべてのキリスト教徒に次のような警告を発している。「もしも汝らが久遠の神の意志を聞き、理解したにもかかわらず、『フランスはモンゴルから遠い。われらの山は険しく、海は広い』などと言って神の教えに心を向けず、信じようともせず、思い上がってモンゴルに刃《やいば》を向けるようなことがあれば、そのときは目にもの見せてくれよう」

ルブルクに対して神学的な審問を試みたにもかかわらず、モンケの興味はまず第一に外交と交易にあって宗教にはなかった。モンケの統治下で、モンゴル帝国と〈黄金の家族〉の全エネルギーがふたたび注がれるのは、宋（南宋）および中東のアラブ諸国の征服だった。これは、もともとチンギス・ハンが企てたけれども果たさずに終わった大事業である。モンゴル帝国をふたたび軌道に乗せるために、モンケは一連の国勢調査を行ない、果樹園や農場などの国有財産の数、人と動物の数を記録させることにした。各地の役人たちからカラコルムに送られてくる膨大なリストによって、モンケはこの巨大な帝国の詳しい人口統計と経済情勢を把握することができた。この情報を利用して政策を考え、税を定め、兵士や労働者を補充した。中央集権的情報管理によって、彼は地方に対する権力を強め、地方の役人をより確実に掌握できるようになった。

新たに戦をはじめるには、経済を安定させ、政府の支出を抑え、過去十年間にグユクその他の統治者たちが積み上げた莫大な負債を清算しなければならなかった。グユクはつかのまの破滅的な治世のあいだに、莫大な量の物品を購入した。また、商人に代金を一種の小切手で支払い、必要とあらばいつでも金銀に交換すると約束していた。グユク亡きいま、地方の役人や相談役の多くは、ハンが発行した手形の支払いをしようとしなかった。しかし先見の明があるモンケは、自分がグユクの債務を履行しなければ、外国の商人たちは今後モンゴルとの交易を嫌がるようになるだろうと察していた。負債を返済するというモンケ・ハンの決断について、ジュワイニーは「いったいどの歴史書に書いてあるだろうか……ある王が別の王の負債を支払ったなどと」[19]と問いかけている。

紙幣を扱うことに慣れていない交易の世界[20]では、信義と潔白を守ることが通貨制度を維持するうえでいかに大切かを、モンケはよく理解していた。チンギス・ハンは一二二七年の死の直前に、貴金属や絹によって価値を保証された紙幣の流通を承認している。紙幣の流通は、その後着実に伸びていったわけではなかったが、モンケ・ハンの治世までには、金貨や銀貨には必要なかった発行制限を行なわなければならないほどふくらんでいた。モンケは、前の政権が紙幣や借金証書を場当たり的に発行したことで招いた危険を認識していた。そこで一二五三年、紙幣の発行を調整し規格化する財務省を創設する。この部門の長官は、紙幣の乱発とインフレーションによる価値の低下を防ぐために、紙幣の管理を集中的に行なった。

モンゴルは傘下の各国に、従来その国が用いてきた通貨単位と重量で貨幣の鋳造を続けることを認めたが、同時にスへと呼ばれる銀本位制度を設けた。スへは五百に分割した銀塊で、それが各属国の通貨単位と換算される。こうしてスへをもとにさまざまな通貨を標準化したことにより、商人と行政機関の両者にとって、金銭の計算と通貨の交換で生ずる面倒な問題が解決した。通貨の標準化のおかげで、モンケ・ハンは租税を地方の産物ではなく貨幣で徴収できるようになる。いっぽう通貨制度の確立は、標準化された国家予算編成を可能にした。税を物品ではなく貨幣で受けとる場合が、ますます多くなったからである。穀物、矢、絹、毛皮、油その他の物資を役人が租税として集め、再配分するのではなく、政府自身が貨幣を動かすようになっていった。史上はじめて、中国からペルシアまで標準的な会計単位が用いられるようになる。モンゴル政府が貨幣を管理しているかぎり、政府の力を割《さ》かずに物資の移動を商人にまかせることができた。

モンゴル帝国の財政基盤が安定した一二五三年春、モンケはカラコルムで小規模なクリルタイを開いて兄弟と近親者を呼び集め、新しい政策と国家事業の計画を話し合った。モンゴル帝国の中核をしっかり掌握したいま、自分たちは何をなすべきかがクリルタイのテーマだった。チンギス・ハンのふたりの息子、オゴデイとチャガタイの家族は崩壊し、資産の大半を奪われていた。第三の分家であり、ソルコクタニと有効な同盟関係を結んだジョチの子孫は、すでに事実上の独立を許され、ロシアとヨーロッパの領土を意のままに支配していた。モンケ・ハンはふたたびモンゴル帝国の領土拡張に乗り出す用意ができていたが、これはチンギス・ハンの孫にあたるほかの多くの従兄弟たちではなく、まず自分と自分の兄弟を利するものでなければならなかった。

モンケはヨーロッパの珍しいしかけやデザインこそ好んだものの、ふたたびヨーロッパ方面に戦線を広げることにはなんの関心も示さなかった。彼の興味は、チンギス・ハンが生前考えた、中国南部の宋とアラブ・ペルシアのイスラム文化圏とを視野に入れた二面作戦にもどっていた。モンケは兄弟のなかで軍事的経験が一番豊富な弟フレグに右翼軍を託し、バグダッド、ダマスカス、カイロなどアラブ諸都市の攻撃をまかせた。経験には欠けるが中国文化に造詣《ぞうけい》の深いクビライには、左翼軍を率いて宋を征服するよう命じた。大ハーンとして、モンケ自身はモンゴルの中心にとどまり、末の弟で一家の「炉辺の王子」アリク・ブケも残して国の運営を手助けさせることにする。一二五三年五月、フレグとクビライは祖父の命でもあり、いままた長兄が断固決行の意を示したふたつの征服を完成させるために発っていった。

侵攻にあたってかならずモンゴル軍が行なうとおり、フレグはすでに中央アジアに先遣隊を送り出していた。先遣隊は、本隊の通過に備えて充分な牧草を確保するため、進軍の道筋にいる動物の群れをすべて立ち退かせた。フレグは先遣隊に敵の戦力を探らせ、大部隊が脅威を与える前にまず同盟を結ぶかどうか、敵との外交交渉に入らせた。主力部隊は馬を肥やすために夏に集結した。伝統的なモンゴル方式では、戦は冬季のみ行なわれる。稲妻のごとく進み、同時に複数の方向からイスラムの都市に接近したチンギス・ハンの部隊とは異なり、フレグの部隊はわざとゆっくりと人目につくように移動した。フレグがともに進軍していたのは、たんなる遊牧民の軍隊ではなく、遊牧民の帝国だったのだ。フレグはチンギス・ハンの部隊よりはるかに大規模な中国人の工兵隊を擁し、それをさらにヨーロッパ人の職人たちで補強して、橋や弩《ど》、その他の兵器をつくらせた。また大規模な医療部隊に加え、大部隊を管理する書記と事務官も大勢、引き連れていた。進軍しながら糧食を自己調達した祖父の兵士たちとは対照的に、フレグのキャラヴァン隊には多種多様な軍人たちを養うために、小麦、米、ワインをどっさり積んだ荷車がたくさん同行していた。

フレグにとって究極の目標は、アラブの文化と経済の中心地、首都バグダッドの征服にあった。しかしそこに達するには、途中にあるいくつかの反抗的な地域に、もう一度モンゴルの権威を思い知らせなければならなかった。なかでも最大の難題は、イスラム教シーア派に属するイスマーイール派の分派、ニザール派の要塞だった。彼らはアフガニスタンからシリアにかけて散らばる、最大百もの服《まつろ》わぬ山城に身を隠していた。そのうちとくに重要なのは、ペルシア北部にある「アラムート」（鷲の巣）

だった。「アラムート」のメンバーは、イマーム、首領、山の長老などさまざまな称号で知られる世襲の指導者の命令に絶対服従した。神がイマームを選んだと信じる彼らにとって、イマームは無謬《むびゅう》だったのである。たとえ俗人の目にどれほど奇妙に映ろうと、すべてのことを神の啓示にもとづいて行なうイマームに、教育など無用の長物だった。彼に従う者たちは、一見不合理な決まりであれ、度重なる法の変更であれ、さらにはもっとも神聖な戒律の逆転であれ、すべて人類に対する神の意図として受け入れた。

通常の軍隊を持たなかったにもかかわらず、イスマーイール派は非常に巧妙なやり口で恐怖をかき立て、暗殺を行なうことによって、途方もない政治的権力を行使した。この集団がいかにして成功を勝ち取ったのか、いかなる秘密を抱えているのかについては数多《あまた》の伝説が生まれ、今日なお虚実が明らかでないほどだが、この宗派が単純で効果的な政治的戦術をひとつ持っていたことは間違いない。自分たちになんらかの点で反対する者がいれば、だれかれかまわず殺害したのだ。それが指導者や権力者なら、なおさら殺して当然だった。教団が引き入れた若者たちは、イスラム教の殉教者として即座に天国入りが果たせるという確信のもと、死をいとわず敵を襲った。教団の城塞の特別の庭園で、若者たちが大麻や俗世の愉楽をたっぷり味わわされて教団に誘い込まれる様子を、中国、ペルシア、アラブの文献が異口同音に記している。彼らが首領のために死ねば、そんな幸福が天国で待っているはずだった。いったん入団すると、首領は若者たちを鍛えた。彼らを服従させ、恐怖心を麻痺させる目的で、つねに大麻を与えて支配した。イスマーイール派にとって麻薬が非常に重要な役割を果たしたので、周囲の人びとは彼らのことを麻薬常用者を指す「ハシュシャシーン」(*hashshashin*)という名で呼んだのだろう。時を経て、この名前は「暗殺者（アサッシン）」（*assassin*）という言葉[21]に転化する。殺人者たちが自分を奮い立たせるために実際に麻薬を用いていたかどうかはともかく、この名詞は高官の暗殺犯を指す言葉として多くの言語に広まっていった。

以前チンギス・ハンがこの地域に攻め込んだとき、アラムートの首領は進んでモンゴルへの服従を誓った。チンギス・ハンがホラズムのチュルク語系民族のスルタンを破り、モンゴル軍の大半を引き揚げたあとに生じた数十年におよぶ権力の空白状態のなかで、アサッシン派は大いに勢力を伸ばした。モンケ・ハンが王位につくと、アサッシン派は強大なモンゴル軍がふたたびこの地にもどってきて、自分たちが新たに築いた権力の座を揺るがすのではないかと恐れた。フレグによるアサッシン派攻撃の口実にすぎないかもしれないが、アサッシンの首領がモンケ・ハンへの服従を申し出るように見せかけて、ハン暗殺を狙う特別の訓練を受けた使節団をカラコルムに送り込んだと記す年代記編者もいる。モンゴル軍は彼らを追い返して暗殺を防いだが、この事件によって、モンケ・ハンはアサッシン派を徹底的に壊滅させ、その要塞を打ち砕くことに決めたのである。

フレグの軍勢がアサッシン派の牙城に到着するより先、酒に溺れ堕落した首領は側近の不満分子に殺され、父と同様無能な息子が首領の座についていた。フレグは厳重に防備を固めた城塞をひとつずつ攻め落とすことの難しさを考え、もっと手間がかからない簡単な方法を編み出した。首領が担う神聖な役割を利用すべく、フレグは彼を捕えることに全力を注いだのだ。巨大な軍事力を行使するいっぽうで、首領が降伏を申し出た場合は寛大に扱う意向を示した。モンゴル軍はイスマーイール派の要塞に砲撃を加え、兵士たちは要塞の急斜面をみごとによじ登って守備兵に奇襲をかけた。兵力と火力を組み合わせた熾烈な攻撃と、降参すれば哀れみをかけるという呼びかけが功を奏して、一二五六年十一月十九日、首領の座についた一周年記念の日にイマームはモンゴルに降《くだ》った。

ひとたびイマームを配下に置くや、フレグは彼をイスマーイール派の城塞から城塞へと引きまわして、配下の者たちに降伏を命じさせた。イマームに進んで協力させ、戦が終わるまでは幸せな気分にひたらせておくために、ラクダの闘いや交尾を見るという異常な趣味に耽るのを大いに奨励したり、女をあてがったりした。一二五七年春、アサッシン派の城塞がすべて落ちると、イマームは自分がもはやモンゴル軍の役に立たなくなったのを悟り、大ハーン・モンケその人に会うためにカラコルム行きを許可してほしいと願い出た。おそらく、生きのびるために何か計略をめぐらしたのだろう。フレグは彼をモンゴルへの長旅に送り出した。しかしかの地に着いてみると、モンケは接見を拒否した。それどころか、モンゴルの警備兵はイマームとその一行をカラコルム近郊の山地に連れ出して、踏み殺した。

アサッシン派を壊滅させたいま、イスラム世界でもっとも大きくて豊かな都市バグダッドへ進軍するのに、さえぎるものは何もなかった。イスラム世界では、イスマーイールがテロリスト過激派として非主流派の位置を占めるのに対して、ティグリス川に面した首都バグダッドは都市のなかの都市であり、全イスラムの中心として君臨していた。アラビア半島の中心部にあるメッカは依然としてイスラムの聖地だったが、政治と商業の重要な中枢となるには、人口密集地からあまりにも遠かった。イスラム教が創始されて一世紀あまりのち、七六二年にバグダッドが築かれると、この街はアッバース朝の首都としてアラブ世界の中心となり、カリフは全イスラム世界の名目上の首長として君臨した。アッバース朝の当代の首長はカリフとして統治するとともに、預言者ムハンマドの第三十七代目の後継者であり、したがって彼は俗世の最高権力者であるばかりでなく、全イスラムの象徴的な指導者の地位も占めていた。事実上、彼は皇帝と教皇を合体した存在だったのである。

バグダッドは、『アラビアン・ナイト』あるいは『千一夜物語』の伝説的な語り手シェヘラザードの街であり、五百年にわたってイスラム世界の富が注《つ》ぎ込まれた都市だった。そしてカリフはこの富を、宮殿、モスク、学校、私設庭園、公《おおやけ》の場の噴水などに濫費した。バグダッドは豪華な大浴場と、人も物もごった返すバザールの街だ。この街は多数派のイスラム教徒の需要に応じるだけでなく、たくさんのキリスト教徒の宗教的な中心地ともなっており、彼らはこの地に教会を建てた。またユダヤ人の文化的中心でもあり、数知れぬシナゴーグや学校がつくられた。大都市はティグリス川の両岸にそって広がり、橋で結ばれている。そして、街の中心部は堅固な城壁で守られていた。

通例のモンゴル外交どおり、フレグは攻撃にかかる前に、法に照らしてカリフを難詰する文書を持たせて使節を送り込んだ。フレグが非難したのは、カリフが以前チンギス・ハンに忠誠を誓ったにもかかわらず、イスマーイール派鎮圧のさいに援軍を送ってこなかった点である。モンゴル側から見れば、かのイマームと同じく反抗的な家臣であり、同じ運命をたどってもおかしくない。いますぐモンゴルに屈して過去の過ちを償わなければ、バグダッドを征服し、カリフを引っ捕えると、フレグは脅しをかけた。イマームと同じくモンゴル軍の恐ろしさを理解できなかったカリフは、モンゴルの要求ははばかげているとせせら笑った。全イスラム世界がカリフの独立を守るために立ち上がり、異教徒の国がアラブの首都バグダッドを占拠するのを阻むだろうと、不遜に言い放つ。さらに、もしモンゴル人が戦を続けるなら、イスラム教徒はモロッコの大西洋岸といったマグレブ〔日没の地の意味。現在ではアラビア半島から見て西のアラブ世界、モロッコ、アルジェリア、チュニジアなどの地域を指す〕の遠隔地からでも、異教徒の敵を殺しに駆けつけるだろうと断言した。神もイスラム教徒も、バグダッドが神を信じぬ者たちの手に落ちるのを断じて許すまい——それが、カリフのふてぶてしい回答だった。

一二五七年十一月、カリフが神と全イスラム教徒を代弁する力を持つはずがないと信じて、フレグはバグダッドへの進軍を開始した。バグダッドへ近づく足取りこそチンギス・ハンより注意深かったものの、歴戦で実証されたモンゴル式の戦術と戦略は祖父ゆずりだった。自軍を補強するために、フレグはチュルク語系諸民族だけでなく、アルメニアやグルジアなど属国の軍隊も召集した。こうして軍勢を増やしたモンゴル軍は、主力部隊が大きな弧を描いて北と東から接近するあいだ、ほかの部隊は北と西から近寄った。歴史的に、ティグリス川とユーフラテス川はメソポタミアへの外敵の侵入を防ぐ自然の障壁として役立ってきたが、モンゴル軍はさまざまな箱船を利用して自由に川を上り下りすることができた。侵攻するモンゴル軍は、進軍の道筋にあたる地域の人びとを、安全な城塞都市バグダッドに逃げ込むよう仕向ける。一二五八年一月の最後の週までに、モンゴル軍はこの都市を取り囲み、城壁外の広い周辺地域を占拠して、街の人口を避難民で最大限にふくれ上がらせた。

フレグは攻撃前、この街のキリスト教徒と密かに連携し、バグダッド内部の政治的・宗教的・民族的な分裂を利用しようと図った。多くの部下だけでなく、自分の母親もふたりの妻もキリスト教徒だったフレグは、中東のキリスト教社会と交流を温め、彼らの尊敬を勝ち得ていた。また、グルジアやアルメニアのようなキリスト教の属国とも良好な関係を保っていた。これらの関係を生かして、キリスト教徒の使者がバグダッドの街とモンゴル軍の幕営地のあいだをこっそり行き交い、フレグにはきわめて重大な偵察結果をもたらすいっぽう、街のなかのキリスト教徒や少数派の人びとには、モンゴル軍が彼らを特別寛大に扱うとの約束を伝えた。フレグが統治するようになった場合にキリスト教徒が受けられる特典として、キリスト教の司祭が宮廷で叩頭《こうとう》するのを免除した。彼らは神の前でしか頭を下げないことになっているからだ。フレグは、いつ牙をむくかわからないイスラム教徒の大海に身を置く少数派として、バグダッドに住むキリスト教徒の不安を利用した。最後にはイスラムの支配から解放されるという、キリスト教徒やユダヤ教徒の抱く夢をふくらませてやったのである。

カリフも自分の利益のために、モンゴル人とキリスト教徒の密接なつながりを利用しようと図った。キリスト教会のカトリコス〔アルメニアやアッシリアの教会の主教〕を呼び寄せ、彼とイスラムの聖職者を派遣してモンゴル軍との交渉に当たらせる。カリフは正式に降伏し、莫大な貢ぎ物を捧げ、モスクにおける金曜日の祈りを大ハーンの名で読み上げて、モンゴルの支配に屈することを公式に認めると申し出た。フレグはその申し出を一笑に付す。このような些細な成果に甘んずるには、勝利はあまりにも手近だった。地上でもっとも豊かな都市の財宝がひとつ残らず、楽々と自分の手に入る寸前に応ずる話ではなかった。

モンゴル軍は、使えそうなものならどんな材料でも利用して即席に武器をつくり上げる伝統の力を発揮した。付近にある一番大きなものは、アラブ人が何世紀にもわたって育ててきた丈の高いナツメヤシの木だった。彼らはその木を切り倒し、木の幹を破壊力の強いミサイルに仕立てて、市内めがけて発射した。モンゴル軍がロシアの都市でやってのけたときのように、大都市バグダッドをぐるりと取り囲むほどの木材はなかったが、フレグは深い溝と塁壁で街を囲い込んで、凄まじい砲撃を開始する。戦闘で火炎放射器を使うことは知っていたアラブ人も、この時点まで火薬兵器に遭遇したことはなかった。

モンゴル軍は、従来どおり火薬を詰めた筒や火矢をゆっくり発火させるのではなく、火薬をすばやく発火させるために、充分な酸素と結合できるよう火薬の配合を改良した。こうした瞬間的な燃焼によって、火が燃えるのではなく爆発が起こった。モンゴル軍はこの爆発を利用して、多種多様な投射物を発射した。モンゴル側の技術者は、ひとりで操作して矢尻や金属の投射物を発射できる小型の発射管をつくり出した。この種の爆発には竹よりも強い材料が必要だったので、鉄で管をこしらえた。扱いやすくするために、この小さめの発射管には木製の柄が取りつけられ、大型の発射管は移動しやすいよう車に搭載された。大きな発射管が発射するのは、榴散弾《りゅうさんだん》〔弾体内に多数の石や金属のつぶてが詰めてある弾丸〕か、衝撃によって二次爆発を起こす火薬の詰まった陶製ないし金属製の砲弾だった。モンゴル軍は、発煙弾、初歩的な催涙弾、簡単な迫撃砲弾、焼夷弾など各種取り合わせて、あらゆる形式の砲撃を行なった。非常に強い力で投射物を発射できる爆発装置を開発していたから、本物の大砲を用いたといっても過言ではない。モンゴル軍はバグダッドの防御壁の一か所に砲撃を集中させ、ついに打ち破った。

これほど遠距離からの砲撃を受けたバグダッド市民たちは混乱して怯え、街の守備兵は苛立《いら》った。それまで、自分たちの武器が届かないところから攻撃された経験がなかったのだ。火薬兵器に加えて、モンゴル軍の工兵は城壁の土台を切り崩すために、一種の地雷のようなものをほぼ完全に使いこなす技術を獲得していた。これらの新兵器の導入はすべて、実際の戦闘や殺し合いからできるだけ離れたところに身を置きたいというモンゴル人の性向に添っていた。フレグが堰《せき》を破壊し、ティグリス川の流れを変えて、カリフ軍の幕営地を水浸しにしたおかげで、兵士たちはバグダッド市内に避難せざるをえなくなった。街をぐるりと取り巻く水の壁は、木の壁がロシアの都市住民に与えたのと同様の心理的影響をバグダッド市民におよぼした。一二五八年二月五日、モンゴル軍はバグダッドの城壁を破り、その五日後にカリフが降伏する。この街からの略奪態勢を調えるために、フレグはバグダッドの住民に、武器を引き渡し、すべての所有物を残して出ていくよう命じた。守備隊はこの命令に服さず、街を飛び出して逃亡を試みたが、モンゴル軍に追跡され、斬り殺された。

フレグがキリスト教徒の部隊を送り込んで略奪を行なわせようとしたところ、市内には多くの人びとが退去命令に従わずにまだ自分の家に隠れていた。命令に従わなかった罰として、侵略者は人びとを殺戮した。モンゴル軍の命令によって、この街の教会やキリスト教徒の財産は略奪を免れて保全された。フレグはカリフの宮殿のひとつをカトリコス・マキハに進呈した。バグダッド市内のキリスト教徒は、外から入ってきた信者たちと合流して略奪を行ない、イスラム教徒を虐殺した。彼らにとって、それはついに訪れたイスラムからの解放の日だった。モスクを汚《けが》し破壊するキリスト教徒の胸の内から、何世紀にもわたる憎しみと怒りが噴き出した。彼らは多くのモスクをキリスト教の教会に変えた。アッバース朝の領土のいたるところで、またその国境の外でさえ、キリスト教徒たちは喜びにあふれて解放を祝った。アルメニアの年代記編者は、彼らのこの上ない喜びを次のように描いている。

「バグダッドの街が築かれてから五百十五年の歳月が流れた。バグダッドは世界に君臨しているあいだ、飽くなき蛭《ひる》のごとく、全世界の富を呑み込み続けた。いまや世界は、これまで取り上げられてきたすべてのものを取り返した。バグダッドは、これまでに流してきた血と、犯してきた悪のために罰を受けた。邪悪は杯の縁に達した」(22)。都市の略奪は十七日間続く。そのかん、侵略者たちはあるいは意図的に、あるいは偶然に、街を焼いた。

フレグはキリスト教徒に、長く続いたアッバース朝のカリフたちが眠る墓の破壊を許した。そのうえで、捕虜になった当代のカリフを、市外に構えた自分の幕営地に召喚した。アルメニアの年代記編者アクネル〔アルメニアの地名〕修道院の司祭グリゴルによれば、フレグは三日間、飲まず食わずの状態でカリフを監禁し、それから外に連れ出すと、彼のものだった金銀財宝をその眼前に山と積み上げた(23)。フレグはバグダッドから略奪した富の山を指さし、カリフに黄金を食べるよう命じたと伝えられる。カリフが食べられないでいると、自分の身を守る軍隊をつくらずにただ貪欲に富を貯め込んだと、彼を罵《ののし》った。その後、カリフと男子の後継者たちに死刑を宣告したが、高い身分の死刑囚に対し最後に払う敬意として、モンゴル流に処刑されるという名誉を与えた。血を流さない死である。前記のものとは別の年代記によれば、彼らは絨毯に巻かれるか、袋のなかに縫い込まれて、モンゴル兵士に蹴り殺されたり、軍馬に踏み殺されたりしたという。

西からのヨーロッパ十字軍や東からのセルジューク・トルコ族が、二世紀がかりで奮闘しても達成できなかったことを、モンゴル軍はわずか二年でやってのけた。彼らはアラブ世界の中核ともいえる地域を制覇した(24)。以来、二〇〇三年にアメリカとイギリスの軍隊が乗り込むまで、非イスラム教徒の軍隊がバグダッドもその他のイラク地域も攻略することは二度となかった。

モンゴル軍がアラブに侵攻したのと同じ時期に、地中海沿岸の一連の城塞や小都市を占拠していた十字軍は、モンゴル軍の接近を慎重に見守っていた。ところがバグダッドが陥落するや、いまこそモンゴルと手を結んで勝利の分け前に与る機会だと見て取ったのである。モンゴル軍がバグダッドを去って、さらに西方のダマスカスをめざしたとき、十字軍の騎士、アンティオキア公ボヘモンドは、自軍を率いて地中海側からダマスカス攻撃に馳せ参じる。同時に、モンゴル軍を援助すべく糧食その他の必需品も差し入れた。同じくセルジューク・トルコのスルタンも、モンゴル軍の攻撃に参加しようとアナトリアから軍を派遣する。

ダマスカスは事前降伏し、バグダッドと同じ運命を免れた。まもなく、モンゴルの兵士たちは再度地中海の浜辺に達する。十八年前の一二四一年、バトゥ率いるモンゴル軍はヨーロッパ経由で地中海に到達した。そしていま、二度目の到着はアジア経由だった。フレグはカラコルムの兄弟たちのもとを出て以来七年のあいだに、約六四〇〇キロメートルにおよぶ遠征を行ない、その途上にあるすべての都市を征服ないし再制覇して、数百万のアラブ民族、チュルク語系諸民族、クルド人、ペルシア人を、なおも発展途上にあるモンゴル帝国の民とした。

誕生以来六世紀が経って、イスラム教は急成長をとげ、そのかん二、三の周辺地域では支配権を失ったが、これほどの規模で異教徒の支配に屈したことは皆無だった。チンギス・ハンのブハラ侵攻からバグダッドとダマスカスの陥落にいたる四十年間は、イスラムの歴史上もっとも低迷した時期にあたる。十字軍が少数の港にわずかばかりの足がかりを得たのとは異なり、モンゴル軍はインダス川から地中海にいたるイスラムの王国と都市をすべて制覇したのである。アジアのイスラム領土はほぼ全域が征服され、残るはアラビア半島と北アフリカのみだった。

キリスト教徒たちの喜びはこの上ないものだったろう。アルメニアの年代記には、モンゴル軍がイスラム教徒をどう扱ったかということよりも、イスラム教徒に対するキリスト教徒の軽蔑と嘲《あざけ》りを生き生きと描き出した出所不明の話が載っている。この物語によれば、フレグはアラブ人を打ち負かしたあとで、アルメニアに十万頭の仔豚を注文し、(25) アラブの各都市に二千頭ずつ配った。そして市民たちに、街のど真ん中で豚を飼い、餌として毎日アーモンドとナツメヤシの実を与え、土曜日ごとに仔豚を石鹸できれいに洗ってやるよう命じた。年代記編者はさらに、モンゴル軍はすべてのアラブ人に豚肉を食べることを義務づけ、拒絶した者は全員首をはねたというばかげた話もつけ加えている。

当時、モンゴル帝国は全イスラム世界を呑み込むかに見えたが、実際のところ西への侵攻は限界に達していた。モンゴルはそれ以上、この方向に広がることはなかった。イタリアの商人がキプチャク人やロシアのスラヴ人を捕まえてきて、エジプトのマムルーク王朝のスルタンに売った。この奴隷たちの軍隊がエジプトから進軍して、アイン・ジャルート（現イスラエルのガラリア海に近いゴリアテの泉の地）でモンゴルの分遣隊に遭遇する。モンケ・ハンの死から一年経った一二六〇年九月三日の朝、マムルーク軍がモンゴル軍を破った。モンゴル帝国は西の果てに達したのだ。

フレグがおさめた軍事的成功、そして中東全域におよぶ土地と人びとの徹底的征服と比べれば、クビライが挑む宋王朝の転覆と中国南部の領土併合は、モンゴルにとってすぐ手の届きそうな現実というより、依然として遠い夢のままだった。明らかにクビライは軍事的経験に欠けており、それが隘路《あいろ》となって使命を果たせずにいた。ヨーロッパと中東で戦った兄弟たちと違い、クビライは生涯の大半をゴビ砂漠の南にあるモンゴル領土内ですごしてきた。彼はその地で、モンゴル帝国の中心カラコルムの宮廷よりいっそう壮大で豪華な宮廷を営んでいた。戦闘よりも宴を楽しむクビライは、肥満し、重い痛風を患っていたため、馬上で部下の勇気を鼓舞する指揮官とはかけ離れた存在だった。兄のモンケ・ハンから南進して中国を攻めよとの命令を受けたのち、クビライの軍は宋の西にある国境ぞいの王国をいくつか相手にして、そこそこの勝利をおさめる。クビライが宋を攻める戦の準備を念入りに調えているのは一目瞭然だったが、その行動はひどく緩慢だった。モンゴル帝国を拡大するうえで障害にぶつかっていただけでなく、彼自身が治める領土のなかでも、道教と仏教のあいだで起こった覇権争いによって宗派間の暴力沙汰が激化し、クビライの統治になおさら影を落としていた。

クビライは勝利のニュースを知らせ、貢ぎ物を満載したキャラヴァン隊をカラコルムに向かわせる代わりに、戦の遅延と予期せぬ事態を弁明する言葉をしばしば送った。クビライに同情的な学者のひいき目な説明によれば、彼は衝動的にではなく慎重に準備を調えてから事を進める、思慮深く分別ある指導者で、中国とモンゴル双方の最高峰の戦術と軍隊を併せ持つ指揮官だということになっている。それほど彼に対して好意的でない説では、彼はモンゴル人特有の戦への適性を欠いており、モンゴル軍全体の勝ち戦の勢いと、配下の将軍たちの卓越した軍事能力のおかげで、なんとか失地を免れたのだという。

明らかにこの事態に不満なモンケ・ハンは、クビライにかかわるさまざまな問題を探らせるために、何度も調査官を派遣する。クビライの施政に多くの欺瞞《ぎまん》と腐敗を見出した調査官たちは、クビライ配下の高官多数を処刑し、クビライの財政上の特権といくつかの任務を剥奪した。調査官たちは、オゴデイ一族を粛清したときとよく似た物騒なやり方で事を進める。クビライの権力だけでなく、彼の命すら風前の灯かと思われた。

モンケはクビライをカラコルムに召喚した。うわべは財政上の違法行為を釈明させるためだったが、おそらくもっとさまざまな問題の説明を求めてのことであり、そのうち最大のものは、宋に対して軍事的成功をおさめることができずにいる点だった。クビライは側近の勧めをいれて兄に反抗することはせず、命じられたとおりカラコルムに出向いて、兄の慈悲を請うた。彼が恥も外聞もなく悔悟の念を示し、こびへつらうように忠誠を誓うと、モンケ・ハンも表向きは弟を許して仲直りした。しかし、ふたりのあいだの緊張の底流をなす原因を解決したことにはならなかった。また表面的な和解によって、宋に対して勝利をおさめるという究極の目標に近づいたわけでもない。失望したモンケ・ハンは、新しい計画を考え出す必要に迫られた。

フレグの軍勢がバグダッドめざして進軍していた一二五七年の秋、モンケ・ハンは聖なる山ブルカン・カルドゥンに近く、オノン川に面したコルコナグ渓谷の森林地帯に、小規模なクリルタイを召集する。チンギス・ハン一族にとって馴染みの場所だ。クリルタイの場でモンケ・ハンがはっきりさせたのは、彼自身が兵を率いて宋と戦わなければならないということだった。少なくとも彼の宮廷の者たちには、それをはっきり理解させた。モンケ・ハンは、ヨーロッパの戦役で幅広く活躍し、モンゴルの全将軍のなかでも一番完璧の域に達したスベエデイのもとで鍛えられていた。二年前にこの師匠と死に別れたあと、宋との戦に赴くことのできる将軍のなかでは、おそらくモンケ自身がもっともすぐれていた。モンケは、来るべき戦役で自分が留守になるあいだのカラコルム中央政府の行政と、みずからの跡取り息子の養育を、末の弟アリク・ブケにすべてまかせた。モンケ・ハンはクビライに、自分の領土にもどって道教と仏教の武闘派間にくすぶる宗教上の争いにかたをつけるよう命じ、自身はもっと重大な戦闘の指揮を執ることにした。

モンケは祖父の基本的な戦術をしっかりと見習って、大きな攻撃目標を狙う前にまず弱小地域に攻撃をかけた。モンケの場合、これはまず宋の西方にあたる四川の周辺と、南西にあたる雲南で戦うことを意味した。それからおもむろにモンゴル軍の網をすぼめて、大きな獲物を捕えることになる。モンゴル軍がこれらの地域を手に入れられれば、宋をあらゆる方角から攻めることができる。一二五八年五月、フレグがバグダッドを破ってわずか三か月後に、モンケ・ハンは軍を率いて黄河を渡った。そして一年も経ずして、シベリア国境の冷たいオノン川から南方の高温多湿の地までがモンゴル領土となる。

モンケは、周辺地域にある王国を速やかに降《くだ》したのち、戦闘をはじめて二年足らずで、本命の宋に向かって進撃を開始する。ところが、気温が上がりひどく暑くなった。攻め入る土地の気候は、モンケと配下の兵士たちがモンゴルやヨーロッパ戦役で経験したものとは大きく異なっていた。モンゴル兵の多くが、おそらく赤痢であろう出血性の下痢に苦しみはじめ、いくつもの疫病に倒れていく。モンケ・ハンも病にかかったものの回復し、それから突然、一二五九年八月十一日に死去した。あらゆる年代記が異なる死因を挙げている。中国人はコレラで死んだと述べ、ペルシア人は赤痢だったと言い、また戦場で矢に倒れたという説もある。モンケ・ハンの死はモンゴル帝国を凍りつかせ、前進はそこで止まった。

モンゴルの指導者たちは、これまで三人の大ハーンが死去したときのように、新しい大ハーン選出に参加するため故郷の地に飛んで帰ることはしなかった。その代わり、各派閥はすでに自分の手にある領土の保全にとりかかったのである。中東では、つい最近勝利を手にしたばかりのフレグが、モンゴル帝国のなかでもっとも豊かな土地や都市を占拠していた。彼が支配する富は、モンゴルのほかの地域が束になってもかなわなかった。ロシアを統治する従兄弟たちが保有していたアゼルバイジャンの価値ある牧草地を、彼はすでに自分のものにしていた。フレグにもっと多くの土地を取られるのではないかと恐れて、従兄弟たちは自分の領地をしっかりと押さえ、選挙のためにモンゴルにもどるのを拒否した。中東にいるフレグも、ロシアに住むジョチの子孫がその名で知られるようになる〈黄金のオルド〉も、モンゴルの大ハーンの称号をめぐって言い争いをするために、自分がすでに握っているものを手放す危険は冒したがらなかった。

モンゴル帝国はモンケ・ハンのもとで最大規模に達した。彼はチンギス・ハンの子孫のなかで、帝国全体に大ハーンとして認められ、受け入れられた最後の人物だった。以後は多くのハンが帝国のさまざまな地域を統治し続けることになって、彼らの多くがチンギス・ハンの正統の後継者であり、大ハーンの称号を受け継ぐ権利があると主張したが、だれひとりとして、ほかのすべての派閥や親族に認められることはなかった。モンケ・ハンは第二次モンゴル世界戦争をはじめたものの、それを終わらせることはなかった。この戦は勝敗がつかず、立ち消えになっただけだった。

モンケの兄弟たちは、さほど重要でない戦を続けながら、外部の敵よりもっぱら兄弟を敵にまわして戦った。クビライの関心は突然、宋を離れ、カラコルムからモンゴルを統治する末弟アリク・ブケに向かった。彼らはそれぞれ、自分の領土に別々のクリルタイを召集した。ふたりの競争者の違いはもとより、もっと重要な要素として、この両者を取り巻く人びとの違いは鮮明だった。クビライはアリク・ブケよりも高い教育を受け、中国文化が勢力をふるう農耕地帯に領土を与えられていた。いっぽう、〈黄金の家族〉から満幅の信頼と賛同を勝ち取ってはいなかった。クビライは都市と建物を好み、宮殿にいても天幕のなかと変わらず快適にすごせた。そのうえ、中国語を話すことすらできたかもしれない。伝統的なモンゴル風の暮らしから逸脱することにより、クビライの身辺にはつねに異国の香りのようなものが漂っていた。

クビライのコスモポリタン的な個性[26]とは対照的に、アリク・ブケは草原の男、自分の馬から離れることはめったにないモンゴルの男の生き方を貫いた。末っ子で、父と同じく一家のオッチギン（炉辺の王子）だったから、大ハーンの座を要求する権利があった。彼の父は死後、モンケによって大ハーンの座を贈られていたのである。またアリク・ブケは、〈黄金の家族〉のなかで信頼されていた。クビライの尊大な態度は、何かとほかのメンバーの疑惑を招くのに対して、アリク・ブケは、領土を取り上げられるのではないかという不安を兄弟に与えることがなかったからだ。モンゴルの法に則って、アリク・ブケはモンゴルの根拠地でクリルタイを開催する。モンケの未亡人と息子たちは、正統かつ最高の後継者として彼を支持した。ふたりの兄、フレグとクビライを除いて、一族のメンバーの大半も同じ意見だった。一二六〇年六月、すべての分家の代表者が、カラコルムのクリルタイにおいてアリク・ブケが大ハーンであることを宣言した。

しかし、クビライもクーデターをやってのけた。中国人の大臣たちの忠告をいれ、クビライは自分の領土にクリルタイを召集する。彼の配下の者以外はほとんどだれも姿を現わさなかったが、そんなことは意に介さず、この小さな集いは彼が大ハーンであると高らかに宣言した。クビライは中国人の臣下の忠誠を勝ち取るべく、同じ一二六〇年のうちに自分が皇帝であることを加えて公布し、「中央統治」[27]という意味の「中統」という元号を選んだ。これは、中央に自分の宿営を設け、配下の軍を左翼と右翼に配するモンゴルの大ハーンの称号を中国風に翻案したものである。

この大ハーン選出が、モンゴルの基準から見ていかに伝統から外れていようと、クビライは配下のモンゴル人部隊と同様、中国人の部隊にも強大な力をおよぼした。さらに重大なのは、カラコルムの人びとが生きていくのに絶対必要な食糧の流通を、彼が支配している点だった。モンゴルの草原都市の人口は、地元の動物だけでは生きていけないほどふくれ上がり、カラコルム周辺の土地は、外国からの農民たちをいくら励ましても、農耕には不向きなことがはっきりしていた。クビライが管理する農地から充分な食糧が絶えず供給されなければ、カラコルムの人びとはこの街から逃げ出すか、飢えに直面するしかなかった。

クビライはまず食糧の供給を絶ち、それからカラコルムを陥落させるために軍を送った。アリク・ブケは果敢に戦ったが、兄が率いる圧倒的な規模の中国人部隊の前にはなすすべもなく、敗退の一途をたどった。カラコルムは速やかにクビライの手に落ちたが、一二六一年には、つかのまアリク・ブケの手にもどる。その後さらに二回ほど、相争うハンの軍は刃を交えたが、しだいにアリク・ブケ・

ハンの軍は弱体化していった。年上で装備もすぐれ、おそらく弟より頭のいい兄クビライに、弟のアリク・ブケはけっして勝てまいと踏んだ同盟国に見捨てられるようになると、アリク・ブケ軍は萎縮しはじめた。

さらにアリク・ブケは、モンゴル人にとって最悪の事態に直面していた。モンゴル語でゾドと呼ばれる冷害による動物の大量餓死である。一二五〇年から一二七〇年にかけて、モンゴル地方は低温に見舞われた[28]。モンゴルのように生き物がぎりぎりの条件下で生育する地域では、毎年気温がほんの数度変化するだけでわずかな降雨量が大きく減少し、牧草の生長を阻むことになる。その結果、動物の健康が損なわれ、死にいたる事態が起こる。強健な馬も充分な食糧もなく、すでにクビライ・ハンからの豊かな農作物の供給も絶たれたアリク・ブケの同盟軍にとって、もはや戦闘の継続は不可能だった。一二六三年の冬はとりわけきびしく、翌年の春までに、もはやアリク・ブケには国家としての独立を保つ力がなくなっていた。部下を食べさせることができなくなったアリク・ブケは上都に赴き、一二六四年にクビライに降った。

延々と続いた争いの末にふたりの兄弟が出会ったとき、クビライはアリク・ブケに、正式に恭順の意を示すよう強要した。王族の集まりを前にしてクビライは弟を尋問し、大ハーンの座をめぐって争ったふたつの側のうち、どちらが正しいのか言えと迫った。アリク・ブケの答えは、敗北を喫しながらも誇り高いものだった。「あのときはわれわれの側が正しかった。そしていまはあなたの側だ」[29]。遠方にいるフレグも含めて、一族のほかのメンバーはクビライが公然と弟を辱めることに苦々しい反応を示し、苦言を呈した。クビライはあらためてモンゴル本来の領内にクリルタイを召集して、アリク・ブケの運命を定め、中国で行なった前回の選挙のような汚点を残さずに、自分を正統の大ハーンとして承認させようとした。クビライの圧倒的な軍事力にもかかわらず、〈黄金の家族〉は出席を拒んだ。モンゴルを統治しているのはクビライだという現実は認めつつも、自分たちが大ハーンとして支持したアリク・ブケの刑事裁判に加わりたいと思う者はだれもいなかったのである。自分の領地を離れ、帰ってこられないかもしれない危険を冒すほど、クビライを信用している者は皆無だった。クリルタイに定足数が欠けたこともあって、クビライは弟を許した。しかし、弟の支持者の多くは裁判にかけられて処刑される。アリク・ブケに対する唯一の処罰は、少なくとも公には王族からの追放だった。その後まもない一二六六年に、まだ壮年のアリク・ブケが急病に倒れて死亡したのは、謎めいたことではあるが、クビライにとっては好都合だった。毒を盛られたことはほぼ確実だ。

いまやクビライは大ハーンの座を占めていた。世界最大の軍隊を支配下に置き、地球上でもっとも人口の多い国家のひとつを統治していたが、この勝利は法外に高くついた。モンゴルの王族や臣下のなかには、彼の大ハーンとしての正統性を認めようとしない者もいた。また、せいぜい形の上では認めるふりをしたものの、実際は彼を無視し、次の世代を期して断続的に辺境での戦を続行する者もいた。

カラコルムのあの「銀の木」の四つの泉のごとく、いまやモンゴル帝国は四つのおもな行政区画に分裂した。クビライは中国、チベット、満州、高麗、モンゴル東部を治下に置いたが、モンゴル地方と満州に自分の統治を受け入れさせるのには絶えず苦労しなければならなかった。〈黄金のオルド〉は東ヨーロッパのスラヴ諸国を統治下に置き、一貫してクビライを大ハーンと認めなかった。フレグとその子孫が統治したアフガニスタンからトルコにいたる領土は、「忠誠を誓う帝国」を意味するイル・ハン国として知られるようになる。ペルシア文化が何世紀にもわたってアラブに支配されたあと、ふたたび姿を現わし、現代のイランの基礎を築くことになるのはこの地である。もっとも伝統的なモンゴル族は、中央の草原を占拠した。「モグーリスタン」という名で知られるようになるこの地域は、北はカザフスタンとシベリアに端を発し、中央アジアのトルキスタンを超え、南はアフガニスタンにおよんで、現代のモンゴルをすっかり包み込んでいた。しばらくのあいだ、ここはオゴデイとドレゲネの孫にあたるカイドゥのもとで、どうにか統一を保っていた。カイドゥはブハラから統治し、クビライ・ハンに対抗する勢力となったが、以後数世紀が経過するうちに、この地域は何度となく細分化される。

　カラコルムは、クビライの指揮のもと、モンゴ

ル人自身によって略奪され、事実上破壊されるときまで、わずか三十年間しかモンゴル帝国の首都の役割を果たすことができなかった。その短いあいだだけ、カラコルムは世界の中心であり、世界の回転軸だった。カラコルム略奪のなかで、「銀の木」も分解され、荷車で運び去られてしまった。

第3部

グローバルな目覚め

1262～1962

アジアはわれわれを貪《むさぼ》りつつある。
どちらを見てもタタールの顔ばかりだ[1)]。

トーマス・マン『魔の山』

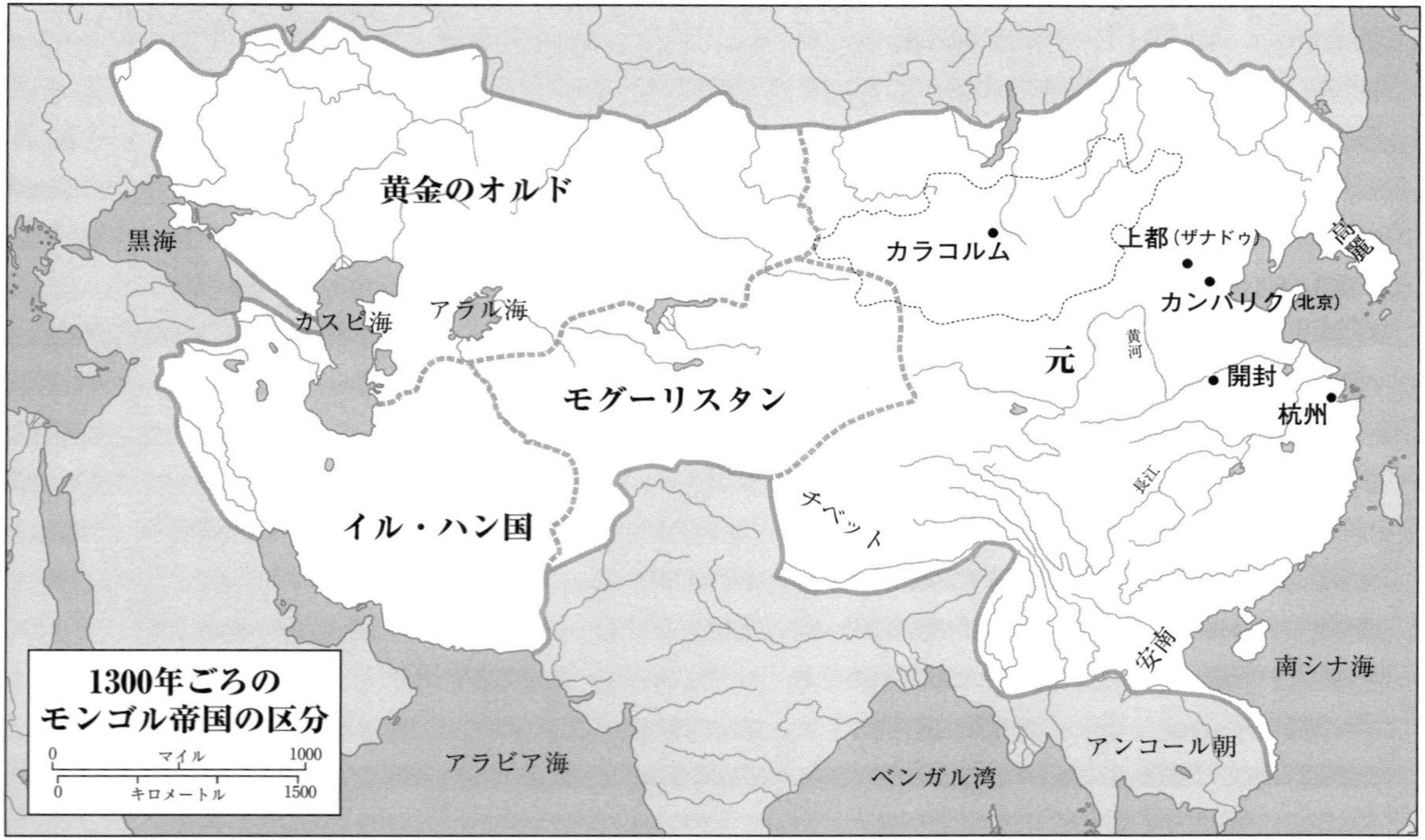
1300年ごろの
モンゴル帝国の区分
0 マイル 1000
0 キロメートル 1500
黄金のオルド
黒海
カスピ海
アラル海
モグーリスタン
イル・ハン国
チベット
カラコルム
上都（ザナドゥ）
カンバリク（北京）
高麗
元
黄河
開封
杭州
長江
安南
南シナ海
アンコール朝
ベンガル湾
アラビア海

第八章――クビライ・ハンと新モンゴル帝国

この偉大なハンは、臣下の数においても、領土の広さにおいても、持てる富においても、世界最大の人物だった(1)。

――マルコ・ポーロ

中国人よりも中国人らしく

クビライ・ハンのすぐれた特質は、いかにモンゴル軍が強大で、その武器が進んだものであっても、武力だけでは中国全土を征服することはできないと悟っていた点にある。祖父のような軍事的技量には欠けていたにせよ、クビライが一族のだれよりも知力にすぐれていたことは明らかだ。抜け目ない戦略をめぐらす才があり、うまい考えを思いつくだけでなく、それを実行に移す能力も持ち合わせていた。彼はこれらの才能を自分の領土の経営に用いたが、さらに重要なのは、領土を南方に拡張するのに活用したことである。最後には、彼は公《おおやけ》の政治によって、祖父が荒々しい武力では達成できなかったこと、すなわち地球上でもっとも人口の多い国家、全中国の征服と統一を成就した。彼は世論を巧みに操作して人びとを味方に引き込んだ。その過程で強力な武力は重要ではあったが、絶対的な役割を果たしてはいない。彼は中国の首都を築き、中国名を使い、中国の王朝を創設し、中国の政治の基本方針を定めた。クビライは中国人よりもっと中国人らしく、少なくとも宋王家の人びとよりさらに中国人らしくなることで、中国の覇権を握ったのだ。

その歴史の大半を通じて、中国は偉大な文明国ではあったが統一国家ではなかった。教養あるエリートは文語、古典文学、書画、その他の高度の文化を共有していたが、一般庶民はつねに変わるモザイクのような国境線に囲まれながら、つかのまの王朝と支配階級に統治され、さまざまな言語を話した。そんななかで教養あるエリートは、すべての人びとが単一の政府のもとで暮らすという果たせぬ夢にしがみついていた。ときたま単一の指導者や民族が、いくつかの国を寄せ集めて一時的な統一国家をつくり上げ、あらためて中国統一という手の届かない希望を抱かせる。こうした短い統一の合間に、ひとつの中国という概念は理想として、またロマンティックなイメージとして、中国の知識階級の詩、書、随筆に絶えず姿を現わした。

これまでの指導者と異なり、クビライ・ハンはこのような知識人に統一国家への夢を実現する魅惑的なチャンスを提供した。草原の蛮族という低い出自《しゅつじ》にもかかわらず、彼は宋の統治者よりも、この中国古来の夢を果たす実力があることを証明して見せた。天はその使命を間違いなくクビライその人に与え、やがては疲弊した宋が存続に必要な活力を失って滅びる日がやってくる——クビライの行動はすべて、それを中国人に信じ込ませるために考え抜かれていたといってもおかしくない。

クビライは、最初に祖父が草原の諸部族を統一したとき直面した多くの問題に、自分もぶつかっているのがわかっていたらしい。つまり、膨大な数の異民族をいかにひとつのまとまりを持った政治的統一体にできるかという問題である。チンギス・ハンの場合は、それぞれ十万人に満たない小部族の集合体だったが、クビライが直面する課題は、それぞれ数百万の人口を抱える国家をどう結びつけるかだった。二世代前のチンギス・ハンと同様、クビライ・ハンは単一の民族性を核として国家を築くことから難題に着手した。しかし中国人のしっかりとした支持を得なければならなかったクビライの場合、その核となる文化の主体は中国であってモンゴルではなかった。そこで多種多様な人びとを長く存続しうる強力な統一体として結びつけるために諸制度を立て直し、創設したものも少なくない。

一二六〇年に弟アリク・ブケと覇権を争ったさい、クビライはモンゴルの名称を中国語に直した元号を決めていた。しかし一二六四年には、元号を「すべてのはじまり」という意味の「至元」に変え、そののち一二七一年には、これをもとに「偉大なるはじまり」という意味の王朝名「大元」を考え出した。モンゴルの王朝はこの名称で正式に中国史に名を残すことになる。改元は中国の民にとって新たなはじまりを意味するだけでなく、モンゴルの臣民にとっても同様に新しい出発となった。クビライはチンギス・ハンとは違う意味で、祖父に劣らず途方もない冒険に乗り出したのだ。

皇帝として、また新しい王朝の開祖として、クビライは自分のイメージを中国風にしようと試みたが、それは自分を中国人にとって受け入れやすい存在にするだけでなく、魅力的なものにするためでもあった。一二六三年、クビライはわが一族の先祖を祀る寺院の建立を命じる。ただし、大臣たちに先祖を敬う伝統的な中国の儀式を執り行なうように指示しながら、クビライ自身は彼らからかなり離れた場所に身を置いた。死にまつわるものは何であれ避けたがるモンゴル人特有の気風のせいだろう。翌年までには、モンゴル族の祖先のために中国式の慰霊碑をひととおり建てた。新しいモンゴル王朝の創設を宣言したのち、一二七七年には亡き祖先たちに中国名を贈り、八つの区画を持つ大寺院を建立した。ひとつは一族の創始者であるイェスゲイ・バアトルとホエルンのため、次はチンギス・ハン、そしてチンギス・ハンの四人の息子それぞれのため、あとはグユク・ハンとモンケ・ハンのためだった。ジョチ一族はクビライ一族のもっとも忠実な味方だったので、新たに編まれた一族の正史では、ジョチは正統の家族の一員として正式承認されている。モンケが死後になって父のトルイを大ハーンの座につけたように、クビライは中国皇帝の座を父トルイに与えた。彼はすべての祖先たちの肖像画を中国風に描くように命じたので、祖先たちはモンゴルの武人というより、中国の賢人めいて見えた。

クビライは強い軍隊と巧みなプロパガンダの利用価値は認めていたが、彼の戦略の第三番目の要素はすぐれた政治と政策だった。中国の上流階級は強く惹きつけたものの一般庶民にはそれほど重視されなかった孔子の教えにはかならずしも従わず、国民の支持を集め、自分がよそ者の支配者だということを忘れさせるためには、能率的な統治体制の構築に努めた。この目標達成をめざして、和平工作委員を任命し、新たに征服した地域に住む漢民族と良好な関係を取りもどす一助とした。委員会がまず手をつけたのは、戦争によるダメージを修復すること、そして寺院や神社など、人びとが心から大切にする公共建造物への軽視を改めることだった。

中国の強力な指導者と映るためには、クビライは、あちこち移動する天幕の宮廷でも、現在の内モンゴル自治区の上都につくったにわか仕立ての建物でもなく、本物の都市に建つ堂々たる宮殿が必要だった。はじめてクリルタイを開いて大ハーンを名乗ったのが上都だったので、この街は彼にとって特別の意味を持ってはいたが、とくにこれといった利点はなかった。上都は、中国人にとって異質で野蛮そのものの遊牧地帯にあるばかりか、祖父がかつて中国の諸都市に襲撃をかけ略奪を行なう足場として利用した場所だ。クビライは自分を、こうした負の歴史から切り離そうと努めた。

クビライは上都を夏の宮殿として、また狩猟のための野生動物保護区として温存しつつ、黄河流域の豊かな農作物を利用しやすいもっと南方に、真の中国式帝都建造を計画した。クビライが選んだのは、彼が生まれた一二一五年にチンギス・ハンが征服したもと女真の首都、中都の地だった。一二七二年、クビライは新首都の建設を命じ、これを運河によって黄河と結びつけることにした。モンゴル人はこの地をカンバリク（カンの都）と呼び、中国人の臣下は大都（偉大なる首都）と呼んだ。この都はやがて現代中国の首都北京へと発展していく。クビライはイスラムの建築家と中央アジアの職人を招いて、首都を新しい様式のものにしようとしたが、どこか草原の遊牧民の好みと定住民文化との折衷となった。

当時、中国の都市にはたいてい曲がりくねった路地が迷路のように走っていたが、クビライが建設した首都は対照的に、南北に幅広い通りがまっすぐ走り、それと直角に交差して東西の街路があった。通りの端の城門を守る衛兵は、街をずっと見通して反対側の城門に立つ兵士の姿を見ることができた。宮廷を起点とする何本かの大通りは、中国人労働者が押す手押し車のためではなく、モンゴルの馬や軍事演習の便宜を図ったものだった。中国人住民がモンゴルの支配に反抗して蜂起した場合に備え、大通りは九人のモンゴル騎兵が肩を並べて早駆けで通り抜けるのに充分な幅を持たせていた。

外国との交易によってモンゴルの利益を促進するため、クビライは現在の中国領土全域から来る人びとの区域とともに、中東出身者やモンゴル人の区域をそれぞれ指定した。この新首都は遠くイタリア、インド、北アフリカからの商人たちを歓迎した。多くの人びとが行き交う街だったので、マルコ・ポーロが微に入り細をうがって語るとおり、数知れない娼婦たちが決まった場所に集まって商売をした。この地で仕事をしようと、学者も医者も中東からやってきた。すでに中国で活躍している道士や儒者に加えて、ローマカトリックやネストリウス派（景教）のキリスト教徒、仏教の僧が布教した。イスラム教の聖職者やインドの神秘家以外にも、モンゴル統治下の中国ではユダヤ教のラビまでが、この国に群がる人種や思想の混交に花を添えた。カラコルムよりはるかに大きいが、多くの点で同じくらい国際色豊かなこの街は、正真正銘の世界的都市であり、世界の首都と呼ぶにふさわしかった。

しかし結局のところクビライは、街の中心部に中国人を含めて外国人にはほとんど立ち入れないモンゴル人の聖域をつくった。高い城壁のうしろでモンゴル兵に守られながら、王族と宮廷に仕える人びとはモンゴル式の暮らしを続けた。都市のど真ん中に動物のための広大な区域を設けるのは、中国文化では前例がない。紫禁城は、モンゴル人の首都の中央につくられたミニチュアの草原だった。モンゴルの治世のあいだは、紫禁城の敷地全域がゲルだらけだった。宮廷の人びとはそこで日常生活を営み、食事をとり、眠りについた。ハンの妻たちは、妊娠するとゲルのなかで出産できるよう手はずを調えたし、生まれた子どもたちは大きくなるとゲルのなかで教育を受けた。クビライとその後継者たちが中国の皇帝として公的生活を送るいっぽうで、人びとは紫禁城の高い壁のなかで草原のモンゴル人として暮らし続けた。

フランチェスコ会の修道士、オドリコ・ダ・ポルデノーネが一三二〇年代にモンゴル領を訪れたとき、カンバリクの紫禁城を次のように描写した。「その宮廷の敷地には、たくさんの樹木が植えられ美しい山があり、『緑の山』と呼ばれている。この山には威容を誇る豪華な宮殿が建ち、大ハーンはたいていここで暮らしている」[2]。初期のカラコルムを描写したのと間違えそうな一文で、彼は次のように記す。「その山の片側には大きな湖があり、立派な橋がかかっている。湖には無数のガチョウ、アヒル、その他あらゆる水鳥が泳ぎ、山をおおう森にはどんな鳥も獣も棲息している」

クビライ・ハンが建てた木造の宮殿は、カラコルムの宮殿と基本的に同じ設計でつくられたらしい。彼は宮殿のなかに機械じかけの孔雀を何羽かしつらえた。孔雀たちは、カラコルムの宮殿の「銀の木」にとまったギヨーム・ブーシェの天使もかくやという様子で尾を広げ、鳴き声を上げる。クビライはおそらく、あの見事な銀の木をカラコルムの宮殿から持ち去り、少なくともその一部はカンバリクに据えつけたのだろう。マルコ・ポーロはこう記している。「大ハーンの食卓のある広間には、金庫か食器棚に似た大きな細工物が置かれてある。縦横四メートルもあって、動物の姿が細かく彫り込まれ、金が塗られた逸品だ」[3]。内部のしかけも「銀の木」とよく似ていた。「なかは空洞で、そこに純金の大きな器が入っている。さらに、大きな器の四隅にそれぞれ同じ大きさの小さな器が置かれ、大きな器のほうからワインや高価な香料で香りづけされた飲み物が小さな器に注ぎ込まれる」

紫禁城の内部では、クビライとその一族は衣服、会話、食べ物、スポーツ、娯楽のすべてにわたってモンゴル人としてふるまった。つまり大量のアルコールを消費し、大きな音を立ててスープをすすり、食卓で肉を切って中国人を辟易《へきえき》させていたわけである。中国では肉は調理のとき、厨房で切るものと決まっていた。勝手気ままに動きまわるモンゴル人が、中国の宮廷の複雑で細かく演出された儀式や式典を模倣しようと努めても、アルコール好きと儀礼的な飲酒と酩酊が文化の柱に居座っていては、宮廷を大混乱の渦《うず》に巻き込んだことだろう。廷臣が位階にしたがってきちんと整列する中国宮廷の伝統とは対照的に、モンゴル人は好き勝手に群がる傾向が強かった。おそらく中国人の神経を一番逆撫でしたのは、最重要の儀式でもモンゴルの女性が男性に交じって自由に列席することだったろう。モンゴル人の宮廷では儀式が無秩序になりすぎ、皇帝の近衛兵が棍棒を振るって役人や賓客を押し返さなければならない場面も少なくなかった。

クビライは祖父と同じく、国民を治める基盤として明確で強力な法典を定めることの重要性を理解していた。新たな法律をつくって民に課すことは、中国の統治者ばかりでなく草原の首長にとっても、臣下に自分の正当性を認めさせる伝統的なやり方だった。クビライは法典を制定するにあたって、中国の法律をモンゴルの法律で置き換えることはせずに、チンギス・ハンの法律と矛盾をきたさない程度の改定にとどめ、モンゴル人と中国人双方の臣下から同時に支持を得る工夫を凝らした。法律は臣下の忠誠と支持を勝ち取り、究極的には宿敵宋王朝を倒すもうひとつの武器だったのである。

クビライ・ハンは、地主には財産権を保障し、人びとの税金を減らし、道路や情報伝達手段を改善する政治を行なった。さらに民衆の支持を得るために、宋のきびしい罰則をゆるめ、中国の死刑を科しうる犯罪を二百三十三件から百三十五件まで約半数に減らしている。(4) 記録に残るほどの重罪に対してすら、クビライが処刑を認めることはめったになかった。彼が統治した三十四年間のうち四年を除き、すべての年の処刑記録が残っている。一年で行なわれた処刑の最高数は一二八三年の二百七十八件、最低数は一二六三年のわずか七件だが、四年分の記録が欠けているのは、その年にまったく処刑が行なわれなかったからかもしれない。クビライの統治下にあった三十年あまりのあいだに処刑された罪人の数は二千五百人に満たない。彼の治世で年間行なわれた処刑の平均数は、中国やアメリカ合衆国のような現代国家の平均数をかなり下回っている。

全体に、クビライが定めた法律と罰則の体系は、宋と比べて首尾一貫していただけでなく、ずっと穏やかで人道主義的なものだった。彼はできるかぎり体罰の代わりに罰金を科し、犯行を悔悟している犯罪者には恩赦を与える措置も設けた。また、モンゴル政府は拷問の廃絶に努め、少なくとも拷問の実施をきびしく制限しようとした。自白を引き出すために拷問を行なう場合、取調官は事前に、たんなる疑いではなく、容疑者がその罪を犯した実質的な証拠を押さえなければならないと、モンゴルの法律は明記していた。一二九一年のモンゴル法規は取調官に「まず理性を用いて犯罪の分析と推察を行なうべきであり、いきなり拷問を加えるようなことがあってはならない」[5]とはっきり求めている。こうしてモンゴルが拷問の実施を制限しつつあった時代に、ヨーロッパでは教会も国家も、ますます多くの犯罪に対し、証拠なしに拷問を行なう権限を拡大する法律を通過させた。ほかの国では、拷問台の上で関節が外れるほど容疑者の体を引きのばしたり、大きな車輪の下で粉々に砕いたり、串刺しにしたり、さまざまな方法で火傷を負わせたりする血なまぐさい拷問の数々が行なわれていたにもかかわらず、モンゴルでは拷問といえば鞭打ちに限られていた。

モンゴルの法律の寛大さと、草原文化の慣習は、ときに奇妙な組み合わせとなって表われた。中国の官憲は、犯した罪が生涯ついてまわるよう、犯罪者の額にしばしば入れ墨をした。ところがモンゴル人は額を魂のすみかと考えていたので、犯罪者といえどもこのようなむごい扱いは受けるべきではないと主張した。モンゴル当局は、すでに入れ墨の刑が行なわれているところでは引き続き入れ墨を許可したものの、最初の二回の罪では上腕部に、三回目は首にしてもよいが、絶対に額はならぬと申し渡す。そのうえ政府は、この罰が新しい領土やまだこの慣行のない少数民族に広がるのを許さなかった。モンゴル当局は、体に罪を刻むより、犯罪者の家の前に塀を立てて罪状を明記するほうが、地域社会全体で犯罪者の動向を細かく見守れると考えた。また、執行猶予の制度を設け、釈放された犯罪者は自分の行為を反省するために、地元の役人を月に二回訪問するよう定めた。モンゴルの連帯責任の慣行に倣い、囚人の釈放には、ほかの囚人たちの心の悩みを和らげる助けに自分の知識や犯罪体験を役立て、政府の補助的な法執行機関に協力する意志があるかどうかもかかわっていた。犯罪者はもちろん、しばしば家族全員も、判決を受け入れる文書に署名しなければならず、また裁判の手続きに不平不満がある場合も文書をつくって手続きを踏む必要があった。事件の記録を残すために、指紋を採取し文書に添付する。モンゴルの行政当局は、できるかぎり多くの問題を、役人の介入なしになるべく身近で解決することを良しとした。家庭内の犯罪は家族で解決し、同じ宗教の聖職者グループの紛争はそのグループ内で解決し、職業内部の犯罪はその職に就いている人びとの協議会で解決することができた。

モンゴル政府は、紛争解決に関して一般の市民や小規模の協議会が適切な指針を得られるよう、犯罪学の書籍印刷を奨励した。刑法の領域では、取調官が証拠を集め、分析し、報告する目的で犯罪現場を訪れることを最低基準として定めた。死体からできるだけ多くの情報を集めるために、その取り扱いと検査方法も指示した。検死報告は、傷の位置を描写する絵を含めて三通作成しなければならなかった。こうしたモンゴル政府のやり方は、法執行のあり方を改善したばかりか、モンゴルの政策全般と一致するものだった。すなわち、教養あるエリートだけでなく万人が法律を知り、法律を守って行動することを求められるのである。モンゴル人にとって法律とは、たんに罪を決定し処罰を行なう手段ではなく、問題を解決し、結束を固め、平和を維持する方法だった。

モンゴル政府は、役人に詩や書などの古典的教養を修めさせるかわりに、さまざまな分野でもっと実際的な教育を推進した。火縄製造業者や商人から、医者、弁護士にいたるまで、多岐にわたる職業に必要な知識の最低基準を設けた。どの分野でも、政府の方針は同じだった。種々の専門分野の水準を規格化し向上させるいっぽう、広範囲の人びとがそれらの技術を身につけて収入が得られるよう努めた。

膨大な数の中国人を統治するのにモンゴル人はほんのひと握りしかいなかったため、クビライ・ハンは長期の勉学と試験を経て選ばれる、従来の高級官僚による行政を受け入れることを迫られたようだが、彼はそれを拒否した。そして、いままでの制度を継続するかわりに試験制度を廃止し、幅広い外国人に行政事務の補佐を求める。なかでもイスラム教徒を重用し、可能な場合はマルコ・ポーロのようなヨーロッパ人も雇った。「都市の法律と慣行[6]」に詳しい教養あるイスラム官吏を見出した祖父と同様、クビライはペルシアにいるフレグの王国から見識のある官吏を大量に雇い入れた。また、ローマ教皇とヨーロッパの諸侯にも学者と知識人を派遣してほしいと何度も要請したが、返事はなかった。しかし、クビライは単一の国籍の人びとや単一の人種にだけ頼ることを警戒して、互いに対抗させることで有利な立場を保とうと心がけ、さまざまな行政部門にかならず中国人と外国人が混在するよう図った。そのなかにはチベット人、アルメニア人、契丹《きったん》人、アラブ人、タジク人、ウイグル人、タングート人、トルコ人、ペルシア人、ヨーロッパ人が含まれている。各部局に、華北の中国人、華南の中国人、そして外国人の三つのグループからそれぞれ一定数を割り当て、どの役人も自分と異なる文化、異なる宗教の人間に囲まれる状況をつくった。チンギス・ハンが部下を、生まれ落ちた身分ではなく能力と業績にもとづいて、社会の最下層から最高峰の指導者へと昇進させたように、クビライの政府も、料理人、門番、書記、通訳といった身分の低い職業の人びとを高い地位に押し上げた。低い身分の者を昇進させることと、彼らを新しい部署に就けることが相まって、モンゴルの最高君主に対する依存度と忠誠心を強め、役人と統治される中国人住民とのつながりを弱くした。(7)

地方行政において硬直した官僚制度を使えないなか、クビライは大規模な集会や協議会を開いて絶えず討論で事を決めるチンギス・ハンの制度を実施させることにした。モンゴル人は官僚政治のかわりに、可能なかぎり草原の小規模なクリルタイをモデルにした大小の協議会を開かせた。地方の協議会は毎日開催を義務づけられ、新しい施策を決定するさいはかならず、少なくともふたりの役人の承認印を必要とした。協議会はさまざまな問題を討議し、合意に達しなければならない。決定はひとりの役人によってではなく、グループによってなされた。中国の物差しで測れば、ひとりの役人が決定を下し、人びとに従わせるだけですむ中国式に比べると、時間と労力がかかりすぎて、恐ろしく効率の悪い非常識な制度だった。政府はほかにも小規模な協議会をいろいろなやり方で活用した。自分の受けている医療に満足できない患者は、医療関係の代表者と、医療に関係のない役人で構成される協議会に救済策を求めることができる。同様の協議会が、兵士から音楽家にいたるまで多種多様な職業にかかわる問題解決のためにつくられた。

中国古来の政治体制は学究的な無給の官吏に依存しており、彼らの暮らしは役所に何か頼んだり、承認印を押してもらったりしなければならない人から法外な料金を取ることで成り立っていた。しかし政府は、決まりきった事務処理などの仕事は有給の雇い役人に当たらせた。政府が支払う給与は、生活必需品の値段の相違によって多少の地域差はあるものの、モンゴル全土でほぼ同じ水準だった。

協議会の総意で施策を決定する方式と、役人を有給にする制度は、中国には深い根を下ろすことなく、モンゴルの統治が終わると同時に姿を消した。明《みん》王朝が権力の座につくやいなや、伝統的な官僚制度に逆もどりし、上意下達を好んで協議会方式を廃止する。こうした参加型行政の実験は、中国では二十世紀までふたたび試みられることがなかった。二十世紀になると、中華人民共和国と共産主義体制の創設者たちが、地方協議会、討論、有給の行政官、政治への市民参加をふたたび導入しようと奮闘した。

帝国内の迅速で安全な交易を促進すべく、クビライは紙幣の使用を思いきって拡大する。マルコ・ポーロが訪れたころには、この制度はすでに広く活用されていた。彼は紙幣が桑の樹皮からつくられていると描写している。現代のわれわれなら製紙はあたりまえだが、ヨーロッパではまだ一般には知られていなかった。何種類かの大きさの長方形に切られた紙幣には、価格が記され、朱印が押されていた。紙幣の最大の利点は、当時使われていた嵩《かさ》ばる硬貨よりはるかに扱いやすく、持ち運びに便利だったことだ。マルコ・ポーロは、紙幣は国中どこでも受け取ってもらえたと書いている。「それを拒めば死刑になる。しかし、大半の人びとは紙幣で支払われるのをまったく厭《いと》わなかった。真珠、貴石、金、銀、何でも紙幣で購入できたからである」(8)。ペルシアにおけるモンゴル人の政府は、モンゴルの紙幣制度を導入しようとして失敗に終わる。紙幣の概念はペルシアの商人にはまったく異質のものので、彼らの紙幣への不満が暴動にまで発展しかかったとき、モンゴル人政府は鎮圧できる自信がなかった。そこで政府は、屈辱を味わわされるより、紙幣の使用を引っ込めたのだ。

紙幣のあるところには当然、信用取引と金融破綻の可能性が生じる。信用販売も含め、取引を確実なものにするための重大な改革として、モンゴルの法律では自己破産宣言を認めた。ただし、商人も顧客も負債を返済しない手段として二回以上の破産申告はできない。三度目には死刑を言い渡されるかもしれなかった。

モンゴル人は儒教や纏足《てんそく》のような中国文化の一部は断固として拒否し続けたが、貨幣制度の洗練を見れば、彼らが高く評価していた面もあることがわかる(9)。クビライは意欲的に中国の歴史をひもとき、実用性のある知識や制度を求めた。彼は学校をつくり、古来の翰林《かんりん》学士院を復活させる。この学校は中国の伝統的な学問・文化を促進するために、中国全土からもっともすぐれた学者たちを集めた。一二六九年にはモンゴル語学校を、一二七一年にはカンバリクにモンゴル国立大学を創設した。クビライはその後も新しい学部をつけ加え、現代の出来事を記録したり、古い文献を編纂して再版したり、公文書保管所を運営したりする仕事を学者たちに託した。

モンゴルの王室では、モンゴル語だけでなくアラビア語、ペルシア語、ウイグル語、女真語、チベット語、中国語、さらにはあまり知られていない言語まで含め、各言語の書記を置いていた。それでもなお、多種多様な言語の処理に難渋する。従来のモンゴル＝ウイグルのアルファベット〔ウイグル文字を借用したモンゴル文字〕だけでは、広大な帝国から集まってくる行政情報のすべてを記録するのは困難だった。日常の事務処理において、書記は中国の都市、ロシアの君主、ペルシアの山、ヒンドゥー教の聖者、ベトナムの将軍、イスラムの聖職者、ハンガリーの川という具合に、多岐にわたる名称を記録しなければならない。モンゴル帝国の臣民があまりにも多くの言語を用いたので、クビライは知と行政の歴史上もっとも革新的な実験を試みた。世界のあらゆる言語を書ける統一文字をつくり出そうとしたのである。彼はこの仕事をチベット人のラマ僧パスパに託し、パスパは一二六九年、チベットのアルファベットをもとにした四十一の文字（パスパ文字）をハンに提出した。クビライ・ハンはパスパのアルファベットをモンゴル帝国の公式文字に制定したが、だれかれかまわず押しつけることはせず、中国人をはじめ他の言語を使う国民に、自分たちの文字を使用し続けることは許可した。新しい文字がすぐれていることがわかれば、やがては古い文字に取って代わるだろうという見通しがあったのだ。中国の学者たちは中国古来の言葉に愛着が強かったので、新しくできた一見野蛮な表記法のために、独自の言葉と決別することなど受け入れがたかった。そしてモンゴルの支配が衰えるにつれ、大半の国民はモンゴル式の表記法を放棄するにいたった。

農民たちは従来、日常生活のごく個人的な面まで立ち入って命令を下す一連の役人たちの足下にひれ伏していたが、モンゴル政府は農民を「社」と呼ばれるほぼ五十世帯からなる単位に組織することにより、古来の階層制度を打ち壊した。地域に根ざすこの生活単位は農民の暮らしに広範な責任を負い、権威を持っていた。地元の農業を監督し、農地の改良を行ない、水その他の自然資源を運用し、飢饉のさいは備蓄食糧を供給する。概して言えば、この単位はチンギス・ハンの十進法組織の要素と中国の農民の伝統を組み合わせたもので、一種の地方政府の役割を果たした。

「社」はまた農民の子どもになんらかの形で教育を施す役目もあった。モンゴル政府はすべての人の生活を質的に向上させる方法として、識字率を高めることを図った。[10] クビライ・ハンは農民も含めて全国民の子どもにあまねく教育を与えるために、公立学校を設立する。この時点までは、資産家だけが子どもを教育する時間と収入に恵まれ、それによって何世代にもわたり無学で読み書きのできない農民層を支配し続けた。政府は、冬季なら農民の子どもたちも学ぶ時間があるのがわかっていた。子どもを教える場合は文語ではなく口語を使って、実用的な内容を教えるよう教師に指示した。元朝の記録では、クビライ・ハンの治世に設立された公立学校の数は二万百六十六校にのぼる。記録を美化するために役人が誇張した可能性もないとはいえないが、それを差し引いても、当時万人に教育を施そうとした国など皆無だったことを考えれば、政府がやりとげたことは驚異的だ。西洋では、作家が口語で作品を書くまでにもう一世紀ほど待たなければならないし、政府が一般国民の子どもに公教育を提供する仕事に着手するまでにはほぼ五百年の歳月を要した。

従来の儒教社会では、文芸作品は科挙で用いられるような特殊な書き方をめざした。つまり、文学はつねに高級官僚の興味と関心のおよぶ範囲にかぎられていた。しかし、モンゴル政府は幅広い文芸活動を許可し、作家たちが学識ある官僚の好む古典的文体でなく、一般人が使う口語体で作品を書くよう奨励する。モンゴル人の好みは洗練されたエリートより大衆の好みと一致した。そして彼らは、もっと胸の躍る新しい娯楽を創造するために、民衆の文化と宮廷文化を結びつけたのである。

一二〇六年に行なわれたチンギス・ハンの即位式の大祝典さながら、モンゴル政府は何千人もの人びとを動員して、数週間続く豪華な祝典劇を催した。一二七五年には、モンゴルの軍事的歴史を要約して、軍隊が演じる祝典劇を仕立て上げた。それは、チンギス・ハンからモンケ・ハンにいたるモンゴル帝国創立史の重要な局面をそれぞれに表わす六部作だった(11)。

公共のショーをとりしきり、民衆の興味をとらえる興行主の才に恵まれたクビライは、伝統的な中国文化ではあまり顧みられなかった芸術分野である演劇を熱狂的に支援し、王宮で上演させることもしばしばだった。モンゴルの宮廷人は、アクロバットのような動作、感動的な音楽、派手な化粧、色鮮やかな衣装の芝居を楽しんだ。ヨーロッパにおけるウィリアム・シェイクスピアの作品と同様、元代の劇作家たちは、権力と美徳の関係といったまじめな問題を解明しようと努めるいっぽうで、人びとを楽しませる作品を書こうとした。クビライの治世のあいだに検閲を受けた戯曲は皆無だと報告されているが、真偽を確かめることはできない。こうした状況から生まれた作品には、中国文学のなかで不朽の名作となったものも多く、モンゴルの時代は中国の戯曲の黄金時代ともいえる。元代に上演された新作戯曲の総数は、推定によると約五百にのぼり、そのうち百六十はいまも残っている。

それまでの中国では、役者や歌手のような芸人(12)は、売春婦や妾といった地位の低い職業と同然に蔑《さげす》まれ、軽視されていた。モンゴルの統治者は職業人としての芸人の社会的地位を高め、劇場街をつくって、劇の上演が市場、売春宿、居酒屋のほかでも行なわれるようにした。中国の劇とモンゴル人の音楽好きが組み合わさって、のちの京劇の母体となるものができ上がる。

モンゴル人は自分たちも民衆もともに楽しめる大衆文化を後押ししたが、モンゴル文化の特徴ともいえる流血に対する嫌悪感だけは変わらなかった。相撲や弓術は喜んだものの、ローマ人を惹きつけた剣闘士の試合や人前での虐殺、動物同士を闘わせるクマいじめ〔つないだクマを犬にいじめさせた昔の遊び〕や闘犬、人と動物が闘う闘牛のような伝統的なヨーロッパのショーに相当するものは育《はぐく》まなかった。ヨーロッパの都市では打ち首や絞首刑を見世物にするのは日常茶飯事だったのに対し、モンゴル人は罪人の処刑を公衆の娯楽とすることは認めなかった。西ヨーロッパでは、キリスト教会にそれだけの権力があれば、人を生きたまま火炙《ひあぶ》りにするのはごくありふれたことだったけれども、モンゴル人はそんな娯楽を提供することはなかった。

領土を求めて海へ乗り出す

クビライは人びとのかりそめの支持を取り付ける短期的な戦略は弄さなかった。その代わりに広大な大陸文明の忠誠を勝ちとるべく、二十年にもおよぶ長期政策を一貫して組織的に遂行した。モンゴル人は、天に愛されて中国統一の任を託された強い支配者としての自画像を打ち出す。それは、退廃的な贅沢に耽り、武力よりは富をひけらかす、冷酷で堕落した宋王室の人びととは対照的だった。中国の大衆は、多くの点でモンゴル人と異なりながらも、好みと感性において、自分たち自身の中国の宮廷人より、モンゴル人のほうに相通じるものを見出したのである。

年々歳々、兵士も役人も、そして農民も、モンゴル政府のもとで暮らすために宋を捨て、あるいはモンゴル軍が自分たちの住む地域を占拠するのを手助けした。モンゴルに商品を持ち込む商人が増え、僧侶も学者もモンゴル治下で保護を受けて移動の自由を謳歌するようになる。ついには宋の将軍たちと陸海軍の連隊が丸ごと、宋を離れてモンゴルの戦列に加わった。宋王朝の崩壊は突如起こったものでもなければ征服によるものでもなく、少しずつゆっくりと衰えていったのだ。

この戦《いくさ》のあいだ中、モンゴル軍は宋に対して軍事的圧力を加え続けた。ささやかな勝利を得るたびに、天はモンゴルに未来を託し宋を見捨てたという思想が広まった。クビライ・ハンは軍事行動ではなく広報活動を指揮し、軍事行動はバヤンのようなきわめて有能な将軍たちに一任した。バヤンは、ロシアからハンガリーにいたるヨーロッパの軍隊を打ち負かしたスベエデイとほとんど同等の技量を、中国との戦で示した。一二七六年、モンゴル軍はついに宋の首都杭州を攻略し、それに続く数年のうちに、抵抗する地方の小軍団を撲滅した。粘り強い宣伝活動と抜け目のない政策によって、チンギス・ハンが強力な軍隊をもってしてもなしえなかったことを、クビライ・ハンは達成する。中国の美徳を体現する者という新しい自分のイメージに合わせて、彼は未亡人となった宋王朝の皇后に行き届いた世話をし、皇室のほとんどが慣れ親しんだ贅沢に耽りながら豪華な宮殿に住み続けることを許した。宋王朝の後継者が反乱の核となるのを避けるために、幼い皇帝はチベットに留学させた。その地で彼は一二九六年に僧侶となる。

中国の学者や知識階級にとって、滅んだ宋は郷愁を誘う黄金時代の想い出となった。詩人、謝翺《しゃこう》はそんな郷愁を「杭州のかつての宮殿を訪ねて」と題する一編の詩にまとめている。

古《いにしえ》の廃墟のごとく、草が丈高く茂っている。
もはや衛兵も門番もいない。
崩れ落ちた塔も、破壊された宮殿も、
私の魂を侘《わ》びしくするばかり。
遠い昔の広間の軒下を燕《つばめ》が出入りする。
しかしなかにあるのは、ただ静寂のみ。
雌雄の鸚鵡《おうむ》のお喋りもすでに絶えて久しい。(13)

クビライ・ハンは宋の首都を制圧し高官たちを配下に置いてみて、いかに高価な宝石を自分が手に入れたかを悟った。それはまさに中華文明の粋であり、続く歳月、宋を改革し拡大するなかで、彼は宋王朝の人びとが達成した成果を温存しようと努めた。日本の学者、岡田英弘が書いているように、「中国人に残されたモンゴル帝国最大の遺産は、彼らが遺した中国という国そのものである」(14)。モンゴル人はさまざまな中国語の方言を話す地域をすべて結びつけただけでなく、隣接するチベット人、満州人、ウイグル人の王国と、数十におよぶ小王国や部族国家をそこに加えた。モンゴル人が治める新しい国は、国民が中国語だけを使う文明国、宋の五倍の大きさがあった。表面に表われた公式の中国的な国風はたしかにモンゴルのものではなかったが、中国のものでもない。クビライ・ハンが創造したのは掛け合わせ《ハイブリッド》の文化だった。そして彼の努力により、この文化は予想を超えた規模と重みで世界に影響をおよぼすことになる。

陸上では手の届くほとんどすべてのものに支配を広げたクビライは、征服すべき新たな領土を求めて海に目を向けた。ジャンク船の交易使節は、遠く香料群島〔現インドネシアのモルッカ諸島〕、ジャワ、セイロン〔現スリランカ〕、さらに手近な北方の島国、日本の詳しい情報を持ち帰った。クビライは、拡大しつつあるモンゴル帝国にそれらの島々を組み込みたいと考えた。一二六八年には日本に降伏を要求する使節を送ったが、日本はそれを拒否した。クビライはまだ宋の最終的な攻略に専念していたので、日本への攻撃を開始することができず、さらに降伏をうながす使節団を派遣する。

クビライは敗れた宋の海軍を配下に置き、不遜な島国への侵攻に充分な人員と技術を手に入れた。彼は宋の海軍を復活させ、その規模をさらに拡大した(15)。そして、海や川に面した地域を守るだけの海軍から、交易と軍事活動の両面で外洋を航海する正真正銘の大艦隊に変身させることを図る。朝鮮半島を巨大な造船施設として、また日本攻略のための陸海軍基地として利用した。船は当時、世界で最大規模を誇る大きさだったが、急ぎすぎた造船が質をおとした。考古学上の遺物からは、ひとつの石を削って堅固な錨《いかり》をつくる代わりに、ふたつの大きな石を結びつけるといった手抜きが明らかになっている。モンゴル軍が船に積み込んだものは、食料、鎧兜《よろいかぶと》の類、弾薬などで、弾薬には日本の武士に爆撃を加えるための、火薬と鉄片が詰まったメロン大の陶製榴弾《りゅうだん》が大量に含まれていた。

クビライはさらに何回か使節を派遣して、モンゴルの統治に服するよう、島国日本に迫ったが、日本の将軍はその都度それを拒否した。一二七四年に彼は、高麗と中国の歩兵二万七千人と無数のモンゴル騎兵を運ぶために、約九百隻の船からなる大艦隊を召集した。十一月、艦隊は七〇キロ足らずの距離で日本を朝鮮半島からへだてている危険な海域に乗り出した。モンゴル軍は海峡のなかほどにある対馬を難なく占領し、さらに九州に近い壱岐も降《くだ》した。大艦隊は博多湾に入り、軍勢と馬を上陸させる。

日本の侍《さむらい》は一対一の果たし合いを目指して馬を進めたが、モンゴル側は隊形を崩さなかった。いつもどおり、彼らは個人としてではなくひとつの結合勢力として戦った。果たし合いに出ていく代わりに爆発する飛び道具と矢の雨を降らせた。モンゴル兵は剛勇で知られる日本の武士を蹂躙《じゅうりん》し、生きのびた武士たちは海岸地域から内陸の要塞に退却した。モンゴル勢は逃亡する武士たちを、自分たちが不案内な地域にまで深追いすることはしなかった。彼らは勝利をおさめたものの損害も受けて戦場を離れ、ふたたび船に人も馬も補給物資も積み込んだ。モンゴル軍がどんな計画を持っていたのかはいまだに謎である。日本軍を追跡すべく翌日再上陸するつもりだったのか。この戦いに勝ったので、さらに海岸沿いに進んで別の地点に攻撃を加えようとしていたのか。あるいは、ただ日本の反応と戦術を見定めるための先兵だったのか。はたまた、見かけ以上にひどい損害を受けて撤退しようとしたのか——。

その晩、侵攻の全軍が船に乗り込んでいるとき、すさまじい嵐が大海を渡ってきた。のちに日本人が「神風」と名づけた大風が海をかきまわし、急ごしらえの船は多くが岩礁や海岸に叩きつけられた。難破を免れようとして約一万三千の兵士が死んだが、そのほとんどは高麗の安全な港とのあいだにある恐ろしい海峡で溺れ死んだのである。史上最大の大艦隊は、流血こそあまり見なかったものの、史上最大の海難をこうむることになった。

クビライと廷臣たちは、珍妙な説明を試みる。ときに統治者が国民を納得させるためにでっち上げ、結局は自分自身で信じ込んでしまう類のものだ。いわく、モンゴル軍は日本軍を陸上の短期決戦で打ち負かしたのだから、この侵攻は成功だったと。そのあとで多くの人命を失ったことや、海軍がほぼ壊滅してしまったことなどは、些細な問題だったのだろう。翌年クビライはふたたび日本に使節団を派遣し、今度は日本国王みずからがはっきり降伏の意思を表明するために、モンゴルの首都に出向くように求めた。そうすれば、クビライが国王を日本の統治者としてあらためて任命するという。陸上の戦で多くの兵を失ったにもかかわらず、モンゴル軍と同じく自分たちが勝ったと信じ込んでいる日本側は、モンゴルの要求を拒否した。みずからの力を信じてか、あるいは神の加護を信じてか、いずれにしても新たな自信を得た日本は、モンゴルに対して最大の侮辱を加える。使節たちの首をはねて血を流させ、さらし首にして人びとの笑いものにしたのである。

　クビライはさらなる遠征を準備した。日本側は海上で侵略軍と戦うために小規模な艦隊を編成し、陸上ではモンゴル兵と馬の上陸を阻む石の防塁を築いた。一二七九年にふたたびクビライの使節が到着すると、鎌倉幕府は彼らを処刑し、両者は差し迫った戦に備える。今回モンゴル勢は、一度目のモンゴル艦隊とほぼ同じ規模の「東路軍」（高麗軍、モンゴル兵、漢人などの連合軍）を編成し、二方向から攻める計画だった。東路軍の後方からは、六万の水夫《かこ》が乗り込んで十万の兵を輸送する、三千五百隻の大艦隊「江南軍」が中国から援軍にやってくることになっていた。しかも、このたびは秋の航海ではなく夏の攻撃だ。

　一二八一年五月に出航した東路軍は、日本側の激しい抵抗をものともせず、数日のうちに対馬海峡の島を再度征服した。しかし、モンゴル軍の海戦計画は陸上ほどの正確さに欠け、遂行も陸のように運ばない。江南軍は数多くの困難に遭遇して足留めを食った。東路軍は南方からの江南軍の援軍を期待しながら博多湾に入港したが、味方は姿を現わさない。日本が築いた石の防塁のために上陸を妨げられた侵攻軍は、六月のうだるような暑さのなかで船に閉じ込められ、未知の病が発生するとバタバタと倒れていった。夜には小さな日本船が近づき、闇にまぎれて侵攻軍の大船に攻撃を加えた。彼らの目的は決定的な打撃を与えることではなく、ただ混乱させることにあった。上陸することもできず、夜ごとのしつこい攻撃に悩まされた東路軍は、六月三十日に鷹島まで撤退し、南からの艦隊を待つことにした。二週間後、ようやく江南軍が合流する。混乱状態で、病人が続出し、予定よりはるかに長く海上に留まったおかげで備蓄物資も乏しいまま、全艦隊は八月なかばに日本へ向けて出航した。ところがまたしても嵐が巻き起こって船を転覆させ、岩礁に叩きつけて、推定十万以上の乗組員が死亡した。無事に生きのびて惨劇を伝えたのは、ごくわずかな船だけだった。

クビライの日本侵攻は失敗に終わった。しかし、この侵攻は日本人の生活に社会的・政治的側面で衝撃的な影響を与え、日本に文化的統一をもたらすとともに武家政治を盤石なものにした。いっぽうモンゴルは日本から目をそらし、失敗などどこ吹く風とばかり、ほかにもっとたやすく手に入りそうな獲物を物色する。

陸上におけるモンゴルの侵攻は続いていた。熱帯の暑さと不案内な土地柄から生じる苦労なども のともせず、モンゴル軍はビルマ〔現ミャンマー〕、北ベトナムの安南、ラオスなどで勝利をおさめた。チャンパ〔現在のベトナム中部にあったチャム族の国〕やインドの沿岸地域にあるマラバルの君主をはじめ、東南アジアのいくつかの王国の支配者が自発的にモンゴルの統治に服した。ある意味で、これらの降伏は実質的なものではなく形式にすぎなかったし、モンゴル側にも彼らを治めるだけの人員がいなかった。それでも、新たな臣下はモンゴル宮廷に貢ぎ物を送ってきた。そのなかにはゾウやサイ、そして仏陀の歯と称されるものまで含まれていたという。こうした貢ぎ物や贈り物の交換は、量も価値もしだいにふくらんできた商業交易のうわべを飾る儀礼的体裁にすぎなかった。

モンゴル人は統一中国の樹立に成功をおさめただけではない。同時に、中国周辺のいくつかの小国にも影響をおよぼして、それらの統一を迫った。文化的な共通点を持つにもかかわらず紛争に明け暮れる朝鮮半島の諸国に統一国家をつくるよう、モンゴル政府は早くから強く求めていた。同じく、モンゴルの直接統治を受けていない東南アジアでも、その影響力によって今日のベトナムとタイのもととなる新国家が誕生した。モンゴルが東南アジアを従える以前、現在のタイ、ラオス、ベトナム、カンボジア地域は文化面ではまぎれもなくインドの支配下にあり、ヒンドゥー教を奉じるインドの建築様式、信仰、神話が受け入れられていた。元の支配とともに流入したモンゴル系および中国系移民は、のちにインドシナとして知られる新しい混交《ハイブリッド》文化を生んだ。

今日のインドネシアにあたる諸島では、モンゴルの勝利は灰色だった。一二八九年、クビライはジャワに使節を送り、近隣の王国と同様の服従を要求した。しかし王は、モルッカ諸島の産物である高価な香辛料の交易の支配権を取り上げられるのではないかと恐れた。ジャワ王は大胆にも、使節の顔に焼き印を当ててクビライのもとに送り返す。そこでクビライは、よく似た経緯で日本に対して行なったのと同じく、ジャワを征服し、使節が受けた仕打ちをそっくり王に返すために大艦隊の建造を命じた。一二九二年、一千隻の船からなる大艦隊が編成され、二万の兵と一年分の備蓄物資を満載して出航する。一二九三年にジャワに到着したモンゴル軍は、楽々と勝利をおさめ、さっそく生意気な王を殺すと、一見なにごともなく島を征服した。しかし、そのあとに罠が待ち受けていた。新王が降伏の儀式を準備しているとばかり思い込んだモンゴルの指揮官たちは、敵の待ち伏せにはまって多くが殺害され、生き残った軍勢は屈辱のうちに島から退却したのである。

クビライは、それまで大成功をおさめてきたモンゴルの戦略を海戦に適用することができなかった。祖父が陸上戦で基本戦術として用いた伝統的な騎馬狩人のテクニックは、船に乗っての戦にはうまく応用できなかった。ローマやアテネのように、まわりを陸地に囲まれた地中海というせまい海域で活躍したかつての沿岸覇権《シーパワー》とは対照的に、モンゴル人は中国を本格的な海洋覇権《オーシャンパワー》に仕立て上げた。この点でモンゴルは、将来スペイン、イギリス、オランダに台頭する大艦隊を基盤にした新しい帝国の先がけといってよかった。

しかし当面、日本とジャワでクビライが敗北を喫したことにより、モンゴル帝国の東の境界が定まった。以後、この国は海を越えて広がることはなく、台湾やフィリピンのような間近の島国にすら手を出さなくなった。同様に、クビライの治世がはじまった一二六〇年にエジプトのマムルーク朝に敗れたことで南西の境界線が引かれた。ちょうど二十年前、ポーランドとハンガリーを自発的に放棄したことが北西の境界を確定したのと同じだ。かくて、一二四二年から一二九三年のあいだにモンゴル帝国は最大限に拡張し、四つの戦がモンゴル世界の境界線を画することになった。ポーランド、エジプト、ジャワ、日本である。これら四つの地点を結ぶ版図の内側は徹底的な征服を受け、従来とはっきり異なる種類の統治に根本的な順応を強いられたが、そのいっぽうで、一世紀という前例のない期間、平和を享受し、商業・技術・知識の面で空前の爆発的発展をとげることになる。

早春になると、鶴の群れがモンゴル地方の浅い湖や川の周辺で産卵するために、北をめざして中国北部を渡っていく。その季節、クビライは都を離れ、ビルマからの略奪品である四頭のゾウの背にしつらえた金張りの天幕で、トラの皮を掛けた絹の寝椅子に悠々と体を伸ばして、鳥たちを待ち受けた。馬に乗るには太りすぎてしまい、痛風の痛みもあって、ゾウの背に趣向を凝らして取り付けた特製の小部屋で快適な狩りを楽しんだのだ。狩りの用意ができると、部屋の屋根が巻き上げられて、さわやかな青空に浮かぶ雲と見まがうほど密集した白と灰色の鶴の群れを見ることができた。クビライの合図とともに、ゾウの両側に整列した数百人の鷹匠が鳥から革製の目隠しをはずし、シロハヤブサ、ハヤブサ、タカがいっせいに飛び立っていく。鳥たちは鶴のあとを追い、一羽、また一羽と鶴を空からむしり取って、鷹匠のもとへ運んできた。

祖父はモンゴル人が狩りをしてもいい季節を冬に限定し、春の狩猟は厳禁したが、クビライは厳寒の冬に狩りをするのは楽しくないので法律を変更してしまった。白いヤマイタチのコートを着込み、クロテンの毛布を掛け、床にはトラの毛皮を敷き込んで壁に囲まれていても、冬の冷え込みは耐えきれず、風は刺すように感じられた。そこで、狩猟シーズンを天気がもっと快適になる早春に変更したのである。

狩りの行列では、兵士は馬に乗り、ラクダは荷物を、四頭以外のゾウたちは小さな個人用幕舎を運んだ。[16] 天幕はゾウ四頭の移動宮殿では踏み込めないほどせまい場所までハンが獲物を追いつめようとする場合に備えたものだった。キャラヴァンは華やかな絹の花綱で飾られて、クビライの堂々たる幟《のぼり》のあとを進む。行列には、狩猟用のトラを入れた檻が力の強い牛に牽《ひ》かれたり、ヒョウやヤマネコが、あるいは調教師のうしろで、あるいは単独で、馬の背に揺られたりしていた。獲物が姿を見せると、クビライは訓練を積んだ肉食動物を放ってしとめさせる。クマや小さめの獲物なら犬で充分だし、シカにはヒョウを、野生のロバや雄牛のような大きめの動物にはトラを放った。もし獲物が狩猟用の動物で追えない場合は、密集隊形で待ちかまえた射手が、命令一下矢を放った。

　地方巡幸するクビライの行列には大勢の占星術師、予言者、モンゴルのシャーマン、チベット仏教の僧が交じっていた。行く手から雲、雨、その他、天下一の狩人を妨げそうな悪天候を追い払うという彼らの任務は、戦の前にチンギス・ハンがシャーマンに命じた仕事を髣髴させる。こうした大規模なキャラヴァン隊の発する音や臭いにより、獲物となる動物は多くの警告を感じとって逃げ出す恐れも大きかった。動物に奇襲をかけるのは至難の業だったことから、クビライのキャラヴァン隊は従来のモンゴル軍と同じ動き方をした。皇帝と廷臣たち、そして小動物園ともいえるさまざまな動物の群れがキャラヴァン隊の中央の軸として進むいっぽう、万人隊（普通は一万人の部隊だが、おそらくこの場合はそれより少なかったろう）を自分の左前方、もうひとつの万人隊を右前方に展開させる。それぞれの翼の割り当てをはっきり示すために、いっぽうは緋色の制服を、他方は青の制服を身につけさせた。マルコ・ポーロによれば、彼らが両翼に開いた距離は馬で一日行程だったという。大型の猟犬と猟鳥を伴った臣下たちは獲物を前方中央寄りに追い込み、ゾウの背の移動宮殿に鎮座したクビライが到着するとき、獲物をしとめやすいよう図った。

ゾウの背で疲労困憊の一日を過ごした狩猟隊をねぎらうために、召使いの一団が先回りして、移動都市にも似た幕営地を設営した。騒々しいモンゴルの祝宴用につくられる最大の幕舎は、千人もの客人を収容でき、隣接する天幕群が宿舎となった。移動宮廷には楽団が随行し、歌手、軽業師、奇術師、そして宮廷人が何よりも愛好する、体を自由に曲げる曲芸師などの演技に合わせて演奏した。

夜ごとの祝宴では、全員がその日に割り当てられたスタイルと色のデールをまとった。ただし平等主義が目立ちすぎないよう、衣装にちりばめる宝石や真珠の数と値打ちによって、着る者の地位と権力が表わされていた。人びとは腰に金のベルトを締め、銀の刺繡がほどこされた長靴《ちょうか》を履いていた。祝宴もたけなわのころ、調教されたトラが幕舎に入って、客人の見守るなかをゆっくりとハンのところまで進み出ると、宴《うたげ》が果てるまで玉座の側に控えた。食事は金と銀の皿で供される。召使いたちは息や臭いで食べ物を汚すことのないよう、それぞれ金の縁取りのある絹のナプキンで鼻と口をおおった。クビライに出された料理の調理法がまだ残っている。そこには多岐にわたる料理が含まれるが、やはり肉と乳製品を重視する伝統的なモンゴル人の好みが表われている。(17) モンゴル王室の人びとが食べていたご馳走の一端を覗いてみよう。マトンの尾の脂肉に小麦粉をまぶしてニラネギと一緒に焼いたもの。牛の睾丸を高温の油で揚げて、サフランソースをかけ、コリアンダーを散らした料理。マトンをカルダモンとシナモンを入れて茹で、米、ひよこ豆とともに供する料理。マトンの挽肉、脂、ヨーグルト、オレンジ・ピール、バジルを詰めた若い茄子。

正真正銘のモンゴル人らしく、彼らは好物の馬乳酒をたらふく飲んだが、この酒の原料はクビライと王家の者たちだけが口にできる特別の馬乳で、モンゴル王室専用の純血の白い雄馬が種をつけた白い雌馬からしぼったものだ。夜も更けて寝所に引き揚げる時間がくると、クビライは若い美女たちのなかから好みの女を選んだ。彼女たちは全員、いびきをかかないか、臭い息をしないか、不愉快な体臭がないかを確かめる検査を受けていた。翌朝は、前夜の大飲大食と、あらゆる欲望に耽った疲れを癒すために、随行する医師と薬剤師の一団がハンに、オレンジ・ピール、くずの花、朝鮮人参、白檀《びゃくだん》、カルダモンからつくった茶を飲ませた。空っぽの胃袋に沁み入る茶の効用で確実に二日酔いが治り、ハンは今日もまた狩りとご馳走と酒の一日を迎えることができるのだった。

ほんの数世代前、狩猟はクビライの祖先にとって食料を手に入れるもっとも重要な手段だった。彼の曾祖父イェスゲイはシロハヤブサをともなう狩りに出て花嫁のホエルンを見そめ、妻にするために拉致した。クビライの祖父チンギス・ハンは父の死後、狩猟によって一家を養った。そして腹違いの兄ベクテルを殺したのは、表向きは鳥と魚をめぐる狩りの諍《いさか》いが原因だった。のちにチンギス・ハンは、スベエデイその他の優秀な猟師の助けによって、大規模な狩猟の戦略、技術、武器を戦闘に応用し、敵を狩りの獲物さながら罠にかけたり忍び寄ったりしたすえに、広大な帝国を勝ち取ったのである。

狩猟はクビライにとって楽しい娯楽であると同時に、モンゴル帝国として威風堂々たる行列と豪華な大スペクタクルを誇示する機会でもあった。弓術の重視、猛禽類の訓練、馬乳酒、天幕での睡眠、左翼軍と右翼軍の編成など、クビライはいまなおモンゴルの狩猟と生活様式の一部に与《あずか》っていた。しかし彼は狩猟を、モンゴルのエリートと自分自身にどこか味気ないけれども贅沢な楽しみを与えてくれる、退廃的で豪華な娯楽に変えてしまった。クビライの大げさな行列は、実際に必要とされるものではなくショーだった。行列の意味は公の見世物となることにあり、それが国民や外国からの賓客に与える印象にあった。

モンゴル草原での度重なる幕営地の移動と同様、クビライのキャラヴァン隊は彼の霊幡を掲げた騎手のうしろに続いた。霊幡が彼を導いていった先は、結局のところ、意味も目的地もない、あさはかな娯楽のくり返しだった。モンゴル帝国はこのあと百年間続くが、すでに建国後三世代目にして道に迷っていた。チンギス・ハンの霊幡が、もはや彼の子孫を、そして彼の配下と称する国民を、どこにも導いてくれないことはだれの目にも明らかだった。

第九章──黄金の光

中国の絵描きとパリの画家が、大ハーンに仕えて腕を競い合った(1)。
──エドワード・ギボン

交易による文化の移動

一二八七年から八八年にかけての冬のある日、イギリス王エドワード一世はミサの最中に、モンゴル帝国皇帝クビライ・ハンから派遣されたラッバン・バール・ソーマに敬意を表して玉座から立ち上がった。イギリス王の宮廷に到着したとき、彼はおそらく、歴史上もっともはるかな旅をしてきた使節だったろう。モンゴルの首都を出てから中東の主要都市を通り、ヨーロッパのいくつかの首都にいたるまで、まわり道をしながらおよそ一万一千キロの距離を踏破したのである。エドワード王が立ち上がったのは、モンゴルに恭順の意を示すためではなく、キリスト教の聖餐式《せいさんしき》の一部としてモンゴル使節の手からパンを受け取るためだった。以前モンゴルを訪れたヨーロッパの使節たちが司祭だったので、クビライはラッバン・バール・ソーマを選んだのだ。彼は忠実なモンゴル人であると同時にキリスト教の司祭で、アッシリア派（ネストリウス派）に属していた。

ラッバン・バール・ソーマの任務は、まずクビライ・ハンの首都からエルサレムまでの巡礼としてはじまったが、バグダッドに着くと、上司が一二八七年に彼をヨーロッパに差し向けた。そこで彼は、ペルシアにいるモンゴルのイル・ハン、コンスタンティノープルのビザンティン帝国皇帝アンドロニコス二世、ローマの枢機卿会、パリのフランス王フィリップ四世を訪れたあと、エドワードの宮廷に向かい、この旅の一番遠い地点に到達したのである。彼はここへいたる途中に訪れたすべての君主にクビライの書簡と贈り物を届け、次の目的地に発つまで、それぞれの宮廷に数週間から数か月にわたって滞在した。滞在中は見物をし、学者、政治家、教会関係者と会い、モンゴルの大ハーンやその臣下であるイル・ハンのこと、そして世界と友好的な関係を築きたいという彼らの熱烈な希望について語った。ローマを経由しての帰途、ラッバン・バール・ソーマは教皇ニコラウス四世からモンゴル語によるミサに招かれる。一二八八年の棕櫚《しゅろ》聖日（復活祭前の日曜日）に、教皇はミサを執り行ない、みずからモンゴルの使節に聖餐を賜った。

ヨーロッパの君主たちはラッバン・バール・ソーマを公《おおやけ》に宮廷に迎え入れたが、それ以前モンゴルから派遣された多くの使節は教会からも国家からも公式に無視された。グユク・ハンの治世だった一二四七年、早くもモンゴルの大使がフランスの宮廷を訪れたと、マシュー・パリスは報告している。翌年の夏にふたたび、「タタールの君主によって派遣されたふたりの使節が教皇のもとに来た」(2)。しかし初期の使節の場合、ヨーロッパの役人たちはモンゴルについての情報をいっさい公表したがらなかったようだ。パリスは記す。「彼らがなぜ来たのか、その理由は宮廷全体で極秘扱いにされ、書記も事務官も、教皇の側近ですら知らなかった」。さらに一二六九年、マフェオ・ポーロ（マルコ・ポーロの叔父）とニコロ・ポーロ（マルコの父）の兄弟がはじめてのアジアの旅からもどったとき、モンゴル王家に知識や見聞をもたらすために、百人の司祭をモンゴルに派遣してほしいというクビライ・ハンからの要請を教皇に持ち帰った。

モンゴル帝国の全土で信教の自由が非常に重視されていたので、ラッバン・バール・ソーマはヨーロッパに着いたとき、ただひとつの宗教しか認められていないのを知ってたいへん驚いた。とくに仰天したのは、宗教指導者が庶民の日常生活に世俗的な影響力を持つばかりでなく、国家に対して強大な政治権力を有する点だった。彼自身がキリスト教徒だったソーマは、自分の信じる宗教が独占的権力をほしいままにするのを喜んだ。しかしこの状況は、さまざまな宗教がそれぞれ栄えてはいるものの、国民が宗教よりまず国家の要請に応える義務を持つモンゴル帝国とは、くっきり対照をなしていた。

ラッバン・バール・ソーマの訪問は世に知れわたり、ヨーロッパ中で温かく迎えられたにもかかわらず、歓迎されなかったそれまでの使節と比べて、とくにはかばかしく任務をこなしたというわけではなかった。ヨーロッパの君主や教会関係者のだれとも協定を結ぶことができなかったのである。唯一おさめた成功は、クビライの過去数回の要請に応えて、モンゴルの宮廷に教師たちを派遣するという約束を教皇から取りつけたことだった。外交上の使命を果たせないまま、ラッバン・バール・ソーマはペルシアのイル・ハンの宮廷にもどって、旅の顚末を述べた。(3) その報告はシリア語で記録され、『モンゴルのハンからヨーロッパの諸侯に派遣された全権大使、ラッバン・ソーマの人生と旅の伝記（*The History of the Life and Travels of Rabban Swama, Envoy and Plenipotentiary of the Mongol Khans to the Kings of Europe*)』として残っている。ラッバン・バール・ソーマの旅、とりわけ彼がイギリス王に聖餐を差し出し、ローマ教皇の手から個人的に聖餐を受け取ったということは、モンゴルのヨーロッパ侵攻以後五十年のあいだに、いかにこの帝国が世界を変えたかをはっきり物語っている。かつては個々別々に分かれた世界として、互いに知ることもなかった諸文明が、いまや情報伝達、商業、技術、政治の上で、大陸を通じてひとつに結ばれたシステムの一部となったのである。

騎馬軍団や恐ろしげな攻城兵器を送り込む代わりに、モンゴルは謙虚な聖職者、学者、外交大使を派遣するようになった。モンゴルの征服の時代は終わったが、モンゴルの平和の時代はまだはじまったばかりだった。西洋の学者たちは、モンゴル帝国が国際的に平和と繁栄を広げるようになった驚くべき変化を認めて、のちに十四世紀を「パックス・モンゴリカ」(モンゴルによる安定、平和)あるいは「パックス・タタリカ」と呼ぶようになる。モンゴルのハンは、武力では得られなかった交易上・外交上の関係を、友好的な手段によって築こうと努めた。モンゴル人は以前とは異なるやり方で、〈久遠《くおん》の蒼穹《そうきゅう》〉のもとにすべての人びとを結びつけたいという、突き動かされるような目標を追い続ける。

モンゴルの商業的影響力は、その軍隊よりはるかに遠くまでおよび、クビライ・ハンの治世のうちに「モンゴル帝国」から「モンゴル株式会社」への移行が起こった。十三世紀から十四世紀はじめにかけて、モンゴルは国中に交易路と、ほぼ三〇キロから五〇キロ間隔に置かれた駅を維持した。駅では輸送動力としての動物ばかりでなく、難路を行く商人の道案内も提供する。ちょうどバール・ソーマが使節としてヨーロッパに赴《おもむ》いたころにモンゴル宮廷を訪れたマルコ・ポーロは、旅の途上しばしば中継駅を利用した。彼は、正確さよりいささか思い入れの勝った筆致で、駅が「美しく豪華」なだけでなく「絹の敷布その他、王者にふさわしい贅沢な品が備えてある」(4)と記す。こうした道路を利用した交易を促進するために、モンゴル政府はパスポートとクレジットカードを組み合わせた原始的な形式の札《ふだ》「牌子《パイザ》」を発行した。これは、金、銀、あるいは木でできた人の掌より大きい薄板で、首に鎖でぶら下げるか、衣服に取り付けて用いた。使われている材料や、牌子に描かれたトラやシロハヤブサのような印《しるし》で、文字の読めない人も旅人の身分を確かめることができ、それに応じて適切なサービスを提供した。牌子によって、持ち主は国中どこでも旅をすることが許され、身の安全、宿泊施設、交通手段、地方税と賦役の免除が保証された。

交易ルートの拡大と維持が行なわれたのは、モンゴル人が交易と通信一般に対し観念的に肩入れしていたからではない。むしろ、モンゴルの部族組織のなかに深く根を下ろしたクビと呼ばれる割り当て制度から生じたもので、それをチンギス・ハンは法制化したのである。戦死した兵士の孤児や未亡人が各兵士と同様に戦利品の相応な分け前に与《あずか》る資格を持つのと等しく、〈黄金の家族〉のメンバーもそれぞれモンゴル帝国の各地域で得られる富の配分を受ける権利があった。非モンゴル系の官吏は給与を支払われたが、モンゴル人の高官は物資を支給され、その大部分を市場で売るか交換して貨幣や必需品を手に入れた。フレグはペルシアのイル・ハン国の統治者ではありながら、兄クビライが治める中国にも二万五千戸の絹織り業者を配下として抱えていた。彼はまたチベットの渓谷を所有し、北部の草原でとれる毛皮やハヤブサの分配を受ける権利を有し、もちろんモンゴルの本拠地にも草原、馬、兵士を持っていた。モンゴル王室の各家系はそれぞれ、占星術師、医者、織工、鉱夫、曲芸師の相応な割り当ても要求した。

クビライは、ペルシアとイラクに農場ばかりかラクダ、馬、羊、山羊の群れも所有していた。一団の書記官が国中をまわって次々と物資を調べ、記録が正しいかどうかを確かめた。ペルシアのモンゴル王室は中国の親戚に香辛料、鋼鉄、宝石、真珠、織物を提供し、中国のモンゴル王室はペルシアに陶器や薬品を送った。(5) ペルシアのモンゴル王室にこれらの産物を集めて送る代わりに、中国のモンゴル王室は品物の四分の三を自分たちのためにとっておいたが、それでも彼らはかなりの量の産物を他の地域の親族に送り出した。クビライ・ハンはペルシアの通訳と医者、約一万人のロシア兵士を中国に移住させた。首都の北部に入植したロシア兵は、そのまま住民として残り、中国の正式の年代記では一三三九年まで彼らの記録が載っている。

大ハーンの座をめぐって一族のあいだで政治的抗争があったにもかかわらず、経済と交易に関する制度は、散発的な闘争のために短期間途絶えた以外はうまく機能し続けた。ときには戦《いくさ》の最中でさえ、敵味方とも前述のような割り当ての交換は大目に見た。オゴデイ・ハンの孫で中央の草原を支配するカイドゥは、大叔父の子であるクビライに対してしばしば反乱を起こした。しかし、彼は中国の都市、南京の周辺に職人と農民が暮らす広大な土地を保有していた。クビライ・ハンとの戦の合間に、カイドゥは南京の保有地からの産物を送ってくるように要求し、おそらくその見返りに、クビライが草原の部族から自分の割り当てである馬その他の物資を駆り集めることを認めた。モンゴル帝国が中国、モグーリスタン、ペルシア、ロシアという四つの行政区分に分かれても、あいかわらずそれぞれが他の行政地域の産物を必要とした。かりに何か変化があったとすれば、政治的な分裂によって、逆に獲物を分け合う古来の制度を維持する必要がいっそう強まったことだろう。もしあるハンが一族のほかのメンバーに割り当てを供給するのを断われば、相手の領土にある自分の割り当ても送ってもらえなくなる。相互の財政的利害関係のほうが、つまらない政治抗争より強力だった。

ハンたちの割り当てを絶えず輸送するために、戦に使われた道はしだいに交易の幹線道路となっていった。ウルトゥーないしヤムと呼ばれる駅伝制がどんどん拡充され、手紙、人、商品が馬やラクダのキャラヴァン隊で、モンゴルからベトナムへ、高麗からペルシアへと輸送された〔この駅伝制はジャムチとも呼ばれる〕。物資の移動が多くなると、モンゴル政府は従来の輸送路よりもっと早くて面倒のないルートを見つけようとする。このためクビライは一二八一年、大規模な遠征隊を派遣して、モンゴル人が黒い川と呼ぶ黄河の水源を突きとめることにし、学者たちはこの遠征で得られた情報を利用して黄河の詳細な地図をつくった。遠征隊は中国からチベットにいたるルートを開発し、モンゴルはチベットとヒマラヤの地域を帝国の駅伝網に組み込む手段としてこのルートを利用した。この新しい連結ルートは、モンゴル時代にほかの何にもましてチベットを商業的・宗教的・政治的に、中国の他の地域と結びつけるのに役立った。

戦闘のあいだ、モンゴルの指揮官たちは敵の幕営地や都市で地図、地図帳、その他の地理学的資料を丹念に探し出して接収すべく地道な努力を払った。クビライ治下で、学者たちは中国、アラブ、ギリシアの地理学的知見を総合して、非常に進んだ地図作製法を開発する。[6]一二六七年、クビライ・ハンが連れてきたアラブの地理学者たちが指揮を執り、とくにジャマール・アッディーン〔十三世紀後半のイラン系の天文・暦学者〕が中心となって、職人たちにクビライのための地理図誌を作成させたが、そこにはアジアや隣接する太平洋の諸島ばかりか、ヨーロッパとアフリカまで描かれていた。

　初期の交易は戦で開かれたルートに依存していた。けれども、軍隊は陸上を馬で速やかに移動できるのに対し、大量の物品を運ぶには水路が最適だということがしだいに明らかになる。モンゴル政府は黄河と長江をつないでいた大運河を広げ、距離も延長した。穀物その他の農産物をもっと効率よく、遠く中国北部まで輸送するためだ。中国の工業技術を新しい環境に適用して、領土全体に水路やダムの事業を興した。雲南では十あまりのダムや貯水池と、それらをつなぐ運河を建設したが、今日にいたるまで健在である。

　モンゴル人は日本とジャワの侵攻に失敗したことにより、造船について多くを学んだ。軍事的に失態を演じると、彼らはその知識を平和的な交易に転用した。クビライ・ハンは、国内の食糧輸送は主として船で行なうという英断を下す。絶えず食糧を必要とする人間と動物の労力が頼りの悠長な陸上輸送に比べて、風と水流に依存する水上輸送がいかに安くて効率がいいかを痛感したのだ。当初は約三千トンの物資を船で運んだが、[7] 一三二九年には輸送量は二一万トンに増えている。中国からの帰路、ペルシアまで船を利用したマルコ・ポーロは、モンゴルの船を描写して、大きな四本マストのジャンクで、乗組員は三百人、さまざまな商品を運ぶ商人のために六十もの船室があると記している。イブン・バットゥータ〔一三〇四～六八年、アラブの旅行家。二十五年以上にわたってアフリカ、アジアを旅した〕によれば、水夫《かこ》に新鮮な食べ物を供給するために、植物を木のたらいで栽培している船もあったという。クビライ・ハンは、重い船荷を運ぶさらに大型の遠洋航海用ジャンクや、それらの船が停泊できる港の建造を推進した。モンゴル人は航海用羅針盤の使い方を改良し、従来より正確な海図を作製した。中国南部のザイトン（泉州）港からペルシア湾のホルムズにいたるルートは極東と中東を結ぶ主要な海路となり、マルコ・ポーロとイブン・バットゥータがともにここを通った。

このルートは途中でベトナム、ジャワ、セイロン、インドの港に立ち寄るが、どの港でもモンゴルの使節は、自国ではとうてい生産できない砂糖、象牙、シナモン、綿などの品物に遭遇した。船はペルシア湾から先、モンゴルの支配のおよばない地域に入るが、そこでもアラビア、エジプト、ソマリアなどで生産されたいっそう幅広い物品の交易を定期的に行なった。モンゴルの制度が通用しないこれらの地域の統治者や商人との交易では、モンゴル帝国内部のようにそれぞれの地方の産物を分け合うというわけにはいかなかったが、モンゴル当局は彼らと持続的な取引関係を築き上げた。いっぽうベトナムやインドといった属国は、モンゴルの保護のもと、商業の分野では戦におけるモンゴル軍に匹敵する手強い競争相手となり、やがてインド洋の交易を支配しはじめる。

モンゴルの政治的支配の外側にある新しい地域に交易を広げるために、モンゴル政府は臣下の民、とりわけ華北の人びとに、外国の港に移住して交易拠点をつくるよう奨励した。モンゴル王朝の時代を通じ、何千人もの中国人が故郷を離れて船出し、ベトナム、カンボジア、マレー半島、ボルネオ、ジャワ、スマトラなどの臨海地域に定住する。彼らのほとんどは海運業と交易を営み、あるいは港に通じる河川を上り下りする商人として働いたが、しだいにほかの職業にも広がった。

長々と遠回りをして南のイスラム諸国を通らず、直接ヨーロッパの市場に到達するため、モンゴル政府は外国人に、黒海にそったモンゴル帝国の周辺地域に交易所を設けるよう勧めた。モンゴル人は最初は外国の交易所を襲撃したものの、チンギス・ハン治下の一二二六年には早くも、ジェノヴァ人にクリミア半島カッファの港に交易所を維持するのを許可し、のちにはタナの交易所にも許可を与えた。陸上でも海上でもこうした交易拠点を保護するために、モンゴル軍は海賊と強盗を討伐した。一三四〇年に発行された商業の手引き書『商業の慣行（*Pratica della mercatara*）』のなかで、フィレンツェの商人フランチェスコ・バルドゥッチ・ペゴロッティは、「モンゴルシナ」への道は「昼も夜もまったく安全だ(8)」と断言している。

新たな交易ルートの開拓は、モンゴルの侵攻でペルシアやイラクの産業が広範囲に破壊されたことと相まって、中国の産業に好機をもたらした。中国に対するモンゴルの侵攻は、中東と比べればはるかに穏やかなものだったのである。そしてクビライは、イスラムやインドの技術を中国に大規模に導入するとともに、伝統的な中国の産物の市場をこれらの地方に拡大することも推し進めた。モンゴル王室のメンバーは、モンゴル人の各王国にそれぞれ資産を保有することによって、ユーラシア大陸全土の産物をほとんどほしいままにすることができた。しかし、それを輸送し売却するとなると商人に頼らなければならない。モンゴル人は戦士から株主に変わったが、自分たち自身が商人に変身するには、その技もなければ、意欲もないようだった。

モンゴルのエリート階級が交易に直接かかわることは、彼らのこれまでの慣行とはっきり袂を分かつ行為だった。中国からヨーロッパにいたるまで、従来の貴族階級は一般に商業を品位にかかわる卑しいもの、ときには不道徳なものとさえみなして軽蔑していた。商業は大工などの手仕事と同じく、権力者や聖職者が関心を持つべきものではなかった。この時期の封建的ヨーロッパで経済上の理想とされたのは、国ごとの自給自足だけでなく、できるかぎり各荘園も自給自足をめざすことだった。荘園から産出された物品は何であれ、その土地の農民のためにほかのものと交換してはならず、貴族か教会のための宝石、宗教にかかわりのある品物、その他の贅沢品購入に利用されなければならなかった。封建時代の統治者は小作農に生活必需品すべてを自給させて、交易を最小限に留めようとした。小作農は自分たちの食べる物をつくり、材木用の木を育て、道具をつくり、布を織った。封建制度のもとでは、輸入品に頼ることは内政の失敗を意味した。

それまでの中国の諸王朝は、何世紀にもわたって商業を圧迫し続けた。国境に城壁を築くのは交易を制限する手段だったし、事実上、国家の富を損なうことなく塀の内側に保つことになった。こうした執政者にとっては、交易品を差し出すことは隣人に貢ぎ物を捧げるのと同然だったので、できるかぎり交易を避けようとした。モンゴル人は、商人を泥棒よりほんの少しましな職業に位置づける中国人の文化的偏見をくつがえして、[9] その地位を正式に引き上げ、すべての宗教、すべての職業は商人より下で、上に位置するのは政府の官僚のみとした。儒者が堕落の一途をたどるなかで、モンゴル政府は彼らを従来の中国社会最高位から九番目に引き下げた。これは売春婦のすぐ下で、物乞いよりは上だった。

チンギス・ハンの時代からモンゴル人は、ある場所ではありふれた当たり前の品物でも、違うところに持っていけば珍重され、よく売れることがあるのを知っていた。十三世紀の後半は、拡大しつつあるモンゴルの交易網のどこかで売れる可能性のある新しい商品が何か、またいままでもあったけれども新しいやり方なら売れる商品が何かを、人びとが無我夢中で物色する時代となった。染料、紙、薬品の類からピスタチオナッツ、爆竹、毒薬にいたるあらゆる品物を買いつける商人がきっといるはずだった。そしてモンゴルの役人は、その商人がだれであり、どこにいるかを突きとめずにはすまない決心を固めているかに見えた。世界市場の需要に応えて、中国にあるモンゴル人の工場では、磁器や絹などの伝統的な中国の手工芸品だけでなく、やがて特定の買い手のためにまったく新しい商品まで開発するようになる。そのなかには、象牙に聖母マリアと幼子《おさなご》キリストの像を彫ったものまであって、ヨーロッパに輸出された。

モンゴル政府が交易促進によって各地の産物に目を向け、国際的な市場を探すようになると、さまざまな新しい織物が登場した。こうした織物にゆかりのある地名は、いまなお織物の名前になって残っていることが多い。絹のなかでもとくに滑らかで光沢のあるタイプのものは、西洋では「サテン」として知られているが、それはザイトン（泉州）という元の港の名前にちなんだもので、マルコ・ポーロもこの港から帰途についている。ダマスク絹という非常に華麗な織物は、ペルシアのイル・ハン国からの交易品の大半がヨーロッパに向かうとき通過した都市ダマスカスに由来する。マルコ・ポーロはたいへん柔らかくみごとな布について述べているが、これはモスルの産物なので、古いフランス語ではムスリン、英語ではモスリンとなった。

ごく些細な品物が大きな利益を生むことがある。新たに誕生した交易によって、カードゲームが爆発的に普及したのがその一例だ。商人や兵士には、軽くて携帯に便利なカードを使うゲームがおもしろくて物珍しかった。チェスその他のボードゲームには扱いの面倒な道具が必要だが、カードなら兵士やラクダ追いも楽に持ち運ぶことができる。新たに生まれたカード市場によって、カードの生産をより速く、より安くする必要が生じた。この問題を解決したのが、普通は宗教の聖典を印刷するのに用いられる版木で、これを利用してカードが印刷された。印刷されたカードの売れ行きのほうが、聖典をはるかに上回った。

歴史上ほとんどの征服国家は、自分たちの文明を被征服者に押しつけてきた。ローマ人はラテン語、ローマ神話、好物のワインやオリーブ油、そして生育に適さない土地にまで小麦の栽培を強要した。トルコのエフェソスからドイツのケルンにいたるまで、ローマ人がつくった都市はすべて都市計画も建築様式も同じで、市場や浴場から柱やドアのごく細部にいたるまで変わらない。また別の時代、イギリス人はボンベイにチューダー様式の建物を建て、オランダ人はカリブ海沿岸に風車を建て、スペイン人はメキシコからアルゼンチンにまで自国の様式の大聖堂や広場をつくる。そしてアメリカ人は、パナマからサウジアラビアにまで判で押したような住宅地を建設した。考古学者はある場所の遺物を調べさえすれば、ヒンドゥー、アステカ、マリ、インカ、アラブの諸帝国における発展の跡をたどることができるという。

これに比べてモンゴル人は、征服した世界を軽やかな足どりで歩んだ。特定の建築様式を持ち込むわけでもなければ、モンゴルの言語や宗教を被征服民に押しつけようともしなかった。多くの場合、彼らは非モンゴル人がモンゴル語を学ぶのを禁じたほどだ。モンゴル人は場違いな穀物の栽培を強要することもなかったし、新たに臣下となった国民の集合的な生活形態に激変を強いることもしなかった。

多数の人びとを動かすことや、戦争のために新しい技術を活用することに長《た》けたモンゴル人は、「モンゴルによる平和（パックス・モンゴリカ）」の期間も同様に、生活と文化というきわめて保守的な領域に遊牧民社会の移動の原則を適用した。モンゴル軍は通訳、書記、医者、占星術師、数学者を駆り集め、楽士、料理人、金細工師、曲芸師、画家を配分するのと同じ割合で一族に分配した。当該部局はこの種の知的労働者を、その他の職人、動物、輸送する物資のすべてとともに、長いキャラヴァンや水路を利用して一族の住むさまざまな土地に送り届けた。

従来の帝国はひとつの都市に富を蓄積した。すべての道は首都に通じ、すべてのなかで最高のものが首都に集まった。ひとつの都市が帝国全体を強力に支配したので、ローマやバビロンのような首都の名前が国そのものの名前になってしまったところもある。モンゴル帝国では主要都市がひとつに限られることはなく、帝国の領土内を人も物も絶えず移動した。

一二六一年、クビライ・ハンは農業促進局を創設し、八人の理事を任命する。彼らの仕事は、農民の生活と収穫量を改善する方法を模索することだった。収穫高を上げる方法を求める以外に、この部局は一般的に農民の福祉を保障し推進する責務も負っていた。農民に対するこのような政策は、伝統的な遊牧民の生活様式に由来する姿勢を固持し、一貫して農民や農業の問題にはほとんど関心を示さなかった政府の態度がかなり変わったことを表わしている。モンゴルが中国を占領する以前、一定の地域内の農民は大半が同じ作物をつくっていた。地域によって作物の種類は異なっても、地域内では同じだった。ところがモンゴル政府は農民たちに、その地域の気候、土壌、水はけの状況にもっとも適していることが証明された作物を栽培することを奨励した。重点の置き方が変化したことで、一定の地域内でも多岐にわたる作物が生産されるようになり、生産性が向上する。政府当局は茶や米のような中国の伝統的な作物の栽培を、とくにペルシアや中東など新しい地域に広げることを促進した。また新しい道具を求め、改良された三角鋤の使用を東南アジアから中国に導入した。

モンゴル人はペルシアを手中におさめるとすぐ、その地の農業を促進し改善する部局を設けた。何千年ものあいだ農耕が続けられた結果、ペルシアの土壌は疲弊し、生産性は著しく落ちていた。モンゴル人はこの問題を解決すべく、中国から種子を大量に輸入した。必要とあらば、苗、枝、そして木をまるごと持ち込んで、中東の気候と土壌に適応させるために、創設したばかりの農業試験場で栽培した。いままでなかった種々の米や雑穀ばかりでなく、果樹や根菜も輸入する。インド、中国、ペルシアはモンゴルが侵入する以前も何種類かの柑橘類を育てていたが、モンゴル人は根気よく作物の種類を変えたり取り交ぜて植えたりしたので、各地域の収穫物の種類が増えた。また、華南の広東近辺に、中東の領土から取り寄せたレモンの木を八百本も植えて果樹園をつくった。ペルシアのタブリーズでは、モンゴル人は同様にいろいろな種類のレモンその他の柑橘類の木を、こんどは中国から中東に輸入する。彼らが移植する野菜の種類はどんどん増えていき、豆類、ブドウ、レンズ豆、ナッツ、人参、カブ、メロン、種々の葉野菜などが中国に入り、中国ではこれらの野菜の新しい品種や交配種を開発した。人と動物の食料となる農作物以外に、織物の材料になる種々の綿その他の作物や、ロープ、染料、油、インク、紙、薬品の各種原料に、モンゴル当局は絶えず関心を払った。

織物の取引は儲かるうえに、外国貿易で一番多く扱われる品物だったため、モンゴルの統治者は農民が生産する絹や綿などの繊維とともに、モンゴル人が飼う動物から生産されるさまざまな毛織物に特別の関心を寄せた。モンゴル政府は綿花栽培の促進を目的として一二八九年に綿花栽培推進局を設け、南東の沿岸地域や長江ぞいの新しく征服した土地に代表者を派遣する。この部局は北部の小麦栽培地域で綿花を育てる方法を考案したり、綿のすぐれた織り方や生産技術の改良を促進したりした。絹は中国の内外でとくに高い評価を得ていたが、綿も貴重な新しい繊維の素材だった。ひとつの領域で新しい方法が導入されるごとに、ほかにも多くの変化をもたらす可能性が生まれる。新しい作物をつくれば、耕作、植えつけ、灌漑《かんがい》、刈り込み、杭打ち、収穫、刈り取り、脱穀、製粉、輸送、貯蔵、醸造、蒸留、新しい調理法などが必要となる。新しい技術、あるいはわずかに改良された技術を使うにも新しい器具がいり、その器具はまた新しい製造技術を必要とした。

モンゴル人は文化を移動可能なものにしたといえる。それはたんに物品を交換することではなかった。なぜなら、新しい産物の多くを利用するためには、それに関する知識の全体系も運んでこなければならないからだ。たとえば薬品は、使い方に関する充分な知識がなければ交易の対象にならない。このため、モンゴル王室はペルシア人とアラブ人の医師を中国に招聘《しょうへい》し、そのかわり中国人の医師を中東に派遣した。あらゆる種類の知識が新しい商品販売の可能性をはらんでいた。中国人はすぐれた薬理学の知識と、人体のつぼに鍼《はり》を挿入する鍼治療や、火や熱を当てる灸のような珍しい治療法を駆使することがわかった。イスラムの医師は外科の分野で非常に進んだ知識があったが、中国人は処刑された罪人の解剖にもとづく内臓や循環器系統の詳細な知識を持っていた。医学知識の徹底した交換を促進するために、モンゴル政府は中国の治療者だけでなくインドや中東出身の医師も雇って、中国にいくつかの病院や医師の養成機関を創設する。またクビライ・ハンは、キリスト教徒の学者が指導する西洋医学の研究部署も設立した。

モンゴル人はタブリーズの近郊に、東洋と西洋両方の医学知識を駆使する病院、研究機関、教育施設を兼ねた「治療院」を設立した。一三一三年、モンゴル治下のペルシアで、ラシード・アッディーンが中国医学に関して国外で出版された初の書物を著わした。この本には実際に中国で描かれた挿絵が載っている。中国の鍼は中東ではあまり人気のある治療法とはならなかった。鍼を体に当てるさい、あまりにも患者の体に近づかなければならないところがイスラムの考え方には添わなかったのである。いっぽう、中国の脈診は中東やインドのイスラム教徒に大人気を博した。医師は診断を下して治療に入る前に、ただ患者の手首に触れるだけですむからだ。この新しい方法なら、医者は女性患者の家族の体面を傷つけることなく治療することができた。

ヨーロッパを覚醒させたモンゴルの思想

中国を治下に置いてわずか数年で、クビライは暦法研究所と種々の暦類を大量生産するための印刷局とを創設する。もしも統治者が民を治める天命を受けているならば、時を計り、月の満ち欠けや季節の変化を予測する能力を示さなければならない。そして民衆に威信を示し、世論の支持を得るためにもっとも大切なのは、月食・日食の時を予言することだったろう。しかし、モンゴルの統治者たちは暦をめぐりはるかに大きな問題に直面していた。従来のようなひとつの王室、ひとつの首都の帝国なら、正式な暦がひとつあればこと足りるし、他国が違う暦を使ってもたいした問題ではなかった。

ところが、統治者が複数存在するモンゴル帝国の場合は、首都も長い距離をへだてて散在していた。大軍を動かし、大量の物品を輸送するためには、それらの首都が互いに協力し合うことが必要だ。東アジアでは動物の十二支暦が利用されるいっぽうで、イスラムはイスラム教創始以来の歳月を数える太陰暦を使う。ペルシア人は春分をもって一年のはじまりとし、行事の日取りは火星や金星などの惑星や恒星の動きによって定められる。ヨーロッパ人は宗教上の祝日を除いては太陽暦を用いるが、四旬節、復活祭、公現祭などは太陰暦で計算した。キリスト教は宗派によってもこれらの行事の日取りの数え方が異なり、その結果絶えず調整を試みるにもかかわらず、彼らの暦は一致を見ない。

モンゴルが征服国家としてよりも交易国家として拡大するにつれ、国中どこでも同じ原則にしたがって月日を数えられる便利な暦を採用することが、モンゴル政府の重大関心事になった。時の数え方がいくつも存在する各地で、種々の活動を統一のとれたものにし、社会生活を統制するために、モンゴル人はある地域を征服するとすぐ、実際的な目的と宗教的な理由の両方により、惑星と恒星の動きを正確に測る観測所を設けた。最初の観測所はタブリーズのすぐ近くにつくられたが、中国の場合は非常に広大な国なので、各地に同様の観測所を設立しなければならなかった。モンゴル帝国各地の統治者たちは、新たに征服した土地から天文学者、天体観測器具、星座表を探し出すよう中央政府から指示を受けていた。フレグは、ペルシアとアラブの諸都市で捕虜にした多くの天文学者をモンゴル本国に送った。そのなかには当代最高の天文学者ジャマール・アッディーンもいて、重要な天体観測器具の詳細図と、中国ではまだ知られていなかった科学的な測量法をもたらした。

モンゴル政府は人口、動物、建物の全数調査によって得た膨大な数字情報を、(10)それまでの文明国には前例のない規模で処理し、記録する必要があった。動物、兵士、商人の移動ばかりでなく、行き来するすべての物品の記録を年ごとに残さなければならない。新しい形の農業、天文学上の必要事項、全数調査の制度、その他無数の行政上の問題を処理するためには、当時でもっとも進んだ数学的知識と能力が是が非でも必要だった。それには新しい数の扱い方を取り入れないわけにはいかない。必要な計算を迅速かつ効率的に行なうために、モンゴル政府で働く事務官は算盤《そろばん》を頼りにした。これを使えば、いくつかの珠の動きによって、暗算や筆算ほど頭を使わずに大きな数字が機械的に計算できる。

いつも数字情報に細心の注意を払い、広大なモンゴル帝国に何億もの人口を抱えていたモンゴル人は、どんどん増えていく数の計算、どんどん複雑になる数字の処理にもっと簡単な方法、もっと手早いやり方はないかと模索した。膨大な量の計算には、複雑な表を編纂して数字情報を保存する新たな方法や、さまざまな国で用いられている計数法の調整が必要となる。モンゴル政府はヨーロッパと中国の数学はあまりに素朴で非実用的だと考え、アラブとインドの数学から多くの有益で革新的な要素を取り入れた。ホラズム帝国の諸都市は、数学の拠点としてとりわけ重要な存在だった。アルゴリズム（アラビア記数法）という言葉は「アル・フワーリズミー」(*al-Khwarizmi*)〔フワーリズミーはアラビア代数学の出発点をつくった代数学者、ホラズムの出身〕に由来する。モンゴル人はこうした技術革新の知識を帝国の隅々から採用した。数字を縦の列で計算したり、アラビア数字を使ったりすることの利点にすばやく気づき、ゼロや負数、中国の代数を導入した。

数や暦にとどまらず多くの局面で、モンゴル帝国のさまざまな地方の生活そのものが、それまでの歴史では要求されなかったほど調整を必要とした。歴史の記述は非常に重要なので、各国がそれぞれのやり方で、その国独特の文体と表記法にしたがって行なうのを認めるわけにはいかなかった。臣下の民に正しいモンゴル人像を示すために、各地の歴史を書くときの基準を、モンゴルの正史と整合的に結びつけるよう義務づけた。書き残された歴史というものは情報記録の一手段にとどまらず、統治者である王朝を正当化し、偉大な征服の数々と達成した偉業を人びとに広める宣伝の道具になった。また、モンゴル人にとって、書かれた歴史は、より効率的に征服統治するために、ほかの国について学ぶ大切な手段ともなった。クビライ・ハンは一二六〇年代に国立史料編纂所を設立する。中国の慣行に倣って、彼は宋だけでなく女真と契丹の全史の編纂を命じた。これはかつてないほどの壮大な歴史編纂事業であり、完成を見るまでに一三四〇年代にいたるほぼ八十年の歳月を要した。モンゴル・ペルシアではイル・ハンのガザンが、ジュワイニーの後継者ラシード・アッディーンに最初の世界史編纂を命じた。ラシード・アッディーンは中国とトルコ、そしてフランク族（モンゴル人によるヨーロッパ人の呼称）の歴史を記すべく、種々の分野にわたって大勢の学者や翻訳者がたずさわる一大事業を企てた。

モンゴル帝国から生まれる大量の情報には、それを配布する新しい方法が必要だった。あふれる情報を扱うのに、さすがの書記たちも書き残すべきものをすべて手書きで写すことはできなくなった。彼らは記録を編纂し、文字を書き、必要とする人びとに情報を送ったが、農業手引き書や医学論文、地図帳、星座表などを書写する暇はなかった。情報を大量に配布するには大量生産が必要で、モンゴル人はここでも技術に目を向ける。印刷術である。

モンゴル人はとうの昔から印刷術を用いていた。夫オゴデイの治世のあいだ、妻ドレゲネが印刷を奨励したうえ、一二三六年からオゴデイは、華北のモンゴル領土全体に地域ごとの印刷所設立を命じた。活字による印刷は十二世紀なかばに中国ではじまったと考えられるが、大規模にそれを活用し、行政にその可能性を広げたのはモンゴル人だった。中国人が行なったように何千もの文字を使って印刷する代わりに、モンゴル人は同じ文字が何回も利用できるアルファベットを用いた。モンゴル治下では、印刷業者はそれぞれの文字の複製をたくさん彫っておき、それを並べてどんな言葉でも組むことができた。印刷業者が新しいページを印刷したいときは、原文を丸ごと彫る代わりに、すでに彫ってある文字を正しい順序に並べるだけで事足りた。使った活字は次の印刷まで取っておき、何度でも並べ替えて使うことができた。

モンゴル王朝のあいだに識字率が上昇し、それに比例して文書の量も増えた。一二六九年、クビライ・ハンは政府の決定事項を国民に幅広く知らせるために印刷局を設立するが、そのほかに民間でも一般の印刷物が普及するよう奨励した。これによって、政府刊行物だけでなく宗教書や小説も印刷された。活字になる書物の数が劇的に増加したので、モンゴルの治世のあいだ中ずっと書籍の価格は下がり続けた。ほどなく、モンゴル帝国のいたるところの印刷所が、さまざまな言語で、農業に関する小冊子、暦、聖書や経典、法律書、歴史書、医学論文、新しい数学理論書、歌集、詩集などを印刷しはじめる。

宗教面での寛容さ、どんな国の言葉も表わせるアルファベット、駅伝制度、カード遊び、暦の印刷、貨幣制度、天宮図の作製のいずれをとっても、モンゴル帝国の統治者たちは頑固なまでに普遍主義を貫いた。彼らには臣民に押しつける既成の制度などなかったから、どこからでも喜んですぐれた制度を取り入れて組み合わせた。これらの分野で文化的に強い選り好みがなかったモンゴル人は、問題が起これば理論ではなく現実に即して解決した。何が一番効果的かを模索し、それを見出したときはほかの国にも広めた。自分たちの天文学理論が聖書の教えに合っているか、自分たちの表記法が中国の高官が教える古典の規則どおりか、またイスラムのイマームはモンゴルの印刷物や絵画がお気に召さないか、などということを気にかける必要はなかった。モンゴル人は少なくとも一時的に、一国の好みや偏見に左右されない技術、農業、そして知識の新しい国際的な体系を国民に課す力があった。こうすることで、中国のエリート階級が握る思想の独占権を排除したのだ。

征服によってモンゴル帝国を樹立するさい、彼らは戦そのものを革新しただけでなく、普遍的な文化と世界的な制度の基本をつくり上げた。その新しい世界文化は、モンゴル帝国の終焉後もずっと成長を続けた。それが何世紀にもわたって発展し続けた結果、最初にモンゴル人が重点を置いた自由貿易、情報通信の自由化、知識の共有、政教分離、諸宗教の共存、国際法、外交特権が近代世界の基礎となった。

モンゴルの統治を受けなかったにもかかわらず、ヨーロッパはモンゴルが広めた制度から多くの点で最大の利益に浴した。ヨーロッパ人はモンゴルによる征服の犠牲を払うことなしに、交易、技術移転、「世界的な覚醒」による利点のすべてを手にしたのである。モンゴル軍はハンガリーとドイツの騎士たちを殺したが、彼らの都市を破壊したわけでも占拠したわけでもなかった。ローマの没落以来、文明の主流からへだてられてきたヨーロッパ人は、新しい知識を貪欲に消化し、新しい衣服を身にまとい、新しい音楽に耳を傾け、新しい食べ物を口にし、ほとんどすべての面で急速に向上をとげた生活水準の恩恵を受ける。

ヨーロッパ人は、一二四〇年のモンゴル侵攻を取り上げたマシュー・パリスやスパーラトのトマスなどの年代記編者によるヒステリックな記述を簡単に忘れ去った。以後一世紀のあいだ、モンゴル人は贅沢な交易品や珍しい品物を象徴する存在となる。「タタール」は、もはや無差別テロを意味する言葉ではなくなった。それどころか、イタリアの作家ダンテやボッカッチョ、イギリスのチョーサーは、「タタールの織物」や「タタールのサテン」という言葉を世界でもっとも美しい布を表わす言葉として用いている。イギリス王エドワード三世がガーター騎士のために百五十のガーター勲章〔イギリスのナイトの最高勲章、男子は左膝下につける〕をつくらせたさいには、とくに「タタール・ブルー」の色にするよう注文を出した。この言葉がモンゴルで実際につくられる織物や染料を指すのでないことは明らかだが、モンゴル人が交易で扱うか、あるいはモンゴルから輸出されるものを意味したのだろう。

次々と技術革新がヨーロッパにもたらされた。採鉱、製粉、金属細工のような大きな労働力を要する仕事はほとんどが人や動物の労力に依存していたが、水力や風力を利用して急激に機械化された。溶鉱炉を改良する技術も、モンゴルの交易ルートを通ってアジアからヨーロッパに到来する。その結果、金属細工職人はより高い温度を出せるようになり、新しい高度な技術の時代に原料としていよいよ重要性を増す金属の質が向上した。ヨーロッパでは「モンゴルによる世界的な覚醒」の結果、大工が普通の手斧《ちょうな》をあまり使わなくなり、特殊な機能を持つ特別な道具を使うことが多くなって、仕事がより速く、より効率的になった。また、建築業者は新しいタイプのクレーンや荷物昇降機を用いた。従来に比べて、生産に要する労力が少なくてすみ、収穫後も手間のかからない作物が急速に広まった。人参、カブ、クレソン（アブラナ科の水菜）、ソバ、パースニップなどが食卓にしばしば登場するようになる。焼き串に刺した肉を簡単に回せるしかけが生まれて、手のかかる調理もやりやすくなった。新しい道具、機械、装置の助けによって、船やドックから倉庫や運河にいたるすべての分野で、いままでより速く品質の高いものがつくれるようになった。かつてモンゴルの戦闘技術改良が功を奏し、効率の向上した大砲や火力によって敵をすばやく打ち破るのが可能になったのと瓜ふたつだ。

仔牛の皮紙や羊皮紙に一ページの記録を書き記すといった簡単な作業でも、大勢の熟練労働者による長い工程が必要だった。羊を育てる羊飼いの仕事は別としても、屠《ほふ》って皮を剥ぐ仕事は上等の文書材料をつくるのに非常に重要だったので、皮剥ぎ職人の熟練した技術を要した。数週間かけて、皮を洗浄し、外側の毛をむしり、内側の肉を剥ぐ。それから何種類もの化学物質のなかに浸し、それを枠に広げて頻繁に大きさを調整する。次に日に干し、厳密な順序で湿らせたり乾燥させたりする。それから薄く削《そ》いで、最後は適当な大きさのページに切り分ける。これを本に仕立てるには、さらに新しい工程を踏む手仕事がひととおり行なわれる。インクをつくり、原本を写し、挿絵をつけ、色を塗り、それを革ひもで束ねるのだが、この革ひもをつくるにも特有の手仕事工程を経なければならなかった。

羊皮紙を紙に替えるという中国の技術革新はすでに知られてはいたものの、モンゴルの時代になるまでヨーロッパではほとんど実用化されなかった。羊皮紙をつくるのに比べると、ひとりの労働者に要求される技術はより高度でありながら、紙ができるまでに踏む手順ははるかに少ないので、全体的な工程としては、かける労力はわずかですんだ。製紙業者は切り刻んだボロと繊維質の原料を煮詰めて嵩《かさ》を減らし、枠を大きな桶に浸して繊維の層でおおい、それを化学薬品で処理してから乾かすのである。

印刷術が広まると同時に紙の需要も高まる。中世の社会でもっとも手のかかる仕事のひとつは文書や記録の写本だった。そのすべてが、修道院のなかで人の手によって行なわれた。修道院は製本工場の役目を果たし、そこでは大きな書写室で日がな一日、書記が丹念に文書を書き写していた。書記たちのわずかな食費と基本的な生活費を除けば、彼らの労働は無給であり、文書を売って得られた金は教会の諸費用に使われた。ヨハネス・グーテンベルクは、印刷機に改良を加えて一四五五年に二百冊の聖書を印刷し、西洋に印刷技術と情報革命をもたらした。新技術は、本づくりという比較的地味な仕事を社会にもっとも強い影響をおよぼすものに変えた。それはギリシアの古典を復活させ、口語による表記法を発展させ、ナショナリズムの発達を促し、プロテスタント革命を起こし、科学を誕生させ、作物学から動物学まで生活と学問のすべての側面に刺激を与えた。

モンゴル帝国に生まれた思想は、ヨーロッパ人の精神に新たな可能性を目覚めさせた。マルコ・ポーロの旅行記からウルグベク〔一三九四～一四四九年。ティムール朝の君主、サマルカンドの天文台を創設〕の詳細な星図にいたる新しい知識は、ヨーロッパ人がこれまで受け入れてきた古典的な知識の大半がまったく間違っていたことを証明すると同時に、彼らの目の前に知的発見への新しい道を開いた。モンゴル帝国はたんなる技術にもとづくのではなく、国民の生活を組織するうえでいままでなかった新しい思想と方法を基盤にしていたため、それらの思想がヨーロッパに新しい考え方と実験的な試みを誘発した。紙幣の使用、教会に対する国家の優位、信教の自由、外交特権、国際法など、モンゴル帝国ではごくあたりまえの原則が、ヨーロッパでは新たな重要性を帯びるようになったのだ。

一六二〇年に、イギリスの科学者フランシス・ベーコンは技術革新がヨーロッパにもたらした衝撃をいち早く理解していた。彼は印刷技術、火薬、羅針盤を近代世界の基礎となる技術革新だと指摘する。「これらは昔の人には知られていなかったが……この三つは全世界の外観と形勢を変えてしまった。ひとつめは文学において、ふたつめは戦争において、三つめは航海においてである」[11]。技術革新そのものよりさらに重要なことに、「そこから数知れない変化が引き出された」。彼はこれらの重要性をはっきりと理解したうえで、次のように記している。「いかなる帝国も、宗派も、星も、こうした技術上の発見より大きな力と影響を人間の生活におよぼしたものはないだろう」。これらのすべてがモンゴル帝国の時代に西洋に広まったのだった。

紙、印刷機、火薬、火器のおよぼした広範な影響と、羅針盤など航行用機器の普及によって、ヨーロッパ人は文字どおりの再生ともいえる「ルネサンス」を体験する。しかし、ふたたび生まれたのはギリシア・ローマの古代世界ではなかった。ヨーロッパ人が選びとり、移植し、必要に応じて自分たちの文化に適合させたのはモンゴル帝国だった。

一二八八年五月、ラッバン・バール・ソーマと面会してモンゴル皇帝からの書簡と贈り物を受けとった直後、教皇ニコラウス四世はフランチェスコ派の修道院のために新しく「母教会〔その地方の中心的な教会〕」をアッシジに建設するようにとの教皇勅書を出す。フランチェスコ派初の教皇であるニコラウス四世は、同じ宗派の人びとともに、フランチェスコ派時代の到来を宣言したかったようだ。彼らはこの建設計画にともなって、自分たちの新しい立場を宣言するばかりでなく、修道会の偉業を強調する絵画を望んだ。フランチェスコ派は、ヨーロッパのなかでモンゴル宮廷ともっとも親密な関係を持っていた。グユクが大ハーンに選出されたときはじめてモンゴルを訪れたジョヴァンニ・デ・ピアーノ・カルピーニの使節団の修道士たちも、モンケ・ハンの即位式に訪れたギヨーム・ド・ルブルクも、全員フランチェスコ派である。教会の絵を描いた画家たちは、モンゴル人がもたらした中国とペルシアの絵画から絵のテーマと技法を取り入れた。おそらく手本は、ラッバン・バール・ソーマ自身が持ってきた贈り物だろう。

　このときに描かれた絵画は、どれもジョット・ディ・ボンドーネや弟子たちの作品の流れをくみ、アッシジのフランチェスコ派修道院に描かれた一連の絵画の延長線上にあるように見える。教会のフレスコ画は、モンゴル帝国より千年以上も前のキリストの生涯を描き、あるいはモンゴルと接触する少し前の聖フランチェスコの生涯を題材にしているにもかかわらず、画家たちは絵の主題となる多くの人物をモンゴル人として描くか、もしくはモンゴルの衣服や布をまとわせている。「一連のフレスコ画では、聖フランチェスコの生涯は文字どおり絹に包まれている。ほとんどすべての場面で、物語を縁取る枠や、ゆったりと垂れるベルトとして、絹が色鮮やかに描かれている」[12]。普通の絹のほかにも、モンゴル人が好み、教皇や王たちへの贈り物とした手の込んだ錦織も描かれた。画家たちはさまざまなキリスト教絵画に、独特の衣服と被り物をつけ、弓を持ったモンゴル人を配した。モンゴルとの交易によって人気を博するようになった中国風の絵画に、馬も登場しはじめた。これらの絵画では、ごつごつした岩や樹木の描写に東洋の影響が強く見られる。中世を通じてずっと平面的で遠近感がなかったヨーロッパの絵画に、厳密に言えばヨーロッパ風でもなく東洋風でもない新たな掛け合わせ《ハイブリッド》が生まれた。これがのちにルネサンス様式として知られるようになるもので、奥行き、光、織物、そして馬を特徴とする。

それだけなら、こうした絵画は画家たちが世界の多種多様な人間の顔を新たに認識したということを示すにすぎなかったかもしれない。しかし、一三〇六年にパドヴァで描かれた「キリストのローブ」という絵画では、そのローブがたんにモンゴルのスタイルと織物でできているだけでなく、金の縁取りには、クビライ・ハンに命じられてパスパが考案した四角いモンゴル文字が書かれていたのだ。同じ教会にある「不貞の悪徳」を擬人化して描いた絵画には、クビライ・ハンの好んだヘルメット形式の日除け帽をかぶった女が登場する。さらに、旧約聖書の預言者たちが絵のなかで長々と広げた巻物には、判読できないモンゴル文字が記されている。クビライ・ハンの宮廷に縁《ゆかり》のある文字や衣服を描いた絵画から直接わかるのは、イタリアのルネサンス芸術とモンゴル帝国のあいだの否定しがたいつながりである。

モンゴル人の顔や文字がルネサンス・ヨーロッパの絵画に登場しだしたのと同じく、モンゴル人の思想が当時の文学や哲学に姿を現わしはじめた。ドイツの聖職者ニコラウス・クザーヌス〔一四〇一～六四年。クエスに生まれた哲学者、神学者〕の作品には、モンゴルの思想や政治の刺激的な特徴がはっきり表われている。彼が一四四〇年に著わした随想『知ある無知』は、ルネサンスの幕開けといえる作品だろう。トルコ人の手に落ちる直前までコンスタンティノープルで教会関係の仕事を続けた彼は、のちの著作で明らかなとおり、ペルシアおよびアラブの思想やモンゴルの文明に通暁していた。一四五三年、彼は『信仰の平和について（*De pace fidei*）』と題する長い書物を著わした。この本では、十七の国家や宗教界からの代表者が、世界の平和と相互理解を促進する最善の方法について想像上の討論を展開している。討論の場でタタールの代表に自国のことを次のように語らせているところからみると、モンゴル人の宗教思想に関する著者の深い造詣がうかがえる。「国民の数は非常に多く、素朴で、ただひとりの神を崇敬し、自分たちと同じく唯一の神を信じる他国民が行なうさまざまな宗教儀式に瞠目《どうもく》している。タタールの民は、キリスト教徒の一部とアラブおよびユダヤの民すべてが行なう割礼の慣行や、額に焼き印を押すこと、洗礼を受けることなどを嘲笑する[13]」。彼はさらに、モンゴル人がキリスト教の儀式や神学にとまどっていると述べ、こう特筆する。「多種多様な生け贄があるなかで、キリスト教の生け贄の儀式ではパンとワインを捧げて、それがキリストの肉と血だと称する。奉献の儀式のあとでこの生け贄を食べたり飲んだりするのは唾棄《だき》すべきことだ。自分たちが敬うものをむさぼり食うことになるからである[14]」

この討論のなかで架空のタタール人が口にしたことは、モンケ・ハンがフランスの使節に対面したとき、世界の諸宗教間のひどい反目を罵倒した言葉とまったく変わらない。「神の掟を守るのは正しいことだ。しかしユダヤ人は掟をモーゼから与えられたと言い、アラブはムハンマドから、キリスト教徒はイエスから賜ったという。そしてまた、自分たちの預言者を讃《たた》え、その手から神聖な教えを授かったと言い張る国もあるだろう。ならば、われわれが合意にいたるはずがないではないか[15]」。宗教的な平和を得る道はただひとつ、すべての宗教を国家権力のもとに組み込んでしまうことだというのがモンゴル人の答えだった。

ラッバン・バール・ソーマのようなモンゴル使節の訪問によって、自分たちとはかけ離れた、遠い異国のモンゴル人のものの見方がヨーロッパ人に示された。もはやモンゴルの恐ろしい脅威を感じなくなったヨーロッパ人は、チンギス・ハンの帝国に、自分たちの社会とはまた違ったおもしろい社会を見出し、興味をそそられはじめる。文筆家はイスラムを、ヨーロッパ人が軽蔑するあらゆるものを代表する存在に仕立て上げたにもかかわらず、モンゴルについては自分たちよりもずっとすばらしい世界、ある意味ではユートピア的な理想社会のロマンティックなイメージでおおいつくした。一三九〇年ごろ、ジェフリー・チョーサーはモンゴルの偉大さ(16)を端的に描写した。外交官としてフランス、イタリアを幅広く旅してまわった彼は、自分の作品の読者であるイギリス国民の多くよりも、ずば抜けて広い国際的な視野を持っていた。英語で書かれた最初の書物である『カンタベリー物語』のなかで、騎士の楯持ちが語るのは、チンギス・ハンの生涯と冒険に関するロマンティックで夢のような物語である。

この気高い王はジンギス・カンと呼ばれ、
在世中は非常な名声を博し、
あらゆる点でこれほど秀でた王者は
この領地のどこにもいなかった。
王としてのふさわしい資質は何一つ欠けていなかった。

彼は生国の宗教に従い、
その教えを守り、その信仰に誓いを立てた。
その上、勇ましく、賢く、豊かで、
いつも変わることなく、慈悲深く、公正だった。
言葉には嘘がなく、優しく、高潔で、
盤石の大黒柱のように心はしっかりしていた。
若々しくて、溌剌として、強くて、宮中の
どの若い騎士よりも武芸において熱心だった。
ハンサムな人で、幸運に恵まれ、
つねに立派に王位を維持したので、
彼に並ぶ人物はどこにもいなかった。
この気高い王、韃靼のジンギス・カンは[17]

〔笹本長敬訳「近習の話」『カンタベリー物語』（英宝社）より引用〕

第十章――幻想の帝国

一四九二年にクリストファー・コロンブスがスペインから出航したとき、彼がめざしたのは大ハーンの国キャセイ（中国）だった。[1]

――デイヴィッド・モーガン

帝国の息の根を止めた災厄

一三三二年、桃源郷（ザナドゥ）とも謳われたモンゴルの夏の都、上都の離宮は大混乱に陥り、人びとは恐怖と苦痛になすすべもなかった。王室は夏の終わりがすぎてもこの地に残っていた。彼らはこのような非常事態を秘めておこうと努めたが、王家が大騒動に巻き込まれ、結局は存亡の危機にあることが知れわたってしまった。残存する資料に照らしてみても、何が起こっていたのか曖昧な説明しか得られないが、どうやら大ハーンの地位が兄弟から兄弟へ、父から息子へと揺れ動き、そのあいだ暗殺や失踪、謎の死が慌ただしく続いたようだ。一三二八年から一三三二年までに、〈黄金の家族〉のうち少なくとも四人が大ハーンの座についたが、そのうちで七歳のイリンジバル・ハンが大ハーンの座に留まったのは一三三二年のわずか二か月のみだった。だれもが恐怖で金縛りになった。宮中では老いも若きも、最下層の召使いから大ハーンにいたるまで、すべての者がおぞましい死をとげる危険にさらされていたらしい。

首都の外側でも、内側と同様な大騒動が巻き起こったが、人びとを脅かしていたのは外国の軍隊の侵攻でもなければ暴動でもない。恐怖はもっと気味の悪い、謎めいたものから生じていた。しかし、その影響はいたるところではっきり目に見える形で表われた。疫病である。(2) 朝、元気そうだった人が突然高熱を発し、それがすぐに寒気に変わり、嘔吐と下痢に襲われる。ほんの少し前は健康そのものに見えた人の体が、いきなり原因不明の症状で衰弱し、恐れおののく家族の目前でどんどん力を失っていく。内出血がはじまって皮膚が変色し、鼠径《そけい》部にしこりができて、血液と膿がたまる。鼠径部を指すギリシア語にちなんでのちに「横根《よこね》」(*buboes*)と呼ばれるようになるしこりは、続いて脇の下と頸部に現われる。それらのしこりから、この病気の医学用語「腺ペスト」(bubonic plague)が生まれた。しこりは大きくなると破裂する。体内の酸素不足と皮膚の下の乾いた血液のせいで、患者の体は黒く見える。こうした劇的な症状から、この病気は「黒死病」(3)として知られるようになった。ほんの数日間、激痛に苦しんだのちに患者は死亡する。場合によっては病気はリンパ節ではなく肺を襲い、肺のなかの空気が血と泡にまみれるために、患者は窒息死する。死んでいくとき、患者は激しい咳とくしゃみをし、苦しげな息をせわしなく吐くので、まわりの者を感染させることになった。

しごくもっともらしいが、完全には裏づけられない複数の記録によると、この病気は華南に端を発し、モンゴルの兵士が北に運んだという。病気のバクテリアはノミの体内に棲息する。ノミは南からの食べ物や貢ぎ物の輸送とともに、ネズミに取りついて移動する。ふつうの状態ではノミから人間への感染は起こらないし、馬の匂いがノミを追い払うのだが、ノミは穀物の袋や人の衣服など人間に近い場所で生きていて、人間に飛びかかる機会を待ち受ける。この病気に感染したノミがゴビ砂漠に着くと、マーモットの穴や広々とした齧歯類《げっしるい》の「集合住宅」に居心地の良い新しいすみかを見つけて定着する。モンゴルの茫漠たる草原でも、この疫病はほかの地域と同様に伝染性を持つものの、生物が混み合っていない環境では危険度が低い。今日でさえ毎年夏になるとこの病気で亡くなる人が少しはいるが、たくさんの馬のなかにほんのひと握りの人間しか暮らしておらず、モンゴル人のすまいにはノミがすみつかないので、ペストが流行病になることはない。それと比べて、人口密度が高い中国の都市では、のちにはほかの国の都市でも見られたとおり、ネズミの集団がこの病気にとって最高のすみかとなった。ところが、ネズミは非常に長い歳月にわたり人間のごく近くに棲息してきたので、当初この病気がネズミとかかわりがあるのではないかと疑う者はだれもいなかったのだ。

年代記編者の記録によると、一三三一年には華北地方の人口の九〇パーセントが死亡した。一三五一年までに、中国はこの病気のために人口の二分の一から三分の二を失ったと報告されている。中国は十三世紀の初頭には約一億二千三百万の人口を擁していたが、十四世紀の終わりにはわずか六千五百万人に減少した。

モンゴルの国家体制のなかで生産中枢の役目を果たしていた中国の生産物が輸出されるさい、この病気もついていき、あらゆる方向に一挙に広がったものと思われる。交易所の近辺の墓が考古学的に裏づけるとおり、一三三八年までにペストは中国から出て天山山脈を越え、キルギスのイシククル湖に近いキリスト教徒の商人の居住地域を壊滅させた。この疫病は交易にともなう流行病だった。十三世紀から十四世紀のユーラシア世界を結び合わせていたモンゴルの道路やキャラヴァン隊は、絹やスパイスを移動させただけではなかった。商人のためにモンゴル政府がつくった道路や駅は、はからずもノミの交通網ともなり、疫病が移っていく道筋になった。贅沢な布、異国情緒あふれる香料、豪華な宝石とともに、キャラヴァン隊はノミを運び、ノミは疫病を幕営地から幕営地へ、村から村へ、街から街へ、そして大陸から大陸へと広げていった。もしもこの疫病が山道にある重要な駅をひとつだけ襲ったのであれば、あるいは砂漠を通る道をひとつだけ塞いだのであれば、広大な帝国のなかの広い地域を孤立させるにすぎなかっただろう。

疫病がヴォルガ川下流域にある〈黄金のオルド〉の首都サライに到達したのは、一三四五年である。このころ、キプチャクのハン、ジャニベクはクリミア半島の港カッファを包囲しようとしていた。ここは現ウクライナの港湾都市フェオドシヤで、主としてロシアの奴隷をエジプトに輸出するためにジェノヴァの商人がつくった交易所だった。モンゴル人はときにはイタリアの奴隷商人と手を結び、またときには彼らの商売を抑えつけようとした。モンゴル当局は交易所を閉鎖してジェノヴァ人を追い出したことも何度かあったが、そのたびに結局は思い直して復帰を許可した。ジェノヴァ人は、モンゴルの脅威を防いで奴隷の輸送を安全に行なうために、街の周囲に堅固な防護壁を築き、さらにその内側に交易所の中心部を守る第二の塀をつくった。

モンゴル軍に疫病が発生したため、ジャニベクは包囲を解いて引き揚げざるをえなくなったが、病気はモンゴルの幕営地から隣接する港へと広がっていった。唯一残っているヨーロッパ側の報告によれば、ジャニベクは疫病の犠牲者の遺体を投石機で城壁越しに街へ向かって発射した(4)という。ジェノヴァ人は遺体を海に投げ捨てて処理したものの、病気は爆発的に広がった。くり返し聞かされるこの話は、目撃者の証言記述にもとづいたものではない。この話の唯一の情報源とされるのは、ジェノヴァに近いピアチェンツァの街の公証人ガブリエーレ・デ・ムッシスの書いた文書で、彼はこの話をある水夫から聞いたと主張する。死体が狙った的に息を吹きかけて病気を広めることはできないから、モンゴル人がこの街を汚染したければ生きたノミを運ぶ必要があっただろう。いずれにしても、この話は疑わしい。モンゴル人がこんな手段を使ってまで病気を蔓延させようとは思わなかったはずだというのではなく、これは成功しそうもない戦略だからである。

人間の意志に関係なく、この疫病はすでに広がっていたし、これ以後も広がり続ける。ジェノヴァ人その他の避難民が船でこの港から逃れたとき、病気はコンスタンティノープルに運ばれた。そこからエジプトのカイロやシチリア島のメッシーナに広がるのはわけもない。都市が疫病の理想的なすみかだとすれば、船の閉鎖された環境は疫病の理想的な培養器だった。馬と火というノミがもっとも嫌がるふたつのものがなく、人とネズミとノミが一緒くたに暮らせる場所だからだ。疫病は、交易ルートでは移動に都合のいい荷馬車や荷物がやってくるのを待たなければならず、どちらかというと動きが鈍かったが、そこから解放されると船と同じスピードで広まっていった。一三四八年、ペストはイタリアの都市を席巻し、その年の六月にはイギリスに入った。一三五〇年の冬までには北大西洋を渡り、フェロー諸島からアイスランドを越えてグリーンランドに達する。アイスランドでは移住者の六〇パーセントが死亡した可能性がある。おそらくこの疫病こそ、グリーンランドの好戦的なヴァイキング集団を滅亡に導いた唯一の重大要因だった。

概算では、一三四〇年から一四〇〇年にいたる六十年のあいだに、アフリカの人口[5]は八千万から六千八百万に、アジアでは二億三千八百万から二億百万に減少した。この疫病からこのあと二世紀まぬがれたアメリカも含めて、世界の総人口は四億五千万から三億五千万と三億七千五百万のあいだに落ち込んだ。最終的な減少数は少なくとも七千五百万になる。十四世紀の残りの期間に、一年につき百万人以上の人が死んでいった。証拠となる資料が増えるにつれて、学者の研究は死者の数を押し上げつつある。ヨーロッパの人口はおよそ七千五百万から五千二百万になった。死者の数がおおむね二千五百万として、ヨーロッパ大陸だけの人口の減少数は二十世紀における全世界のエイズによる死亡者数とほぼ等しい。しかし十四世紀のヨーロッパにとって、この数字は全人口の三分の一から半分にあたる。これと比べると、第二次世界大戦によってすさまじく破壊されたヨーロッパでも、イギリスの人口減少は一パーセント、激しい戦闘の行なわれたフランスでも一・五パーセント、ドイツで九・一パーセントである。ポーランドとウクライナでは、広範囲におよぶ飢饉のために第二次世界大戦による死者は一九パーセントになったが、この数字ですら十四世紀のペストによる死亡率をはるかに下回っている。

この疫病のためにまったく住民がいなくなった地域もあるいっぽう、事実上無傷で残った都市も二、三はあった。効果的な手段はわずかだったが、ミラノはそのうちのひとつを採択した。ある家にペストが発生すると、取るものも取りあえず役人が駆けつけ、家中に目張りをし、病人も元気な者も、友人も召使いも、なかにいる者はすべて閉じ込めてしまう。鐘を鳴らして病人の出たことを合図したり、教会の鐘を鳴らすのを禁じたり、というようなたいして効き目がありそうもない手段を講じた都市もあった。特定の地域に疫病が発生したか否かにかかわらず、この病気のために大陸のあらゆる人びとの暮らしが永久に変わってしまったのは間違いない。[6] ペストはローマの没落以来ヨーロッパを支配してきた社会秩序を事実上崩壊させ、ヨーロッパ大陸を危険な無秩序状態に追い込んだ。都市住民のほうがペストの犠牲になりやすかったので、知識階級や腕の良い職人が激減した。都市の内外にある修道院や女子修道院の閉鎖的で汚染された環境は、疫病が人を殺すのにもってこいだった。ローマカトリック教会全般、とりわけヨーロッパの修道院制度は、この悲劇からけっして立ち直ることはなかった。人口密度の高い農村も同様の危険にさらされたし、城や荘園のなかに閉じ込められた住人も同様の悲劇に遭った。

ペストが社会に与えた衝撃をもっとも生々しく描き出しているのは、ジョヴァンニ・ボッカッチョの作品『デカメロン』である。一三四八年、この疫病が発生したフィレンツェに暮らしていた彼は、多くの家族と親友を亡くした。同書では、若い貴族の男女十人がペストを逃れて田舎の屋敷に避難し、物語を語り合いながら時をすごす。ボッカッチョが描いた世界では、ただ疫病から逃げるために夫が妻を棄て、母親が子を見捨てる。あまりにも死者の数が多かったので、司祭は葬礼の儀式を執り行なう時間がなく、墓掘りは死体を埋める場所に困る。そのため死体は集団墓地に放り込まれるか、犬や豚の餌にされた。「法を司るお偉方たちは、人の掟を守らせるほうも神の掟を守らせるほうも、堕落して、まったく力をなくしてしまったと言ってよかった。裁判所の判事も職務を遂行できなくなったので、だれでも自分の目から見て正しいと思うことを勝手にやって良かった[7]」

この病気の真の原因も感染経路も不明ながら、人びとはすぐ都市を出入りする商品や人の流れと密接な関係があることを見抜いた。ボッカッチョ、ペトラルカなど当時の文人の作品には、この病気へのおもな反応がふたとおり書かれている。可能な場合は街を出るか、それができない場合は、少なくとも外部の人間に対して街を閉鎖してしまうのだ。いずれにしても、たちまち交易と情報交換と輸送が滞ることになる。ヨーロッパ各地の行政機関は、病気の拡大を防ぎ、人びとの反応を抑制する法律を定めた。一三四八年、トスカーナ地方にあるピストイアという小さな街では、感染地域から人が入ってくることを許可せず、何であれいったん使用された織物の輸入を禁止し、果物の販売と動物の解体を禁じた。解体によって生じる死臭が病気の拡大の一因ではないかと疑ったのである。同じ理由で革なめしも禁じられたので、革製品の交易はばったりと途絶える。ほかの地方から帰ってくる市民は、一四キロ足らずの小荷物しか街に持ち込めなかった。ペストで亡くなった人の家に贈り物を送ることも、その家を訪ねることも許されなかったし、新しい衣服を買うこともできなかった。

　外交使節も外交文書も行き来しなくなった。モンゴルの交通網が利用できなくなったため、カトリック教会は中国に送った伝道団と連絡が取れなくなる。いたるところで、脅えきった人びとは病気が入ってきたのを外国人のせいにし、国際交易はさらに危機的状況に陥った。ヨーロッパでは、キリスト教徒がモンゴルの東欧侵攻の時代と同様、ふたたびユダヤ人を目の敵《かたき》にする。[8]ユダヤ人は交易や、ペストの源である東洋と密接なつながりを持っていたからだ。自分の家に閉じ込められ、家に火をつけられたユダヤ人もいれば、外に引きずり出されて罪を白状するまで拷問台の上で苦しめられた者もいる。一三四八年七月に、ローマ教皇クレメンス六世がユダヤ人を保護し、キリスト教徒に対してユダヤ人迫害を禁止する旨の大勅書を出したにもかかわらず、ユダヤ人襲撃は拡大するいっぽうだった。

一三四九年の聖ヴァレンタイン・デーに、ストラスブールの市当局は二千人のユダヤ人を駆り集め、街の外にあるユダヤ人墓地に連行して集団で火炙《ひあぶ》りの刑に処した。なかには罪を告白し、キリスト教に改宗して許された者もいれば、強制的に改宗させられた子どももいたが、六日間で千人以上が死んでいった。全員を火炙りにするにはそれだけ時間がかかったのである。市当局は、市内にユダヤ人が残っていれば法律の保護の枠外に置くと宣言した。疫病の拡大を阻むために、ユダヤ人を公《おおやけ》に火炙りにする都市がどんどん増えていく。ある年代記編者が誇らしげに記録したところによると、一三四八年の十一月から一三四九年の九月までに、ケルンからオーストリアのあいだに住むすべてのユダヤ人が火炙りになったという。スペインのキリスト教徒が支配する地域では、少数派のイスラム系住民に対して同様の処刑が開始され、彼らの多くはグラナダ王国やモロッコに避難せざるをえなくなった。

疫病はヨーロッパを孤立させただけでなく、ペルシアとロシアに住むモンゴル人を、中国とモンゴル地方のモンゴル人から切り離してしまった。ペルシアの統治者は中国に所有する領地や工房でつくられる品物を確保できなくなり、中国の〈黄金の家族〉はロシアやペルシアの保有地からの産物が手に入らなくなる。どのグループもほかのグループからへだてられた結果、互いの所有権を組み合わせる制度は崩壊した。疫病は中国を荒廃させ、人びとの生活を腐敗させた。交易と貢ぎ物を断たれて、モンゴルの〈黄金の家族〉は存続のための重要な支えを奪われる。ほぼ一世紀のあいだ、モンゴル人は自分たちを分断することになった政治的過ちを克服するために、相互に物質的利益を保証し合う制度を発展させていた。政治的結束は顧みなくても、文化と交易のうえでは統一された帝国を維持してきたが、疫病の猛攻にあって帝国の中枢は持ちこたえられず、複雑な制度は崩壊する。モンゴル帝国は、その巨大な領土のいたるところで、人と物と情報が絶えず迅速に動くことによって成り立っていた。そうしたつながりを失えば、帝国はもはや存在できなかった。

外からやってきた征服者でありながら、モンゴル人は千対一の割合で自分たちを凌駕する数の国民に受け入れられてきた。それは、モンゴル軍の強さが消えてなくなったずっとあとまでも、膨大な交易物資の流れを継続させたからこそ可能だった。疫病の余波を受けて交易も途絶え、ほかの地域のモンゴル族から援軍が来る見込みもなくなって、チンギス・ハンの〈黄金の家族〉のどの分家も、周囲がいつ敵にまわるかわからない不安な状況のなかで、わが身を守らなければならなくなった。軍事力と交易による利益というふたつの強みを奪われ、ロシア、中央アジア、ペルシア、中東のモンゴル人は、権力と統治の正統性の新しいあり方を模索して、臣下と結婚したり、言語・宗教・文化の面で意識的に国民に近づこうとしたりした。それらの地のモンゴル王家は、シャーマニズム、仏教、キリスト教を一族のなかから追放し、国民のあいだでもっとも信奉されるイスラム教への傾倒を強めていく。ロシアの〈黄金のオルド〉の場合は、権力の維持を助けるチュルク語系諸族の兵士にイスラム信者が多かったからである。

モンゴル王室の分家がそれぞれ臣下の奉じる宗教と結びつくと、王族間の溝が広がった。ロシアの〈黄金のオルド〉は、イラクとイランの従兄弟たちに先がけてイスラム教徒に改宗し、モンゴル人のイル・ハン国と敵対してエジプトと同盟を結んだ。その後、イル・ハン国のモンゴル統治者もイスラム教に改宗すると、政治情勢に合わせてスンニ派とシーア派のあいだを揺れ動く。もっとも狂信的なシーア派教徒だったオルジェイトゥの治下では、少数派の仏教徒やユダヤ教徒に対する苛酷な処刑が野放しにされた。チンギス・ハンの帝国の普遍的な原則のいくつかは、風に飛ぶ灰のように消え失せていた。

イスラム教に改宗した中東のモンゴル人は、自分を中国人らしく見せることで強力な統治者になったクビライ・ハンの手本に従ったともいえよう。ところが、中国を治めるクビライの後継者たちはその手本に従わず、クビライのやり方のすぐれて巧妙な点を理解することすらできないまま、中国人らしく装うどころか、中国人への抑圧を強めて自分たちを孤立させた。この混乱した時期、モンゴル王室のだれかが見た夢のなかにチンギス・ハンが現われ、中国人をさらに抑圧するためにいろいろなきびしい施策を設けるよう要求したという。[9] 王室の役人は、自分たちが中国人に自由を与えすぎたと考え、あまりにも中国人の生活に同化してしまったと判断した。そこで彼らは、これ以上中国文化に融合することをやめ、外国人としての自覚を強めて、中国の言語・宗教・文化から、また中国人との結婚から身を遠ざけた。被害妄想がつのるにつれ、モンゴル当局は中国人からすべての武器を取り上げるだけでは満足せず、鉄製の農機具を押収し、包丁の使用も制限する。中国人が馬を使うのも禁止し、秘密の伝言が行き交うのを恐れて、劇の公演や伝統的な物語の会など、あらゆる公の集会も個人的な集まりも中止させた。いっぽう中国人の側でも不満が高まり、モンゴル人の統治者に対する不信と恐怖が強くなっていく。モンゴル人が中国人の子どもを集団殺戮するとか、特別の姓を持つ中国人を皆殺しにする計画があるというような噂が流れた。

できるかぎり非中国的な姿勢を示そうとする新たな努力の表われとして、モンゴル人は諸宗教に対する従来の公平な態度を棄て、仏教に深く傾倒して大きな権力を許した。[10] 彼らがとりわけチベット仏教（ラマ教）を好んだのは、この宗派が中国人の奉ずる儒教と強い対比を示していたからである。モンゴルの統治者を直接批判することはできないので、中国人は自分たちの憎しみをモンゴル人の統治を助ける外国人に振り向けたが、なかでもチベット人の仏僧が憎しみの的となった。それは、新たに開かれたモンゴル＝チベット・ルート沿線の住民が、僧たちに食事と宿を提供し、目的地まで送り届ける義務を負わされただけでなく、荷物まで運ばされたからだった。武装していることも多い仏僧たちが、世話をする人びとをひどい目にあわせるという恐ろしい噂まで立った。仏僧とチベット人の問題を扱う部局は法廷で僧たちを強力に擁護し、彼らのために数え切れないほどの特権を保証した。あるときこの部局が押しつけようとした法律では、仏僧をなぐった者はだれでも手を切り取られ、侮辱したり名誉を傷つけたりすれば、舌を切り取ることもありうるとしている。結局、モンゴル当局はこの法律をくつがえした。罰として肉体を切断するのを禁ずるモンゴルの規則に違反するという理由からだ。

ますます国民から孤立し、疫病の蔓延に対して有効な手を打てない中国のモンゴル人皇帝は、チベット僧の醸《かも》し出す霊的な世界に逃げ込んでいく。僧たちは、錯覚から生じた外界のつまらない問題から目をそらし、自分の内なる魂を救う行動をとるよう皇帝にうながした。彼らは、囚人を逃がせば、そのたびに皇帝の霊的な価値が高まり、あの世での立場が良くなると説いた。そのうえで、僧たちは囚人の釈放を商売にして儲けた。あるときは、王家に仕える僧がモンゴルの皇后のガウンをまとい、黄色の牛に乗って宮廷の門を通るという奇妙な儀式を行なったあと、籠の鳥を解き放つように囚人たちを解放した。

チベットの聖職者は、悟りへの道は性的な行為を通じて開けるとするタントラ〔ヒンドゥー教、仏教の秘儀的傾向を持つ密教〕の新しい宗教儀式を奨励した。この風潮によって、セックスをテーマにした絵画が大胆に人目にさらされるようになったばかりでなく、王家の一族は複雑な性的舞踊や秘儀に加わる勇気を与えられた。それらの性的儀式は、ラマ僧が見守るなかで、大ハーンの積極的参加を中心に展開した。このような乱痴気騒ぎの噂が立ちながらも、あくまで儀式は秘密裡に行なわれたので、中国人のあいだでは強い疑惑と不信の念がつのるいっぽうだった。彼らは、ハンの生命を長らえさせ、衰弱したモンゴルの体制を維持するために、チベットのラマ僧が宮廷で人間を生け贄にしていると疑った。

中国を治めるモンゴル人が、自分たちの霊性と性的な欲望を表現するのに夢中になっているあいだにも、都の紫禁城から塀をへだてて外側の社会は崩壊していった。その兆候を端的に物語るのは、自分たちが非常に苦労し、細心の注意を払って築き上げた貨幣制度を管理する力が、政府になくなったことである。紙幣の流通を成り立たせる経済の原則は、役人が考える以上に複雑で予測のつかないものであることが判明した。紙幣の流通は徐々に役人の手にあまるようになり、勝手な急旋回をはじめる。モンゴルの管理体制が弱まった兆《きざ》しがほんの少しでも現われると、紙幣に対する信頼が落ちてその価値が下落し、銅貨・銀貨の価値を押し上げることになった。インフレーションが激しく巻き起こり、一三五六年には紙幣は事実上まったく無価値なものになっていた。

ペルシアと中国においては、それぞれ一三三五年と一三六八年に急激な崩壊が起こった。(11) ペルシアのイル・ハン国のモンゴル人は、殺されるか、自分たちよりはるかに人口の多い臣下に吸収されて、姿を消した。中国では、大ハーンのトゴン・テムルと六万人ばかりのモンゴル人がなんとか明《みん》の暴徒から逃れたものの、約四十万人はあとに残されて、捕虜になったり、殺されたり、中国人のなかに吸収されたりした。うまくモンゴル地方にもどった者は、一二一一年から一三六八年までの中国支配全体が、あたかも夏の幕営地に長く滞在したにすぎないかのごとく、遊牧民の牧畜生活を再開した。ロシアの〈黄金のオルド〉は小さな遊牧民の群れに分裂し、四世紀という長い時間をかけて徐々に力を失っていった。非常に長期にわたって相互に影響し合ったため、モンゴル人と盟友のトルコ人は互いに融合してトルコ＝モンゴル系のいくつかの異なる民族集団となったが、それぞれの集団は、大きなスラヴ社会と異なるばかりでなく、互いのあいだでもそれぞれ違う個性を持っていた。

モンゴルの支配を打ち破ったあと、勝ち誇った明の統治者たちは、中国人がモンゴル風の衣装をつけることや、子どもにモンゴルの名前をつけること、モンゴルの風習に従うことを禁じる布告を出した。明の統治者は、中国の政治や社会生活の基盤を取りもどそうと、モンゴルの政策や諸制度を意図的に斥《しりぞ》け、モンゴル政府が中国定住を奨励したイスラム教徒、キリスト教徒、ユダヤ人商人を追放した(12)。モンゴル人がつくった交易制度に大きな打撃となったのは、明政府が衰えてきた紙幣の流通を完全に打ち切り、硬貨にもどしたことだった。また、モンゴル人が後援していたチベット人のラマ教を排除し、伝統的な道教および儒教の思想としきたりに置き換えた。明の新しい統治者は、モンゴルの交易制度を生き返らせようと努力したが失敗に終わり、大型船を燃やして中国人の外国旅行を禁止した。そして国民の総生産のなかの膨大な部分を、外国人を拒んで中国人を閉じ込めておく堅固な壁（万里の長城）を築くのに費やした。こうして、できたばかりの中国政府は、東南アジアの港町に住む何千人もの同胞を置き去りにしたのだった。

新たなモンゴル侵攻の危険を避けるために、明王朝は初期のころ、首都を中国色が濃く残る南方の都、南京に移した。しかし、大多数の人びとの気持ちも活動も北の都に密接に結びついていたので、統一中国を統治するにあたって結局、明朝は宮廷をそれまでのモンゴルの首都カンバリクにもどさざるをえなかった。彼らはこの街を再生し、モンゴル的な外観をなくそうと努めて、中国様式の新たな紫禁城を建設した。短期間の例外はあるものの、この首都は何度か名前を変えてこの地に残り、いまでも中国の首都北京として健在だ。現代中国も、モンゴル治下の時代とほぼ同じ国境線を保っている。

次々と土着民の反乱が起こってモンゴル人を追放し、各地の上層階級が政権を握った。高麗、ロシア、中国では、もとからそこに暮らしていた民族の手に王朝がもどったが、イスラムの領土がモンゴルの統治から解放されるには、もっと複雑な過程をたどらなければならなかった。交易商人、仲買人、銀行家、荷主のすべてを兼ね、おまけにアジアとヨーロッパを結ぶキャラヴァンのラクダ追いでもあるアラブ人の支配下にもどるかわりに、トルコ＝モンゴルの軍隊制度、イスラムの法制度、ペルシア古来の文化的伝統をすべて組み合わせた新しい掛け合わせ《ハイブリッド》文化が出現したのである。イスラム世界の東部の人びとは、イスラム教徒でありながらもアラブの支配を受けないですむという新しい文化の自由を見出した。彼らは、アラブ人にだけは二度とふたたび権力を渡したくなかった。オスマントルコ、ペルシアのサファヴィー朝、インドのムガル朝などの新しい王国は、火薬帝国と呼ばれることもあった。彼らは外敵と戦うさいにも、またおそらくもっと重要性の高かった多様な人種からなる国民を従える武力としても、まず頼りにしたのがモンゴルの兵器類の幅広い導入であり、騎馬隊と武装した歩兵部隊の双方にもとづく軍隊組織であり、そして火器の使用だったからである。

疫病と交易制度の崩壊、反乱、それに続くモンゴル帝国の分解にもかかわらず、暴徒ですらいままでの帝国が完全に滅びてしまうのを望まなかったのではないか。新しい統治者は自分たちの統治を正当なものに装うべく、従来の制度の虚飾や幻影にしがみついていた。モンゴル帝国の見かけだけの外観は、内部の構造が崩れ去り、モンゴル人がすっかりいなくなったあとも長く存続した。

国民の生活からモンゴルの影響を一掃したのちも、明の統治者はモンゴルの公印を捜し求めて大騒ぎをし、過去とのつながりを保つために外交では依然としてモンゴル語を使用した。一四五三年のオスマントルコによるコンスタンティノープル征服のときですら、中国の王室はモンゴル語で書簡を送った。同様に、一六四四年に明を滅ぼした満州族は、自分たちが精神のみならず血筋においてもチンギス・ハンの正統の後継者であることを主張するため、民族の壁を超えて彼の子孫と政略結婚を行なった。

中央アジアの中心部では、チンギス・ハンの子孫が、モンゴルの領土を示すペルシア語名、モグーリスタンと呼ばれる地域で権力を保持していた。十四世紀の末までには、中央アジアのモンゴルの保有地はティムールという人物の支配に屈していた。またの名を隻脚《せつきやく》のティムール〔青年時代に右足に受けた傷からの呼び名〕、ないしタメルラン〔同様のヨーロッパでの呼び名〕と呼ばれた彼は、ごく薄弱な根拠によって自分がチンギス・ハンの子孫だと主張する、チュルク語系民族の戦士である。ティムールはモンゴル帝国を復活させようとして、インドから地中海にいたるもとモンゴル領土の大半を征服した。そのうえ自分をチンギス・ハンと密接に関連づけようとして、ふたりを結びつけるさまざまな本を刊行させた。自分の血筋にチンギス・ハンとモンゴルの血を入れるために、彼の一族はチンギス・ハンの直系の子孫たちと結婚する。アミール・ティムールはモンゴル帝国復活のためにあらゆる努力を払ったが、チンギス・ハンと同じ道を歩んだわけではなかった。彼はなんの理由もなく人びとを虐殺し、囚人を苦しめ辱《はずかし》めることに邪悪で執拗な悦びを見出したようだ。トルコのオスマン王朝のスルタンを捕えたときなどは、夕食の食卓で彼の妻や娘たちが裸でティムールに仕えるのを無理やり見せつけた。またある報告によれば、自分の性欲を満足させるのをスルタンにじっと見守らせたことさえあったという。さらに、動物さながらスルタンに牽《ひ》き具をつけて王室の馬車を牽かせ、そのあとで檻に入れて見せ物にしたという噂もある。

ティムールは自分がモンゴル人だと主張したし、実際にチンギス・ハンの王家の正統の娘婿だったため、本来のモンゴル人とティムールの両方に征服された国民から見れば、彼の行為はもともとのモンゴル人の行為と分かちがたく絡み合ったものに映った。この新しいモンゴル人と、かつてのモンゴル人を区別するのは難しかった。ティムールが公開の拷問を好み、征服した都市の城壁の外に敵の首をピラミッドのように積み上げると、彼はまるで同胞たるモンゴル人の伝統を守っているように受けとめられた。ティムールの悪行は、時代をさかのぼってチンギス・ハンの行ないと重なって見えたのである。

ティムールの子孫は歴史上、インドのムガル王朝として知られるようになる。一五一九年に新たな王朝を設立したバーブルは、チンギス・ハンの次男チャガタイの十三代目の子孫だった。ムガル帝国は、一五五六年から一六〇八年まで統治したバーブルの孫アクバルのもとで最盛期を迎える。彼はチンギス・ハンの天才的な統治力を備えていたばかりでなく、元祖と同じく交易を重視した。アクバルは人びとに忌み嫌われていたジズヤ〔インドなどでイスラム教徒が非イスラム教徒に課した人頭税〕を廃止する。また騎馬隊を、モンゴルの伝統に則《のっと》って十人単位の（上限は五千人まで）部隊に組織し、能力にもとづいて公務員を任命した。モンゴル人が中国を当時もっとも豊かな産業と交易の中心としたように、ムガル王朝はインドを世界最大の産業と交易の国家とし、イスラムとヒンドゥー双方の伝統にも逆らって、女性の地位を向上させた。彼は宗教に対して公平な態度をとり、すべての宗教をまとめて、ただひとつの聖なる信仰、ディン・イ・イラ（Din-i-Illah）、すなわち天にはひとりの神、地にはひとりの皇帝を持つ宗教への融合を試みた。

政治的思惑に翻弄されたチンギス・ハン

多くの国々が政治から芸術にいたるすべての分野でモンゴル帝国の幻影を保とうとしたため、人びとはモンゴルがもはや存在しないことを容易に信じようとしなかった。なかでもヨーロッパほど、モンゴル帝国の存在を人びとが長く信じ、重要視していた地域はほかにあるまい。中国で最後のハンが統治してから一世紀以上も経った一四九二年、クリストファー・コロンブスは自分がチンギス・ハンのモンゴル帝国とのあいだに海上ルートを再建し、途絶えていた交易を再開できると、君主イサベルとフェルディナンドに信じ込ませた。モンゴルの通信システムから切り離されたヨーロッパ人は、モンゴル帝国の崩壊も、大ハーンが打倒されたことも知らなかった。だからこそコロンブスは、イスラム教徒がヨーロッパからモンゴル宮廷にいたる陸路を塞いではいるが、船で大海を進めばマルコ・ポーロが書き記した土地に着くはずだと主張したのだった。

コロンブスは、マルコ・ポーロの旅行記を一冊携えてモンゴル発見の航海に出た。(13) この旅行記に、彼はモンゴル宮廷への到達計画に関する自分の考えを事細かに書きとめた。マルコ・ポーロは彼にとって、たんにインスピレーションを与えてくれただけでなく、事実上の道案内人でもあった。いくつかの小さな島に立ち寄ったあとキューバに到着すると、コロンブスは自分が大ハーンの国土のはずれにいて、まもなく中国にあるモンゴル帝国を見つけられるだろうと確信した。大ハーンの領土は、今日のアメリカ合衆国本土をもう少し北に進めばあるはずだと、ずっと思い込んでいた。けれども、モンゴル大ハーンの領土を見つけることができなかったので、自分が出会った人びとはモンゴルの南側のインドに住むモンゴルの隣人だと決めつけて、アメリカの先住民をインディアンと呼んだ。それ以来、彼らはこの名前で知られることになる。

ルネサンスの文人や冒険家はチンギス・ハンとモンゴル人を率直に讃美したが、十八世紀の啓蒙運動の時代になると反アジア思想が高まり、とくにモンゴル人に非難が集中した。広大なアジア大陸の、あらゆる邪悪なもの、不完全なものを象徴する存在として扱われたのである。一七四八年には早くも、フランスの哲学者モンテスキューが『法の精神』で反アジアの論調を示している。彼はアジア人を傲慢な態度で軽蔑し、アジア人の忌むべき性質の責めをほとんどモンゴル人に負わせて、モンゴル人のことを「地上でもっとも奇妙な民族(14)」と決めつけた。卑屈な奴隷であり、同時に残酷な奴隷の主人だとも述べた。そして、古代ギリシアからペルシアまで文明世界に加えられた主要な攻撃を、すべてモンゴル人のせいにする。「彼らはインドから地中海までアジアのすべてを滅ぼし、ペルシアの東の国をことごとく砂漠に変えてしまった」。モンテスキューはヨーロッパ人の祖先を民主主義の先駆者と誉《ほ》め讃《たた》えるいっぽう、アジアの部族をこっぴどく糾弾《きゅうだん》している。「ギリシア帝国を滅ぼしたタタール族は、征服した国に奴隷制度と専制政治を樹立した。ゴート族はローマ帝国を打倒したのちに、君主制と自由を生み出している」。彼はこのような歴史観にもとづいて、アジア文明全体を乱暴に斬り捨てた。「アジアには奴隷根性がまかりとおっていて、いままでにそれを振り落としたためしがない。モンゴルの全史を通じて、自由な精神の発露は一行たりとも見出せない。そこにあるのは最低の奴隷的精神のみである」

チンギス・ハンは攻撃の的となった。ヴォルテールは自分の政治的・社会的見解を述べるために、紀君祥《きくんしょう》の戯曲『趙の孤児（*The Orphan of Chao*）』〔趙は戦国七雄のひとつ、紀元前二二八年に秦に滅ぼされた〕をモンゴル王朝を描いた作品に翻案した。そのなかでヴォルテールは、フランス王のかわりにチンギス・ハンを無知で残酷な悪者に仕立て上げた。その後、この作品を『中国の孤児（*The Orphan of China*）』と改題し、スイスで悠々と追放生活を送っていた一七五五年に、パリで上演する。彼は自作を次のように解説した。「私はこの作品の舞台をチンギス・ハンの時代に限定し、タタールと中国人の暮らしを描こうと努力を傾けた。しかし、そもそも彼ら自身が自分たちの暮らしを生き生きと描いていないのだから、面白いことなど何ひとつ書けず、この作品は退屈な娯楽作品にすぎないものになってしまった。この点が芸術の最大の秘密といえるだろう。名誉とか美徳の概念をかき立てるようなものではない」[15]。ヴォルテールはチンギス・ハンのことを、「王のなかの王、獰猛なチンギス・ハンはアジアの肥沃な農地を荒れ地にした」と書いている。また「戦うために育ったがごときスキタイの荒々しい兵士で、人の血を流すのを生業《なりわい》とした」とも表現した。ヴォルテール流に修正された歴史では、モンゴルの兵士は「強奪のために生まれてきたような荒くれ者で、テントや荷馬車で暮らすか、野宿する。……彼らはヨーロッパの美術、風習、法律を忌み嫌う。したがって、それらすべてを変えてしまうつもりなのだ。このすばらしい帝国の中心を、彼らの国のような広漠たる砂漠にしようとしている」

ヴォルテールの劇のなかでチンギス・ハンを唯一評価している点は、彼が不承不承ながら、教養ある人びとの道徳的優越性を認めたことだ。チンギス・ハンは次のような言葉を述べたことになっている。「見れば見るほど、この驚くべき民族を敬わなければならないと思う。美術にも武術にもすぐれ、学問も礼儀作法もすばらしい。彼らの王は英知をもとにしてその権力を築いたのだ[16]」。チンギス・ハンは劇の終わりにこう問いかけている。「……私はこれまでの勝利の数々によって、何を得たというのだろうか。血塗られた罪深い勝利の冠によって、何を……[17]」。これに対するヴォルテールの答えは「……涙とため息、人類の呪い」だった。この言葉によって、ヴォルテール自身がモンゴル人に対する近代の呪詛《じゅそ》の幕を切って落としたのである。

チンギス・ハンへの否定的イメージを羅列したにもかかわらず、ヴォルテールの真の標的はフランス王だった。しかし王を恐れるあまり、直接批判することはできなかったから、そのかわりにモンゴルにすべての邪悪な要素を代表させ、祖国フランスの姿を表現したのである。ほかの作家たちもすぐに、モンゴル人を世界の悪のシンボルとして利用するやり方をまねしはじめる。モンゴル人は文学と科学の集中攻撃を浴びる生け贄となった。イタリアの詩人で劇作家のジョヴァンニ・カスティ〔一七二四〜一八〇三年〕の作品には、新しい時代の批評精神が曖昧に姿を現わす。彼はハプスブルク家の宮廷に長々と滞在したあと、ロシアのエカテリーナ二世の宮廷で時をすごした。自分を後援してくれる君主たちを大っぴらに批判するのも気が進まなかったので、『タタールの詩（*Poema Tartaro*）』という作品と、一七七八年に書いた歌劇『タタールの大ハーン、クビライ（*Kublai, the Great Khan of the Tartars*）』では、モンゴル人のイメージを利用して自分の真意をぼかしている。オペラに曲をつけたのは、ハプスブルク家の宮廷でヴォルフガング・モーツァルトのライバルだったアントニオ・サリエリだった。しかし、神聖ローマ帝国の皇帝はこのオペラに秘められた危険思想を嗅ぎつけて上演を禁止する。革命家を勇気づけるのではないかと恐れたのだ。

アジア人を劣等視するもっとも悪辣な理論を提供したのは、ヨーロッパの哲学者や芸術家ではなく、啓蒙運動によって大量生産された新しい知識階級、すなわち科学者だった。十八世紀なかば、フランスの博物学者コント・ド・ビュフォン〔一七〇〇〜八八年〕は初の博物誌を編纂する。そのなかで、彼は人類の主要な集団を科学的に記述しているが、アジアではモンゴル人をもっとも重要な集団として位置づけた。彼の描写は、五百年以上さかのぼってマシュー・パリスやスパーラトのトマスのヒステリックな文章にもどったかの感がある。ビュフォンは次のように記した。「唇は大きくて分厚く、横に亀裂が走っている。……舌は長くて厚ぼったく、非常にざらざらしている。鼻は小さい。皮膚は多少濃い黄色みを帯びて弾力に乏しく、体に比べだぶつきすぎているように見える」[18]。彼はタタールの女性についても「男性と同様に不格好だ」と書いている。モンゴル人の文化は、顔と同様に醜く映ったらしい。「この種族はみな一様に、宗教、道徳、礼儀にうとい。彼らの生業《なりわい》は強盗である」。ビュフォンの博物誌はフランス語からほとんどのヨーロッパの主要言語に翻訳され、十八世紀と十九世紀を通して古典的な情報源のひとつとなった。

ヨーロッパの科学者たちは、犬や馬の血統からバラやタンポポの品種にいたるまで、ありとあらゆるものを分類しようとした。ドイツの動物学者で、一七七六年から一八三五年までゲッティンゲン大学の医学部教授を務めたヨハン・フリードリヒ・ブルーメンバハ〔一七五二〜一八四〇年〕は、比較解剖学にもとづいて人間の動物学的分類を行なった。とくに基準としたのは皮膚の色素沈着、頭髪と目の色、頭蓋骨のタイプ、鼻、頬、唇の大きさと形など、顔の特徴だった。彼の研究によれば、人間は本来、アフリカ、アジア、ヨーロッパに対応する三つの主要な人種に分かれている。さらに、それほど重要ではないが、アメリカとマレーというふたつの下位区分に属する人種がある。アジア人がモンゴル地方に端を発するという理論にもとづいて、アジア人全体を顔色が赤みがかったモンゴル人のもとにまとめて分類した。ヨーロッパの科学者たちは彼の理論をたちまち受け入れ、科学の分野における福音書とした。

この分類カテゴリーには、スコットランドの科学者ロバート・チェンバーズ〔一八〇二〜七一年〕が一八四四年に著わしたベストセラー『創造の自然史の痕跡（*Vestiges of the Natural History of Creation*）』で明らかにしたような、さまざまな人種の進化序列という要素も含まれる。彼の説明によると、「人類の諸民族のおもな特徴は、もっとも進化した種、すなわち白色人種《コーカソイド》の各発達段階を表わしているにすぎない。……白色人種に比較して、モンゴル人は生まれたばかりで発育不良の赤ん坊である[19]」

ほどなくこの手の理論家の目に、モンゴル人に代表される黄色人種《モンゴロイド》は、アジアの類人猿オラウータンと密接なつながりを示していることが明らかになる。類似点は顔の特徴ばかりでなく姿勢にも見られる。アジア人はオラウータンと同様、「モンゴル人の」あるいは「釈迦の」姿勢をとり、足を組んで座る。モンゴル人種の範疇は着実に拡大して、すべてのアメリカ・インディアンとエスキモーのほか、「華北と華南の中国人、チベット人、中国南部の諸民族、モンゴル人、トルコ人の一部、ツングース人、朝鮮人、日本人、シベリア北東部の諸民族[20]」を含むようになった。

モンゴロイド〔モンゴル人種〕の分類法がひとたび評価を得て、西洋の科学の分野に幅広く認められるようになると、科学者たちはこれをさらに新しい分野に応用しようと張り切った。「アジア人的」な容貌を特徴とする知的発達障害児の肉体的特徴にもとづいて、この子どもたちはモンゴロイドに違いないと、当時の科学者たちは判断した。知的発達障害を持つ子どもと「モンゴロイド[21]」のつながりが最初に記述されたのは、ロバート・チェンバーズによる一八四四年の研究論文だった。彼はこの疾患を近親相姦と結びつける。「近親関係にある両親からはモンゴロイドのタイプの子孫が生まれる傾向が強い。このタイプとはすなわち、大人になっても一種の子どものままの人間を指す[22]」。一八六七年に、イギリスのサリー州にあるアールズウッド精神病院の最高責任者ジョン・ラングドン・ヘイドン・ダウン博士は、「白痴の人種的分類に関する考察」と題する論文をイギリスの『精神科学ジャーナル』に発表して、新しい分類法を明確にした。近親相姦その他の異常行動をモンゴロイド症状の原因と断定したことに加え、この医師が提示した原因は、栄養不足、母親の精神的不安定、過度の香水の使用、父親の飲酒癖、双頭の精虫などだった。

科学者たちは、こうした子どもがアジア的身体特徴を持つ理由を直接的に歴史に求めて、十三世紀に起こったモンゴル人によるヨーロッパ侵攻を思い起こし、厳密な生物学的関係を発見した。彼らが思いついた新たな説明によれば、フン族、アヴァール族〔六～九世紀にわたって東欧に支配的勢力を築いた民族〕、モンゴル族など略奪を生業とする民族が、代々にわたって白人女性を強姦してきた結果、ヨーロッパに遺伝的な影響が強く残ったというのである。これらの遺伝子の末裔は、近代になってときおり爆発的に姿を現わす。その一例は、一見「正常な」ヨーロッパの女性がモンゴル人に先祖返りした子どもを産んだ場合である。ダウン博士の息子は父の理論にさらに磨きをかけた。彼は、これら知的発達障害児はとくに初期のモンゴル人種から遺伝子を受けているため、「人間というよりは人間以前と考えられるべき[23]」であることが、医師としての自分の研究から判明したと述べている。

一九二四年に、フランシス・G・クルックシャンクは『われわれのなかのモンゴル人（*The Mongol in Our Midst*）』という書物を刊行して人気を博した。そのなかで彼は、「モンゴロイド〔モンゴロイドには黄色人種の意味のほかにダウン症の意味もある〕の異常な諸特質[24]」として詳述する分野で、人種としてのモンゴロイドと、知能面の発達障害としてのモンゴロイドを、いともたやすく混同して論じている。その特質のなかには、小さな耳たぶ、突き出た肛門、男女を通じて小さな生殖器なども含まれる。知能の発達が遅れた子どもたちと、ほかの人種とをこのように結びつけるやり方から明らかに導かれるのは、これらの子どもたちは自分が生まれた社会どころか、家族にさえも属していないという結論である。クルックシャンクは説明する。こうした人間は「別人種である。好むと好まざるとにかかわらず、彼らは自分のまわりの男女と同じような人間とはいえない。じつのところ彼らは『モンゴルの国外追放者[25]』なのだ」。これらの子どもは両親とは別人種なのだから、ほかの場所に移すべきだと、医者も役人も説いた。知的発達障害の子どもたちは、「先祖返りの蒙古症[26]」という幅広い社会現象の極端な例にすぎない、と。この理論に従えば、「西のモンゴル人」は知的発達障害だけでなく、西洋で起こる犯罪や知的障害の大半に責任を負わなければならない。さらに、ユダヤ人もモンゴルの影響を多分に受けた民族ということになる。彼らはハザラ族など草原の民族とのあいだに子どもを産み、その堕落した遺伝子をヨーロッパ中にばらまいたからである。

人種と知的発達障害を結びつける進化論まがいの理論によって、科学者は十九世紀と二十世紀初頭の扇動政治家や新聞記者が「黄禍《こうか》」と呼んだ問題についての論拠を提出した。さぞ公平で、しっかりしたものだったのだろう。東アジア諸国の多くが西洋の植民地化を受け入れなかったので、植民地主義のヨーロッパ人は激しい非難の言葉を浴びせるようになる。黄禍の不安はフィリピンや朝鮮など、どの国にも当てはまるはずだったが、中国と日本というふたつの重要な国に集中して向けられた。日本は工業国となって大軍を擁するにいたり、また中国は植民地化とキリスト教への改宗を拒否し続けたので、西洋の一般認識からすればアジアは敵にまわったということになったのだ。

十九世紀を通じて、ヨーロッパではアジア人に対する不安が高まった。この傾向は、一八九四年にロシアの象徴派の詩人ヴラジーミル・セルゲーヴィッチ・ソロヴィヨフ〔一八五三～一九〇〇年〕が書いた「汎モンゴル主義（*Pan Mongolism*）」という詩にはっきりと見てとれる。価値ある近代文明に対する中国と日本の脅威は、彼の目には、「東のほうから見たこともない異民族[27]」がやってきて文明を破壊した、あのチンギス・ハンの時代になぞらえられるように映った。同じことが今日も起こっていると、彼は記す。「目覚めつつある諸部族の大群が、新たに攻撃の準備を調えている。アルタイ山脈からマレーシアにいたるアジア各地の指揮官たちが、大軍を中国の長城のそばに集めている。雲霞《うんか》のごとく数知れぬ大群が、飢えさらばえて不気味な力に守られながら、北へ進む。……すぐにお前たちのぼろぼろの旗は、黄色い皮膚の子どもたちのあいだで玩具のように弄《もてあそ》ばれるだろう」。そうして、彼は読者に警告を発する。「汎モンゴル主義！　この言葉はまさに怪物だ」

ルネサンスとモンゴル帝国の時代が終わって以来、チンギス・ハンは人類史のどん底に引きずりおろされた。新たに植民地の権力を手に入れ、世界支配の使命を負っていると自任した近代ヨーロッパには、アジアの征服者を受け入れる余地がなかった。キリスト教徒の植民地主義者も、共産主義者の人民委員も一様に、チンギス・ハンとモンゴル軍団によって押しつけられた野蛮な独裁政治と血に飢えた暴虐のおぞましい残影から、アジア人を救い出そうと努めた。アジアの諸問題をひとえにモンゴルのせいにして、日本からインドまで全アジアのヨーロッパによる征服を正当化するのが、ヨーロッパの征服と植民地化を支える思想の総合テーマとなっていく。チンギス・ハンとモンゴル軍が襲ってくるかもしれないという架空の恐怖は、文明国であるはずのイギリス、ロシア、フランスによる植民地支配の口実のひとつとなった。

この思想の犠牲者であるアジアの知識人と政治活動家は、ヨーロッパの科学者や政治家に対する直接の抗議運動の一端として、チンギス・ハンのなかに新たなヒーローを見出した。インドから日本までアジア全体に、ヨーロッパの支配から解放されたいと願う二十世紀アジアの新世代が現われて、アジア人のチンギス・ハンとモンゴル人こそ歴史上もっとも偉大な征服者であり、ヨーロッパ優越論に対する有力な反証を提供してくれると意を強くした。ロシア人も含むヨーロッパ人は、チンギス・ハンが世界史のうえで果たした役割を人びとの記憶からかき消そうとして激しい攻撃をかけ、完全に彼の名声を打ち砕いた。その攻撃に対抗してアジアで台頭した政治活動家たちは、彼の追想を道案内に、西洋の権力と価値観に立ち向かう道を求めたのである。

はじめてチンギスを評価し直した人物は思いがけないところにいた。インド独立の父で、平和の擁護者ジャワーハルラール・ネルーだ。彼は一九三一年の元日に独房で、イギリスの植民地政府が彼の妻を逮捕して別の牢獄に収容したことを知らされた。さらに新聞の報ずるところでは、妻は虐待を受けたという。のちに自身もインドの首相になる十三歳の娘インディラが不安に打ちひしがれることと、とりわけ両親と二週間に一度しか会えなくなることを思いやったネルーは、娘に一連の長い手紙を書く決心をする。彼女が植民地の学校で学ぶ内容への解毒剤の意味も込めて、歴史を解説する手紙を書こうと考えたのだ。それから三年間、彼はほとんど毎日のように四、五ページの手紙を書き続けた。ネルーは西洋の教育を受けていたが、これらの手紙を通じ、自国インドとアジア大陸が世界史のなかで占める位置を理解しようと試みた。それが「一緒にむかしのことを思いうかべ、そして未来を過去よりもいっそう偉大にする方法をかんがえ合う」[28]彼のやり方だった〔ジャワーハルラール・ネルー著『父が子に語る世界歴史』大山聡訳（日本評論新社）より引用。以下同〕。娘にあてた最初の手紙にこう書いている。「ヨーロッパの偉大さをみとめないのはおろかなことだ。しかしアジアの偉大さをみとめないのも、それにおとらずおろかなことだ」

アジアの人間として、知識人としての彼の知的課題のひとつは、西洋がアジアの粗暴なイメージをでっち上げるために利用したチンギス・ハンの歴史的役割を理解すべく、渾身の力を注ぐことだった。チンギス・ハンに対する西洋の姿勢とは対照的に、ネルーは彼を、古来からのヨーロッパの支配に対するアジアの民の苦闘の一部と捉えている。世界の舞台にモンゴルが突如登場したことについては「アジア・ヨーロッパ世界をつうじて、この火山の大爆発にも比すべき大変事に、どんなに度ぎもを抜かれたか、容易に想像できる。それは、いわば、大地震かなにかのように、どうにも手のつけようのない天災のような観があった。このモンゴリアからきた遊牧民は、困苦欠乏に堪え、北方アジアの広漠たる曠野に天幕をはって棲む、強壮な男女の群れであった。しかし、もしかれらが、ずばぬけた傑物を族長にもたなかったとしたら、このたくましさと鍛錬も、たいしてたしにならなかったかも知れない」と記している。続けてネルーは、チンギス・ハンを次のように描き出す。「かれは慎重で、用心ぶかい中年の男であり、かれがなしとげたすべての大事業には、あらかじめ思慮と準備がはらわれていたのだ」

モンゴル人が都市に暮らさなかったにもかかわらず驚嘆すべき文化を生み出したことを、ネルーは認める。「もちろん、かれらは都会の風習について知るところはすくなかったが、かれらは、かれらなりに生活の方式を発達させ、複雑な組織を持っていた」。また、モンゴル軍は少数だったが、「かれらが戦場で大勝利を博したとすれば、それはかれらの訓練と組織のたまものであり、そしてなににもまして、ジンギスの無類の戦闘指揮に負うものであった」。チョーサーの文章にこだまするかのごとく、ネルーは「ジンギスが史上最大の軍事的天才であり、指導者だったことは、疑いをいれない」と結論づける。ヨーロッパの偉大な征服者たちと直接比較して、「アレクサンドロスもシーザーも、彼の前には顔色をうしなう」とも記した。しかし、このような武勲の数々にもかかわらず、チンギス・ハンは世界と友好的な関係を結ぶことを求めた。「かれの胸裡《きょうり》に往来していたものは、文明と遊牧生活をむすびつけることであった。しかしこれは不可能だったし、そもそも可能なことではない」。モンゴルのハンが信じるのは「未来永劫『不滅の法』であり、なんぴともこれに背くことをえないというかんがえからきたものであった。皇帝といえども、これにしたがわねばならなかった」。さらにネルーは、自分の個人的な見解をもらしている。「わたしはジンギス・カンのことを、たぶん、必要以上にくわしく語りすぎたようだ。けれどもこの人物は、私のこころをひきつける」

西洋において黄禍への不安が募るにつれ、アジア人は自分たちの共通理念を生み出すうえで、ますます汎モンゴル主義を現実的な手がかりとして検討するようになった。もしもアジアの民がみな、かつてのモンゴル帝国のように結束することが可能なら、いよいよ強大化する西洋諸国ともっと効果的に戦うことができるはずだった。この理論はアジア人に、国家主義の壁を超え、共通の目標に向かってともに戦う道を示した。一時的なものではあったが、内モンゴルでは新しい時代の波に乗って、チンギス・ハンがモンゴル帝国を打ち立てた一二〇六年を元年とする新しい暦をつくるにいたる。新しいモンゴルの暦では、一九三七年はチンギス・ハン暦七三一年にあたった。(29)

とりわけ日本は、二十世紀前半に自分たちをアジアの指導者とみなすようになり、しかもヨーロッパとは一線を画す必要があったため、汎モンゴル主義の魅力がしだいに強まっていった。新しいアジアの盟主の座をめぐる争いでは、チンギス・ハンのイメージは値打ちが高かった。チンギス・ハンの遺骸、彼を祀った社《やしろ》、その故地を手中におさめる者は、彼の遺産をほしいままにする権利、すなわちチンギス・ハンがかつて治めた領土の支配権を主張できることになる。日本には、じつはチンギス・ハンは権力闘争に敗れて故郷日本を去った武士であり、草原の遊牧民のなかに逃げ込んだあと、世界制覇に乗り出したという物語を広めた学者もいる。

皮肉なことに、第二次世界大戦にいたる歳月、チンギス・ハンは国家の宣伝やイデオロギーの世界だけでなく、現実的な軍事利用の側面から新たに脚光を浴びる。ソビエト人、日本人、ドイツ人は、はじめて解禁になった『元朝秘史』をこぞって判読し、翻訳し、解釈しようと努めた。かつて中国とロシアを手に入れるためにモンゴルが用いて成功した戦略の秘密を解く、有効な鍵が見つかるかもしれないという希望を抱いてのことである。

二十世紀になって戦車が開発されると、騎馬隊と火砲をひとつの軍事的単位として組み合わせる戦法が復活した。この組み合わせは、モンゴルの騎馬射手の時代が終焉するとともに途絶えていたものだ。すべての国の戦術家は、現代戦において戦車をどう活用するかの鍵を、古きモンゴルの手本に求めた。ドイツ人は、電撃戦の戦略にモンゴル騎馬軍団の手本をもっとも有効に利用した。これは、高度な機動性を備えた部隊が不意に現われて、電光石火のごとく戦場を駆け抜け、敵を驚かせて混乱に陥れるモンゴルの戦法を取り入れたものである。もっと厳密にモンゴルの戦術を知ろうとして、彼らは『元朝秘史』をドイツ語に訳しはじめた。(30) ベルリンのフリードリヒ・ヴィルヘルム大学の社会学教授、エーリヒ・ヘーニシュがドイツ語翻訳の準備に取りかかった。彼はモンゴルに渡って『元朝秘史』のモンゴル語版テキストを探したが、見つからなかった。そこでモンゴル語の発音を漢字になおしたテキストを用いて翻訳し、辞書までつくろうとした。戦時下のドイツでは何かと不便も多く、印刷は一九四一年まで遅れて、この年にやっと小型の判で印刷された。ところがさらに、輸送困難のため配布が遅れた。本を詰めた箱は一九四三年までライプツィヒに置き去りにされたまま、連合軍の爆撃にあって焼けてしまう。秘められた歴史『元朝秘史』は、ナチスにも秘密のままだった。

ドイツの軍部がモンゴル軍の研究を続けているあいだ、ソビエトも同じことをしていた。ふたりのアジアの征服者、チンギス・ハンとティムールを理解したいという執念にかられたスターリンは、ティムールの遺骸を発掘したのち、チンギス・ハンの遺骸も見つけ出そうと、ブルカン・カルドゥン地域に何度も遠征隊を派遣したが、失敗に終わる。学者たちも翻訳に精を出したものの、でき上がったロシア語訳には、モンゴルでは地面に届く太陽光線の角度と強さが世界のほかの地域と異なっているなどという世にも珍妙なモンゴル史の翻訳が見られる。奇想天外な訳、まともな訳の入り混じったロシア語版『元朝秘史』のなかから、ソビエト軍は自分たちに役立ちそうな戦略を選び出して、第二次世界大戦に応用した。一二二三年、スベエデイがカルカ川でロシア軍を撃退したさいに用いた戦術を大規模に見習って、ソビエト軍はドイツ軍をロシアの領土深くおびき寄せ、疲れ果てて広大な地域に拡散するよう図り、それからやおら反撃に転じてドイツ兵を次々と狙い撃ちにした。

第二次世界大戦末期の一九四四年、チンギス・ハンの血を引く最後の君主でブハラのもとアミール、サイード・アリム・ハンは人知れずアフガニスタンのカブールで逝去した。ほぼ四半世紀ものあいだ、青年時代に統治した都市から追放されたまま迎えた死だった。ジョチと〈黄金のオルド〉の子孫を自任するこのアミールは、一族のほかの分家よりは長く生きのびたことになる。一八五七年、イギリス軍はインドのムガル帝国最後の皇帝バハードゥル・シャー二世を退位させ、翌年にはビルマに追放した。彼の称号を、一八七七年にインド皇帝となったヴィクトリア女王に授与するためだった。

マンギット朝のアリム・ハンは一九一〇年にブハラでアミールの地位についたが、ロシア人がすでに二世代にわたりこの地を支配していたため、昔の先祖の統治に比べれば操り人形にすぎなかった。「心臓の形をした黒い山」に近い「青い湖」のほとりで、一一八九年にはじめてモンゴル族のクリルタイが開かれて七三一年後、同じくクリルタイと称しながらもまったく異質な集《つど》いであるブハラの共産党委員会が開催され、チンギス・ハンの最後の子孫の退位を決定した。

八月の最後の週に彼はブハラを逃れて、タジキスタンからしばしの抵抗を試みたあと、アフガニスタンでイギリスの保護下に入り、その地で余生を送った。アミールが去ると、ミハイル・ヴァシリエヴィチ・フルンゼの指揮のもと、ボルシェヴィキの軍隊がブハラの要塞を攻撃した。まさに七百年前、チンギス・ハンの霊幡（スルデ）がモンゴル軍を中央アジアにおける最初の勝利に導いた要塞である。一九二〇年九月二日、フルンゼはレーニンに報告した。「古い都ブハラの要塞は、赤軍とブハラ軍の猛攻にあって今日攻略されました[31]」。彼はさらに劇的な美辞麗句を並べて、「暴虐と弾圧の政治は打ち倒され、革命の赤旗がレギスタン広場の上に翻っております」とつけ加えた。

二十世紀の大半を通じて、ロシアと中国はチンギス・ハンの祖国を自分たちのあいだで分割する協定を維持した。中国はゴビ砂漠の南側の内モンゴルを占拠し、ソビエトはゴビの北側の外モンゴルを占めた。ソビエトはモンゴルの地を緩衝地帯とし、自国と中国のあいだに無人地帯を設ける。十九世紀のイギリスが、インドに残っていた最後のムガル皇帝の息子や孫を処刑したのと同様、二十世紀のソビエトは、モンゴルに残っていたチンギス・ハンの子孫で、それとわかるすべての者を追放した。一族全部を森へ行進させ、撃ち殺してから墓標もない穴に埋めるか、シベリアの強制労働収容所に送り込み、酷使して殺すか、あるいはただ歴史の闇のなかで謎の失綜をとげさせたのだ。

一九六四年四月、ソビエトの共産党機関紙『プラウダ』は、「血に飢えた野蛮人チンギス・ハンを歴史上進歩的な人物として玉座に祭り上げようとする」[32]試みに対してきびしい警告を発した。こうしたソビエトの攻撃に中国共産党は、モンゴル軍の侵攻によってロシア人は「高度の文化に接する機会を与えられた」のだから、もっとモンゴルに感謝すべきだと反論する。モンゴル人自身は、自分たちの英雄に対するソビエトの攻撃によってどれだけ傷ついても、依然としてロシア人にはきわめて従順だった。

モンゴルへの迫害はさらに尾を引き、働き盛りの言語学者、歴史家、考古学者、その他ほんのわずかでもチンギス・ハンやモンゴル帝国に関連したテーマを研究する学者は、ほとんど殺されてしまった。チンギス・ハン生誕八百年後、一九六〇年代のどこかの時点で、彼がユーラシア大陸にひるがえした霊幡は、共産党当局の保管する場所から消え失せた。それ以来、チンギス・ハンの霊幡は姿を見せていないし、その話も聞かれない。学者の多くは、共産党当局がチンギス・ハンの魂に対する最後の嫌がらせとして破棄してしまったと考えている。しかし、霊幡はどこか挨《ほこり》だらけの地下室か、煉瓦で塞がれた部屋に置き忘れられているだけで、いつの日かそこから持ち出され、ふたたびモンゴル人を導き鼓舞してくれると願う学者もいる。

エピローグ——チンギス・ハンの永遠の魂

私たちがみずからの歴史を忘れ去ったのは、己の罪だろうか。(1)

——D・ジャルガルサイハン

チンギス・ハンの帝国は、世界史上最後の偉大な部族帝国だった。彼は一万年におよぶ遊牧民対文明世界の戦《いくさ》、狩猟民・牧畜民対農耕民の戦を受け継いだのだ。それはベドウィンがムハンマドに従って都市の異教徒の偶像崇拝を打ち砕いた戦い、ローマ人がフン族にしかけた戦い、ギリシア人が放浪するスキタイ人に挑んだ戦いであり、エジプトとペルシアの都市生活者が遊牧民族であるヘブライ人に襲いかかった戦いでもあり、そして究極的には耕作の民カインが牧畜の民アベルを殺害した古い古い物語である。

遊牧民と都市文明の衝突はチンギス・ハンで幕を閉じたわけではないが、以後これほどの盛り上がりを見せることはなかった。文明は部族社会をますます世界の果てに追いやっていく。ラコタ・スー族のシッティング・ブルとクレージー・ホース、マスコギ族のレッド・イーグル、ショーニー族のテクムセ、南アフリカのシャカ・ズールーなど部族の首長たちは、チンギス・ハン亡きあとも彼の求めたものを果敢に追い続けたが、結果は空しかった。モンゴル帝国やチンギス・ハンのことは何ひとつ知らなかったが、これらの首長たちはチンギス・ハンと同じ抗争に立ち向かい、アフリカや南北アメリカ大陸で同じ戦を戦った。しかし歴史の動きは彼らの力に余るものだった。結局のところ、定住民族の文明が長期にわたる世界戦争に勝利をおさめる。未来はカインの子孫の文明に属していた。そしてカインの子孫たちは、部族民の広々とした土地を果てしなく侵略し続けた。

チンギス・ハンは古来の部族社会から立ち上がったが、ほかのすべての統治者をさしおいて、交易、情報通信、大規模な非宗教国家を中心とする近代的世界をつくり上げた。機動性に富む巧みな戦争、世界規模の交易と非宗教の国際法による統治を重視した点で、徹底した近代人だったといえる。遊牧民と農耕民族の食うか食われるかの争いにはじまった戦は、モンゴルによる諸文化の融合に終わった。チンギス・ハンのヴィジョンは年齢を重ね、さまざまな暮らし方を経験するにつれて円熟したものになっていく。彼は臣下の民のために、新しくてより良いものをつくり出そうと奮闘した。モンゴル人はひとつの文明をほかの文明とへだてている壁を打ち壊し、諸文明を結びつけることによって、自分たちのまわりの文明の独自性を破壊した。

歴史に登場する千両役者は、一冊の本のなかにきちんとおさまるものではないし、押しつぶされた植物標本さながら整理できるものでもない。彼らの行動は一定の時刻表に従った電車の発着のごとく、きちんと説明できるわけがない。学者はある時代のはじまりと終わりを厳密に指定するかもしれないが、大きな歴史上の出来事、とりわけ突如激しく勃発した事件は、じつのところゆっくりと蓄積されたものであり、ひとたび火を噴いたらけっして消えることはない。出来事自体は視界から消え去っても、その影響は長く尾をひくのである。鐘の音の余韻が、鳴り終わったあともはっきりと感じられるように、チンギス・ハンはとうの昔に歴史の舞台から退場したものの、その偉大な力は現代にまで影響をおよぼしている。

二〇〇〇年四月、八世紀前にボルテを奪いにきたメルキト族の襲撃を逃れて、テムジンとその一族が通ったであろう道を、私はたどっていた。テムジンの幕営地が襲われたと思われる地点、メルキトが来た方角、テムジン一族が逃げた道などをおおよそ突きとめたあと、私たちは草原から山地へ向かう、メルキトの追跡の道筋を進みはじめた。同行した地元牧畜民の少年たちは、そのとき私たちが足跡をたどっていたテムジンらと同じ年頃だった。少年たちは先祖と同じように乗馬が巧みで、伝統的なモンゴルのデールを身につけ、腰のちょっと下に金色のシルクの派手な飾り帯をきつく締めていた。ときたま野球帽やサングラス、デールの下にジーンズなどをはいた少年もいたが、それを除けば彼らの衣服は先祖が着たのと同じく、ウール、フリース、フェルトを厚く重ねたものだった。

私たちが乗った九頭の馬は、逃げていくホエルン一家の馬と同様に去勢馬だった。それらの馬については『元朝秘史』に事細かに記されているので、その気になれば年齢、色合い、形状、その他の特徴がぴったり合う馬に乗ることもできたかもしれない。しかし私たちはそうせずに、年配のちょっと酒好きな羊飼いが、私たちの仕事に向いていると薦めてくれた馬を使った。私たちは自分でルートを探さなくとも、遊牧民の道案内と直感にしたがってついていけばよかった。彼らには、どうすれば人馬ともにここからあそこまで行けるのかが正確にわかっていた。氷が薄くて川を渡れない地点はどこなのか、小さな窪地になっていて雪がとても深いのはどこか、どこにマーモットの穴があって早足の馬をつまずかせてしまうか、すべて心得ていた。

私たちがモンゴルでもっとも聖なる山、ブルカン・カルドゥンのごつごつした斜面をゆっくりと登ったとき、馬の蹄《ひづめ》のまわりで新雪が風に舞っていた。馬は凛《りん》と張りつめた大気に、湿った鼻息を興奮気味に吐く。馬の頭がぴくぴくと動いた。空気の薄い高所の、急な上り坂を長時間進まなければならなかったので、馬の心臓の鼓動が大きく響き、吹きつける風のなかでも聞きとれるほどだった。その鼓動は私の足を伝わって心臓にまで届いた。明るい透きとおった光のなかで休憩をとると、どちらを向いても地平線まで見渡せた。山の峰々、岩だらけの平原、曲がりくねった川、凍りついた湖――。

チンギス・ハンはひと仕事終わるといつもこの地に帰ってきた。戦に勝つたびに、体を休め、新たに力を呼びもどすために帰ってきた。彼は全世界を変えたが、自分が生まれた場所だけは何ひとつ変えさせなかった。いまでも、チンギス・ハンがもどってきたころとまったく変わらずに、春には空高く鷹が舞い、夏には虫の集《すだ》くのが聞こえる。秋には遊牧民が丘陵地帯に移動し、冬には狼が餌を求めてうろつく。目を閉じると、チンギス・ハンが乗った馬の蹄の遠い響きが聞こえてくる。彼らは中国へ、ヨーロッパへ、そしてインドへと疾駆《しっく》する。

森におおわれた山地を去ってジープを探しに帰る道すがら、私たちは、チンギス・ハンの物語とわれわれの遠征がはじまった地点、すなわちメルキトがテムジンの手からボルテをさらっていった場所までもどることにした。草原はすべての方角に向かって地平線まで広がり、樹木もなければ、建物も道も、塀も電線も、とにかく近代世界の傷跡といえるものはいっさい見あたらない。何度も訪れるうちに、私はモンゴル人と同じく、それぞれの季節の色によって大地の営みを知るようになった。短い夏は緑の草原で鳥たちが番《つが》う。黄色の秋は馬たちが駆け抜け、山羊が干し草をかじる。真っ白な冬はラクダが凍りついた川面をゆっくりと行き来して、小さな干し草の原を探す。そして何もかも枯れた春は、動物も人も自分たちの糧《かて》となる若草が萌え出るのを待つのみ。ほかの世界から遠くへだてられ、時代の波に洗われることもなかったこの地こそ、テムジンが大人になり、モンゴルを一部族から帝国へと変化させたところだとはっきりわかった。

ホエルンが誘拐されたとおぼしきあの風の強い場所にもどる途中、私たちのグループは叩きつけられるような強風のなかで寡黙になっていった。私たちはやるべき仕事をやりとげたあと、いったいここで何が起こったのだろうと、あらためて目を見張りながらその現場に帰っていった。かつての幕営地は、烈風のなかでゲルをしっかり固定させたであろう大きな石によってはっきりと見分けがついた。モンゴルの幕営地はいま、人気《ひとけ》もなく寒々と広がっている。しかし、ちょっと地表の土埃《つちぼこり》を蹴りとばせば、チンギス・ハンが最後に焚《た》いた篝火《かがりび》の、まだくすぶっている灰の温もりが感じられそうだった。雪を払いのければ、凍てつく泥のなかにチンギス・ハンの馬の踏み跡が見えるだろう。石はほんのつかのま、置き去りにされたように見えた。まるで、いつなんどきにでも持ち主がもどってきて埃を払い、ヤクや羊が冬をすごす幕営地か、あるいは世界帝国の首都か、どちらでもとりあえず必要なほうをもう一度設営しそうだった。

私たちは口笛のような音を立てる強風のなかで、ジャケットの前をかき合わせ、帽子を引き下げ、じっと地面を見つめたまま身を寄せ合って立っていた。ひとり、またひとりと、小石を集めに立ち去り、もどるとその場に石を積み上げていく。何千年ものあいだ、遊牧民が重要な場所を記しておくためにやったのと同じだ。地元の長老で年かさの馬方が、乾燥した馬糞を集めてきて石の前に積み上げる。そして、一家がゲルを建てる前に母親が火を焚くのと同様、ほかの者たちが丈の長いデールを広げて風を防ぐあいだに馬糞に火をつけた。

馬糞に火がつくと、О・スフバートル教授が細かい杉の粉の香料を火にくべた。香《こう》の良い香りがあたりに広がると人びとの気持ちが和み、長い探求が終わった興奮も鎮まって、私たちの心は火に集中した。香と馬糞から漂う香りは、私たちの研究のこの段階が成功裡に終わったことを告げていた。その場にいたすべての人たちがわずかに足を動かすと、しだいに体をまっすぐ伸ばした。すべての文化には、それぞれ人が礼儀正しく、きちんと身なりを整える独自の作法がある。モンゴル人にとってデールの正しい着方とは、胸の三つのボタンをしっかりとはめ、襟をまっすぐに立て、袖は手首と掌の上部をおおうように引き下げるのだ。それぞれの男が幅広い金色の飾り帯をきつく締め、それからデールの上部をたくし上げてゆったりと見せる。

私たちが以前ここを通ってこの場所を確認したとき、羊飼いの人びとがスフバートル教授に、ここで何が起こったかわかるよう目印の石を置いてほしいと頼んだ。こうした出来事を知ることは長いあいだ禁止されていたので、いまこそ子どもたちに知ってもらいたいのだと、近くに住む女性が説明した。彼らにとって出来事を覚えておくには、石に刻んでおくのがよい方法だった。羊飼いの人たちはみな、この年配の教授を尊敬していた。学者たちが追放されたころからずっと、教授とは知り合いだったのだ。当時、教授はただひとり、命の危険も顧みずに、チンギス・ハンの足跡をたどる百万キロを超える長旅に出た。身の安全も、宿泊も、日々の食べ物も、すべて親切な羊飼いの人びとに託しての旅だった。

フィールド調査の旅を終えたいま、スフバートル教授は、ボルテがテムジンの手から拉致されたことを覚えておくためにここに石碑を建ててほしいという、地元の人びとの願いに応えることにした。教授が石碑の文章をつくり、Ｔ・ジャムヤンスレン教授が古いモンゴル文字で石碑の文字をデザインし、学生たちが石を見つけてきて文字を彫ることが速やかに決まった。自分の使い古した暦を学生に取ってこさせると、スフバートル教授は曇った眼鏡ごしに長々と続く図表を目で追った。そして紙切れにちびた鉛筆でメモを書き、何かを急いで計算してから、さらに暦にある図表を調べた。そのあとようやく、石碑を建てるために学生がここにもどってくるうえで、もっとも都合の良い日を発表した。

この打ち合わせが終わると、ハグワスレン教授はデールの隠しポケットからウォッカの瓶を取り出して石に振りかけ、空中に少量を振りまいて、自分の額にも塗りつけた。何かしら自分なりのやり方で、みなそれぞれが自分たちの研究している歴史のかけらに、じかにつながろうとしていた。ハグワスレンは、彼の先生であり良き助言者でもあった考古学者、ペルレーとともに、何度もこのあたりを旅したことがある。そして当局がペルレーを収監したとき、ハグワスレンの父親も、あまりにも熱烈なナショナリストだという廉《かど》で逮捕された。彼の義母もまた国内追放となり、遠くに送られてしまう。政治犯の子として、ハグワスレンと弟たちはウランバートルの街頭に放り出された。当局が彼を未成年者用刑務所に送り込むためにやってくるまで、彼は街の外にあるちっぽけな小屋をたくさんの土でおおって、なんとか冬のあいだ自分たち兄弟がすごせる家にしようと努めた。こうして十代を刑務所暮らしと遠い国境の地での強制労働に費やしたあと、彼は恩師の考古学研究を取りもどしたのである。

羊飼いであろうと学者であろうと、それぞれの人にとって自分たちを取り巻く歴史は、抽象的なものでも遠く離れたものでもない。彼らのモンゴル史は、まるでつい先週起こったことのように鋭く、その生活を切り裂く。私にとって、モンゴル全土にわたり時を遡る探求は、ほとんど子どものような好奇心からはじまり、学者としての知的探求へと発展していった。しかしモンゴルの仲間にとっては、研究を一歩進めるごとに、ますます自分と強く結びついたもの、思い入れの深いものとなったのである。モンゴルの祖先たちが遭遇しなければならなかった困難と、その英雄的行為に理解が深まるにつれ、私たちは日々、はるかな時に引き込まれていった。私たちがいま立っている場所は、たんなる史跡ではなかった。まさにこの場所で、モンゴル帝国の母が襲撃され、拉致され、陵辱されたのだ。妻が奪われたとき、少年テムジンは彼女を奪い返すためにすべてを賭けた。若い命さえも賭けたのだ。テムジンは妻を救い出した。そして生涯を通じ、自分の大切な人びとを外敵から守るために戦い続ける。たとえそれが外国との戦に一生を費やすことであろうとも、やはりそうしたのだった。しかしその過程で、彼は世界を変え、国家をつくり上げたのである。

私の仲間たちは、目の端に涙をためながら、煙を漂わせる小さな馬糞の山の前に跪《ひざまず》いていた。黄昏の黄金色の、しかしおぼろな光のなかで、八世紀の時が溶け去り、遠い昔のあの恐ろしい明け方の苦悩が、私たちを取り巻く煙のなかに漂っていた。香が小さな石の塚で燃えるにつれ、それぞれがこの場所を讃《たた》えるために一歩前に足を踏み出した。帽子を取り、石の前に脆き、この聖なる場所の凍てついた大地に頭をつけた。それから立ち上がると、ウォッカを空中にまきつつ石の塚のまわりを三度巡った。

だれもが石の塚にささやかな個人的な贈り物を残していこうと、角砂糖のかけら、二、三本のマッチ、くちゃくちゃの紙に包んだキャンディ、少量の茶葉など、何かしら取り出した。その場の人びとは、拉致する敵によって馬上に投げ上げられ、未知の未来に向かって足早に運び去られたときの怯えきったボルテに、ささやかながら体に良い心のこもった贈り物を、何世紀もさかのぼって差し出したいと望んでいるようだった。言葉も忘れたこのグループは、自分たちの母ボルテに告げようとしているかに見えた。何もかも大丈夫ですよ。そしてあなたも、その子孫である私たちも、これからの八世紀をまた無事に生き抜いていくでしょう、と――。なんといっても、彼らは黄金の光から生まれた子どもたちであり、狼と牝鹿の子孫なのだ。〈久遠《くおん》の蒼穹《そうきゅう》〉のかすかな雲のなかで、チンギス・ハンの霊幡はいまもなお風になびいている。

謝辞

一二〇六年にチンギス・ハンによって築かれた国家モンゴルは今日も健在である。そこで、私の研究を許可してくださったモンゴル政府の方々、とりわけN・バガバンディ大統領、科学・技術・教育・文化部門の大臣A・ツァンジド氏、イフ・ホラル（国会）のA・シャグダルスレン議員にまずお礼を申し上げたい。

また、モンゴル全土の教師や遊牧民の方々が自発的に差しのべてくださった援助の手に深く感謝する。私の共同研究者Kh・ハグワスレン教授とO・スフバートル教授に対して人びとが抱く尊敬ゆえに、どこに行っても地元の人たちがすすんで私たちの研究の手助けをしてくれた。初対面の外国人である私までが教授たちに払われる敬意のおかげをこうむり、つねに厚く遇された。

人びとがいかに献身的に援助の手を差しのべてくれたかは、筆舌に尽くしがたいものがある。これほど人里離れたところはないと思われる場所にテントを張ったときでさえ、ほどなく彼方の地平線に、少女が荷車を牽《ひ》いたヤクを連れて姿を現わした。荷車には水や燃料用の乾燥畜糞がいっぱいに積み込まれている。暖かい日には、樺の木の樹皮をきっちりと縫い合わせてつくった小さな入れ物に、野イチゴや乾燥ヨーグルトを詰めて差し入れてくれる人がいたし、また別の日には、若い猟師がさばいたばかりのマーモットの肉や、鉢に入ったミルクを運んできた。遊牧民たちは、フィールド調査の旅をする私に泊まるところや食べ物を提供してくれただけでなく、自分たちの祖先の研究を個人的に応援しようと、馬や羊まで寄付してくれた。家族中がいまやっていた仕事を放り出して、羊の群れの世話に男の子ひとりを残して私たちに同行し、この研究についていろいろ提言してくれたことも一度や二度ではなかった。一番強行軍だったころ、年配の人たちは馬で、四人の武装した若者は徒歩で、しかも後者は行程の大半を走りながら、自発的に私たちに付き添ってくれたこともある。狼の多い地域で、五〇キロ近くも私たちを守ってくれたのだ。

光沢のある毛皮とか、ピカピカに磨いた動物の角。小さな木彫りの馬や羊や山羊などびっくりするほど気前の良い贈り物をもらうこともあった。シャーマンは研究の成功を願って祈りを捧げてくれたし、仏僧は私たちが聖なる場所に遭遇したとき焚《た》く香を寄贈してくれた。何も贈る物がない人は、ただ自分たちが暮らす場所を私が覚えているようにと小石をくれた。こうした好意の数々は報いる術《すべ》もないほど貴重なものである。

本書に不充分なところがあれば私ひとりがその責めを負うべきであり、何か認めていただける点があるとすれば、その功は多くの人びとと分かち合わなければならない。まず国立モンゴル大学の社会科学部のJ・ボルドバートル教授のご指導に深謝する。また、ウランバートルのチンギス・ハーン大学の教職員、学生諸氏には一貫してご協力いただいた。私がモンゴル語で本書の初版と関連論文を発表したさい、これらの方々は丁寧に論評を加えたうえに、もっと良いものにするために力を貸してくださった。その多大なご尽力に対して、O・プレヴ、Kh・シャグダル、D・ボルド＝エルデネ、G・

バートルツォージの諸教授に感謝する。翻訳に関しては、T・ジャムヤンスレン、A・ムングンゾル、Ts・ヒシグバヤル、D・チミッドハムの貴重な助力に、そしてフィールド調査については学生O・ハシバット、D・オチルドルジの協力に深い謝意を表する。さらに、本書の挿絵を描いてくださったS・バドラル博士にも心からお礼を申し上げる。

研究旅行の手はずを調え、旅に必要な装備を調達する手助けをしてくれたT・ボルド、Sh・ムンフツァグ、D・ツェツェグジャルガル、Sh・バットソガル、T・バットトルガ、合衆国からモンゴルまでの旅程を組むさいに手を貸してくれたダグラス・グライムズ、アニー・ルーカス、アンジェラ・ハロネン＝ウェッブの諸氏に謝意を表する。

この研究のどの部分においても政府の助成金や財団の奨励金は受けなかったが、研究の過程で一貫してマカレスター大学には大きな力添えをいただいた。とくに、世界中から文献を見つけてくれたデウィット・ウォレス図書館の司書ならびに職員の皆様のご協力を多とする。そして以下の同僚たちの多大なるご支援に厚くお礼を申し上げたい。ダニエル・バリク、メアリー・ルー・バーン、ケイ・クロフォード、ジム・クラウダー、ジョン・デイヴィス、ホァニータ・ガルシアゴドイ、マーティン・グンダスン、アルジュン・グンネラトネ、ギッタ・ハマーバーグ、ダニエル・ホーンバック、デイヴィッド・イツコヴィッツ、マナーズ・クーシャ、デイヴィッド・レイングラン、デイヴィッド・マカーディ、マイケル・マクファースン、カレン・ナカムラ、キャスリーン・パースン、ソニア・パッテン、アフメト・サマタール、カルドゥン・サマン、ダイアナ・シャンディ、ポール・ソロン、アン・サザーランド、ピーター・ワイズンゼル。とりわけ感謝したいのは、私を強く惹きつけてやまないこの研究に温かい理解を示し、労を惜しまず協力を申し出てくれた学生たちである。

この研究のさまざまな段階で、以下の方々からご助言、お力添え、励ましをいただいたことに深謝する。レイディーン・アセヴェド、クリストファー・アトウッド、ブライアン・バウマン、ナーラン・ビリク、ダニエル・ビュエトナー、リーア・キャンパーとロドニー・キャンパー、ハーム・デブリジ、ジョン・ディンガー、D・エンヘチョローン、ケヴィン・フェイガン、ジェイムズ・フィッシャー、レイ・ガチャリアン、ザイダ・ジラルド、チャーリング・ハルバーツマ、Ts・ジャルガルサイハン、ウォルト・ジェンキンズ、クリストファー・カプロンスキー、D・ホロルダムバ、フィリップ・コール、デイヴィッド・マカラク、ナヴィッド・モフセニ、アクセル・オーデルバーグ、B・オトゴンバヤル、リー・オーウェンズ、チー・イー、マーク・スウォーツ、ドン・ウォルシュ。

二十五年の長きにおよんで私のエージェントを務めてくれたロイス・ウォレスの熱心な努力と、同じ歳月のあいだお力添えいただいたジェイムズ・O・ウェードの援助にはつねに感謝している。本書の長期にわたる編集過程でお世話になったエミリー・ルース、クリストファー・ジャクソン、メアリー・ヴィンセント・フランコ、リン・オルソンの的確な見解には、深く教えられるところがあった。

この研究に取り組む年月、モンゴルからさまざまな贈り物をいただいたなかで、何よりもありがたかったのは歌のプレゼントだった。私がへとへとに疲れて、同行者たちに追いつこうと必死に馬を駆っていたとき、私を力づけるためにだれかが歌を歌ってくれたものだ。長い一日が終わって、遊牧で暮らす一家に泊めてもらった夜、幼い女の子が私の前に立った。見慣れない外国人を目にして怖さに震え、私の顔もまともに見られないのに、口を大きく開き、非常に美しい情緒豊かな歌を歌ってくれた。その歌声のあまりの素晴らしさに、時も歩みを止めたかのように思われた。

やがて私には、モンゴルの歌がたんなる娯楽や気晴らしを超えるものだとわかってきた。モンゴルの歌は、貴重な情報を豊かに蔵しており、モンゴルの文化と歴史の奥深くに秘められたものをうかがわせてくれる。絶えず移動する暮らしのために、モンゴル人のような遊牧民は、自分たちの書物や絵画を歌の形に変えて携えていかなければならない。モンゴルの音楽は、祖国の風景を言葉だけで伝えるのではなく、土地の起伏に呼応する音の高低の流れでくっきりと描き出す。ふつう男性が演奏する馬頭琴は、鳥や動物の鳴き声を表わすことができる。たいていの場合女性が歌う長歌は、独特の唱法ではるかな地の風景を思い起こさせる。こうした歌や楽器の曲目の多くは、キャロル・ペッグの長年にわたる研究によって収集され、彼女の学術論文「モンゴルの音楽、舞踊、語り（*Mongolian Music, Dance, and Oral Narrative*）」の一部をなすCDによって鑑賞することができる。

私がモンゴルから離れているときも、この研究を励ますためにモンゴル音楽のビデオや録音を送ってくれる人びとがいた。これらは匿名で送られてくることが多かったので、この場をお借りして贈ってくださったすべての方々に厚くお礼を申し上げたいと思う。私はTs・プレヴフーとD・アリウナーの馬頭琴演奏や、二十世紀最高のモンゴル歌手N・ノロヴバンサドの絶妙な歌声の録音を楽しんでいる。私の研究はD・ジャルガルサイハンとグループ「チンギス・ハーン」の演奏に鼓舞され、またアルタイ＝ハンガイ、ブラック・ホース、ブラック・ローズ、ホンホ、テンゲル・アイルゴー、トゥメン・エヘなどのグループの演奏にも力を得た。一巻の書物に書かれた言葉のすべてをもってしても、世界屈指の作曲家N・ジャンツァンノロブの音楽以上にモンゴルの風景の美しさを描き出すことはできないし、モンゴルの歴史が秘める激情を映し出すこともありえない。

私の息子ロイ・メイバンクはモンゴル、中国の調査旅行で私と行動をともにしてくれた。また研究の全期間をとおして、娘ウォーカー・バクストンの励ましと支援に多くの喜びを得た。そして私が最大の感謝を捧げるのは妻ウォーカー・ピアスである。妻はロシア、中国、モンゴルにおけるフィールド調査で私を手助けしてくれただけでなく、この研究に費やした六年間、つねに私を励まし、啓発し、そのユーモアで私の気持ちを明るくしてくれた。いつか妻とふたりで孫たちをともない、チンギス・ハンの草原を馬で駆け抜ける日が来るのを楽しみにしている。

監訳者あとがき

本書はジャック・ウェザーフォード著 *Genghis Khan: and the Making of the Modern World*（Crown Publishers, 2004）の全訳である。

私がウェザーフォードに注目したきっかけは、アメリカで大ベストセラーになった一九八八年初版の *Indian Givers: How the Indians of the Americas Transformed the World* だった。邦訳『アメリカ先住民の貢献』（パピルス刊、絶版）のタイトルどおり、南北アメリカの先住民がトウモロコシ、ジャガイモ、トウガラシ、タバコ、チョコレートなどの新しい農産物ばかりか、大量の金銀によってヨーロッパ近代の立ち上がりを支え、ひいては現代世界の基盤構築に貢献したという主題を、読みやすい一般書にまとめる力量は学者離れしていた。また、イロコイ民主制に代表される先住民の自治実践が、アメリカ合衆国の建国を通じて近現代世界の民主化に少なからぬ影響を与えた政治面の意外な貢献を、ベストセラー書の中で広く知らしめた点も出色だった。

その後、続編の *Native Roots: How the Indians Enriched America*（1992）をはじめ、*Savages and Civilization: Who Will Survive ?*（1994）、*The History of Money*（1997）と読んできて、文化人類学研究と現代社会をつなぐ独特のスタイルにますます魅せられた。*Savages and Civilization* の中で、米国の首都ワシントンこそ現在の地球上でもっとも野蛮な場所だと指摘した著者の慧眼は、二〇〇一年の９・11事件を引き金とするブッシュ政権の暴走を見通していたともいえる。

そんなウェザーフォードが、九〇年代から十年以上の歳月をかけてモンゴルに関する研究を行なったと聞き、その報告を楽しみにしていたが、本書は期待を裏切らなかった。われわれアジア人でさえ、「残虐な暴君」「冷酷非情な侵略者」といったヨーロッパのまなざしで捉えがちだったチンギス・ハンとモンゴル帝国について、ルネサンスから近代世界の端緒を開いた役割を掘り下げる内容は、文字どおり目から鱗の連続だ。おりしもモンゴル帝国建国八百年を迎え、日本でも類書の出版が相次ぐ。しかし、本書は二つの点で他の追随を許さない。

一つは、著者が現代のモンゴル人にとってチンギス・ハンとモンゴル帝国の意味するものに温かい目を注ぎ続けていること。たとえば、モンゴル研究の蓄積が長い日本では『元朝秘史』の文献価値を差し引いて見るようだが、ウェザーフォードは実際にモンゴル人とともに秘史の舞台を歩くことで、文献学を超えたリアリティに迫る。歴史資料と現実の人びとをつなぐフィールドワークから、第三の新しい普遍性・今日性を浮かび上がらせる手法は、これまでの著作でも一貫している。その意味で、ウェザーフォードは屈指の考〝現〟学者に数えられると思う。

二つめは、モンゴル帝国の文化的・政治的・空間的広がりを史上初のグローバリゼーションとして位置づける視点。とりわけ、能力も性格も遊牧民のまま大きく変わることのなかったモンゴル人が、さまざまな異民族とその特性を巧みに生かし、相互に結びつけて、アジア太平洋岸からインド、中東、中欧にいたる未曾有の大帝国を経営できた理由は、本書ではじめて腑に落ちた。ウェザーフォードの基調テーマである、先住民（部族民・遊牧民）と農耕民・都市住民のせめぎあいと協働による世界史

／人類史は、太古から現在までとぎれなく継続し、さらに未来を紡ぎ出していく。狩猟採集（遊牧）→農耕→工業化→情報化（ポスト工業化）という単純すぎる文明進化史観にも一石を投ずるものではないか。朝青龍や白鵬らモンゴル力士が活躍し、〈黄金のオルド〉を出自とする琴欧州や露鵬がそれを追う大相撲に、チンギス・ハンは、そして元冠に失敗したクビライ・ハンは何を想うだろう。

とはいえ、パックス・ロマーナやパックス・アメリカーナが文字どおりの「平和」を意味するものではないように、本書もモンゴル帝国による破壊と殺戮に目をつぶるわけではない。それに対する恐怖と憎悪は、われわれ日本人を含め、襲われた人びとの集合意識に刻まれている。ここでいう「パックス」は、野放しの「カオス」に対する一定の体制秩序のことである。しかも、その秩序内部ではおおむねプラスの影響連鎖をもたらし、辺縁でも鉱物の結晶化に似た新秩序形成作用を表わす。元寇前後の鎌倉幕府と武家台頭を思い起こすとわかりやすい。そして、これらの影響連鎖がマイナスに転ずるとき、秩序は崩壊に向かう。モンゴル帝国の黄昏はペスト（黒死病）によって早められたらしい。また、モンゴルの直接的打撃を受けたイスラム文明に対し、ルネサンスから大航海時代へつながるヨーロッパの興隆が、被害は比較的軽微でパックス・モンゴリカから得るもののほうが多かったところに起因する点も示唆に富む。以後、パックス・エスパーニャ、パックス・ブリタニカ、パックス・アメリカーナと続いた欧米秩序のあと、次にどこが浮上するかのめやすになるかもしれない。

出版企画の成立後、私がNGOグリーンピース・ジャパンの事務局長に就任したため、序章以外の訳を横堀冨佐子さんにお願いし、そのあとで監訳の作業を行なった。訳文の最終責任は私にある。本文中の歴史的記述については、奈良文化女子短期大学の来村多加史教授に助言を賜った。ここに感謝申し上げる。翻訳監修にあたって、岡田英弘著『チンギス・ハーン』(朝日文庫)、杉山正明著『モンゴル帝国の興亡〈上・下〉』(講談社現代新書)、小澤重男訳『元朝秘史〈上・下〉』(岩波文庫)を参考にした。NHK出版の猪狩暢子さんと、担当の高森静香さんには、出版断念の可能性を含む迷走でご苦労をかけた。妻は状況の変化にもかかわらず、最後まで邦訳出版を支えてくれた。無事刊行へ漕ぎつけたことを、関係者すべてとともに喜びたい。

本書がモンゴル人と日本人の友好と相互理解に役立つことを祈りつつ……。

二〇〇六年処暑の頃

星川　淳

訳者あとがき

二〇〇四年八月二四日、私は内モンゴルのホロンバイル大草原にいた。ツアーの二日目だった。「吸いこまれるような碧空の下、見渡すかぎり緑一色の草原に立つと虚空を感じる、その虚空と膝を交えて語りあえる気がする」と、内モンゴルをこよなく愛する畏友、帯津良一医師がおっしゃるのをそれまで何回か耳にしていた。また、司馬遼太郎の『草原の記』（新潮文庫）のなかの一節――「そこは、空と草だけでできあがっている。人影はまばらで、そのくらしは天に棲んでいるとしかおもえない」――を読んで、ますます草原への思いはかき立てられていた。そうした数年来の夢を叶えてあの日、とうとう大草原にたどり着いた私は、ただただ四辺に広がる「虚空」を見つめ、「天」を身近なものに感じたのだった。それから二年経った二〇〇六年八月、私は本書を訳しながら、チンギス・ハンを生涯にわたって支えた〈久遠の蒼穹〉（Eternal Blue Sky）という言葉に出合うたびに、あの果てしなく自分を包みこんだ碧空を思い浮かべずにはいられない。

とはいえ憧れだけでこの本を訳すわけにいかないのはもとよりのこと。モンゴル史に暗い私としては訳出にあたって数々の難問にぶつかり、その都度『元朝秘史〈上・下〉』（小澤重男訳・岩波文庫）をはじめ何冊ものチンギス・ハン関連の本に助けられた。まず「チンギス・ハン」の呼び方だけでも、現在出版されている書籍では「ハン」「カン」「ハーン」「カーン」など多岐にわたる。本書では用語解説にあるとおり、著者が Khan と Great Khan を使い分けており、王、あるいは部族長などの意味で用いている Khan については「ハン」を、遊牧民族を統合する最高位の存在、いわば皇帝の意味で使用する Great Khan には「大ハーン」の訳語を当てた。なお最近の研究では、当時の発音は「ハ」ではなく、「カ」に近い音だったことがわかっているそうだ。そのあたりの事情については『チンギス・カン〝蒼き狼〟の実像』（白石典之著・中公新書）に詳しい。また、チンギス・ハンの家系図に出てくる人名も実に多様だ。たとえば彼の子どもについても長男の「ジョチ」については各書ほとんど異同がないものの、次男以下は「チャアダイ」「チャガタイ」、「オゴデイ」「オゴタイ」「ウゲデイ」などなど。これらの固有名詞については『モンゴル帝国の興亡〈上・下〉』（杉山正明著・講談社現代新書）をはじめ多くの書籍を参考にさせていただいた。

今から七百年あまり前、狩猟の一日に続く祝宴で元朝皇帝クビライの食卓に並んだのは「牛の睾丸を高温の油で揚げてサフランソースをかけ、コリアンダーを散らした料理。マトンの挽肉、脂、ヨーグルト、オレンジ・ピール、バジルを詰めた若い茄子」。こうした楽しいディテイルと骨太な歴史観が共存する本書の魅力をなんとか日本語訳に反映させたいと願いつつ訳を進めたつもりだ。

監訳者の星川淳さん、編集者の方々の懇切丁寧なご指導、ご助言に衷心よりお礼を申し上げます。最後になりましたが、いたらない弟子を翻訳の「いろは」から教えてくださった別宮貞徳先生に、心からの感謝を捧げます。

二〇〇六年八月　横堀冨佐子

【新装版】訳者あとがき

いま私は、新装版のための「訳者あとがき」を書くことのできる幸せにひたっている。十三年前の夏の終わり、初版の「訳者あとがき」を書きながら、この素晴らしい本をようやく訳し終えたという達成感とともに、なんとも言い表しようのない淋しさを感じていた。長い時間をかけて原文ととり組んでいるうちに、本書が自分の大切な一部となってしまっていたのかもしれない。そして今秋、『パックス・モンゴリカ』が装いも新たに登場する。今の読者にどのように受けとめられるのか楽しみだ。

モンゴル帝国建国八〇〇周年にあたる二〇〇六年秋、本書がNHK出版から上梓されると、親しい人たちの率直な意見が聞きたくて十指に余る友人知人に読んでもらった。読後に寄せられた感想では友人たちも、私が初めて原書"GENGHIS KHAN and the Making of the MODERN WORLD"を読んだときに感じた衝撃と面白さを共有してくれているようだった。その二、三を紹介させていただく。「歴史書でありながら、全編を通じてモンゴルの風土と人々の特有の気風、伝統を踏まえた著者の視座によって、当時のモンゴルの日常生活がリアルに見えるようです。……雪の舞うブルカン山、凍りつく湖、三六〇度地平線が見渡せる草原などがすぐそこにあるように迫ってきました」。「読み物としての楽しさは例えば登場人物の活写にも出ていて、泥酔して死んだオゴデイ、喧嘩好きのグユク、痛風のクビライ、さらに王妃たちの抗争のすさまじさも実に強烈でした」。また「パックス・ロマーナでもパックス・アメリカーナでもないチンギス・ハン帝国についての暗部がはじめて解明され、それも共産圏の崩壊が背後にあることなどは全く興味津々です」と、本書の意図を大きくとらえた感想もあった。

初版から新装版までの十三年間で、モンゴルの国家としての発展はめざましいものがあるが、それとともにわれわれ日本人がモンゴルの人々に抱く親近感も深まっている。横綱の白鵬、鶴竜を筆頭に角界上位陣を占めるモンゴルの男たちの容姿は、多くの日本人の目に焼き付いているといっても過言ではないし、モンゴル・ツアーに参加する人の数もここ数年、格段に増えてきていると聞く。にもかかわらず、いまだにチンギス・ハンというと、殺戮と略奪を極度に好む残虐な征服者というイメージが強く、「元」といえば神風が吹いてくれた元寇のことしか思いうかばないという人が多い。十三年前の自分のように……。今、ひとりでも多くの方に本書を読んでいただき、信教の自由、印刷術、紙幣、ユーラシア大陸を貫く交通網など現代につづく諸制度を有したモンゴル帝国の真の姿を知ってほしい。

新装版の刊行にあたって、初版を数回読みなおして二、三箇所書き直した。「ホラズム」「マムルーク」などいくつかの単語を現在の豊富な情報源にあたってチェックしていると新たな発見や学びがあり、思いのほか楽しい時間となった。

新装版を発行してくださるパンローリング社と、編集者の宮崎洋一氏に心から感謝いたします。

二〇一九年八月　　　　　　　　　　　　横堀冨佐子

2019年11月3日　初版第1刷発行

フェニックスシリーズ㉒

チンギス・ハンとモンゴル帝国の歩み
――ユーラシア大陸の革新

著　者　ジャック・ウェザーフォード
監訳者　星川淳
訳　者　横堀冨佐子
発行者　後藤康徳
発行所　パンローリング株式会社
〒160-0023　東京都新宿区西新宿7-9-18　6階
TEL 03-5386-7391　FAX 03-5386-7393
http://www.panrolling.com/
E-mail　info@panrolling.com
装　丁　パンローリング装丁室
組　版　パンローリング制作室
印刷・製本　株式会社シナノ

ISBN978-4-7759-4216-1
落丁・乱丁本はお取り替えします。

■著者紹介

ジャック・ウェザーフォード（Jack Weatherford）

先住民文化研究の第一人者であり、長年にわたってミネソタ州マカレスター大学の人類学教授を務めた。本書により、ニューヨークタイムズのベストセラー作家となる。その他にも『アメリカ先住民の貢献（Indian Givers）』『How Native Americans Transformed the World』『The Secret History of the Mongol Queens』『The History of Money』など、多くの名作を世に出した。現在は、米国とモンゴルを行き来する生活をしている。

■監訳者紹介

星川 淳（ほしかわ じゅん）

1952年、東京生まれ。作家・翻訳家。82年より屋久島在住。国際環境ＮＧＯ事務局長、市民活動助成基金代表理事など歴任。著書に『魂の民主主義』（築地書館）、『屋久島水讃歌』（南日本新聞社）、『地球生活』（平凡社ライブラリー）、共著に坂本龍一監修『非戦』（幻冬舎）、訳書にＢ・Ｅ・ジョハンセン他『アメリカ建国とイロコイ民主制』（みすず書房）、Ｐ・アンダーウッド『一万年の旅路』（翔泳社）、Ｕ・Ｋ・ル＝グィン『オールウェイズ・カミングホーム』（平凡社）、監訳書にＡ・Ｖ・ヤブロコフ他『調査報告 チェルノブイリ被害の全貌』（岩波書店）ほか多数。
http://hoshikawajun.jp/

■訳者紹介

横堀 冨佐子（よこぼり ふさこ）

東京大学文学部英文学科卒。共訳書にドミニク・シェラード『図説ウィリアム・シェイクスピア』（ミュージアム図書）、翻訳協力にノーマン・デイヴィス『ヨーロッパ』（共同通信社）、ルイザ・ヤング『ハート大全』（東洋書林）などがある。

翻訳協力　満永葉子（モンゴル語）

本書は、二〇〇六年九月に、日本放送出版協会より出版された『パックス・モンゴリカ―チンギス・ハンがつくった新世界』を改訂し新装版として刊行したものです。

■索引

■参考文献

【A】

Abu-Lughod, Janet L. *Before European Hegemony: The World System A. D. 1250-1350.* New York: Oxford University Press, 1989.［ジャネット・L. アブー＝ルゴド『ヨーロッパ覇権以前：もうひとつの世界システム（上）（下）』（岩波人文書セレクション）］

Achenbach, Joel. "The Era of His Ways: In Which We Chose the Most Important Man of the Last Thousand Years." *Washinton Post,* December 31, 1989.

al-Din, Rashid. *The Successors of Genghis Khan.* Trans. John Andrew Boyle. New York: Columbia University Press, 1971.

Allsen, Thomas T. *Mongol Imperialism: The Politics of the Grand Qan Mongke in China, Russia, and the Islamic Lands, 1251-1259.* Berkeley: University of California Press, 1987.

——. *Commodity and Exchange in the Mongol Empire: A Cultural History of Islamic Texteiles.* Cambridge, U. K.: Cambridge University Press, 1997.

——. *Culture and Couquest in Mongol Eurasia.* Cambridge, U. K.: Cambridge University Press, 2001.

Amitai-Preiss, Reuven. *Mongols and Mamluks.* Cambridge, U. K.: Cambridge University Press, 1995.

Amitai-Preiss, Reuven, and David O. Morgan, eds. *The Mongol Empore and Its Legacy.* Leiden: Koninklijke Brill NV, 1999.

Arnold, Lauren. *Princely Gifts and Papal treasures: The Franciscan Mission to China and Its Influence on the Art of the West, 1250-1350.* San Francisco: Desiderata Press, 1999.

Atwell, William. "Volcanism and Short-Term Climatic Change in East Asian and World History, c. 1200-1699." *Journal of World History* 12, no. 1（Spring, 2001）.

【B】

Bacon, Francis. *Novum Organum. Vol. 3, The Works of Francis Bacon.* Ed. and trans. Basil Montague, 1620. Reprint, Philadelphia: Parry & MacMillan, 1854.［ベーコン『ノヴム・オルガヌム（新機関）』（岩波文庫）］

Bacon, Roger. *Opus Majus.* 2vols. Trans. Robert Belle Burke. Philadelphia: University of Pennsylvania Press, 1928.

Barfield, Thomas J. *The Perilous Frontier: Nomadic Empires and China, 221 B. C. to A. D. 1757.* Cambridge, Mass.: Blackwell, 1992.

——. *The Nomadic Alternative.* Englewood Cliffs, N. J.: Prentice-Hall, 1993.

Barthold, V. V. "The Burial Rites of the Turks and the Mongols." Trans. J. M. Rogers. *Central Asiatic Journal* 14 (1970).

Bawden, Charles R. *The Mongol Chronicle Altan Tobchi.* Wiesbaden: Göttinger Asiatische Foschungen, 1955.

Bazargür, D., and D. Enkhbayar. *Chinggis Khaan Historic -Geographic Atlas.* Ulaanbaatar: TTS, 1997.

Becker, Jasper. *The Lost Country: Mongolia Revealed.* London: Hodder & Stoughton, 1992.

Beckingham, Charles F., and Bernard Hamilton, eds. *Prester John, the Mongols, and the Ten Lost Tribes.* Aldershot, U. K.: Variorium, 1996.

Berger, Patricia, and Terese Tse Bartholomew. *Mongolia: The Legacy of Genghis Khan.* London: Thames & Hudson, 1995.

Biran, Michal. *Qaidu and the Rise of the Independent Mongol State in Central Asia.* Richmond, U. K.: Curzon, 1997.

Blake, Robert P., and Richard N. Frye. "History of the Nation of the Archers (the Mongols) by Grigor of Akanc." *Harvard Journal of Asiatic Studies* 12 (December 1949).

Boinheshig. *Mongolian Folk Design.* Beijing: Inner Mongolian Cultural Publishing House, 1991.

Bold, Bat-Ochir. *Mongolian Nomadic Society: A Reconstruction of the "Medieval" History of Mongolia.* New York: St. Martin's Press, 2001.

Boldbaatar, J. *Chinggis Khaan.* Ulaanbaatar, Mongolia: Khaadin san, 1999.

Bretschneider, E. *Mediaeval Researches from Eastern Asiatic Sources.* Vol. 1. New York: Barnes & Noble, 1967.

Browne, Edward G. *The Literary History of Persia.* Vol.2. Bethesda, Md.: Iranbooks, 1997.

Budge, E. A. Wallis. *The Monks of Kublai Khan, Emperor of China; or, The History of the Life and Travels of Rabban Swama, Envoy and Plenipotentiary of the Mongol Khans to the Kings of Europe, and Markos Who as Mar Yahbhallaha III Became Patriarch of the Nestorian Church in Asia.* London: Religious Tract Society, 1928. [バッヂ『元主忽必烈が欧洲に派遣したる景教僧の旅行記』(待漏書院)]

——. *The Commentary of Gregory Abu'l Faraj, Commonly Known as Bar Hebraeus.* London: Oxford University Press, 1932.

Buell, Paul D. *Historical Dictionary of the Mongol World Empire.* Lanham, Md.: Scare-

crow, 2003.

Buell, Paul D., and Eugene N. Anderson. *A Soup for the Qan: Chinese Dietary Medicine of the Mongol Era as Seen in Hu Szu-Hui's Yin-Shan Chang-Yao*. London: Kegan Paul, 2000.

Buffon, George Louis Leclerc. *Buffon's Natural History*. Vol. 1. London: Bishop Watson, J. Johnson, et al., 1792. ［ジョルジュ＝ルイ・ルクレール・ビュフォン『ビュフォンの博物誌（抄訳）』（工作舎）］

Bulag, Uradyn E. *Nationalism and Hybridity in Mongolia*. Oxford, U. K.: Clarendon Press, 1998.

——. *The Mongols at China's Edge*. Lanham, Md.: Rowman & Littlefield, 2002.

【C】

Carpini, Friar Giovanni DiPlano. *The Story of the Mongols Whom We Call the Tartars*. Trans. Erik Hildinger. Boston: Branding Publishing, 1996.

Chambers, James. *Genghis Khan*. London: Sutton Publishing, 1999.

Chan, Hok-Lam. *China and the Mongols*. Aldershot, U. K.: Ashgate, 1999.

Chan, Hok-Lam, and William Theodore de Bary, eds. *Yüan Thought: Chinese Thought and Religion Under the Mongols*. New York: Columbia University Press, 1982.

Ch'en, Paul Heng-chao. *Chinese Legal Tradition Under the Mongols: The Code of 1291 as Reconstructed*. Princeton, N. J.: Princeton University Press, 1979.

Christian, David. "Silk Roads or Steppe Roads?" *Journal of World History* 11, no. 1 (Spring 2000).

——. *A History of Russia, Central Asia, and Mongolia*. Vol.1, *Inner Eurasia from Prehistory to the Mongol Empire*. Malden, Mass.: Blackwell, 1998.

The Chronicle of Novgorod: 1016-1471. Trans. Robert Michel and Nevill Forbes. Camden 3rd Series, vol. 25. London: Offices of the Society, 1914.

Cleaves, Francis Woodman. "The Historicity of the Baljuna Covenant." *Harvard Journal of Asiatic Studies* 18, nos. 3-4 (December 1955).

——, trans. *The Secret History of the Mongols*. Cambridge, Mass.: Harvard University Press, 1982.

Conermann, Stephan, and Jan Kusber. *Die Mongolen in Asien und Europa*. Frankfurt: Peter Land GmbH, 1997.

Cook, Theodore F., Jr. "Mongol Invasion." *Quarterly Journal of Military History* (Winter 1999).

Crookshank, Francis G. *The Mongol in Our Midst: A Study of Man and His Three Faces*. New York Dutton, 1924.

Curtin, Jeremiah. *The Mongols: A History*. Westport, Conn.: Greenwood Press, 1907.

【D】

Dardess, John W. *Conquerors and Confucians: Aspects of Political Change in Late Yüan China*. New York: Columbia University Press, 1973.

——. "Shun-ti and the End of Yüan rule in China." In *The Cambridge History of China*, vol. 6, *Alien Regimes and Border States, 907-1368*, ed. Herbert Franke and Denis Twitchett. Cambridge, U.K.: Cambridge University Press, 1994.

Dawson, Christopher, ed. *The Mongol Mission: Narratives and Letters of the Franciscan Missionaries in Mongolia and China in the Thirteenth and Fourteenth Centuries*. New York: Sheed & Ward, 1955.

DeFrancis, John. *In the Footsteps of Genghis Khan*. Honolulu: University of Hawaii Press, 1993.

de Hartog, Leo. *Russia and the Mongol Yoke*. London: British Academic Press, 1996.

——. *Genghis Khan: Conqueror of the World*. New York: Barnes & Noble, 1999.［レオ・デ・ハルトフ『チンギス・ハーン：世界の征服王』（心交社）］

Delgado, James P. "Relics of the Kamikaze." *Archaeology* (January 2003).

d'Encausse, Hélène Carrère. *Islam and the Russian Revolution: Reform and Revolution in Central Asia*. Trans. Quintin Hjoare Berkeley: University of California Press, 1988.

Di Cosmo, Nicola. "State Formation and Periodization in Inner Asian History." *Journal of World History* 10, no.1 (Spring 1999).

DiMarco, Vincent J."The Historical Basis of Chaucer's Squire's Tale." *Edebiyat* vol. 1, no. 2 (1989), pp. 1-22.

Dlugosz, Jan. *The Annals of Jan Dlugosz*. Trans. Maurice Michel. Chichester, U.K.: IM Publications, 1997.

Dols, Michael W. *The Black Death in the Middle East*. Princeton, N.J.: Princeton University Press, 1977.

Dunn, Ross E. *The Adventures of Ibn Battuta*. Berkeley: University of California Press. 1989.

【E】

Elias, N., and E. Denison Ross. *A History of the Moghuls of Central Asia: Being the Tarikhi-I-Rashidi of Mirza Muhammad Haidar, Dughlát*. London: Curzon Press, 1895.

Elverskog, Johan. "Superscribing the Hegemonic Image of Chinggis Khan in the *Erdeni Tunumal Sudur*." In *Return to the Silk Routes*, ed. Mirja Juntunen and Birgit N. Schlyter. London: Kegan Paul, 1999.

Endicott-West, Elizabeth. "Imperial Governance in Yüan Times." *Harvard Journal of Asiatic Studies* 46 (1986).

——. *Mongolian Rule in China: Local Administration in the Yuan Dynasty*. Cambridge, Mass.: Harvard University Press, 1989.

【F】

Fernandez-Gimenez, Maria E. "Sustaining the steppes." *Geographic Review* 89, no. 3 (July 1999).

Fletcher, Joseph F. "The Mongols: Ecological and social Perspectives." *Harvard Journal of Asiatic Studies* 461 (June 1986).

Frank, Andre Gunder. *The Centrality of Central Asia*. Amsterdam: VU University Press, 1992.

——. *ReORIENT: Global Economy in the Asian Age*. Berkely: University of California Press, 1998. [アンドレ・グンダー・フランク『リオリエント：アジア時代のグローバル・エコノミー』(藤原書店)]

Franke, Herbert. "Sino-Western Contacts Under the Mongol Empire." *Journal of the Royal Asiatic Society* (Hong Kong Branch) 6 (1966).

——. *From Tribal Chieftain to Universal Emperor and God: The Legitimization of the Yüan Dynasty*. Vol. 2. München: Verlag der Bayerischen Akademie der Wissenschaften, 1978.

——. *China Under Mongol Rule*. Brookfield, V.: Ashgate, 1984.

——. "The Exploration of the Yellow River Sources Under Emperor Qubilai in 1281." In *Orientalia Iosephi Tucci memoriae dicata*, ed. G. Gnoli and L. Lanciotti. Rome: Instituto italiano per il medio ed estermo oriente, 1985.

Franke, Herbert, and Denis Twitchett, eds. *The Cambridge History of China*. Vol. 6, *Alien Regimes and Border States, 907-1368*. Cambridge, U. K.: Cambridge University Press, 1994.

【G】

Gibbon, Edward. *Decline and Fall of the Roman Empire*. Vol. 5. London: J. M. Dent, 1910. [エドワード・ギボン『ローマ帝国衰亡史（全10巻)』(ちくま学芸文庫)]

Ginsburg, Tom. "Nationalism, Elites, and Mongolia's Rapid Transformation." In *Mongolia in the Twentieth Century: Landlocked Cosmopolitan*. Ed. Stephen Kotkin, and Bruce A. Elleman. Armonk, N. Y.: M. E. Sharpe, 1999.

Gluschenko, Nick. "Coinage of Medieval Rus." *World Coin News* (June 1998).

Gottfried, Robert S. *The Black Death*. New York: Free Press, 1983.

Grousset, René. *Conqueror of the World*. Trans. Marian McKellar, and Denis Sinor. New York: Orion Press, 1966. [ルネ・グルッセ『ジンギス汗：世界の征服者』(角川文庫)]

——. *The Empire of the Steppes: A History of Central Asia*. Trans. Naomi Walford. New

Brunswick, N. J.: Rutgers University Press, 1970.［ルネ・グルセ『アジア遊牧民族史（上）（下）』（原書房）］

【H】

Haenisch, Erich. *Die Kulturpolitik des Mongolischen Welstreiches*. Berlin: Preussische Akademie der Wissenschaften, 1943.

Halperin, Charles J. *Russia and the Golden Horde*. Bloomington: Indiana University Press, 1985.［C. J. ハルパリン『ロシアとモンゴル：中世ロシアへのモンゴルの衝撃』（図書新聞）］

——. *The Tatar Yoke*. Columbus, Ohio: Slavica Publishers, 1985.

Heissig, Walther. *A Lost Civilization: The Mongols Rediscovered*. Trans. D. J. S. Thompson. London: Thames & Hudson, 1966.［ハイシッヒ『モンゴルの歴史と文化』（岩波文庫）］

——, ed. *Die Geheime Geschichte der Mongolen*. Düsseldorf: Eugen Diederichs Verlag, 1981.

Herlihy, David. *The Black Death and the Transformation of the West*. Cambridge, Mass.: Harvard University Press, 1997.

Hildinger, Erik. "Mongol Invasion of Europe." *Military History* (June 1997).

——. *Warriors of the Steppe*. Cambridge, Mass.: Da Capo, 1997.

Hoang, Michel. *Genghis Khan*. Trans. Ingrid Canfield. London: Saqi Books, 2000.

Holmgren, J. "Observations on Marriage and Inheritance Practices in Early Mongol and Yüan Society, with Particular Reference to the Levirate." *Journal of Asian History* 20 (1986).

Howorth, Henry H. *History of the Mongols*. Pt. I, *The Mongols Proper and the Kalmuks*. London: Longmans, Green, 1876.

Hsiao Ch'i-ch'ing. "Mid-Yüan Politics." In *The Cambridge History of China*, vol. 6, *Alien Regimes and Border States, 907-1368*, ed. Herbert Franke and Denis Twitchett. Cambridge, U. K.: Cambridge University Press, 1994.

Humphrey, Caroline. *Shamans and Elders*. New York: Oxford University Press, 1996.

Hyer, Paul. "The Re-Evaluation of Chinggis Khan." *Asian Survey* 6 (1966).

【J】

Jackson, Peter. "The state of Research: The Mongol Empire, 1986-1999." *Journal of Medieval History* 26-2 (June 2000).

Jagchid, Sechin. *Essays in Mongolian Studies*. Provo: Brigham Young University Press, 1988.

Jagchid, Sechin, and Paul Hyer. *Mongolia's Culture and Society*. Boulder: Westview, 1979.

Jagchid, Sechin, and Van Jay Symons. *Peace, War, and Trade Along the Great Wall*. Bloomington: Indiana University Press, 1989.

Jones, Eric L. *Growth Recurring: Economic Change in World History*. Oxford, U. K.: Clarendon Press, 1988. [E. L. ジョーンズ『経済成長の世界史』(名古屋大学出版会)]

Juvaini, Ata-Malik. *Genghis Khan: The History of the World Conqueror*. Trans. J. A. Boyle. Seattle: University of Washington Press, 1997.

【K】

Kahn, Paul. *The Secret History of the Mongols: The Origins of Chingis Khan*. Boston: Cheng & Tsui, 1998.

Kaplonski, Christopher. "The Role of the Mongols in Eurasian History: A Reassessment." In *The Role of Migration in the History of the Eurasian Steppe*, ed. Andrew Bell. New York: St. Martin's Press, 2000.

Keegan, John. *A History of Warfare*. New York: Knopf, 1993. [ジョン・キーガン『戦略の歴史(上)(下)』(中公文庫)]

Kessler, Adam T. *Empires Beyond the Great Wall: The Heritage of Genghis Khan*. Los Angeles: Natural History Museum, 1993.

Khan, Almaz. "Chinggis Khan: From Imperial Ancestor to Ethnic Hero." In *Cultural Encounters on China's Ethnic Frontiers*, ed. Stevan Harrell. Seattle: University of Washington Press, 1995.

Khazanov, Anatoly M. *Nomads and the Outside World*. Madison: University of Wisconsin Press, 1994.

Khoroldamba, D. *Under the Eternal Sky*. Ulaanbaatar: Ancient Kharakhorum Association, 2000.

Klopprogge, Axel. *Ursprung und Ausprägung des abendländischen Mongolenbildes im 13. Jahrhundert: Ein Versuch zur Ideengeschichte des Mittelalters*. Wiesbaden: Harrassowitz Verlag, 1993.

Komaroff, Linda, and Stefano Carboni, eds. *The Legacy of Genghis Khan: Courtly Art and Culture in Western Asia, 1256-1353*. New York: Metropolitan Museum of Art, 2002.

Komroff, Manuel, ed. *Contemporaries of Marco Polo*. New York: Liveright, 1928.

Kotkin, Stephen, and Bruce A. Elleman, eds. *Mongolia in the Twentieth Century: Landlocked Cosmopolitan*. Armonk, N. Y.: M. E. Sharpe, 1999.

Kwanten, Luc. *Imperial Nomads: A History of Central Asia, 500-1500*. Philadelphia: University of Pennsylvania Press, 1979.

【L】
Lamb, Harold. *Genghis Khan*. New York: Garden City Publishing, 1927.
Lane, George. *Early Mongol Rule in Thirteenth -Century Iran: A Persian Renaissance*. London: RoutledgeCurzon, 2003.
Larner, John. *Marco Polo and the Discovery of the World*. New Haven: Yale University Press, 1999. ［ジョン・ラーナー『マルコ・ポーロと世界の発見』(法政大学出版局)］
Latham, Ronald. Introduction to *The Travels of Marco Polo*, by Marco Polo, trans. Ronald Latham. London: Penguin, 1958.
Lattimore, Owen. *Studies in Frontier History*. New York: Oxford University Press, 1962.
——. "Chingis Khan and the Mongol Conquests." *Scientific American* 209, no.2 (August 1963).
Legg, Stuart. *The Barbarians of Asia: The Peoples of the Steppes from 1600 B.C.* New York: Dorset, 1970.
Levathes, Louise. *When Chain Ruled the Seas*. New York: Simon & Schuster, 1994. ［ルイーズ・リヴァシーズ『中国が海を支配したとき：鄭和とその時代』(新書館)］
Lhagvasuren, Ch. *Ancient Karakorum*. Ulaanbaatar: Han Bayan, 1995.
——. *Bilge Khaan*. Ulaanbaatar: Khaadin san, 2000.
Liu, Jung-en, ed. *Six Yüan Plays*. Middlesex, U. K.: Penguin, 1972.
Livi-Bacci, Massimo. *A Concise History of World Population*. 2nd ed. Trans. Carl Ipsen. Malden, Mass.: Blackwell, 1997. ［マッシモ・リヴィ-バッチ『人口の世界史』(東洋経済新報社)］
Lynch, Kathryn L."East Meets West in Chaucer's Squire's and Franklin's Tales." *Speculum* 70 (1995).

【M】
McNeill, William H. *Plagues and People*. Garden City, N. Y.: Doubleday, 1976. ［ウィリアム・H・マクニール『疫病と世界史（上）（下）』(中公文庫)］
——. *The Pursuit of Power*. Chicago: University of Chicago Press, 1982. ［ウィリアム・H・マクニール『戦争の世界史：技術と軍隊と社会（上）（下）』(中公文庫)］
Man, John. *Gobi: Tracking the Desert*. New Haven: Yale University Press, 1999.
Mandeville, Sir John. *The Travels of Sir John Mandeville, the Voyage of Johannes de Plano Carpini, the Journal of Friar William de Rubruquis, the Journal of Friar Odoric*. New York: Dover, 1964. ［J・マンデヴィル『東方旅行記』(平凡社)］
Marshall, Robert. *Storm from the East*. Berkeley: University of California Press, 1993. ［ロバート・マーシャル『図説モンゴル帝国の戦い：騎馬民族の世界制覇』(東洋書林)］
Montesquieu, Baron de. *The Spirit of the Laws*. Trans. Thomas Nugent. New York: Hafner, 1949. ［モンテスキュー『法の精神（上)(中)(下)』(岩波文庫)］

Morgan, David. *The Mongols*. Cambridge, Mass: Blackwell, 1986.［デイヴィド・モーガン『モンゴル帝国の歴史』（角川選書）］

Moses, Larry, and Stephen A. Halkovic Jr. *Introduction to Mongolian History and Culture*. Bloomington, Ind.: Research Institute for Inner Asian Studies, 1985.

【N】

Needham, Joseph. *Science and Civilization in China*. Vol. 3, 4, 6. Cambridge, U. K: Cambridge University Press, 1954-1998.［ジョセフ・ニーダム『中国の科学と文明（全11巻）』（思索社）］

Nehru, Jawaharlal. *Glimpses of World History*. New York: John Day, 1942.［ジャワーハルラール・ネルー『父が子に語る世界歴史〈新装版〉（全８巻）』（みすず書房）］

Nicolaus of Cusa. *Toward a New Council of Florence: "On the Peace of Faith" and Other Works by Nicolaus of Cusa*. Ed. William F. Wertz Jr. Washington, D. C.: Schiller Institute, 1993.

【O】

Olbricht, Peter, and Elisabeth Pinks. *Meng-Ta Pei-Lu und Hei-Ta Shih-Lüeh: Chinesische Gesandtenberichte über die Frühen Mongolen 1221 und 1237*. Wiesbaden: Otto Harrassowitz, 1980.

Olschki, Leonardo. *Marco Polo's Precursors*. Baltimore: Johns Hopkins University Press, 1943.

——. *Guillaume Boucher: A French Artist at the Court of the Khans*. New York: Greenwood, 1946.

Onon, Urgunge, trans. *The History and the Life of Chinggis Khan*（*The Secret History of the Mongols*）. Leiden: E. J. Brill, 1990.

——. *The Secret History of the Mongols: The Life and Times of Chinggis Khan*. Richmond, U. K.: Curzon Press, 2001.

Ostrowski, Donald. *Muscovy and the Mongols*. Cambridge, U.K.: Cambridge University Press, 1998.

【P】

Paris, Matthew. *Matthew Paris's English History from the Year 1235 to 1273*. Trans. J. A. Giles, 1852. London: Henry G. Bohn. Reprint, New York: AMS Press. Vol. 1, 1968.

Pegg, Carole. *Mongolian Music, Dance, and Oral Narrative*. Seattle: University of Washington Press, 2001.

Pétis de la Croix, François. *The History of Genghizcan the Great: First Emperor of the*

Ancient Moguls and Tartars. London: Printed for J. Darby, etc., 1722.

Polo, Marco. *The Travels of Marco Polo*. Trans. Ronald Latham. London: Penguin, 1958. ［マルコ・ポーロ『東方見聞録』（岩波書店）］

——. *The Travels of Marco Polo: The Complete Yule-Cordier Edition*. 2 vols. New York: Dover, 1993.

Prawdin, Michael. *The Mongol Empire: Its Rise and Legacy*. Trans. Eden Paul and Cedar Paul. London: George Allen & Unwin, 1940.

Purev, Otgony. *The Religion of Mongolian Shamanism*. Trans. Narantsetseg Pureviin and Elaine Cheng. Ulaanbaatar, Mongolia: Genco University College, 2002.

【R】

Rachewiltz, Igor de. *Papal Envoys to the Great Khans*. Stanford, Calif.: Stanford, University Press, 1971.

——. "The Secret History of the Mongols: Introduction, Chapters One and Two." *Papers on Far Eastern History* (Canberra: Department of Far Eastern History, Australian National University) no. 4 (1971), pp. 115-163.

——. "The Secret History of the Mongols: Chapter Three." *Papers on Far Eastern History* (Canberra: Department of Far Eastern History, Australian National University) no. 5 (1972), pp. 149-175.

——. "Some Remarks on the Ideological Foundations of Chingis Khan's Empire." *Papers on Far Eastern History* (Canberra: Department of Far Eastern History, Australian National University) no. 7 (1973), pp. 21-36.

——. "The Secret History of the Mongols: Chapter Four." *Papers on Far Eastern History* (Canberra: Department of Far Eastern History, Australian National University) no. 10 (1974), pp. 55-82.

——. "The Secret History of the Mongols: Chapter Five." *Paper on Far Eastern History* (Canberra: Department of Far Eastern History, Australian National University) no. 13 (1976), pp. 41-75.

——. "The Secret History of the Mongols: Chapter Six." *Papers on Far Eastern History* (Canberra: Department of Far Eastern History, Australian National University) no. 16 (1977), pp. 27-65.

——. "The Secret History of the Mongols: Chapter Seven." *Papers on Far Eastern History* (Canberra: Department of Far Eastern History, Australian National University) no. 18 (1978), pp. 43-80.

——. "The Secret History of the Mongols: Chapter Eight." *Papers on Far Eastern History* (Canberra: Department of Far Eastern History, Australian National

University) no. 21 (1980), pp. 17-57.

——. "The Secret History of the Mongols: Chapter Nine." *Papers on Far Eastern History* (Canberra: Department of Far Eastern History, Australian National University) no. 23 (1981), pp. 111-146.

——. "Töregene's Edict of 1240." *Papers on Far Eastern History* (Canberra: Department of Far Eastern History, Australian National University) no. 23 (1981), pp. 39-63.

——. "The Secret History of the Mongols: Chapter Ten." *Papers on Far Eastern History* (Canberra: Department of Far Eastern History, Australian National University) no. 26 (1982), pp. 39-84.

——. "The Secret History of the Mongols: Chapter Eleven." *Papers on Far Eastern History* (Canberra: Department of Far Eastern History, Australian National University) no. 30 (1984), pp. 81-160.

——. "The Secret History of the Mongols: Chapter Twelve." *Papers on Far Eastern History* (Canberra: Department of Far Eastern History, Australian National University) no.31 (1985), pp. 21-93.

——. "The Secret History of the Mongols: Additions and Corrections." *Papers on Far Eastern History* (Canberra: Department of Far Eastern History, Australian National University) no.33 (1986), pp. 129-138.

Rashid al-Din. *The Successors of Genghis Khan*. Trans. John Andrew Boyle. New York: Columbia University Press, 1971.

Ratchnevsky, Paul. *Genghis Khan: His Life and Legacy*. Trans. Thomas Nivison Haining. Oxford, U. L.: Blackwell, 1991.

Reid, Robert W. *A Brief Political and Military Chronology of the Mediaeval Mongols, from the Birth of Chinggis Qan to the Death of Qubilai Qaghan*. Bloomington, Ind.: Publications of the Mongolia Society, 2002.

Riasanovsky, Valentin A. *Fundamental Principles of Mongol Law*. Uralic and Altaic Series, vol. 43. Bloomington: Indiana University Publications, 1965.

Ronay, Gabriel. *The Tartar Khan's Englishman*. London: Cassell, 1978.

Roosevelt, Theodore. Forward to *The Mongols*, by Jeremiah Curtin. Westport, Conn.: Greenwood, 1907.

Rossabi, Morris. *Khubilai Khan: His Life and Times*. Berkeley: University of California Press, 1988.

——. "The Reign of Khubilai Khan." In *The Cambridge History of China*, vol. 6, *Alien Regimes and Border States, 907-1368*, ed. Herbert Franke and Danis Twitchett. Cambridge, U. K.: Cambridge University Press, 1994.

Roux, Jean-Paul. *Genghis Khan and the Mongol Empire*. Trans. Toula Ballas. New York:

Harry N. Abrams, 2003. [ジャン=ポール・ルー『チンギス・カンとモンゴル帝国』(創元社)]

【S】

Sabloff, Paula L. W., ed. *Modern Mongolia: Reclaiming Genghis Khan*. Philadelphia: University of Pennsylvania Museum of Archaeology and Anthropology, 2001.

Saunders, J. J. *The History of the Mongol Conquests*. Philadelphia: University of Pennsylvania Press, 2001.

Schmieder, Felicitas. *Europa und die Fremden*. Sigmaringen: Thorbecke, 1994.

Shen, Fuwei. *Cultural Flow Between China and the Outside World Throughout History*. Beijing: Foreign Languages Press, 1996.

Sinor, Denis, ed. *The Cambridge History of Early Inner Asia*. Cambridge, U. K.: Cambridge University Press, 1990.

——. *Studies in Medieval Inner Asia*. Brookfield, Vt.: Ashgate Publishing, 1997.

Skelton, R. A., Thomas E. Marston, and George D. Painter. *The Vinland Map and the Tartar Relation*. New Haven: Yale University Press, 1965.

Soloviev, Sergei M. *Russia Under the Tatar Yoke, 1228-1389*. Vol. 4 of *History of Russia*. Trans. Helen Y. Prochazka. Gulf Breeze, Fla.: Academic International Press, 2000.

Spence, Jonathan D. *The Chan's Great Continent*. New York: W. W. Norton, 1999.

Spuler, Bertold, *The Mongols in History*. Trans. Geoffrey Wheeler. New York: Praeger, 1971.

——. *History of the Mongols Based on Eastern and Western Accounts of the Thirteenth and Fourteenth Centuries*. Trans. Helga and Stuart Drummond. Berkeley: University of California Press, 1972.

Stuart, Kevin. *Mongols in Western/American Consciousness*. Lampeter, U. K.: Edwin Mellen, 1997.

Sweeney, James Ross. "Thomas of Spalato and the Mongols." *Florilegium: Archives of Canadian Society of Medievalists* 12 (1980).

【T】

Tanaka, Hidemichi. "Giotto and the Influence of the Mongols and Chinese on His Art." *Art History* (Tohoku University) vol. 6 (1984).

——. "Oriental Scripts in the Paintings of Giotto's Period." *Gazette des Beaux-arts* vol. 113 (January-June 1989).

Togan, Isenbike. *Flexibility and Limitation in Steppe Formations*. New York: Brill, 1998.

Trubetzkoy, Nikolai S. *The Legacy of Genghis Khan*. Trans. Anatoly Liberman. Ann

Arbor: Michigan Slavic Publications, 1991.

【V】

Vaughan, Richard. *Chronicles of Matthew Paris*. New York: St. Martin's Press, 1984.

Vladimirtsov, Boris Y. *The Life of Chingis-Khan*. Trans. Prince D. S. Mirsky. New York: Benjamin Blom, 1930.

Voltaire. *The Orphan of China*. In *The Works of Voltaire*, vol. 15, trans. William F. Fleming. Paris: E. R. DuMont, 1901.

【W】

Waldron, Arthur N. *The Great Wall of China*. Cambridge, U. K.: Cambridge University Press, 1992.

Waley, Arthur. *The Travels of an Alchemist*. London: Routledge & Kegan Paul, 1931.

——. *The Secret History of the Mongols and Other Pieces*. New York: Barnes & Noble, 1963.

Wang, Edward. "History, Space, and Ethnicity: The Chinese Worldview." *Journal of World History* 10, no. 2 (1999).

■原注

この注が、さまざまな資料から情報を得るための一助となることを願っている。作品は英訳がない場合のみ、英語以外の言語のものを載せている。

序章　消えた征服者

（1）引用出典 Joel Aschenbach, "The Era of His Ways: In Which We Chose the Most Important Man of the Last Thousand Years," *Washington Post*, December 31, 1989, p. F01.

（2）文化の交流に関しての詳細は Thomas T. Allsen, *Culture and Conquest in Mongol Eurasia*（Cambridge, U. K.: Cambridge University Press, 2001）参照。

（3）引用出典 Bacon's *Opus Majus*, trans. Robert Belle Burke（Philadelphia: University of Pennsylvania Press, 1928）, vol. 1, p. 416; vol. 2. p. 792.

（4）引用は D. Jargalsaikhan 作曲、the musical group Chinggis Khaan 演奏の "Chinggis Khaan" より。

（5）これらの引用は Allsen, *Culture and Conquest in Mongol Eurasia*, p. 88 より。

（6）Eric L. Jones, *Growth Recurring: Economic Change in World History*（Oxford, U. K.: Clarendon Press, 1988）, p. 113 に引用あり。［邦訳：E. L. ジョーンズ『経済成長の世界史』（名古屋大学出版会）］

（7）引用出典 Almaz Khan, "Chinggis Khan: From Imperial Ancestor to Ethnic Hero," in *Cultural Encounters on China's Ethnic Frontiers*, ed. Stevan Harrell（Seattle: University of Washington Press, 1995）, pp. 261-262.

（8）Tom Ginsburg, "Nationalism, Elites, and Mongolia's Rapid Transformation," in *Mongolia in the Twentieth Century: Landlocked Cosmopolitan*, ed. Stephen Kotkin and Bruce A. Elleman（Armonk, N. Y.: M. E. Sharpe, 1999）, p. 247.

（9）現代のモンゴル人はほとんどが Lkhagvasuren とか Sukhbaatar のような名前をひとつだけ用いるが、自分を同名の人と区別する必要がある場合には、親の名前の頭文字（あるいはsh, ch, kh, tsなど最初の２文字）を自分の名前の前に付ける。

第１部　草原の恐怖支配（1162～1206）

（1）引用出典 Henry David Thoreau, *Journal*（Princeton, N. J.: Princeton University Press, 1981）, entry for May 1, 1851.

第一章　血の塊

（1）引用出典『元朝秘史』第62節。

（2）引用出典 Ata-Malik Juvaini, *Genghis Khan: The History of the World Conqueror*, trans. J.A. Boyle（Seattle: University of Washington Press, 1997）, p. 98.

（3）引用出典 同書 p.15.

（4）引用出典 Minhaj al-Siraj Juzjani, *Tabakat-I-Nasiri: A General History of the Muhammadan Dynasties of Asia*, trans. Major H. G. Raverty（Bengal: Asiatic Society of Bengal, 1881; reprint, New Delhi: Oriental Books, 1970）, p. 1077.

（5）引用出典 同書 p. 105.

（6）引用出典 Juvaini, p. 106.

（7）引用出典『元朝秘史』第55節。

（8）『元朝秘史』第149節。

（9）テムジンの生涯の初期の出来事は、確証をもって正確な時期を定めるのが困難だ。当時のモンゴル人は冬が終わり、春が来るときを新年のはじまりとした。草原に若草が萌えるたびに新しい年を数えたのである。そして子どもの年齢は、その子が幾たび若草の時期を経たかで決まった。したがって、春の初めに生まれたテムジンは生まれてすぐ1歳になり、以後草原が緑に染まるたびに年を加えていったことになる。しかし本書では従来の西欧の方法で年齢を数えている。

（10）未亡人が継子である息子と結婚する慣習に関しては、17世紀のモンゴル貴族のある家庭のケースがよく知られている。夫が死亡した妻は、継子のひとりと結婚する。この夫が亡くなると、彼の息子と結婚した。さらにその夫も死んでしまうと、ついに彼の息子とも結婚する。このようにして、彼女は生涯に同じ一家のなかの4人の男と結婚したのである。相手は最初の夫、彼の息子、彼の孫、そして曾孫だった。J. Holmgren, "Observations on Marriage and Inheritance Practices in Early Mongol and Yüan Society, with Particular Reference to the Levirate," *Journal of Asian History* 20（1986）, p. 158 参照。

（11）引用出典 Juvaini, *Genghis Khan*, p. 21.

（12）引用出典『元朝秘史』第201節。

（13）モンゴル語では兄弟姉妹のなかの年長者の重要性を反映して、「兄」を意味する単語としては "akh"、「姉」に対しては "ehch" という特別の言葉があるが、弟や妹に対しては男も女もひっくるめて "düü" というひとつの言葉しかない。"akh"（兄）という言葉は非常に重きが置かれたので、やがては家族その他の小グループの長と同義語となった。同じ両親から生まれた兄弟の場合、家族のなかでの順位は明白で、生まれた順番で決まる。しかし腹違いの兄弟の場合は多くの要素によって決定されるのだが、この場合、とくにものを言うのは子どもの母親の家系の貴賤である。

（14）引用出典『元朝秘史』第78節。

(15) "Meng-Ta Peu-Lu Ausführliche Aufzeichnungen über die Mongolischen Tatan von Chao Hung, 1221," In Peter Olbricht and Elisabeth Pinks, *Meng-Ta Pei-Lu und Hei-Ta Shih-Lüeh: Chinesische Gesandtenberichte über die frühen Mongolen 1221 und 1237* (Wiesbaden: Otto Harrassowitz, 1980), p. 12.

第二章　三つの川の物語

(1) 引用出典 Ata-Malik Juvaini, *Genghis Khan: The History of the World Conqueror*, trans. J. A. Boyle (Seattle: University of Washington Press, 1997), p. 22.

(2) 多くのモンゴル語とチュルク語の語源は、肉体的強健さ、および卓越した政治力が超自然的な力と深くかかわっていることを示している。モンゴル語で首長を表す "Khan" は、トルコ語でシャーマンを表す語 "kham" とほとんど変わらない。一方モンゴル語で巫女のことは "idu-khan" というが、男性のシャーマンは「力士」、または運動選手を表わす語に由来している。

(3) 引用出典 Francis Woodman Cleaves, trans., *The Secret History of the Mongols* (Cambridge, Mass.: Harvard University Press, 1982), par. 113, pp. 47-48.

(4) 引用出典 Urgunge Onon, trans., *The History and the Life of Chinggis Khan* (*The Secret History of the Mongols*) (Leiden: E. J. Brill, 1990), §117.

(5) ジャムカとテムジンの血筋に関する対照的な解釈については Boris Y. Vladimirtsov, *The Life of Chingis-Khan*, trans. Prince D. S. Mirsky (New York: Benjamin Blom, 1930) を参照。

(6) 引用出典 Rachewiltz's translation of *The Secret History*, §136, 1972.

(7) テムジンのけがは、イギリスの獅子心王リチャード１世がほとんど同時期に行なわれた戦で受けたけがと非常に似ている。1199年４月、敵と戦ううちに１本の矢が彼の左肩を刺し貫いた。リチャードはその矢を引き抜こうとしたが鉄の矢尻が引っかかり、矢の軸が折れてしまう。以後数日間、彼はもがき苦しみ、医者は治療に励んだが感染の拡大と高熱を抑えることはできなかった。そしてけがをしてから11日目に、ついに王は身罷（みまか）った。王の遺骸は防腐処置をほどこされたものの、ばらばらに切り離され、王にとって想い出多い各地に送られて仰々しく埋葬された。頭部は切断されてフランスのポアティエ（ビエンヌ県の県都）の僧院に葬られる。心臓はルーアンの大聖堂へ、胴体はフォントヴローの僧院に送られた。これとはまさに対照的に、ジェルメは主君の傷口から血を吸い出すことによって、テムジンがリチャード王のように早すぎる悲惨な死をとげることを防いだのだった。

(8) チンギスの軍隊の人数などについての詳細は Bat-Ochir Bold, *Mongolian Nomadic Society: A Reconstruction of the "Medieval" History of Mongolia* (New York: St. Martin's Press, 2001), p. 85 参照。

(9) 引用出典『元朝秘史』第179節。

(10) この語句は現在のモンゴルでも使われる。エスギー・トールガタンという。

第三章　ハンたちの戦い

（1）引用出典 Ata-Malik Juvaini, *Genghis Khan: The History of the World Conqueror*, trans. J. A. Boyle（Seattle: University of Washington Press）, p. 38.

（2）引用出典 Marco Polo, *The Travels of Marco Polo*, trans. Ronald Latham（London: Penguin Books, 1958）, p. 94.［邦訳：マルコ・ポーロ『東方見聞録』（岩波書店）］

（3）バルジュナは本書では湖と呼ばれているが、あるいはオノン川の支流のバルジ川とつながった川か小さな湖だった可能性もある。この出来事が起こった正確な時期は論議の的となっている。モンゴルの長い部族間抗争のどこかの時点で起こったもので、オン・ハンが裏切ったときではないとする学者もいる。また少数ではあるがこのエピソードをまったく否定する学者もいるが、中国の信頼できる典拠にもとづく話なので、大半の学者はこれを受け入れている。この出来事に関する詳しい論点とさまざまな見解については Francis Woodman Cleaves, "The Historicity of the Baljuna Covenant," *Harvard Journal of Asiatic Studies* 18, nos. 3-4（December 1955）, pp. 357-421 参照。

（4）引用出典『元朝秘史』第194節。

（5）引用出典 "Hei-Ta Shih-Lüeh Kurzer Bericht über die schwarzen Tatan von P'eng Ta-Ya und Sü T' ing, 1237," in Peter Olbricht and Elisabeth Pinks, *Meng-Ta Pei-Lu und Hei-Ta Shih-Lüeh: Chinesische Gesandtenberichte über die frühen Mongolen 1221 und 1237*（Wiesbaden: Otto Harrassowitz, 1980）, p. 161.

（6）引用出典『元朝秘史』第196節。

（7）引用出典 Urgunge Onon, trans., *The History and the Life of Chinggis Khan*（*The Secret History of the Mongols*）（Leiden: E. J. Brill, 1990）, §200.

（8）1206年のクリルタイが開催された場所に関しては、『元朝秘史』はたんにオノン川の上流域とだけ記しているが、17世紀の*Erdeni-yin Tobchi* はもっと厳密にヘルレン川にある島と指定している。Paul Kahn, *The Secret History of the Mongols: The Origins of Chingis Khan*, exp. ed.（Boston: Cheng & Tsui, 1998）, p. 189 参照。

（9）引用出典 François Pétis de la Croix, *The History of Genghizcan the Great: First Emperor of the Ancient Moguls and Tartars*（London: Printed for J. Darby, etc., 1722）, pp. 62-63.

(10) 引用出典『元朝秘史』第243節。

(11) チンギスの大典に関しての詳細は Valentin A. Riasanovsky, *Fundamental Principles of Mongol Law*, Uralic and Altaic Series, vol.43（Bloomington: Indiana University Publications, 1965）, p. 33 参照。

(12) 結婚に関しての、さらなる詳細については Paul Ratchnevsky, *Genghis Khan: His Life and Legacy*, trans. Thomas Nivison Haining（Oxford, U. K.: Blackwell,

1991), p. 191 参照。

(13) 詳細は同書p. 155 参照。

(14)『元朝秘史』第199節参照。

(15) チンギス・ハンの税法に関する詳細は Riasanovsky, *Fundamental Principles of Mongol Law*, p. 83 参照。

(16) 王族に対する法の適用の詳細はBoris Y. Vladimirtsov, *The Life of Chingis-Khan*, trans. Prince D. S. Mirsky (New York: Benjamin Blom, 1930), p. 74 参照。

(17) 引用出典 Onon, *Secret History*, §203.

(18) 駅伝制に関する論考については Bat-Ochir Bold, *Mongolian Nomadic Society: A Reconstruction of the "Medieval" History of Mongolia* (New York: St. Martin's Press, 2001), p. 168 参照。

(19) テブ・テンゲリの名前はココチュだった。『元朝秘史』では4人の人物がこの名前を持っていて、そのなかのどの人物がホエルンの管財人なのか、かならずしも明確ではない。このエピソードの時点で4人のうちふたりのココチュはすでに亡くなっている。シャーマンのココチュのほかに、ホエルンが養子にし、のちに千人隊の隊長になった少年もココチュである。この養子のココチュがホエルンの家庭の世話を任されたと考える学者が多い。しかしココチュ・テブ・テンゲリがホエルンの死後彼女の一家の経営を引き受けたのだから、管財人のココチュはテブ・テンゲリだとすることも可能である。このエピソードのココチュはだれなのか厳密に指定するとなると非常に複雑であるが、おそらくこれはとくに重要な問題ではないのだろう。

(20) 引用出典『元朝秘史』第244節。

(21)『元朝秘史』第238節ではウイグル族の首長は "Idu'ut" と記されているが、これは王、君主、あるいはハンと同じ意味の語である。

第2部　モンゴル世界大戦(1211〜1261)

(1) 引用出典 Edward Gibbon, *Decline and Fall of the Roman Empire* (London, J. M. Dent, 1910), vol. 5, p. 76. [邦訳:エドワード・ギボン『ローマ帝国衰亡史』(ちくま学芸文庫)]

第四章　金国皇帝に唾する

(1) 引用出典 "Meng-Ta Peu-Lu Ausführliche Aufzeichnungen über die Mongolischen Tatan von Chao Hung, 1221, " in Peter Olbricht and Elisabeth Pinks, *Meng-Ta Pei-Lu und Hei-Ta Shih-Lüeh: Chinesische Gesandtenberichte über die frühen Mongolen 1221 und 1237* (Wiesbaden: Otto Harrassowitz, 1980), p. 210

のなかで宋の使節が引用している。

（2）中都は時代に応じてさまざまな名前を持っていた。女真の統治下では中都だったが、クビライ・ハンがこの地に首都をつくると、モンゴル人や外国人にはカンバリク（カンの都）として知られ、中国人には大都と呼ばれた。のちにはPeking（北京）、そして現在はBeijing（北京）と称される。

（3）引用出典 *Peking Gazette*, June 30, 1878, quoted in C. W. Campbell's *Travels in Mongolia*: 1902（reprint, London: Stationery Office, 2000）, p. 74.

（4）Sechin Jagchid and Paul Hyer, *Mongolia's Culture and Society*（Boulder: Westview, 1979）, p. 370 参照。

（5）引用出典 "Meng-Ta Peu-Lu Ausführliche Aufzeichnungen über die Mongolischen Tatan von Chao Hung, 1221," in Peter Olbricht and Elisabeth Pinks, *Meng-Ta Pei-Lu und Hei-Ta Shih-Lüeh*, p. 61.

（6）Thomas J. Barfield, *The Perilous Frontier: Nomadic Empires and China, 221 B. C. to A. D. 1757*（Cambridge, Mass.: Blackwell, 1992）.

（7）Marco Polo, *The Travels of Marco Polo*, trans. Teresa Waugh（New York: Facts on File, 1984）, p. 57.［邦訳：マルコ・ポーロ『東方見聞録』（岩波書店）］

（8）"Meng-Ta Peu-Lu Ausführliche Aufzeichnungen über die Mongolischen Tatan von Chao Hung, 1221," in Peter Olbricht and Elisabeth Pinks, *Meng-Ta Pei-Lu und Hei-Ta Shih-Lüeh*, p. 58 参照。

（9）"Hei-Ta Shih-Lüeh Kurzer Bericht über die schwarzen Tatan von P'eng Ta-Ya und Sü T' ing, 1237," in Peter Olbricht and Elisabeth Pinks, *Meng-Ta Pei-Lu und Hei-Ta Shih-Lüeh: Chinesische Gesandtenberichte über die frühen Mongolen 1221 und 1237*（Weisbaden: Otto Harrassowitz, 1980）, p. 187 参照。

（10）Walther Heissig, *A Lost Civilization: The Mongols Rediscovered*, trans. D. J. S. Thompson（London: Thames & Hudson, 1966）, p. 35.［邦訳：ハイシッヒ『モンゴルの歴史と文化』（岩波文庫）］

（11）定住民族に関するモンゴルの用語については Uradyn E. Bulag, *Nationalism and Hybridity in Mongolia*（Oxford, U. K.: Clarendon Press, 1998）, p. 213 参照。

（12）"Hei-Ta Shih-Lüeh Kurzer Bericht über die schwarzen Tatan von P'eng Ta-Ya und Sü T' ing, 1237," in Peter Olbricht and Elisabeth Pinks, *Meng-Ta Pei-Lu und Hei-Ta Shih-Lüeh*, p. 187 参照。

（13）これらの出来事が1207年に起こったのか、1219年だったのかに関しては説が分かれる。どちらも卯年にあたるからである。

（14）引用出典『元朝秘史』第240節。

（15）カシュガルの事件に関しては、『元朝秘史』はこの侵攻を1205年の丑年としているが、ほかのほとんどすべての資料では、1217年の丑年に起こったことになっている。

(16) モンゴルの対クチュルク戦に関する詳細は René Grousset, *The Empire of the Steppes: A History of Central Asia*, trans. Naomi Walford (New Brunswick, N. J.: Rutgers University Press, 1970), p. 234参照。[邦訳：ルネ・グルセ『アジア遊牧民族史』(原書房)]

(17) 引用出典 Ata-Malik Juvaini, *Genghis khan: The History of the World Conqueror*, trans. J. A. Boyle (Seattle: University of Washington Press, 1997), p. 67.

(18) 引用出典『元朝秘史』第237節。

(19) 引用出典 Juvaini, *Genghis Khan*, p. 77.

(20) 引用出典 François Pétis de la Croix, *The History of Genghizcan the Great: First Emperor of the Ancient Moguls and Tartars* (London: Printed for J. Darby, etc., 1722), pp. 119-120.

(21) René Grousset, *Conqueror of the World*, trans. Marian McKellar and Denis Sinor (New York: Orion Press, 1966), p. 209に引用されている。[邦訳：ルネ・グルッセ『ジンギスカン汗：世界の征服者』(角川文庫)]

(22) 引用出典 Juvaini, *Genghis Khan*, pp. 79-81.

(23) 引用出典同書 p. 80.

(24) 引用出典同書 p. 80.

(25) 引用出典同書 p. 80.

第五章　スルタン対ハン

(1) 引用出典 Sechin Jagchid, *Essays in Mongolian Studies* (Provo: Brigham Young University Press, 1988), p.12.

(2) François Pétis de la Croix, *The History of Genghizcan the Great: First Emperor of the Ancient Moguls and Tartars* (London: Printed for J. Darby, etc., 1722), p. 136.

(3) 引用出典 Henry H. Howorth, *History of the Mongols*, pt. 1, *The Mongols Proper and the Kalmuks* (London: Longmans, Green, 1876), p. 81.

(4) 引用出典 Robert P. Blake, and Richard N. Frye, "History of the Nation of the Archers (the Mongols) by Grigor of Akanc," *Harvard Journal of Asiatic Studies* 12 (December 1949), p. 301.

(5) 引用出典 Yaqut al-Hamawi quoted in Edward G. Browne, *The Literary History of Persia*, vol.2 (Bethesda, Md.: Iranbooks, 1997), p. 431.

(6) 引用出典 Michael Prawdin, *The Mongol Empire: Its Rise and Legacy*, trans. Eden Paul and Cedar Paul (London: George Allen & Unwin, 1940), p. 143.

(7) Browne, *The Literary History of Persia*, p. 430 に引用されている。

(8) モンゴル戦士に対する殺戮に関しては Luc Kwanten, *Imperial Nomads: A History of Central Asia, 500-1500* (Philadelphia: University of Pennsylvania Press, 1979), p. 131 に記述されている。

(9) Stuart Legg, *The Barbarians of Asia: The Peoples of the Steppes from 1600 B. C.* (New York: Dorset, 1970), p. 274.

(10) これらの戦役に関する詳細は David Morgan, *The Mongols* (Cambridge, Mass.: Blackwell, 1986), pp. 60-61 参照。[邦訳：デイヴィド・モーガン『モンゴル帝国の歴史』(角川選書)]

(11) モンゴル軍によって殺されたとされる人数の、おそらくは実際より多いと思われる数字に関する詳細はLegg, *Barbarians of Asia*, p. 277 参照。

(12) 引用出典 Paul Ratchnevsky, *Genghis Khan: His Life and Legacy*, trans. Thomas Nivison Haining (Oxford, U. K.: Blackwell, 1991), p. 140.

(13) 引用出典 Paul Kahn, *The Secret History of the Mongols: The Origins of Chinggis Khan* (Boston: Cheng & Tsui, 1998), p. 153.

(14) 引用出典『元朝秘史』第254節。

(15) 引用出典同書 第254節。

(16) 引用出典同書 第255節。

(17) 引用出典同書 第255節。

(18) 引用出典 Ata-Malik Juvaini, *Genghis Khan: The History of the World Conqueror*, trans. J. A. Boyle (Seattle: University of Washington Press, 1997), pp . 182-183.

(19) 引用出典 Rashid al-Din, *The Successors of Genghis Khan*, trans. John Andrew Boyle (New York: Columbia University Press, 1971), p. 98.

(20) 引用出典 Colonel Kh. Shagdar, "Ikh Khaadin surgaal gereeslel," *Chingis Khaan Sydlal*, vol. 4 (2002), pp. 3-35; translated from the Mongolian.

(21) 引用出典同書 pp. 3-35.

(22) 巻き狩りの手順に関する詳細は "Hei-Ta Shih-Lüeh Kurzer Bericht über die schwarzen Tatan von P' eng Ta-Ya und Sü T' ing, 1237," in Peter Olbricht and Elisabeth Pinks, *Meng-Ta Pei-Lu und Hei-Ta Shih-Lüeh: Chinesische Gesandtenberichte über frühen Mongolen 1221 und 1237* (Wiesbaden: Otto Harrassowitz, 1980), p. 117 参照。

(23) モンゴルの葬礼の慣行に関する詳細は V. V. Barthold, "The Burial Rites of the Turks and the Mongols," trans. J. M. Rogers, *Central Asiatic Journal* 14 (1970), pp. 195-227 参照。

(24) この聖職者の言葉は Minhaj al-Siraj Juzjani, *Tabakat-I-Nasiri: A General History of the Muhammadan Dynasties of Asia*, trans. Major H. G. Raverty (Bengal: Asiatic Society of Bengal, 1881; reprint, New Delhi: Oriental Books, 1970), pp. 1041-1042 からの引用。

(25) チンギス・ハンの手紙の英訳は E. Bretschneider, *Mediaeval Researches from Eastern Asiatic Sources*, vol. I (New York: Barnes & Noble, 1967), pp. 37-39 に載っている。

(26) 引用出典 Edward Gibbon, *Decline and Fall of the Roman Empire* (London: J. M. Dent, 1910), vol. 6, p. 280.［邦訳：エドワード・ギボン『ローマ帝国衰亡史』(ちくま学芸文庫)］

第六章　ヨーロッパの発見と征服

(1) 引用出典 *The Chronicle of Novgorod: 1016-1471*, trans. Robert Michel and Nevill Forbes, Camden 3rd Series, vol. 25 (London: Offices of the Society, 1914), p. 64.

(2) 引用出典 Ata-Malik Juvaini, *Genghis Khan: The History of the World Conqueror*, trans. J. A. Boyle (Seattle: University of Washington Press, 1997), p. 202.

(3) 引用出典 Rashid al-Din, *The Successors of Genghis Khan*, trans. John Andrew Boyle (New York: Columbia University Press, 1971), pp. 61-62.

(4) 拡大しつつある行政組織に関する詳細は Thomas T. Allsen, "The Rise of the Mongolian Empire and Mongolian Rule in North China," in *The Cambridge History of China*, vol. 6, *Alien Regimes and Border States, 907-1368*, ed. Herbert Franke and Denis Twitchett (Cambridge, U. K.: Cambridge University Press, 1994), p. 397 参照。

(5) 引用出典 Juvaini, *Genghis Khan*, pp. 236-237.

(6) 引用出典 al-Din, *Successors of Genghis Khan*, pp. 84-85.

(7) 割増金に関する詳細は Larry Moses and Stephen A. Halkovic Jr., *Introduction to Mongolian History and Culture* (Bloomington, Ind.: Research Institute for Inner Asian Studies, 1985), p. 71 参照。

(8) Thomas J. Barfield, *The Perilous Frontier: Nomadic Empires and China, 221 B. C. to A. D. 1757* (Cambridge, Mass.: Blackwell, 1992), p. 206参照。

(9) Henry H. Howorth, *History of the Mongols*, pt. 1, *The Mongols Proper and the Kalmuks* (London: Longmans, Green, 1876), p. 156 参照。

(10) 引用出典 Juvaini, *Genghis Khan*, p. 77.

(11) 引用出典 *The Chronicle of Novgorod: 1016-1471*, trans. Robert Michel and Nevill Forbes, Camden 3rd Series, vol. 25 (London: Offices of the Society, 1914), p. 66.

(12) 引用出典同書 p. 66.

(13) 引用出典同書 p. 81.

(14) このパラグラフの引用は Matthew Paris, *Matthew Paris's English History from the Year 1235 to 1273*, trans. J. A. Giles, 1852. (London: Henry G. Bohn. Reprint, New York: AMS Press, 1968), vol. 1, p. 469 より。

(15) 引用出典 J. J. Saunders, *The History of the Mongol Conquests* (Philadelphia: University of Pennsylvania Press, 2001), p. 82.

(16) 引用出典 Paris, *Matthew Paris's English History*, vol. 1, p.134.

(17) 引用出典同書 p. 314.
(18) 引用出典同書 p. 314.
(19) 引用出典同書 p. 314.
(20) 引用出典 Saunders, *History of the Mongol Conquests*, p. 83.
(21) 引用出典 *Chronicle of Novgorod*, pp. 87-90.
(22) 引用出典 al-Din, *Successors of Genghis Khan*, p. 138.
(23) 引用出典『元朝秘史』第277節。
(24) この戦役に関する詳細は Erik Hildinger, "Mongol Invasion of Europe," *Military History*（June 1997）参照。
(25) 引用出典 Jan Dlugosz, *The Annals of Jan Dlugosz*, trans. Maurice Michael, commentary by Paul Smith, Chichester, United Kingdom: IM Publications, (1997), entry for the year 1241.
(26) 引用出典 James Ross Sweeney, "Thomas of Spalato and the Mongols," *Florilegium: Archives of Canadian Society of Medievalists* 12（1980）.
(27) 引用出典 Paris, *Matthew Paris's English History*, vol. 1, pp. 469-472.
(28) 聖書とモンゴル人を結びつける仮説は Axel Klopprogge, *Ursprung und Ausprägung des abendländischen Mongolenbildes im 13. Jahrhundert: Ein Versuch zur Ideengeschichte des Mittelalters*（Wiesbaden: Harrassowitz Verlag, 1993）に記載されている。
(29) 引用出典 Paris, *Matthew Paris's English History*, vol.1, p. 314.
(30) このパラグラフの引用文は同書 pp. 357-358 より。
(31) Gabriel Ronay, *The Tartar Khan's Englishman*（London: Cassell, 1978）は、このイギリスの騎士の身元に関する興味深い小説である。

第七章　王妃たちの抗争

(1) 引用出典 Christopher Dawson, ed. *The Mongol Mission: Narratives and Letters of the Franciscan Missionaries in Mongolia and China in the Thirteenth and Fourteenth Centuries*（New York: Sheed & Ward, 1955）, p. 195.
(2) ドレゲネの勅令に関する詳細な論考については Igor de Rachewiltz, "Töregene's Edict of 1240," *Papers on Far Eastern History* 23（March, 1981）, pp. 38-63 参照。
(3) 引用出典 Ata-Malik Juvaini, *Genghis Khan: The History of the World Conqueror*, trans. J. A. Boyle（Seattle: University of Washington Press, 1997）, pp. 245-246.
(4) 引用出典 Christopher Dawson, ed., *The Mongol Mission: Narratives and Letters of the Franciscan Missionaries in Mongolia and China in the Thirteenth and Fourteenth Centuries*（New York: Sheed & Ward, 1955）, pp. 73-76.
(5) 引用出典 Juvaini, *Genghis Khan*, p. 245.

（6）引用出典 Minhaj al-Siraj Juzjani, *Tabakat-I-Nasiri: A General History of the Muhammadan Dynasties of Asia*, trans. Major H. G. Raverty（Bengal: Asiatic Society of Bengal, 1881; reprint, New Delhi: Oriental Books, 1970）, p. 1144.

（7）引用出典 Juvaini, p. 245

（8）引用出典同書 p. 185.

（9）引用出典同書 p. 556.

（10）粛清に関する詳細は Thomas T. Allsen, "The Rise of the Mongolian Empire and Mongolian Rule in North China," in *The Cambridge History of China,* vol. 6, *Alien Regimes and Border States, 907-1368*, ed. Herbert Franke and Denis Twitchett（Cambridge, U. K.: Cambridge University Press, 1994）, p. 394 参照。

（11）引用出典 Morris Rossabi, "The Reign of Khubilai Khan," in *The Cambridge History of China,* vol. 6, *Alien Regimes and Border States, 907-1368*, ed. Herbert Franke and Denis Twitchett（Cambridge, U. K.: Cambridge University Press, 1994）, p. 414.

（12）引用出典 Thomas T. Allsen, *Mongol Imperialism: The Politics of the Grand Qan Mongke in China, Russia, and the Islamic Lands, 1251-1259*（Berkeley: University of California Press, 1987）, p. 36.

（13）この金細工師に関する詳細は Leonard Olschki, *Guillaume Boucher: A French Artist at the Court of the Khan*（New York: Greenwood, 1946）, p. 5参照。

（14）引用出典 William of Rubruck, "The Journey of William of Rubruck," in *The Mongol Mission: Narratives and Letters of the Franciscan Missionaries in Mongolia and China in the Thirteenth and Fourteenth Centuries*, ed. Christopher Dawson（New York: Sheed & Ward, 1955）, p. 163.

（15）引用出典同書 p. 189.

（16）引用出典同書 p. 191.

（17）引用出典同書 p. 195.

（18）引用出典同書 p. 195.

（19）引用出典 Juvaini, *Genghis Khan*, p. 604.

（20）モンゴルの貨幣制度に関する詳細は Allsen, *Mongol Imperialism*, pp. 171-188, および Allsen, "Rise of the Mongolian Empire," p. 402参照。

（21）ダンテは、印刷物のなかでもっとも早い時期にこの言葉を用いたヨーロッパの作家のひとりである。それは『神曲』の19巻に出てくるが、彼の使い方を見ると、読者が当然この言葉の意味をよく理解しているという前提のうえに立っていることが明らかである。"Io stava come il frate che confessa Lo perfido assassin……"（"like a friar who is confessing the wicked assassin……"）. ［邦訳：ダンテ・アリギエリ『神曲』（講談社学術文庫）］

(22) 引用出典 René Grousset, *The Empire of the Steppes: A History of Central Asia*, trans. Naomi Walford (New Brunswick, N. J.: Rutgers University Press, 1970), p. 357. ［邦訳：ルネ・グルセ『アジア遊牧民族史』（原書房）］

(23) "History of the Nation of the Archers (the Mongols) by Grigor of Akanc," trans. Robert P. Blake and Richard N. Frye, *Harvard Journal of Asiatic Studies* 12 (December 1949) 参照。

(24) モンゴルの征服に関する詳細は David Morgan, *The Mongols* (Cambridge, Mass.: Blackwell), 1986, pp. 154-155参照。［邦訳：デイヴィド・モーガン『モンゴル帝国の歴史』（角川選書）］

(25) Blake and Frye, "History," p. 343参照。

(26) クビライ・ハンに関するすべての問題において、もっとも信頼できる資料は Morris Rossabi, *Khubilai Khan: His Life and Times* (Berkeley: University of California Press, 1988) である。

(27) 引用出典 Herbert Franke, *From Tribal Chieftain to Universal Emperor and God: The Legitimation of the Yüan Dynasty* (München: Verlag der Bayerischen Akademie der Wissenschaften, Sitzungsberichete, vol. 2, 1978), p. 27.

(28) モンゴル帝国の時代の天候に関する詳細は William Atwell, "Volcanism and Short-Term Climatic Change in East Asian and World History, c.1200-1699," *Journal of World History* 12, no. 1 (Spring 2001), p. 50参照。

(29) 引用出典 Rashid al-Din, *The Successors of Genghis Khan*, trans. John Andrew Boyle (New York: Columbia University Press, 1971), p. 261.

第３部　グローバルな目覚め（1262〜1962）

（１）引用出典 Thomas Mann, *The Magic Mountain*, trans. John E. Woods (New York: Alfred A. Knopf, 1995), p. 238. ［邦訳：トーマス・マン『魔の山』（岩波文庫）］

第八章　クビライ・ハンと新モンゴル帝国

（１）引用出典 Marco Polo, *The Travels of Marco Polo*, trans. Ronald E. Latham (London: Penguin, 1958), p. 113.［邦訳：マルコ・ポーロ『東方見聞録』（岩波書店）］

（２）引用出典 Sir John Mandeville, *The Travels of Sir John Mandeville, the Voyage of Johannes de Plano Carpini, the Journal of Friar William de Rubruquis, the Journal of Friar Odoric* (New York: Dover, 1964), p. 348. ［邦訳：J・マンデヴィル『東方旅行記』（平凡社）］

（３）引用出典 Marco Polo, *The Travels of Marco Polo: The Complete Yule-Cordier Edition* (New York: Dover, 1993), vol. 1, p. 382. ［邦訳：マルコ・ポーロ『東方

見聞録』（岩波書店）]

（4）処刑の数字は Paul Heng-chao Ch'en, *Chinese Legal Tradition Under the Mongols: The Code of 1291 as Reconstructed*（Princeton, N. J.: Princeton University Press, 1979), pp. 44 - 45 より。

（5）引用出典同書 p. 154

（6）引用出典『元朝秘史』第263節。モンゴルの法律に関する詳細はValentin A. Riasanovsky, *Fundamental Principles of Mongol Law*, Uralic and Altaic Series, vol. 43（Bloomington: Indiana University Publications, 1965), p. 83 参照。

（7）モンゴルの統治に対する広範にわたる評価についてはElizabeth Endicott-West, *Mongolian Rule in China: Local Administration in the Yüan Dynasty*（Cambridge, Mass.: Harvard University Press, 1989）参照。

（8）引用出典 Marco Polo, *The Travels of Marco Polo*, trans. Teresa Waugh（New York: Facts on File, 1984), p. 88. [邦訳：マルコ・ポーロ『東方見聞録』(岩波書店)]

（9）モンゴルの文化的影響に関する詳細は Adam T. Kessler, *Empires Beyond the great Wall: The heritage of Genghis Khan*（Los Angeles: Natural History Museum, 1993）参照。

（10）中国におけるモンゴルの教育に関する詳細は Morris Rossabi, "The Reign of Khubilai Khan," in *The Cambridge History of China*, vol. 6, *Alien Regimes and Border States, 907-1368*, ed. Herbert Franke and Denis Twitchett（Cambridge, U. K.: Cambridge University Press, 1994), p. 447 参照。

（11）この劇の各部は、それぞれ次のような敵に対する征服を記念し再現している。ケレイトとオン・ハン、タングート、女真、中国西部と河南（黄河の南)、四川と雲南、高麗とベトナム。Sechin Jagchid and Paul Hyer, *Mongolia's Culture and Society*（Boulder: Westview, 1979), p. 241 参照。

（12）モンゴルによる芸能活動の後援に関する詳細は Morris Rossabi, *Khubilai Khan: His Life and Times*（Berkeley: University of California Press, 1988), p. 161 参照。

（13）Jacques Gernet, *Daily Life in China on the Eve of the Mongol Invasion, 1250-1276*, trans. H. M. Wright（New York: Macmillan, 1962), p. 237に引用されている。

（14）引用出典 Hidehiro Okada, "China as a Successor State to the Mongol Empire," in *The Mongol Empire and Its Legacy*, ed. Reuven Amitai-Preiss and David O. Morgan（Leiden: Koninklijke Brill NV, 1999), p. 260.

（15）モンゴルの艦隊と日本侵攻に関しては James P. Delgado, "Relics of the Kamikaze," *Archaeology*（January 2003), pp. 36-41 および Theodore F. Cook Jr., "Mongol Invasion," *Quarterly Journal of Military History*（Winter 1999), pp. 8-19 参照。

（16）引用出典 Marco Polo, *The Travels of Marco Polo*, trans. Ronald Latham（London: Penguin, 1958), pp. 141-145. [邦訳：マルコ・ポーロ『東方見聞録』（岩波書店)]

（17）中国におけるモンゴル人の食べ物に関しては Paul D. Buell, *Historical Dictionary*

of the Mongol World Empire（Lanham, Md.: Scarecrow, 2003), pp. 309-312 および Paul D. Buell and Eugene N. Anderson, *A Soup for the Qan: Chinese Dietary Medicine of the Mongol Era as Seen in Hu Szu-Hui's* Yin-Shan Cheng-Yao (London: Kegan Paul, 2000）参照。

第九章　黄金の光

（1）引用出典 Edward Gibbon, *Decline and Fall of the Roman Empire*（London, J. M. Dent, 1910）vol. 6, p. 287.［邦訳：エドワード・ギボン『ローマ帝国衰亡史』（ちくま学芸文庫)］

（2）引用出典 Matthew Paris, *Matthew Paris's English History from the Year 1235 to 1273*, trans. J. A. Giles, 1852（London: Henry G. Bohn; reprint, New York: AMS Press, 1968), p. 155.

（3）ラッバン・バール・ソーマの旅行記の完全なテキストに関しては E. A. Wallis Budge, *The Monks of Kublai Khan, Emperor of China; or, The History of the Life and Travels of Rabban Swama, Envoy and Plenipotentiary of the Mongol Khans to the Kings of Europe, and Markos Who as Mar Yahbhallaha III Became Patriarch of the Nestorian Church in Asia*（London: Religious Tract Society, 1928）参照。［邦訳：バッヂ『元主忽必烈が欧洲に派遣したる景教僧の旅行記』（待漏書院)］

（4）引用出典 Marco Polo, *The Travels of Marco Polo*, trans. Teresa Waugh（New York: Facts on File Publications, 1984）, p. 89.［邦訳：マルコ・ポーロ『東方見聞録』（岩波書店)］

（5）中国とイル・ハン国のあいだの物資の交換に関する詳細な記述については Thomas T. Allsen, *Culture and Conquest in Mongol Eurasia*（Cambridge, U. K.: Cambridge University Press, 2001）参照。

（6）モンゴル統治下の中国の科学に関する詳細は Joseph Needham, *Science and Civilization in China*, vols. 4 and 6（Cambridge U. K.: Cambridge University Press, 1971, 1986）参照。［邦訳：ジョセフ・ニーダム『中国の科学と文明』（思索社)］

（7）モンゴル海軍に関する情報については Louise Levathes, *When China Ruled the Seas*（New York: Simon & Schuster, 1994）参照。［邦訳：ルイーズ・リヴァシーズ『中国が海を支配したとき：鄭和とその時代』（新書館)］

（8）引用出典 Ronald Latham, introduction to *The Travels of Marco Polo*, by Marco Polo, trans. Ronald Latham（London: Penguin, 1958), p. 15.

（9）文化面でモンゴル政府が臣下にとった態度についての詳細は Erich Haenisch, *Die Kulturpolitik des Mongolischen Welstreiches*（Berlin: Preussische Akademie der Wissenschaften, Heft 17, 1943）または Larry Moses and Stephen A. Halkovic Jr. *Introduction to Mongolian History and Culture*（Bloomington, Ind.: Research Institute for Inner Asian Studies, 1985）参照。

(10) 計数法と数学に関する詳細は Joseph Needham, *Science and Civilization in China*, vol. 3（Cambridge, U. K.: Cambridge University Press, 1970）参照。［邦訳：ジョセフ・ニーダム『中国の科学と文明』（思索社）］

(11) 引用出典 Francis Bacon, *Novum Organum*, vol. 3, *The Works of Francis Bacon*, ed. and trans. Basil Montague（1620; reprint, Philadelphia: Parry & MacMillan, 1854）, p. 370.［邦訳：ベーコン『ノヴム・オルガヌム（新機関）』（岩波文庫）］

(12) 引用出典 Lauren Arnold, *Princely Gifts and Papal Treasures: The Franciscan Mission to China and Its Influence on the Art of the West, 1250-1350*（San Francisco: Desiderata Press, 1999）, p. 39.

(13) 引用出典 Nicolaus of Cusa, *Toward a New Council of Florence: "On the Peace of Faith" and Other Works by Nicolaus of Cusa*, ed. William F. Wertz Jr.（Washington, D. C.: Schiller Institute, 1993）, p. 264

(14) 引用出典同書 p. 264.

(15) 引用出典同書 pp. 266-267.

(16)「近習の話（"The Squire's Tale"）」とモンゴル人に関する詳細は Vincent J. DiMarco, "The Historical Basis of Chaucer's Squire's Tale," *Edebiyat*, vol. 1, no.2（1989）, pp.1-22 および Kathryn L. Lynch, "East Meets West in Chaucer's Squire's and Franklin's Tales," *Speculum* 70（1995）, pp. 530-551参照。

(17) チョーサーの原本は下記のとおりである。

Heere Bigynneth the Squieres Tale

At Sarray, in the land of Tartarye,
Ther dwelte a kyng that werreyed Russye,
Thurgh which ther dyde many a doughty man.
This noble kyng was cleped Cambyuskan,
Which in his tyme was of so greet renoun
That ther was nowher in no regioun
So excellent a lord in alle thyng.
Hym lakked noght that longeth to a kyng.
As of the secte of which that he was born
He kept his lay, to which that he was sworn;
And therto he was hardy, wys, and riche,
And pitous and just, alwey yliche;
Sooth of his word, benigne, and honourable,
Of his corage as any centre stable;

Yong, fressh, and strong, in armes desirous
As any bacheler of al his hous.
A fair persone he was and fortunat,
And kepte alwey so wel roial estat
That ther was nowher swich another man.
This noble kyng this Tartre Cambyuskan.

第十章　幻想の帝国

（1）引用出典 David Morgan, *The Mongols*（Cambridge, Mass.: Blackwell, 1986）, p. 198.［邦訳：デイヴィド・モーガン『モンゴル帝国の歴史』（角川選書）］

（2）モンゴル領内のペストに関する詳細は Michael W. Dols, *The Black Death in the Middle East*（Princeton, N. J.: Princeton University Press, 1977）参照。

（3）ペストの流行一般に関する詳細は Robert S. Gottfried, *The Black Death*（New York: Free Press, 1983）およびDavid Herlihy, *The Black Death and the Transformation of the West*（Cambridge, Mass.: Harvard University Press, 1997）参照。

（4）モンゴル軍が故意に疫病を広めたという説は根強く残っていて、長きにわたってその模倣が行なわれたが、成功をおさめることはなかった。伝えられるところでは、1710年にロシア軍がスウェーデンに対してこの戦術を用いており、第２次世界大戦では日本軍がペスト菌に汚染されたノミを飛行機から中国の農村に落下させたという。ノミはとくに悪性のペストに感染させてあり、村人のなかには罹患者も多少はいたが、この病気が爆発的な流行を見るにはいたらなかった。

（5）人口の推定値に関してはMassimo Livi-Bacci, *A Concise History of World population*, 2nd ed., trans. Carl Ipsen（Malden, Mass.: Blackwell, 1997）, p. 31［邦訳：マッシモ・リヴィ-バッチ『人口の世界史』（東洋経済新報社）］および Jean-Noel Biraben, "An Essay Concerning Mankind's Evolution," *Population*（December 1980）参照。

（6）ペストなどの疫病の影響について、詳しい論考は William H. McNeill, *Plagues and People*（Garden City, N.Y.: Doubleday, 1976）, pp. 132-175参照。［邦訳：ウィリアム・H・マクニール『疫病と世界史』（中公文庫）］

（7）引用出典 Boccaccio, *The Decameron*, trans. J. M. Rigg（London: David Campbell, 1921）, vol. 1, pp. 5-11.［邦訳：ジョヴァンニ・ボッカッチョ『デカメロン』（河出文庫）］

（8）ユダヤ人がペスト流行の責任を負わされた事実についての詳細は Rosemary Horrox, *The Black Death*（Manchester, U. K.: Manchester University Press, 1994）, pp. 209-226 参照。

（9）モンゴルの反中国政策については John W. Dardess, *Conquerors and Confucians:*

Aspects of Political Change in Late Yüan China（New York: Columbia University Press, 1973）参照。

（10）モンゴル統治下のチベット仏教に関しては Hok-lam Chan and William Theodore de Bary, eds., *Yüan Thought: Chinese Thought and Religion Under the Mongols*（New York: Columbia University Press, 1982）, p. 484 参照。

（11）中国におけるモンゴル統治の終末に関しては Udo Barkmann, "Some Comments on the Consequences of the Decline of the Mongol Empire on the Social Development of the Mongols," in *The Mongol Empire and Its Legacy*, ed. Reuven Amitai-Preiss and David O. Morgan（Leiden: Koninklijke Brill NV, 1999）参照。

（12）交易の受けた打撃についての詳細は Andre Gunder Frank, *ReORIENT: Global Economy in the Asian Age*（Berkeley: University of California Press, 1998）, p. 112 参照。［邦訳：アンドレ・グンダー・フランク『リオリエント：アジア時代のグローバル・エコノミー』（藤原書店）］

（13）クリストファー・コロンブスとモンゴルの影響に関する詳細は John Larner, *Marco Polo and the Discovery of the World*（New Haven: Yale University Press, 1999）参照。［邦訳：ジョン・ラーナー『マルコ・ポーロと世界の発見』（法政大学出版局）］

（14）このパラグラフの引用は Baron de Montesquieu, *The Spirit of the Laws*, trans. Thomas Nugent（New York: Hafner, 1949）, pp. 268-280より。［邦訳：モンテスキュー『法の精神』（岩波文庫）］

（15）このパラグラフの引用は Voltaire, *The Orphan of China, in The Works of Voltaire*, vol. 15, trans. William F. Fleming（Paris: E. R. DuMont, 1901）, p. 180より。

（16）引用出典同書 p. 216.

（17）引用出典同書 p. 216.

（18）このパラグラフの引用は George Louis Leclerc Buffon, *Buffon's Natural History of the Globe and Man*（London: T. Tegg, 1831）, p. 122, quoted in Kevin Stuart, *Mongols in Western/American Consciousness*（Lampeter, U.K.: Edwin Mellen, 1997）, pp. 61-79より。

（19）引用出典 Robert Chambers, *Vestiges of the Natural History of Creation*（London: John Churchill, 1844; reprint, Chicago: University of Chicago Press, 1994）, p. 307.

（20）引用出典 Carleton Coon, *The Living Races of Man*（New York: Knopf, 1965）, p. 148.

（21）引用出典 John Langdon Haydon Down, "Observations on the Ethnic Classification of Idiots," *Journal of Mental Science* 13（1867）, pp. 120-121, quoted in Stuart, *Mongols in Western/American Consciousness.*

（22）引用出典 Chambers, *Vestiges*, p. 309.

(23) Francis G. Crookshank, *The Mongol in Our Midst: A Study of Man and His Three Faces*（New York: Dutton, 1924）, p. 21に引用されている。

(24) 引用出典同書 pp. 72-73.

(25) 引用出典同書 p. 13.

(26) 引用出典同書 p. 92.

(27) 引用出典 Vladimir Sergeevich Soloviev, *Pan Mongolism,* in *From the Ends to the Beginning: A Bilingual Anthology of Russian Verse*, available at http://max.mmlc.northwestern.edu/mdenner/Demo/index.html.

(28) 引用出典 Jawaharlal Nehru, *Glimpses of World History*（New York: John Day, 1942）, p. 5.［邦訳：ジャワーハルラール・ネルー『父が子に語る世界歴史〈新装版〉』（みすず書房）］

(29) チンギス・ハン暦に関する資料は Sechin Jagchid and Paul Hyer, *Mongolia's Culture and Society*（Boulder: Westview, 1979）, p. 115参照。

(30)『元朝秘史』の翻訳について:第１次世界大戦中は、ロシアと中国に起こった革命運動によって『元朝秘史』の研究は非常に阻害された。1920年代に入るとフランスの学者ポール・ペリオがフランス語訳を完成させたが、第２次世界大戦が終わるまで刊行されなかった。ドイツの、アジア専門の出版業者ブルーノ・シンドラーはライプツィヒで出版するためにドイツ語訳を用意したが、ナチスの迫害が強まったためにイギリスに逃れざるをえなくなった。彼は『元朝秘史』のドイツ語訳の草稿を残していったが、やがてそれをオットー・ハラソヴィッツ社（Otto Harrassowitz）という別の出版社が引き受け、1940年にはなんとか活字にした。フランスではペリオの翻訳が1949年にようやく刊行される。ほぼ同時期に完全なロシア語訳が発表され、ドイツ語版は1981年になって出版された。『元朝秘史』のテキストに取り組む奇特な学者が各国に少数はいるものの、世界的に見るとこの文献に対する関心はきわめて低い。その後の数十年間、各国の熱心な学者たちが奮闘して『元朝秘史』を再構成し、まず適切なモンゴル語と中国語に訳し、そののちにロシア語訳とフランス語訳を完成させたが、いまだに物議をかもす箇所が多い。ロシア語、ドイツ語、フランス語の訳を利用してどうにか英語訳もできあがったが、総じて英語圏は、いわゆる『元朝秘史』を含めてモンゴルに対する関心がはなはだ低いように思われる。

(31) 引用出典Hélène Carrère d'Encausse, *Islam and the Russian Revolution: Reform and Revolution in Central Asia*, trans. Quintin Hjoare（Berkeley: University of California Press, 1988）, pp. 164-165.

(32) 引用出典Larry Moses and Stephen A. Halkovic Jr., *Introduction to Mongolian History and Culture*（Bloomington, Ind.: Research Institute for Inner Asian Studies, 1985）, p. 168.

エピローグ　チンギス・ハンの永遠の魂

（1）引用出典 "Chinggis Khaan," composed by D. Jargalsaikhan and Performed by the musical group Chinggis Khaan.

■用語解説

【ア】

アバルガ――チンギス・ハンが女真に侵攻したのちに自分の根拠地につくったモンゴル帝国最初の首都。ヘルレン川とツェンケル川の合流点に位置する。

アリク・ブケ――トルイの末子。大ハーンの地位をめぐる抗争で兄クビライに敗れる（1217～1264年）。

アンダ――盟友。テムジンとジャムカはアンダだった。イェスゲイ（テムジンの父）は、ケレイトのオン・ハンとして知られるトオリル・ハンのアンダ。

イェケ・ハトン――大皇后。

イェケ・モンゴル・ウルス――大モンゴル国。

イェスゲンとイェスイ――チンギスが結婚したタタール人の姉妹。

イフ・ホリグ――大いなる禁断の地。チンギス・ハンの埋葬地の周辺地域で立入禁止区域になっている。

ウイグル――現在中国西部に住むチュルク語系民族。チンギス・ハン統治下のモンゴル帝国の属国になるのを最初に希望した外国。

ウランバートル――現代モンゴルの首都。この名前の意味は「赤い英雄」。

ウルトゥー――モンゴルの駅伝制度による交通・通信手段。ジャムチとも呼ばれる。

オグル・ガイミシュ――グユクの妻。未亡人になると摂政としてモンゴル帝国を統治しようとするが、ソルコクタニとその息子たちに敗退する。

オゴデイ――チンギス・ハンとボルテの三男。1229年から1241年までモンゴル帝国の大ハーン。

オッチギン――一家の末息子。炉辺の王子の意味。

オノン川――ブルカン・カルドゥン山から流れ出る三つの川のひとつ。この川のほとりでチンギス・ハンは生まれ、子ども時代を過ごした。

オルド、あるいは**ボルド**――ハンの宮廷。この言葉は英語に入って*horde*（遊牧民）として使われている。またトルコ語でも*ordu*として用いられたが、やがてウルドゥー語（*Urdu*）は軍隊やキャンプで用いられる言語体系そのものをさすようになり、それは現在パキスタンの公用語となっている。

オン・ハン――ケレイト族の統治者。“Wang Khan”“Van Khan”などさまざまな称号のほかに名前のトオリルでも知られる。彼の部族がキリスト教徒だったので、彼はしばしばヨーロッパ人に伝説のプレスター・ジョン〔訳注：中世の伝説上のキリスト教修道士で、アジアまたはアフリカの国王〕だとみなされている。

【カ】

カイドゥ――ドレゲネとオゴデイの孫（1236～1301年）。中央アジアの大半を統治するハンであり、クビライ・ハンのライバルだった。

カサル――チンギス・ハンとひとつ違いの弟。偉丈夫で弓の名手だった。

カラコルム――ハラホリンとしても知られる。モンゴル帝国の二番目の首都（1235～1260年）。かつてはケレイトのオン・ハンの領土だったモンゴル高原中央部のオルホン河畔にオゴデイがつくった都。

カンバリク――クビライによってつくられたモンゴルの首都で現在の北京市。モンゴルの時代には、中国人は大都とも呼んだ。それ以前に女真の首都だったころは中都。

契丹――モンゴルに近い関係にある部族。華北に遼王朝（907～1125年）として君臨したが女真族に敗れ、取って代わられた。モンゴル人は華北全般を指してこの契丹という名称を用いた。また、マルコ・ポーロは契丹のことをキャセイ（Cathay）という語で記憶した。

キプチャク――ロシア南部のチュルク語系部族。

キャセイ（Cathay）――昔ヨーロッパで契丹族を指した言葉。契丹族はモンゴル族と親族関係にあり、907年から1125年までのあいだ華北地方を統治した。この王朝を中国では遼王朝と呼ぶ。

クチュルク――ナイマン族のタヤン・ハンの息子。のちにカラ・キタイ（黒契丹）王国の統治者となった。

クビライ・ハン――チンギス・ハンの孫（1215～94年）。大ハーンの称号を主張し、中国に元王朝を築いた。

グユク――モンゴル帝国の大ハーン（在位1246～48年）。オゴデイの息子。

クリルタイ――通常は選挙を行なったり、開戦の可否などの重要事項を決定するために召集されるモンゴルの公式の会議。

グル・ハン――最高位のハンを指す古い称号。

ゲル――格子づくりの枠にフェルトを取り付けた移動可能な住居。外国人には「ユルト」とも呼ばれる。

ケレイト――モンゴル高原中央部の部族、あるいは部族集団。オルホン川とトーラ川のほとりの豊かな牧草地にそった領土を有し、トオリル・ハン、すなわちオン・ハンに統治されていた。

コデエ・アラル――ヘルレン川とツェンケル川の合流点に近いアバルガ一帯の地域を指す名称。

【サ】

ザナドゥ（Xanadu）――桃源郷の意味。クビライが内モンゴルにつくった首都「上都」を指す西洋の名称。彼が正式の首都カンバリクを築いたのちは、

上都は夏の都となった。〔訳注：上都は現在の中国内モンゴル自治区正藍旗〕

ザナバザル——チベット仏教の仏僧。チンギス・ハンの子孫でシャンハ寺院の創設者。

シギ・クトゥク——ホエルンに育てられたタタールの少年。1180年ごろ生まれ、1262年に死去。モンゴル帝国の司法長官であり、おそらくは『元朝秘史』の著者。

ジャダラン氏——「愚か者のボドンチャル」が妊娠している女を拉致して、妻にしたのちに生まれた最初の男の子の子孫（ボルジギン氏は彼女の末子の子孫）。

ジャムカ——チンギス・ハンのアンダ（盟友）。チンギス・ハンによって処刑されるまで短期間ではあるがモンゴル族のグル・ハンだった。

シャンハ寺院——ザナバザルによって建立された仏教寺院。チンギス・ハンの黒いスルデを安置した場所。

ジュルキン——チンギス・ハンに近い一族。

女真——華北を統治した民族。金王朝（1115〜1234年）を建国した。

ジョチ——チンギス・ハンとボルテの長子だが、弟たちは彼がチンギス・ハンの正統の長男とは認めなかった。父と同じく1227年に死去。子孫はロシアの「黄金のオルド」をつくる。

スルデ——霊幡。幟。魂。

ソチゲル——ベクテルとベルグテイの母。ふたりの子どもの父はイェスゲイだが、ソチゲルが彼と結婚していたかどうかは不明。彼女の名前は『元朝秘史』には触れられていない。

ソルコクタニ——トルイの妻で、モンケ、クビライ、フレグ、アリク・ブケの母。1251年、当時モンゴルを統治していたオゴデイ一家を打ち負かすと、息子たちの手にモンゴル帝国の支配権を渡すが、彼女はその直後に死去した。

【タ】

タイチウト——テムジン一家の近しい親族だったが、彼の父親が死ぬと、この一家を見捨てた。

タヤン・ハン——モンゴル西部のナイマン族の統治者。

タングート——オルドス（内モンゴル自治区南部の高原地帯）をふくむ黄河上流域の西夏王国を統治した部族。ブルカン・ハンが統治したが1227年にモンゴル軍に殺され、その後この王国はモンゴル帝国に組み込まれた。

チャガタイ——チンギス・ハンとボルテの次男（1183〜1242年）。その子孫は中央アジアの大部分を統治し、やがてインドのムガル王朝をつくった。

チレド――メルキト氏でホエルンがイェスゲイに拉致される前の最初の夫。

チンギス・ハン――1206年にテムジンに授与された称号。彼がはじめてハンの位についた1189年に早くもこの称号を用いた可能性もある。

テブ・テンゲリ――チンギス・ハンの家族に不和を生じさせたシャーマン。チンギス・ハンの末弟テムゲに殺された。

テムゲ――チンギス・ハンの末弟（炉辺の王子）。

テムジン――チンギス・ハンの名前。

テムジン・ウゲ――イェスゲイに殺されたタタールの戦士。イェスゲイはやがて自分の息子にこの名前（テムジン）をつけた。

テムルン――テムジン一家の末っ子であり、テムジンの唯一の妹。

デール――伝統的なモンゴルの衣装で男女ともに着用する。

トルイ――チンギス・ハンの一番下の息子（1193～1233年）。ソルコクタニと結婚した。ソルコクタニは苦心して四人の息子のためにモンゴル帝国の支配権を手に入れ、やがてすべての権力は息子クビライのものになった。

ドレゲネ――オゴデイ・ハンの妻。1241年から1246年までのあいだモンゴル帝国の摂政を務める。

【ナ】

ナイマン――モンゴル高原西部の部族。1205年にチンギス・ハンに打ち破られるまでタヤン・ハンが統治した。

ナーダム――相撲、弓術、競馬をふくむ、モンゴルの祝典に行なう伝統的な競技。

ネルゲ――巻き狩り。巻き狩りははじめに綱を張って動物を包囲した。

【ハ】

バトゥ――ジョチの息子。1227年から1255年（没年）までロシアの地を治めるハンだった。

ハトン――モンゴルの王妃（皇后）。

馬頭琴――棹の先が馬の頭の形をした弦楽器。

馬乳酒――アイラグ。馬乳の発酵酒。

バルジュナ湖――チンギス・ハンとごく少数の忠実な部下のあいだでバルジュナの誓い、あるいはバルジュナの契約が交わされた場所。実際は湖でなく川だった可能性もある。

ハン（khan）――首長あるいは王。草原の部族の称号は非常に複雑である。ハンのほかに、チンギス・ハンの王朝の皇帝に対するもっとも一般的な呼称は現代モンゴル語で*khaan*と記される称号であり、またこれは古典モンゴル語から書き直されて*kha'an, khagan, qahan, qaghan, qa'an*などと記される

こともある。本書ではモンゴル語の称号“khan”と“khaan”の混乱を避けるために、ただの“khan”はクビライ・ハン、バトゥ・ハンのように人名とともに用い、皇帝、すなわち“khaan”のかわりには“Great Khan”（大ハーン）を用いている。例：「チンギス・ハンの息子のオゴデイは1229年に大ハーンに選出された」

ブスクイ——女性。文字どおりの意味は「帯なし」。

ブルカン・カルドゥン——ヘンティ山地にある山。

フレグ——バグダッドを征服し、ペルシアにイル・ハン国をつくった。1265年没。

ベクテル——テムジンに殺された腹違いの兄。イェスゲイとソチゲルの息子。

ベルグテイ——テムジンの腹違いの弟。ベクテルの弟。100歳以上の長い生涯を通じて終始チンギス・ハンに忠誠を尽くした。没年1255年。

ベルケ——ジョチの息子。兄バトゥ・ハンの死後、1257年から1267年までロシアでハンの地位にあった。イル・ハン国の従兄弟たちと戦い、クビライを大ハーンとして認めなかった。

ヘルレン川——ブルカン・カルドゥンから流れる三つの川のうちのひとつ。ボルテがメルキトに拉致されたときテムジンはこの川のほとりに住んでいた。のちにはるか下流域のアバルガに根拠地を設ける。

ホエルン——チンギスの母。1161年ごろイェスゲイによって、メルキトのチレドから拉致された。イェスゲイとのあいだに四男一女をもうけた。

ボオルチュ——テムジンの少年時代からの盟友。のちにモンゴル軍の将軍として重要な地位を占める。

ホビ——略奪品、狩猟の獲物などの分け前。

ボルジギン——チンギス・ハンの属する氏族の名称。

ボルテ——テムジンの最初の妻であり正妻。1160年ごろに生まれ、1222年ごろ死去。

【マ】

万人隊——１万人の部隊。

メルキト——現代のモンゴルとシベリアの境のセレンゲ河畔に暮らした部族。

モンケ・ハン——トルイの長子で1251年から1259年までモンゴルの大ハーン。

種々の名前、用語、ほかの綴り方の完全なリストはPaul D. Buell, *Historical Dictionary of the Mongol World Empire*（Lanham, Md.: Scarecrow Press, 2003）参照。